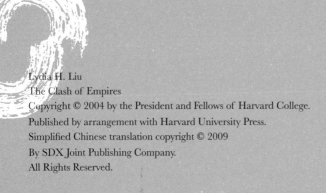

Lydia H. Liu
The Clash of Empires
Copyright © 2004 by the President and Fellows of Harvard College.
Published by arrangement with Harvard University Press.
Simplified Chinese translation copyright © 2009
By SDX Joint Publishing Company.
All Rights Reserved.

The Clash of Empires

帝国的话语政治

从近代中西冲突
看现代世界秩序的形成

修订译本

刘 禾 著
杨立华 等译

生活·讀書·新知 三联书店

Simplified Chinese Copyright © 2014 by SDX Joint Publishing Company.
All Rights Reserved.
本作品简体中文版权由生活·读书·新知三联书店所有。
未经许可，不得翻印。

图书在版编目（CIP）数据

帝国的话语政治：从近代中西冲突看现代世界秩序的形成：修订译本／刘禾著；杨立华等译．—北京：生活·读书·新知三联书店，2014.11（2024.1重印）
ISBN 978-7-108-05141-7

Ⅰ．①帝…　Ⅱ．①刘…②杨…　Ⅲ．①中外关系-国际关系史-研究-西方国家　Ⅳ．①D829.5

中国版本图书馆CIP数据核字（2014）第229606号

责任编辑　冯金红
装帧设计　蔡立国
责任印制　董　欢

出版发行　生活·讀書·新知三联书店
　　　　　（北京市东城区美术馆东街22号 100010）
网　　址　www.sdxjpc.com
经　　销　新华书店
印　　刷　三河市天润建兴印务有限公司
版　　次　2014年11月北京第1版
　　　　　2024年1月北京第3次印刷
开　　本　635毫米×965毫米　1/16　印张22.5
字　　数　310千字
印　　数　08,001-11,000册
定　　价　68.00元

（印装查询：01064002715；邮购查询：01084010542）

献给李陀

目 录

2004 年英文原版致谢 *1*

导言　是帝国的碰撞，还是文明的冲突？ *1*

第一章　国际政治的符号学转向 *1*
帝国的符号指涉：A（·——）B（——···） *4*
衍指符号（The Super-sign）：不同的语言如何被抛置一处？ *10*
主体间性的交流与恐吓 *16*
欲望与主宰者的主体 *20*
殖民暴力与现代主权概念的起源 *27*

第二章　衍指符号的诞生 *38*
一个奇特的法律禁令 *39*
谁是野蛮人？ *44*
"夷"字之辩：1832 年 *52*
野蛮人的眼睛（The Barbarian Eye） *63*
英国人的脸面 *73*
殖民统治的创伤话语 *83*

第三章　主权想象 *98*
夷：如何命名主权统治的边界 *100*

失去指涉对象的"支那":Cīna、支那、China 等　　104
雍正帝及其文字狱　　115
大一统的帝王意识形态　　121
驱除"夷"字的幽灵　　131
鸦片战争与"外国鬼子"　　135

第四章　翻译《万国公法》　　146
互译性：殖民主义史学的盲区　　148
丁韪良：集翻译家和外交官于一身的传教士　　153
《万国公法》翻译的前后过程　　163
普世性是如何建构起来的　　168
寻找公度性　　176

第五章　性别与帝国　　187
帝王之间的礼品交换："新约献本"　　190
维多利亚女王与慈禧太后　　198
海外传教的楷模　　207
三条纽带之间的政治情感　　230
捍卫一国之母　　238

第六章　语法的主权身份　　249
印欧语系家族的理论假说　　252
马建忠及其语法著作　　265
在语法性之外　　274
"字"与"verbum"之间的衍指符号　　279

结语　围绕皇帝宝座的主权想象	287
殖民主义的影像技术	289
太和殿的宝座	298
主权想象的复写平面：贝托鲁奇的电影《末代皇帝》	305

附录一　林则徐等会奏《拟谕英吉利国王檄》及英译文对照	311
附录二　《公法新编》中西字目合璧（1903）	322

2009年中文版后记　　　　　　　　　　　　　　　　343

2004年英文原版致谢

在本书多年的研究与写作过程中，我曾经得到许多同事、朋友和世界各地的学者的帮助，特在此致谢。首先要感谢 Patrick Hanan，他将自己最新的研究成果与我分享，使我获益匪浅。我还要特别感谢 Andrew Jones，他在 1994 年担任我的研究助理的时候，曾经帮助我处理了大量的全美圣经协会档案的微缩胶片（该材料原件已销毁）。由于年代久远，微缩胶片上的字迹印得模糊不清，Andrew 花费了大量的时间和精力，辨认和阅读这些段落，并写下详细的记录。本书第五章的部分档案工作正是他与我的共同努力的成果，希望这一努力被证明是值得的。本书的早期构思还受益于 Haun Saussy 的批评和建议，而他本人发表的有关 William Dwight Whitney 的文章，曾经启发了我在第六章里的研究。还必须提一下的是，我曾在柏克利加州大学执教多年，和那里的同事和博士生有过长时间的学术切磋，他们的慷慨支持对我来说，一直是极大的鼓励和鞭策，这些学者包括 Paul Rabinow，Victoria Kahn，Ralph Hexter，Caren Kaplan，Chris Berry，Aihwa Ong，Alan Tansman，Stephen West，Jeffrey Riegel，Peter Zinoman，Larissa Heinrich，以及近年去世的 Frederic Wakeman, Jr.。此外，我的研究还得到了以下研究助理和学者的大量帮助，他们的名字是 Jami Proctor‐Xu，Carolyn Fitzgerald，Mark Miller，Petrus Liu 和杨立华。

在本书成形的各个不同阶段中，我与以下学者有过联系和交流，并且从不同的方面得到了他们的支持或启发：Pamela Crossley，Alexander Woodside，Benjamin Elman，Jonathan Spence，Gayatri Chakravorty

Spivak, Paul Cohen, James Hevia, 李欧梵, Theodore Huters, Martin Powers, Murray A. Rubinstein, Peter Bol, Emily Apter, Roger Hart, Paula Versano, Reyes Lazaro, 汪晖, 商伟, 陈燕谷, Mark Elliott, Lisa Rofel, 史书美, 赵刚, 崔之元, Dilip Basu, Wilt Idema, 邹羽, Barbara Fuchs, Tamara Chin, Jody Blanco, 以及我的英文书稿的两位匿名评审员。其他学者如 Yopie Prins, Madhav Deshpande, William Baxter, Robert Sharf, James Lee, Miranda Brown, 姜靖, 任海, Paul Strohm, David Porter, 和 James Porter, 无论是在日常交谈中,还是以其他的方式,也都向我提供了相关的研究信息和帮助。我尤其要向 Adrienne Munich 表示感谢,她将自己保留的一幅表现维多利亚女王接见缅甸使者的1872年的版画图片寄给我,当作本书的插图。90年代我在英国和中国的几次访学期间,得到了当地学者和朋友们的大力协助和关照,他们是 Michel Hocks, 赵毅衡, Bonnie McDougall, J. P. McDermott, 王晓明, 倪文尖, 罗岗, 鲍昆, 徐葆耕, 王中忱, 罗钢, 刘东, 王跃飞和刘嫣。

本书即将完成之际,我正好开始在密歇根大学执教。密歇根大学不仅为我提供了研休时间,使本书得以完稿,而且还提供了很多机会,使我能够就书中的个别章节与同事进行讨论。我十分感谢 Donald Lopez, Tobin Siebers, 林顺夫,以及密歇根大学的其他同事和博士生对我这一研究的理解和支持。本书从开始构思,到研究和写作的完成,足足用了十年多的时间。在此期间,哈佛大学出版社的人文部主编 Lindsay Waters 对我的研究表现出极大的热情和耐心,让我十分感激。本书的责任编辑是 Amanda Heller, 她对书稿的认真编辑,以及哈佛大学其他编辑的多方努力,使得本书得以顺利出版。

需要说明一下,第五章和"结语"的部分章节,曾以文章的形式在美国的理论刊物 *Diacritics* 上发表过。这篇文章当时是应邀参加 Pheng Cheah 和 Jonathan Culler 合编的有关 Benedict Anderson 新著的专辑,两位特约主编对文章的构思曾提出宝贵的修改意见。本书第四章较早的版本,也曾收入由我自己主编的一部英文的学术论文集,文集

的标题为 *Tokens of Exchange*: *The Problem of Translation in Global Circulations*，由 Duke University Press 于 1999 年出版。在此，我还必须感谢 Duke University Press 和 *Diacritics* 刊物所在的 Johns Hopkins University Press，他们慷慨地允许我在书中重印两篇文章里的部分内容。

本书各章的内容还以论文形式与世界各地的许多学者进行过广泛的交流。我应邀在哈佛大学比较文学系作 2002 年度的 Renato Poggioli Memorial Lecture 讲座时，讲稿的内容主要来自第二章。当时 Patrick Hanan, Susan Suleiman, James Engell, Stephen Owen, Marc Shell, 和 Jan Ziolkowski 都给予我热情的支持，并提出一些重要的修改意见。除此之外，我还要感谢以下研究单位和学院对我的热情邀请：耶鲁大学，斯坦福大学，康奈尔大学，芝加哥大学，洛杉矶加州大学，杜克大学，史密斯学院，哥廷根大学，伦敦大学，亚利桑那大学，拉特哥斯大学，伯令格林州立大学，柏克利加州大学，以及密歇根大学。

本书的研究和写作在很大程度上依赖于图书馆、档案馆和基金会的大力支持，特别是中国、欧洲和北美学者的热心帮助。1997 年度的古根海姆大奖（Guggenheim Fellowship），以及全美人文研究所给我的年度奖金（Lilly Fellowship），使我有了完整的一年时间（1997—1998）远离教学和行政事务，全力投入本书的研究，从而加速了写作进程。我在地处北卡州三角园的全美人文研究所度过的一年中，取得很大的收获。那里的学术气氛浓厚，使我有机会向来自世界各地的出色学者学习和交流，特别是 Mary Campbell, Elizabeth Helsinger, Dyan Elliott, Michele Longino。全美人文研究所的行政人员如 Kent Mullikin 和图书馆的工作人员也都予以大力支持。本书的研究还得到中国第一历史档案馆的秦国经先生的热心帮助，以及故宫博物院的朱家溍先生的支持。此外，还有以下部门对我的帮助，在此一并致谢：全美圣经协会图书馆档案部、美国长老会协会档案部、美国国家档案和文献局（NARA）、伦敦大学东非学院的图书馆（SOAS）、剑桥大学图书馆、英国国家公共档案馆（The Public Record Office）、大英图书馆的印度分馆（The Indian Office of the British Library）、中国国家图书馆、上海图书馆、中国科学院图书馆、斯坦福大学的胡佛研究所图书馆、柏克利加州大学图书馆以及密歇根大学图书馆等。本书的写作始于柏克利加州大学，结束于密歇根大学。我非常感谢这两个我曾经任职其中的学术机构，为我提供了休假时间和多种资源，使得此项研究终于得以成书。

本书是献给李陀的。对于我来说，李陀是最富于洞见和直言不讳的批评家，是他和一些朋友，让我有可能和国内最有批判性的知识分子站在一起，为新国际主义的梦想而共同奋斗。

刘　禾
2004年

导言　是帝国的碰撞，还是文明的冲突？

> 语言从来都是帝国的最佳伴侣。
> ——安东尼奥·德·内布里哈，《卡斯蒂利亚语语法》（1492年）

1997年的夏天，我恰值在伦敦的大英图书馆和英国的国家公共档案馆进行文档研究，在那里度过了一段难忘的日子。我初达之时，正值香港历史性地回归中华人民共和国的前夜，倒计时之钟正在嘀嗒声里分消秒逝。查尔斯王子为即将要举行的交接仪式做着最后的准备，被各家报纸逐日逐时地报告给公众。报纸的版面上还登着各式各样的评论文章，争先恐后地预料香港的未来。每天早晨，我先浏览一遍报纸的头版标题，然后坐上开往邱园站的那一列地铁，继续我在公共档案馆的研究。在那里，几乎每天大部分的时间，我都在埋头阅读鸦片战争期间大英帝国与清政府之间的外交公文。令人感慨的是，当年香港沦为英国的殖民地，正是以鸦片战争和一连串与大英帝国的军事冲突为发端的。

英属殖民地香港在1997年夏天即将回归中国这件事，使我的注意力重新投向帝国和主权的论题。足足有一个多世纪，这一话题始终困扰着中英关系和中外关系。香港回归是一次机缘，并直接影响了我的研究计划，因为本来我是准备花些力气研究19世纪传教活动中的《圣经》翻译。但是，我当时接触到的原始材料，也包括了150年前决定了香港命运的帝国战争的官方文件。身在英国，差不多每天都和这些文件肌肤相触，同时又亲眼见证香港回归中国的那一瞬间——这一奇特的时空巧合不能不让我琢磨其中深意，也促使我重新思考自己的研究计划的大框架。当时最触动我的是，由于涉及历史上英国和中国对于香港的主权，各国媒体中不断出现了对于"交接"、"接收"或者"回归"等字眼的争议。虽然事在当代，我听到的却是一系列更老旧的关注和焦虑在20世纪末的再一次回响。在英国的国家公共档案馆，我所翻阅的官方外交文献中，就有大量的有关尊严和名分的争吵，其中对汉语和英文词语的确切用法，各方尤其纠缠不休。甚至可以说，在19世纪鸦片战争条约的谈判过程中，双方的这一类争吵经常喧宾夺主，湮没了有关鸦片贸易问题的论辩。对于发动鸦片战争的统治者来说，使用什么样的话语和如何翻译词语，往往成为帝国意志较量的中心场所，而不简单是条约谈判中偶尔发生的文字上的擦枪走火。

我自己的本行虽然是文学理论，但我对档案文献、历史文本，和各种（包括文学在内的）人工创作等材料，始终保持强烈的兴趣。原因在于，我认为理论的创造应落实在历史文献和具体文本之上，只有这样，我们才能触摸到理论的根基以及——假如容许我这么说——理论的精髓。概括来说，本书致力于研究19世纪以来围绕主权想象的跨文化知识传统和话语政治。我所发掘的话语历史，涉及到道德和情感介入现代主权想象的方式，其核心问题是：所有这一切，对于现代世界中的帝国和民族国家如何产生有效的意义？由于在近代全球化过程中，不同的符号和意义始终在不断地环游、流通和迁转，因此，一本研究近代全球化历史的书，也必须密切地关注文本、器物和理论话语是如何地环游、流通和迁转的。特别引起我关注的是，这些事物往往以令人惊讶的速度和规模跨越了众多语种、民族、文化以及文明的疆域。

本书以主权想象为中心，着重分析法律、外交、宗教、语言学，还有视觉文本中的话语政治。在这项研究中，我不得不处理大量的不同种类的文本和历史事件，其中包括国际法、符号学、帝国之间的礼物交换、传教士的翻译、语法书，甚至还有殖民摄影术。所有这些内容，是由一条贯穿本书的主线统一起来的，这条主线就是与欲望和主权想象有关的帝国的话语政治。我在着手本书写作之初，没有料想到如此庞杂的研究线索竟然能够统一在一本书的论述之中。

在这里，我要特别申明的是，帝国之间的碰撞，不可轻易混淆为文明的冲突。说到底，文明之间无所谓冲突可言，而历史上的大规模冲突都是在帝国之间发生的。书中第一章提出的是解读现代帝国的方法。基于我对19世纪下半叶的符号学理论和帝国军事中的电讯通讯技术的共生性发展的研究，本章重点处理国际政治的符号学转向。我认为，如果要想读懂现代帝国，我们就必须将语言、战争、国际法、符号的技术发明以及异域性（foreignness）纳入同一历史进程加以思考。在我看来，以往的帝国史和殖民历史研究之局限在于，它过度沉湎于欧美自身的学术传统，因而时常忽略上述提到的那些技术上的和跨文化意义上的历史关联，结果，这些研究成果最终还是不得不复制或重申殖民过程中出现的那些主权概念。基于此，本章的论述为以后的各章提供了理论上的和历史上的坐标，针对主体间性（intersubjectivity）、符号的指涉性（indexicality），以及军事暴力等理论问题提出新的研究框架，并批判地反思皮尔斯（Charles Sanders Peirce）、福柯（Michel Foucault）、巴塔耶（Georges Bataille）、阿冈本（Giorgio Agamben）、法农（Frantz Fanon）、斯托勒（Ann Stoler）、派格登（Anthony Pagden）以及其他学者和理论家的相关论述。

第二章探讨的是"野蛮人"（barbarian）这个概念如何在大英帝国与大清国的军事冲突过程中，获得其极为特殊的跨文化和跨语言的定位。我在对中英《天津条约》和同期的官方档案资料和出版物的分析和比较当中，发现在鸦片战争前后，汉字"夷"的翻译有一个自己的故事，而这个故事又是跟英国人发明的"夷/i/barbarian"这个跨越单一语言（英语或汉语）的衍指符号（super-sign）密切相关。英国人坚持认为，该汉字的使用旨在蓄意侮辱外国人，因而特地提出《天津条约》第51款，废禁此字。由于这是一段特殊的国际法公案，我们不能在通常的字面翻译上，或在词典意义上继续纠缠汉字的"夷"跟英文词"barbarian"之间是否存在等义，而是要进一步追问，"等义"本身是如何历史地浮现并被规约的？否则，就等于绕开了活生生的历史而进行空洞的文字游戏。因此，针对"夷"字的公案，本书提出了两个历史性的问题：其一，19世纪汉字"夷"的衍指符号，何以对欧美国际法和当时正在形成的帝国秩序构成严重的威胁？其二，针对这个汉字的禁忌，我们应如何探寻其心理焦虑的源头？

作为一个历史概念，"夷"字在汉语本身的变迁和运用，则是第三章的重点。我们知道，在朝贡体系的历史叙述当中，在满族统治者的帝国意识形态当中，"夷"的概念非同小可。对比18世纪雍正皇帝发动的那场由曾静案引起的文字狱，这里就出现了一个有趣的议题：虽然清朝的统治者对那些反抗其异族统治的持异见者严惩不贷，但是他们的做法与英国人很不相同，与其说满族统治者的抉择是禁用"夷"字，不如说他们赋予了这一儒家概念以新的地理政治的解读，用以拓展他们自己的帝国规划。清代公羊学的兴起就表明，对于满清统治者而言，"夷"这一概念所涵盖的，不单是对异族或外国人的命名（无论褒贬），更重要的是，它（在地理政治的意义上作为动词来对待似乎更加合适）实行的是界定、进而命名统治者的主权（而不仅仅是领土）边际，尤其是当这个主权边际——究竟谁是夷？——并非一成不变，比如日本人当时也在同样的意义上使用"夷"这个概念来界定自己的主权边际。由此，我在本章提出，"夷"是儒家经典主权理论中的核心概念，而这个主权理论我们可在《春秋左传》，尤其是近两千年的经学注疏传统中，窥见一斑。

在第四章里，我对19世纪国际法的翻译和传播进行了详细论述，并着重分析亨利·惠顿（Henry Wheaton）所著《国际法原理》（*Elements of International Law*）及其1864年的经典中文译本《万国公法》。美国传教士丁韪良（W. A. P. Martin）是《万国公法》的主要译者，在第二次鸦片战争末，他同时扮演了既是翻译官又是外交官的角色。我通过发掘档案资料、官方记载以及出版物，将这个人物凸显出来。丁韪良当时为恭亲王主事的大清国总理衙门服务，与此同时，他又效忠于美国驻华公使蒲安臣（Anson Burlingame）。丁韪良将《万国公法》

翻译和出版，这是一个重要的历史事件，因为19世纪大清国、西方列强、日本与朝鲜之间的外交关系正是经此事件而逐渐框定。通过分析《万国公法》中跨文化的认知方式，以及这一认知方式在帝国和帝国之间以及宗主国和殖民地之间如何流传和互动，我们可进一步加深对现代主权理念和国际法的理解。

由于性别对于19世纪的帝国统治不可忽视，我在第五章里，把焦点转向维多利亚女王和慈禧太后大致相同和漫长的统治时期，试图给帝国研究提供一个特殊的性别研究角度。值得注意的是，正在这段时间，西方传教士中的女性和海外华人中的男性，都各自频繁地游走于欧洲宗主国、殖民地和大清国之间，使得这些群体的政治归属和情感归属变得十分复杂，从而经常受制于她（他）们的出发地和目的地。对此，本章旨在发掘一种性别的解读方法，动态地考察19世纪的主权情结如何形成，并如何得到表达。无论是在女传教士和女教民之间的交往，还是帝国之间的礼物交换，抑或19世纪欧美妇女选举权运动背后的殖民地楷模，我们都可以看到主权情结从中起到的作用；比如19世纪维多利亚女王向英属非洲殖民地酋长赠送《圣经》的故事，还有英美女传教士于1894年慈禧的六十大寿庆典期间向她赠送《圣经》礼物的事件，它们之间存在着一个可以诠释的内在联系。针对这一类行为的复制和效仿，我提出的问题是，帝国的礼物交换和相关的礼仪，是通过怎样的渠道获得其特殊的符号意义的。在进行这项研究中，我发现，性别的符号不但对于19世纪的主权想象至关重要，而且它还必然获得跨文化的特征。不过，以此种方式去幻想自己与女君主的象征联系，不惟独西方的女传教士。马来西亚华裔辜鸿铭，本来是英国殖民地的属民，然而，他决定将慈禧太后称为大清国的"国母"，不但与之认同，并且移居到中国为大清国效劳。辜鸿铭对慈禧太后的忠诚，背后其实是他对于自己作为维多利亚女王的英国殖民地属民这一身份的拒绝。我们通过研究辜鸿铭的主权情结，可以进一步了解到性别与帝国以及殖民地属民的主体性的游动性，从中得到一些深刻的启发。

第六章着重探讨语言和语法学如何在19世纪被逐步地纳入主权想

象的范围,凸显出现代国际法与现代语法学之间的历史关联。本章通过对19世纪美国语言学家惠特尼(William Dwight Whitney)著述的分析,试图表明国际成文法和比较语法学之间,曾经有过亲密的共生关系,这一共生关系贯穿了19世纪西方的主流语言学理论,帮助培养了以实证"比较"为方法的学术。如果说国际法在主权的问题上往往反映出帝国的意志,并由此来规范国际事务的话,那么现代语言学也曾经试图为全世界语言中的语法形态的演变实行分类和规范。由是,比较语法学这一学科应运而生,企图在语言实证的基础上建立有关种族、原始文化以及对主权的认知体系。但是,这里反映的是印欧语系的立场。从这一立场出发,存在于印欧语系之外的非屈折语言,则由于没有"语法"或没有相应的语法而被贬为劣等语言。面对这种顽固的逻格斯中心主义,研究非屈折语言的学者是如何回应的呢?本章的研究表明,当中国的第一位比较语法学家马建忠肩负起编写《马氏文通》(1898)这一艰巨任务时,他一方面借用属于印欧语系的拉丁语去喻说古汉语,另一方面则试图为古汉语争取自己的主权身份。也就是说,马建忠的初衷是要为汉语语法正名,但由于他的比较研究方法源自拉丁语法的参照系,回应的又是来自印欧语系的挑战,因而,这一汉语语法的名分不得不陷入困境。这一过程深刻揭示了20世纪汉语语法学的学科本身两难处境的历史渊源。

在本书结语的部分,我把各章里对主权想象的分析,最后延伸到对当前世界秩序的思考。自鸦片战争至今,帝国从未在世界舞台的中心退场,那么,我们该如何理解帝国的话语政治一次又一次地粉墨登场呢?为了将这个问题具体化,本章详细考察清朝皇帝几件宝座的神秘行踪,以及它们与现代博物馆的关系,与摄影镜头的关系,与当代电影的关系。我认为,殖民记忆和视觉影像在这个过程中扮演了十分重要的角色。

殖民主义时代的话语政治不单单是过去的风景,它至今还缠绕着帝国的无意识,阴魂不散。

第一章　国际政治的符号学转向

当代科技之"新"总是令我们在文化上措手不及，其实这一说法并非确论。很多背景性的假设与实践之"旧"还潜藏于这些个案的边缘，未能得到检验。这种遗忘同样也构成了科技的语境，并且框定了我们的问题与反应。

——保罗·拉比诺，《理性人类学论集》

一般来说，国家的概念撇开主权是无法想象的。不过，这一老生常谈究竟揭示了一些什么道理？它向我们秘而不宣的思想又是什么？在我们这个时代，国家的疆域和族群身份仍然在不断地聚散分合，当代帝国也经常以民族国家的面目出现在世人面前，为此，即使是负载普世价值的个人，如今企图要完全摆脱主权想象的阴影，恐怕也是困难重重。这一切，使得我们不能不进一步思考有关人的尊严的种种现代论述，这些论述本身有没有罩着一层主权想象的神秘面纱？我们还要问：人的尊严究竟是相对什么而言？尤其在今天的世界，为什么丧失主权往往意味着尊严的泯没？为什么尊严的复得往往意味着主权的重申？

法农（Frantz Fanon）在《黑皮肤，白面具》一书中，曾试图以"致命的生存心理症结"的概念来解释这一现象。他认为，此种心理症结完全可以追溯到那段充满暴力的殖民历史。他的观察充满了洞见。[1]法农的临床研究对象主要是殖民地的黑人群体，他发现在这些

---

[1] Frantz Fanon, *Black Skin, White Masks*, trans. Charles Lam Markmann (New York: Grove Press, 1967), 页12。

人中间，存在着普遍的自卑情结和殖民地式的精神分裂。法农这些诊断针对的虽然是20世纪的症状，但其分析即使在今天，也同样具有强大的吸引力和说服力。[1]唯一不同的是，我们今天的思考已渐渐地脱离了半个世纪前曾经反复困扰法农的那种问题意识，因此，对于他所诊断的殖民地式的精神分裂症状，我们还有必要提出新的解释，也就是说，无论是研究帝国，还是研究前殖民地人民屈辱的原因，我们都不能不首先对"主权想象"本身进行深入的思考。因为只有这样，我们才能充分地解释殖民地和后殖民地人群的特殊经历，进而更好地回答这些人群的心理情结为什么与国家主权这一类大问题有密切的关联。我认为，对于当前急剧变化的世界来说，进行此类思考愈显迫切。

哲学家让—吕克·南锡（Jean-Luc Nancy）对冷战后主权状况的变迁曾作过一些深入的反思。他提出，全球化，表面上看起来好像是要取代战争这个概念，并同时取代政治及司法意义上的主权概念，但恰恰就在这个取代的中心，战争又卷土重来，虽然有人曾经声称战争根本就不会出现。"我们心中的焦虑所表明的……既不是某种悔恨，更不是某种怀旧，"南锡写道，"我们的困难是，明知主权的权威之光如此阴森可怖——也无比地灿烂和辉煌——我们在无论什么意义上都没有办法摆脱对于主权威势的依赖。"[2]南锡的观察可以在我们这个时代得到大量的印证，特别是当今大量存在的流散人口的流布和漂泊。当人们从一个主权国家迁徙到另一个主权国家——无论是为了政治避难还是出于经济机会——他们当中出现的由主权想象而引发的种种冲突，说明人们没有可能摆脱对国家主权的依赖。这无疑支持了南锡的论述。假如有人以为主权的意志仅仅对于那些争取民族国家独立的人才有意义，而那些流散的人群移居到异国他乡后，为自身的权利和尊严所作的那些斗争，那些为了在政治上被异国社会承认的努力，都与主权的

---

[1] 对法农著作中关于殖民压抑的精神史的批判，可参见：Emily Apter, *Continental Drift: From National Characters to Virtual Bodies* (Chicago: University of Chicago Press, 1999)，页77—95。

[2] Jean-Luc Nancy, *Being Singular Plural*, trans. Robert D. Richardson and Anne E. O'Byrne (Stanford: Stanford University Press, 2000)，页108。

想象无关,这种想法就未免太幼稚了。事实上,离开主权的概念,所谓在政治上被异国承认的要求,本身就无立足的可能。比如在美国,亚裔—美国人、非裔—美国人或犹太—美国人这一类身份的界定——无论我们用不用连接号来书写这个身份——就已经将个人的身份纳入了有关美国人权利的主权论述之中了。因此,每当听到人们大谈所谓文化的混杂性(hybridity)和多重性(multiplicity)时,我就开始产生怀疑,这种含糊其辞的概念是否恰恰在掩饰自身的主权欲望的冲动,或者说,至少缺乏对这个问题的反省。

无论在民族国家的疆域内部,还是在国际领域,国家主权长久以来是人们争讼不已的话题。因此,当我们试图去理解和分析人们的国家认同乃至种族认同的时候,我们就很难就事论事,还必须充分地估计到国际因素在民族国家自我想象中所起到的作用。我这里的国际因素指的不是对民族国家疆域的超越,而是从两者的辩证关系中,随时看到的内中有外的简单道理。当然,面对具体的个人,以及此人在具体的场合必须做出的抉择时,事情就变得不那么简单。因为一个人身份的选择,甚至生命的政治归属——公民身份仅仅是生命的政治归属中的一面——通常取决于他(她)所在的世界对于国家主权提出什么样的问题,同时也取决于这个世界所不能对国家主权提出的那些问题。

这里的思考之所以关键,是因为它涉及到自由的理念,以及围绕自由理念的一系列法律、哲学和历史话语。本尼迪克特·安德森(Benedict Anderson)曾说过:"每一个民族都梦想着自由。假如有上帝管辖,他们就可以直接从上帝那里获得自由,否则,自由的担保和象征就是主权国家。"[1]安德森的观点论述合理,以史为据,似乎无可非议。然而,恰恰出于对历史的关怀,我们还需要深入探寻这个"自由"的含义,并力争在权利话语的统辖之外,展开这项工作,而非先入为主——以为自由之梦的普世价值对于每一个民族来说,就一定会

---

[1] Benedict Anderson, *Imagined Communities: Reflections on the Origin and Spread of Nationalism*, 2nd ed. (London: Verso, 1991),页6。

产生对主权国家的渴望。我们应该进一步追问：为什么通向自由的必然途径是主权国家？为什么这个真理如此的不证自明？如此必然？如此强大？由于近代国家和帝国之间的交往恰恰是围绕主权而展开的，因此，这个真理的不证自明性也亟须重新打开，进行仔细的分疏。

对上述问题的探讨，首先不应该是简单地回到法律话语的传统本身，而是要尽量超越现有的学术格局。基于我们对殖民历史和跨语际实践已经获得的了解，基于我们对差异性、拜物情结、身份认同以及交互逻辑（logic of reciprocity）已有的研究，我们应该能够对欲望、权利和主权想象等相关论题提出新的问题。为此，本书旨在提出，主权思维和国际法的兴起不能单纯归结为欧美法律传统自身的发展，因为这一传统其实并不能解释它自己，它还受到全球范围的知识范式和物质文化发展史的制约。主权想象，它无疑是国家建构和帝国扩张过程留给我们的重要的知识传承，不过，借用爱德华·萨义德（Edward Said）的话来说，今天的学者应学会质疑"经验实证的简单逻辑，而沿着另一种由欲望、压抑、投入和映射所支配的更复杂的逻辑"的思路，开始对这一历史传承进行重新整理和重新思考的工作。[1]

帝国的符号指涉：A（·——）B（——···）

阅读帝国——这是本书的基本任务——意味着什么呢？它首先意味着历史地思考主权思维在异质文化和异质语言之间的运动。这就要求我们认真地面对语言、战争、国际法甚至符号学理论之间的关系，并开始追问这一切是怎样与主权国家和帝国的各种发明创造相互纠结在一起的。

军事技术史表明，陆海军电讯系统在19世纪初叶产生了迅速的变革，这些变革在19世纪后半叶达到戏剧性的高潮。追述这段历史可以提醒大家：我们所熟悉的"符码"、"符号"、"信号"等概念最早并不

---

[1] Edward Said, *Orientalism* (New York: Vintage Books, 1979), 页18。

是由符号学创始人皮尔斯（Charles Sanders Peirce，1839—1914）和索绪尔（Ferdinand de Saussure，1857—1913）发明的。其实，皮尔斯和索绪尔早就在与英国皇家海军的工程师、美国的摩斯电报码（Morse code）和梅耶信号系统（Myer signal）以及19世纪其他电讯系统的发明者们共用这些概念。[1]从一开始，现代通讯系统的发展就与军事的技术要求紧密相连，并且它从来都是陆海军通讯系统的有机部分。[2]

至19世纪中叶，国际摩斯电报码为我们提供了一个特殊的历史视角，去审视现代帝国在技术进步方面的雄心。当时背诵摩斯电报码必须有口诀，也就是辅助记忆手段，旨在帮助使用者借助熟知的英文词汇快速记住编码。据说其中的一个口诀就是摩斯（Samuel F. B. Morse）本人发明的。26个字母中的A，在摩斯电报码中是用一短一长（·——）的符号来标记，这个口诀用的是英文词against（对抗）的发音；第二个字母B，在摩斯电报码中是一长三短（——···），口诀则是英文词barbarian（野蛮人）。如果从字面上直译，国际摩斯电报码头两个英文字母A和B加在一起，口诀就是"against [the] barbarian"（打击野蛮人）。美军直到第一次世界大战，还在使用这种摩斯电报码的口诀。[3]在隐喻的层面上，摩斯电报码的头两个字母，道出了文明征服野蛮这个潜台词，被赋予其具体的历史含义。因此，对它进行解码，也就是对英、法、俄、美及其盟军向亚洲人民、非洲人民、

---

[1] 萨缪尔·摩斯发明的电磁系统以及克劳德·查佩紧接着于1836年发明的光学设备产生的时代，正值书写系统和密码技术吸引众多注意力的时代。1822年，让-弗朗索瓦·商博良成功地解读了古埃及象形文字；1829年，路易·布莱叶发明了盲文系统；1834年，F. X. 戈贝尔斯伯格发明了第一套现代速记系统。此外，人们还在殚精竭虑地创建全球可以通用的人造语言，约翰·马丁·施莱耶尔于1879年发明了沃拉普克语，柴门霍夫于1887年发明了世界语，1901年还成立了国际辅助语采用委员会。

[2] 关于密码技术及其在现代战争中快速发展的概观，可参见 Simon Singh, *The Code Book: The Science of Secrecy from Ancient Egypt to Quantum Cryptography* (New York: Anchor Books, 2000).

[3] 见 David Lyndon Wood 的博士论文 "The Evolution of Visual Signals on Land and Sea"（《海陆可视信号的演变》, Ph. D. diss., Ohio State University, 1976），页359。《英国军用信号指令手册》于1880年首次发放到大英帝国的所有军队。这本手册把军事通讯分成三块：1. 电报；2. 可视信号；3. 骑马传令兵。见上引书页98—99。

美洲人民发动的那些战争的性质进行解码，真正了解殖民战争中的军事行动所打击的对象是什么人。我在本书的第二章里，对这一点作了详细的说明，因为那些前来中国"打击野蛮人"的英国军队，正是在汉字"夷"这面镜子里看见了自己诡异的影像。于是"夷/barbarian"这个衍指符号应运而生，并且在鸦片战争期间一跃而成为冲突的焦点，还主导了后来的历史叙事。在1858年签订的中英《天津条约》中，英国明令清朝永久禁用汉字"夷"这个衍指符号，以此圆满地完成了A（·——）和B（——···）的帝国口诀所规定的使命。

作为摩斯电报码的主要竞争对手，梅耶系统中的"空中信号技术"也是19世纪出现的使用最广泛的信号系统之一。它是用事先编排好的符码来指代单个的字母，并依此挥动符码旗或者晃动灯光。梅耶系统发明于1858年左右，这套符号系统的发明既基于梅耶本人从前跟聋哑人打交道的行医经历，也得益于美军在屠杀美洲印第安人的战争中对印第安人的部落之间传递信号方式的观察。根据伍德（David Lyndon Wood）的研究，1854到1856年那段时间，梅耶曾在环境恶劣的得克萨斯前线哨所当过军医，他经常有机会观察北美的土著人如何进行远程的信号传递。[1]梅耶在《信号手册》里曾坦言说，他创造的这套符码，跟美军对北美土著人发动的战争和相关的情报收集工作有着直接的联系。[2]

我们知道，瑞士语言学家索绪尔对聋哑人的手语存有很大的兴趣，其实，他对当时的军事及航海方面的信号和电讯技术方面的发展，也是紧盯不放。除此之外，他的研究范围还涉及由各种既存语言，以及

---

[1] 同上页注[3]，页86。
[2] 下面的引文出自Randolph B. Marcey将军的 *Life on the Border* 一书，清楚地揭示了这种联系："他们（印第安人）的语言既有口头上的也有手势上的。前者由极有限的一些词组成，其中有些是所有草原部落所通用的。手语则被广泛使用于从基拉到哥伦比亚的所有部落，很容易被准确地理解，其动作和符号所表达的意义对于所有印第安部落来说都是一样的。这些手语非常优雅，富有意义，当无法用口头语言来沟通时，它们就成了平原上的印第安人的司法语言。这让我感到非常惊讶，我发现它与我曾见过的聋哑人的手语几乎是完全一样的。" Albert J. Myer, *A Manual of Signals*, 引自Wood, "The Evolution of Visual Signals", 页86。

诸如世界语的人造语言所构成的书写系统。[1]索绪尔很清楚这些新奇信号系统的重要性，而这些发明正是在欧洲的远洋军事和商业贸易的推动下才出现的。索绪尔把这些信号与其他指涉系统，如视觉符号系统，相提并论。[2]另一位符号学先驱皮尔斯，早在1867年就把布尔逻辑运用于电路交换，从而为科技发展做出了众所周知的贡献。这两位符号学家都浸染于符码和信号系统爆炸的新世界，而这些符码和信号系统则是由其同代人（或是前辈人）所创造的。在这个意义上，与其说这两人自觉地开创了符号学的学科研究，不如说是那时候军事通讯技术的前所未有的发明和发展，把他们引上了符号学研究之路。

军事通讯技术的空前发明加速了国际条约的签订和主权国家之间的互动，也使得西方列强主宰世界的帝国野心日益膨胀。这一历史变迁给语言学、国际政治、国族历史以及现代性的普遍主义思考都打上了深深的烙印。当然，国际政治和符号学研究之间的关系并不是昭然可见的，事实上，现今学术中很少有人把现代国际法和现代语言学关联起来进行研究。虽然条约和语言这两个研究领域，都可以各自追溯到现代国际关系和现代语言学诞生前的古代时期，但是，假如没有世界范围内殖民战争这个新的条件，那么对符号的统一管制以及符号的全球流通，既无法想象，也没有必要。就此而言，我们的研究一方面要承认皮尔斯和索绪尔的工作是开创性的，对符号学研究具有原创性的贡献，另一方面我们还必须重视国际政治本身在19世纪发生的符号学转向。

在最近数十年里，索绪尔关于"惯用的"（*conventionnel*）和"人为的"（*arbitraire*）——即符号的能指和所指之间关系的特征——的观

---

[1] 在德里达针对索绪尔的命题——"语言和书写是两个不同的符号系统，后者只是为了表述前者而存在"——而展开的批评中，这些系统被归入他所说的"声音书写"当中。见 Jacques Derrida, *Of Grammatology*, trans. Gayatri Chakravorty Spivak（Baltimore: Johns Hopkins University Press, 1974），页30。

[2] Ferdinand de Saussure, *Course in General Linguistics*, trans. Wade Baskin（New York: McGraw-Hill Book Company, 1966），页16。亦见 Daniele Gambarara, "The Convention of Geneva: History of Linguistic Ideas and History of Communicative Practices", 收入 Lia Formigari 与 Daniele Gambarara 合编的 *Historical Roots of Linguistic Theories*（Amsterdam: John Benjamins Publishing Company, 1995），页288。

点被重新拿出来进行检讨和分析，很引人瞩目。德里达在《论文迹学》里认为索绪尔的"人为性"概念无法解释创制性踪迹（instituted trace）的运动，这种踪迹的运动对于传统的二元对立系统中意义的构成，以及符号的客观性，都是至关重要的。德里达认为，创制性踪迹是这样一个场所，在那里，名与实的关系先于二元对立的可能性，也先于符号的人为性而存在，但其运动却往往被遮蔽起来，"它［此运动］把自身创制为自我遮蔽。当事物以此种方式宣示自身时，它已经在自我遮蔽中呈现自身。"[1]在德里达看来，皮尔斯的多重三分法优于索绪尔的二分法，因为它的符号概念化方式比索绪尔的能指和所指的二元对立要更加丰富和灵活。尤其是，皮尔斯的象征符号（symbol）这一概念为符号的运动和无穷尽的转义提供了可能性，而德里达本人对符号学和现象学的批判也似乎在这里找到了依据。

德里达对皮尔斯的象征符号的一味肯定，与我自己对皮尔斯的理解很不同。在展开对这个话题的具体分析之前，我先简要申明一下，"人为性"这个概念很难说是索绪尔的独创，我们可以在19世纪国际政治的符号学转向的上下文里，对它进行更深入的探究。我在本书第六章中指出，美国语言学家惠特尼（William Dwight Whitney, 1827—1894）其实早就对符号的"人为性"有过详尽的讨论。他的论述与19世纪国际法的成文法（positive law）的语汇有着直接的传承；惠特尼从古希腊语挪用了 *phusei*（天然的）和 *thesei*（习俗的）这两个概念，但这种挪用已经打上了现代法律话语的印记。索绪尔对惠特尼很熟悉，也参与了这项理论工作，为了发展普通语言学，他贡献了一套自己对于符号的"惯用法"的论述。学者甘巴拉拉（Daniele Gambarara）在一篇题为《日内瓦公约：语言学观念史与传播实践史》的文章中，提请我们注意：索绪尔时代的"公约"（convention）这个概念——尤为显著的是与国际性集会、条约谈判会议相关的公约——获得了一些新的用途，"公约"不仅用于规约跟战争有关的国际事务，它同样也被用来规约各种符号的制定方案。

---

[1] Derrida, *Of Grammatology*, 页47。

与公路交通和公路信号有关的最早的国际公约——1909 年的日内瓦公约和 1910 年关于海上碰撞（及 SOS 呼救信号）的布鲁塞尔公约——的出台，即发生在索绪尔讲授普通语言学的第二次和第三次课程之间。

国际政治的符号学转向发生在漫长的 19 世纪。当我们用这个视野重新审视符号学这一学科的新鲜之处时，我们就会明白它为什么会对后来的现代语言学和传播理论产生那么巨大的影响。帝国列强和一些主权国家会聚一堂，一同签订约束性的条约来规约海上信号、公路信号、电讯代码及其他的信号系统，这在历史上还是头一次。形形色色的国际会议（英文和法文同样称作 convention），为各种人为制定的符号系统的标准化和采用提供了最佳场所。正如甘巴拉拉所指出的，这一现象的新奇之处在于，"这些政要会聚一堂，目的就是要用人为的法令规定符号的意义，规定通讯的语境。高级行政官员庄严地围桌而坐，由他们检验和指定语言，也就是说，符号的公约/会议（convention）就在人们的眼皮底下进行着。"[1]再如 1868 年，英国率先发起一个国际委员会，并有其他欧洲主权国家的代表陆续加入，这个委员会成功地制定了商船队的国际信号符码，这一符码后来被扩展为国际航海信号码。这一协约和其他类似的国际协约的制定，其目的都是为了把符号标准化，同时把铁路和机动车辆的运输系统标准化。这些标准化的国际规定，只是在更晚的时候才被纳入各国的国家法规之中。公路交通和公路信号在日内瓦公约中已有所商讨，而 SOS 呼救信号（海上碰撞）则在布鲁塞尔公约中才得到统一。诸如此类的例子不一而足。[2]

在今天看来，惠特尼和索绪尔关于符号的"惯用法"和"人为性"的论说，早已成为现代符号学的常识。但正因如此，我们就越要重新检视这些概念在当时为什么显得如此新颖，我们的研究应该把它们得以产生的大背景凸现出来，尤其要思考，这些概念是如何与全球通讯的乌托邦发生关联，还有，这个全球通讯的乌托邦，又是如何在

---

[1] Gambarara, "Convention of Geneva"（《日内瓦公约》），页 286。
[2] 见上引书。亦见 Armand Mattelart, *Mapping World Communication*: *War*, *Progress*, *and Culture*（London: Routledge, 1997）。

那个时代的技术创新下被激发出来。这里要特别提出的问题是：为什么符号的抽象思考在此时此刻变得那么重要？我的看法是，无论是新兴符号系统（军事或是其他方面的）的制定，抑或是以制约国际社会的符号实践为目标的国际公约，这些日趋重要的规范行为都必然涉及到主权国家之间的平等交往逻辑，也必然涉及印欧语系新近赢得的"主权"身份——这使它高踞于世界语言之林的顶峰。如前所述，现代帝国诸列强的出现和巩固，离不开军事技术（通讯和符号系统）的发展，以及相应的法律机器的支持，那么我们在符号学的意义上对帝国进行阅读，当然是顺理成章的事；与此同时，我们用帝国研究的眼光来重新审视符号学中的老命题，也就势在必行。接下来，我们还要探讨一下如何暴露符号这个概念本身的异质文化性，并借此重塑符号这个概念。这也是本书的理论初衷。当然，如果有人想超越皮尔斯符号概念的英语文化性，或者超越索绪尔符号概念的法语文化性，那么我这里所做的理论探索的努力和他们是一致的。[1]

衍指符号（The Super-sign）：不同的语言如何被抛置一处？

在皮尔斯的符号学里，我们大家所熟悉的三分法：如象形符号（icon）、指涉符号（index），还有象征符号（symbol），是对与之相关的动态对象（object）——相当于索绪尔的"所指"的概念——所作的进一步区分。[2]这种三分法的目的，是为了阐明符号、对象和符释

---

[1] 对索绪尔的符号概念的再思考，见拙文 "The Question of Meaning-Value in the Political Economy of the Sign", 收入 Lydia Liu（刘禾）主编，*Tokens of Exchange*: *The Problem of Translation in Global Circulations*（Durham: Duke University Press, 1999）。

[2] 皮尔斯是这样来定义符号的："符号——或曰表征（*representamen*）——就是一种能够在某些方面代表某物的东西。它把意思传达给某个人，也就是在那个人头脑中创造出一个等值的符号，或者也可能是一个更复杂的符号。这个被创造出来的符号，我把它称作是对第一个符号的符释（*interpretant*）。这个符号所代表的东西即是其对象（*object*）。它并不是在所有方面都代表那个对象，而只是指向某一种概念，这个概念我称之为解释的基础。" Charles Hartshorne and Paul Weiss 主编，*Collected Papers of Charles Sanders Peirce*, 1—6卷（Cambridge, Mass.: Harvard University Press, 1931 – 1935），卷2，页228。

(interpretant）这三者如何以复杂的方式相互作用而产生意义的。[1]在上述三类符号中,象形符号借助于类比的逻辑,通过模拟符号所表达的物形来传达意义,摄影就是象形符号的一个有趣的例子。第二类符号称为指涉符号,其主要功能在于引起注意、指引或是指明,路标、代名词,或是像"嗨,这儿!"这一类表示呼叫的感叹词,即是其例。第三类象征符号变化最多也最复杂,它与意义的关联是通过约定或是使用来建立的。在皮尔斯看来,自然语言是最完美的象征性符号系统,因为任何语言符号总是从别的语言符号之中生长出来的,*omne symbolum de symbolo*。[2]Symbol 这个词的希腊语词源也确切地表明了对符号的这一看法。皮尔斯写道:

> 在词源学上,它（symbol）的意思应该是事物被抛在一起（thrown together）,就像 $\varepsilon\mu\beta o\lambda o\nu$（embolum）是一种抛入他物之物,如门闩；$\pi\alpha\rho\dot{\alpha}\beta o\lambda o\nu$（parabolum）则指某种被抛置一旁的东西,如抵押物；而 $\nu\pi\dot{o}\ \beta o\lambda o\nu$（hypobolum）是扔在下面垫底的东西,如彩礼。通常的一个说法,是说在 symbol 这个词里,抛入他物还应以"推测"（conjecture）之义去理解；若果真如此,它应该至少在某些情况下含有"推测"之义。可惜的是,这个语义在文献上却遍搜不见。古希腊人常常使用"抛入他物"（$\sigma\nu\mu\beta\alpha\lambda\lambda\varepsilon\iota\nu$）来表示订立契约（contract）或公约（convention）。而今,我们才终于发现 symbol（$\sigma\acute{\iota}\mu\beta o\lambda o\nu$）在远古就已

---

[1] 皮尔斯把符号分为"质符"（某个纯粹的概念,或是某种感觉）、"个符"（某个既存的记号、物或事件）和"法符"（一般的,有规则的,可重复的,类似于法则,比如语言符号）。符号对象也同样可分为直接对象和动态对象,正像符释——这是在索绪尔的二元系统里所没有的重要概念——可分为直接符释、动态符释和终极符释一样,它们中的每一项都还可以作进一步区分。符号链是无穷的,比如符释——它们本身也是符号——借此而指向另一个符释,循此以至无穷。有关这方面的简明概括,见 Dinda L. Gorlee, *Semiotics and the Problem of Translation: With Special Reference to the Semiotics of Charles S. Peirce*（Amsterdam: Rodopi, 1994）,页 64—65。

[2] 拉丁文,意为:一切符号的符号。——译者注

经被用来特指协定或是契约。[1]

皮尔斯对"象征"（symbol）一词在古希腊语的含义作了词源考察，把它译成"抛置一处"（thrown together），认为这个含义是symbol这个词字面上的准确原意。那么，古希腊词源究竟在什么意义上，能够提供足够的权威和理论基础，让语言符号即是象征符号的这个立论得以成立？事实上，皮尔斯在行文中所做的翻译，已经把英语概念，如"contract"（契约）或"convention"（公约）——后者承载着成文法的分量——"抛入"与古希腊词语对等的关系之中。他的翻译行为，在逻辑上是先于古希腊词源意义的呈现，也先于皮尔斯借用外语的权威进行正义的做法。皮尔斯显然运用了以下的论证方式：他一方面借着翻译之力来追溯词源，另一方面又要隐藏其循环论证的痕迹——但凡动辄到古希腊语或拉丁语中去追根溯源，以求确立现代语义的那些人，都喜欢采取这种论证方式。但我认为，这种翻译行为本身就已经是"抛入他物"的行为，它比起希腊词根的具体词源 σίμβολο 来说，更好地诠释了上述引文中"抛置一处"的概念；它同时也表明，"语言符号"的概念是与英译的symbol（"抛置一处"）的概念相互重叠的。简言之，皮尔斯的"语言符号"将我们抛入本书称之为"衍指符号"的领域。衍指符号通过"抛置一处"的过程，将本土语言向外国语和外语词源敞开，但它也十分善于伪装自己。衍指符号之所以总是被人忽略，是因为通常意义上的词源学恰恰不让我们看到除了外来词之外，本土语言中的很多词语，都已经是"抛置一处"的产物。客观上，这些痕迹往往被掩饰，因此语言和语言之间的互相影响和改造的复杂过程也就被否认了。

说到言说符号的不稳定，它往往随着时代和用法的改变而变化，这种看法是大家耳熟能详的。但是当两三种或更多的语言互相纠结在一起时，我们是否依然能重新抓住那些已经穿透本族语的密不透风之墙的外来因素及其陌生性？仅仅记录外来语如何进入本族语，是远远

---

[1] Peirce, *Collected Papers*, 卷2，页297。

不够的。外来语被称为外来语，是因为它的词根和词义来源一般比较清楚，很少加以掩饰，牛津英语词源词典就是这方面现成的例子。不过现代语言中有大量的异质语言现象，既不能被纳入外来语的范畴进行分析，又不能归为本土元素甚或本土词语。因此，把这些异质语言现象作为"衍指符号"来处理，应是识别和分析跨语际的言说和书写形式的第一步，否则我们就根本无法把握这一现象。

何谓衍指符号？准确地说，衍指符号指的不是个别词语，而是异质文化之间产生的意义链，它同时跨越两种或多种语言的语义场，对人们可辨认的那些语词单位的意义构成直接的影响。这些语词单位可以包括本土词汇、外来词，也可以包括语言学家在某个语言的内部或不同的语言之间可加辨别的其他言说现象。衍指符号如此横踞在不同语言的巨大鸿沟之间，并跨越语音和表意的差异以在不同语言之间的夹缝之中偷生。由于衍指符号是异质文化之间产生的意义链，这就意味着，它要完成任何特定的言说现象的指义过程，都必须依靠超过一种以上的语言系统。因此，它扮演的是（在语言和语言之间进行）转喻思维（metonymical thinking）的角色，它引诱、迫使或指示现存的符号穿越不同语言的疆界和不同的符号媒介进行移植和散播。正因为此，衍指符号提供了丰富的启示，使我们得以窥见所谓知识的误用（intellectual catachresis）是怎么一回事。本书提供了大量的有关方面的事例，比如在鸦片战争期间，英国人在造就了"夷/barbarian"这个衍指符号之后，才提出在法律上禁用"夷"这个汉字，而并没有禁用英文的 barbarian 这个词（见第二章和第三章）。

德里达所说的"创制性踪迹"，其实完全可以在衍指符号的领域得到透彻的分析。德里达的这个概念，是他在批评索绪尔时提出的。但他始终未能把"创制性踪迹"充分地概念化，落实成为我所说的异质语言和异质文化之间的某种运动轨迹，或者，是一种跨越不同的言说和书写系统的意义链。[1]这种运动通常是隐秘

---

[1] Derrida, *Of Grammatology*, 页 47。

不见的，因此承载衍指符号的那些词语表面上看起来，好像脱离了赋予它们以活力的衍指符号的踪迹。总的来说，衍指符号比较善于掩饰词语的外来性和内在分裂，无论是书面形式还是语音形式，本土词语可以在"词汇"的稳定表象上维持不变，因为书写的具体字形——笔迹的物质形态——可以涂上同质性的虚幻外表，而这一切都很容易在那些讲本族语的人群面前蒙混过关。[1]简言之，衍指符号是跨语际的言说和书写中集大成的符号运作，当它在一种语言的词语中出现的时候，它同时又将这个词语的意义抛向另一种语言，我把这个过程描述为被遮蔽了的"抛入他物"的符号运动。[2]

所以一点不奇怪，当皮尔斯建构其符号理论时，他首先想到的就是两个外国人或陌生人初次相遇的场景，并将初次相遇视为纯粹的交流模式。皮尔斯说："我们来想象两个言语不通的人，远离自己的族类，只是意外地被抛在一处（thrown together）。这两个人必定要交流，但如何交流呢？"[3]初次相遇的这一类虚构虽无大碍，但它预先设定了两个陌生人被抛在一处的条件，也预设了他们的交流。这再一次表

---

[1] 像《辞海》这样的20世纪出版的汉语辞书，就是很好的例子。在解释"夷"这个词时，《辞海》就犯了语源学上的时间先后倒错（即用后来的词义去诠释更早的词义），它虽然没有明确点出英语对等词"barbarian"，但其实默认了这个英语词对"夷"的诠释。

[2] 一个很好的例子是性别代词在现代汉语里的出现，性别代词又一次证明衍指符号是如何通过翻译而形成的。参见我的相关论述，其中就分析了阴性第三人称"她"和阳性第三人称"他"在汉字中的分野是如何模拟欧洲语言的代词模式而建立的。见刘禾，《跨语际实践》(Lydia H. Liu, *Translingual Practice: Literature, National Culture, and Translated Modernity—China, 1900 - 1937*, Stanford: Stanford University Press, 1995)，页36—39。此外，汉语中的复合词"民主"的翻译语义最早来自"民主/republic"这一衍指符号，出现于1864年出版的亨利·惠顿的《万国公法》的中译本，后来才被修正为"民主/democracy"。有关细节，见第四章我对《万国公法》的分析。

[3] Charles Sanders Peirce, *The Essential Peirce: Selected Philosophical Writings*, 由皮尔斯著作版本项目（The Peirce Edition Project）编选（Bloomington: Indiana University Press, 1998)，卷2，页2。这些文章与手稿404号是相符合的，其中有一部分已出版于《皮尔斯文集》(*Collected Papers of Charles Sanders Peirce*)，卷2，页281、285和297—302。我这里所引的段落不见于 *Collected Papers of Charles Sanders Peirce*，但收入 *The Essential Peirce*，题为《什么是符号？》，是未删节版本。

明，符号学探索的起点，不是基于自我封闭的词源学，更不在古希腊语源 symbol 该如何诠释，而是选择了截然不同的方向。于是，我们不得不追问：什么力量可以把这样两个陌生人抛在一处？为什么远离自己的族类？而"他们必定要交流"的神学命令又从何而来？皮尔斯在19世纪虚拟的这个初次相遇的叙事，勾起了比它更早的起源性叙事。在那些早期叙事里，这一类的原始场景早已被排演过，而且被重复地排演了无数次。我指的是，这种初次相遇的拟真叙事，早已在征服新大陆的历史中冲锋陷阵，为欧洲殖民者开辟了一条坦途。

丹尼尔·笛福在其小说《鲁宾逊漂流记》（1719年）里，就对这一类的初次相遇展开了充分的幻想。鲁滨逊和星期五，是在笛福虚构的加勒比海上一个小岛被抛在一起的，两人的境遇都有一定的危险。有人会问，笛福乃至皮尔斯虚构的陌生人相遇，这里的危险是什么？到底是由于两个人被抛在一起的境遇，还是因为他们远离文明，抑或是因为他们不得不进行交流的冲动？设若我们把皮尔斯的假想挪到笛福小说中的荒岛上（一个流放的欧洲人和一个加勒比海地区的"野蛮人"被抛在遥远荒芜的地方，与世隔绝），这两个陌生人必定要交流吗？如果回答是肯定的，那么他们如何交流？皮尔斯的答案是，这两个人可以"使用仿声、模仿手势和画图的办法。这是模仿的三种方式。当然，他们还会使用一些其他符号，比如用手示意等，诸如此类的做法。不过，归根结底，模仿的办法是唯独可以传达心想的事物和行为方式的办法。"[1]在这里，皮尔斯把象形模仿说成是两人初次相遇时最根本的原始交流方法。但是他遇到的麻烦是，为了自圆其说，他又不得不把用手示意和类似的指涉性符号看成是可有可无的次级符号。我们的问题是，皮尔斯此处建立的符号等级是否可以倒过来看，即用手示意的符号系统是否先于象形模仿的符号系统？手指示意是否可以对于仿声、模仿姿势和图解的本身意义实行改造，甚至于我们可以设想，后者可能从属于手指示意的符号系统。

---

[1] 同上页注[3]，卷2，页6—7。

主体间性的交流与恐吓

把笛福的故事和皮尔斯的陌生人初次相遇的故事并列起来，我们就可以在符号学的意义上重新拉开陌生人初次相遇的原始帷幕。因为交流最初时刻的虚拟，可以进一步落实在"抛置一处"这个语言符号理论上，以便为符号学研究寻找新的出发点，同时也为解读帝国提供一套新的分析手段。在皮尔斯的假设中，陌生人的身份被处理得十分抽象和模糊，而小说《鲁宾逊漂流记》却大胆坦率，毫不含糊。那个和加勒比海"野蛮人"一起被抛在荒岛上的，是个有名有姓的英国人鲁滨逊。这里的问题是，鲁滨逊遇到这个"野蛮人"时，他会不会用皮尔斯所说的"仿声、模仿姿势和图解的办法"来跟星期五交谈？这两个陌生人之间开展交流的先决条件是什么呢？下面的片段引自鲁滨逊的第一人称叙事，它对陌生人初次相遇的场景的构想堪称妙绝：

> 为了让星期五稍稍明白我是怎样开枪的，就叫他来到我跟前。我用手指了指那只鸟——现在我看清了，其实那是一只鹦鹉，而我原先把它当作苍鹰了。我刚才说了，我用手指了指那只鹦鹉，又指了指自己的枪和鹦鹉身子底下的地方，意思是说，我要开枪把那只鸟打下来。于是，我开了枪了，并叫他仔细看好。他立即看到那鹦鹉掉了下来。他再次吓得站在那里呆住了，尽管我事先已把事情给他交代清楚了。尤其使他感到惊讶的是，他没有看到我事先把弹药装到枪里去，因此就以为枪里一定有什么神奇的致命的东西，可以把人哪，鸟哪，野兽哪，以及远远近近的任何生物都杀死。他这种惊讶好久好久都不能消失。我相信，如果我让他这样下去，他一定会把我和我的枪当神一样来崇拜呢！至于那支枪，事后好几天，他连碰都不敢碰它，还经常一个人唠唠叨叨地跟它说话谈天，仿佛枪会回答他似的。后来我才从他口里知道，

他是在祈求那支枪不要杀害他。[1]

这是一次让人非常难忘的初次相遇。鲁滨逊与星期五的交流看来并没有排除模仿性的声音和姿势，但是，这些模仿行为同时也在使用手指示意。射杀鹦鹉既是对杀死星期五的模仿，也是一种预示。星期五被请来充当观众，假使他能够直接明白这意思，就能逢凶化吉，否则就会落得和那只鹦鹉一样的下场。鲁滨逊所表达的信息似乎毫无损失地传递给了星期五：要么服从，要么被杀死。

不用说，星期五的处境很不安全。他不幸碰上了这么一个人，这人带枪，如果胆敢不服从的话，就会开枪。对鲁滨逊来说，沟通的失败也会对他自己造成直接的威胁，因为那就意味着星期五不承认他是荒岛的主人，或者说不承认他手中的枪乃是"神奇的致命的东西"。因此，他要做的第一件事就是恐吓星期五，让他领教英国人和他手中的枪具有至高无上的权力，进而令其匍匐在地。早在皮尔斯提出其关于交流行为的假设之前，笛福就以鲁滨逊为代表，上演了一出符号剧。从根本上讲，这个英国人做的，是用手指示意来进行一次演绎杀戮——就这么直白地、示意地一指，于是鲁滨逊的枪变成了人的手指的延伸物，让星期五充分领略到手指示意的恐怖。在欧洲人对初次相遇的殖民幻想中，枪的符号开创了人们所熟悉的殖民征服的祭礼和拜物情结，它把英国人规定为加勒比海小岛的主人、领主和统治者，而统治者所凭借的是无法匹敌的军事技术。

应该强调的是，鲁滨逊手中那杆枪的威力，还不在于它是一种夺人性命的物质力量，而是在于它作为一种实现恐怖和人的意图的符号所具有的那种指义功能。如果从这个角度来重新理解阿尔都塞（Louis Althusser）提出的"询唤"的假想，会有启示。我们可以问：阿尔都

---

[1] 笛福，《鲁宾逊漂流记》（Daniel Defoe, *Robinson Crusoe*, 2nd Norton Critical Edition, New York: W. W. Norton and Company, 1994），页153。此处采用了郭建中的译文，译林出版社1996年出版。

塞所说的路人是否真的会回过头,去应答警察的呼叫呢?[1]语言学理论中的"指示态"(deixis)符号的概念可以帮助我们更深入地了解这一情形。依照结构主义语言学家的说法,当两人以上的对话者在用代词"你""我"相互称谓时,指示态的结构关系就开始出现。爱弥尔·本维尼斯特(Emile Benveniste)在其论述语言中代词形式的功能时,对指示态符号的作用给了如下阐述:

> 其功能之重要可以根据它们所要解决问题的性质来衡量,这个问题不是别的,正是主体之间的交流。语言是这么来解决这个问题的,它创造出一组"空洞"的符号,这些符号和"实在"之间不存在指涉关系。这些符号随时可用,当说话者将其引入每一种言说情景时,这些空洞的符号就立刻充"实"了。由于这些符号不含具体的指涉物,所以也不存在误用的问题;由于这些符号对事物不进行陈述,所以也不受制于真伪条件的支配,避开了所有的否定。它们的作用是提供一个转换的机制,我们把这种转换称为从语言到话语的转换。每个言说者,当他以独特的身份说"我"的时候,才轮换将自己确立为"主体"。[2]

主体的概念借助于语言的指示态而得以建立,其必备条件是主体之间要进行交流。指示态在根本上具有交互逻辑,这就使得差异得以通过人称的相互称谓而产生出来,同时也使得差异本身在互换关系中被抹平。本维尼斯特的指示态的概念避开了与真伪相关的客观条件,避开了否定,同时也回避了主体间性的状况有时导致危险的可能。他对主体性的理解其实是功能性的,有一定的道理,这一点在后结构主义理论家那里已得到了重申。但问题是,本维尼斯特的功能主义(和形式主义)的主体理

---

[1] 对阿尔都塞的主体性概念的最新批评见巴特勒(Judith Butler), *The Psychic Life of Power*: *Theories in Subjection* (Stanford: Stanford University Press, 1997),页106—131。

[2] Emile Benveniste, *Problems in General Linguistics*, trans. Mary Elizabeth Meek (Coral Gables: University of Miami Press, 1971),页219—220。从女性主义的立场来看,这位法国语言学家在对代词的性质进行理论阐述的时候,不加标示地使用了男性代词,并视之为当然。

论切断了在历史上属臣/主体（subject）与君主（sovereign）的概念之间一直存在的紧密联系，因此一个至关重要的问题就与其失之交臂了。我将这个问题陈述如下：指示态称谓的交互逻辑，除了建构语言中互换的主体位置之外，是否同样也可以造就主臣关系的统治结构？

本维尼斯特的交流模式和在他之前的皮尔斯的符号学有一个共同点，两者都遮蔽了恐吓的因素如何制约言说者和言说者之间的关系。无论说什么语言，比如讲法文的知识分子法农，言说者一旦身处某个给定的指示态场景，就有可能受到恐吓。相比之下，笛福在这个问题上却毫不隐讳，他对殖民统治秉笔直书，写的是英国人的主权意识是如何发生的：鲁宾逊不但占据"我"的位置，而且还构想了他者的位置，替他者命名，令其臣服于自己。由此，这种双向的指示态命名的统治者（sovereign）和他的属臣/主体（subject），就构成了主体之间交流的现象学基础。我还要补充的是，这种命名经常被性别化，有时也被种族化。伊丽莎白·凯蒂·斯坦顿（Elizabeth Cady Stanton）是19世纪最重要的女权主义思想家之一，她醉心于把独立自主的（白人）女性描绘为"一个想象中的鲁宾逊·克鲁索，一个女鲁宾逊，她带着自己的女星期五，住在一个荒岛上"。[1]这一类幻想在今天已经很难为我们接受，它不符合我们的平等理念。但我们不能不正视它，因为它曾经是女权主义的有机部分，女权主义的这一份进步遗产曾经积极地参与和改变帝国的政治议程。[2]在第五章里，我探讨的是性别与帝国的关系，旨在说明，帝国的欲望生动地表现在白人女性如何幻想自己变成女鲁宾逊，并拥有自己的女星期五，这种公开的欲望暴露了自由主义理念中政治自由的局限，因为后者不得不面对帝国的欲望。不仅如此，它还提醒我们，当我们在理论上反思权力与语言的关系时，

---

[1] Elizabeth Cady Stanton, "Collected Papers"，收入 Beth M. Waggenspack 编选的 *The Search for Self-Sovereignty: The Oratory of Elizabeth Cady Stanton*（New York: Greenwood Press, 1989），页159。

[2] 关于帝国的后殖民研究以及妇女的选举权问题，参见 Ian Christopher Fletcher, Laura E. Nym Mayball 和 Philippa Levine 等选编的 *Women's Suffrage in the British Empire: Citizenship, Nation, and Race*（London: Routledge, 2000）一书中的论文。

主权和主体性的相互构建是值得密切关注的。

欲望与主宰者的主体

对于福柯有关生命政治的论述有一定了解的人，如果继续沿着老路讨论主权和主宰等问题，恐怕很难不理会福柯的警告。福柯的主体性理论恰恰是建立在以下前提之上，即古老的西方主权的形式已经被现代生命政治的知识和技术规训等制度所取代，这些制度，是围绕着对生命进行管治，而不是以死相威胁而建立起来的。这种"只管生不问死"（faire vivre et laisser mourir）的统治理念，必须与那种操纵生杀予夺大权（faire mourir et laisser vivre）的君权统治方式严格区分开来。[1]在《性话语史》中，福柯把君主的主权表述为"一种攫取的权利：攫取财物、时间、肉体，最终还有生命本身；它在为了镇压生命而攫取生命的特权中达到顶点。"[2]如果种族灭绝真的是现代权力的梦想，"那不等于说杀人的古代权力又回归了，而是因为权力的行使直接作用于生命、物种、种族和大规模的人口现象。"[3]

福柯对古代主权观的分析，离不开欧洲本土的地理疆域的自我指涉，因此，他在这样做的时候，是不是已经把帝国的统治排除在欧洲资产阶级主体性的历史之外？斯陶乐（Ann Laura Stoler）在《种族与欲望之教育》一书中，针对福柯的欧洲中心论提出了一些中肯的批评："我们不能不追问：还有哪些欲望被排除在了他的解释之外？我们还要问：男性的欲望以及成为欲望对象的女性，在帝国的地理上是如何分布和安排的，并重构了殖民叙事。"[4]斯陶乐借用朱迪丝·巴特勒早

---

[1] 见 Michel Foucault, "Faire vivre et laisser mourir: la naissance du racisme"（《只管生，不问死：种族主义的起源》）, *Temps modernes* 46, no. 535 (February 1991), 页 39。
[2] Michel Foucault, *The History of Sexuality: An Introduction*, trans. Robert Hurley, vol. 1 (New York: Vintage Books, 1990), 页 136。
[3] 同上书, 页 137。
[4] Ann Laura Stoler, *Race and the Education of Desire* (Durham: Duke University Press, 1995), 页 15。

期对欲望的思考，进一步指出，在哲学的意义上，欲望主体必须同时在将自己外化和对外界模仿的过程中，才能在自己的内心呈现外部世界的全部。无论想象中的帝国世界还是实际存在的帝国世界，欲望的主体也在做同样的事，而帝国世界提供了可能是最重要的战略性场所。斯陶乐写道：

> 说到西方人的欲望，没有什么政治传奇比殖民主义的故事更切题了，因为资产阶级喜欢自己的镜像，喜欢对现有的制度进行戏仿式的颠覆，所有这一切都在殖民的过程中起到了决定性的作用。资产阶级的自我确证和自我教养所倚赖的是一系列相互重叠的话语置换和区分。资产阶级的身份也从来都取决于那些不断地变化中的他者，那些他者既可美又可憎，既让人忌惮又让人受用，他们的角色全然不同却又总是同一个。[1]

斯陶乐的后殖民研究同时说明，我们为什么应将福柯有关臣服（assujetissement）——既指奴役（subjugation）又指主体化（subjectivation）——的论述放在现代帝国的历史中去重新思考。[2]我们还要进一步追问，福柯把主权的概念划入极权的统治形式，客观上是否排除了如下可能：即现代人的主体性本身就包含了对主权的重构。[3]这种排除，预先假定了主体性与主权的概念之间不存在历史的联系，而事实上，它们向来是互相界定对方的意义的。割裂主体性与主权之间的历史联系就

---

[1] 同上页注[4]，页192—193。
[2] 福柯，《规训与惩罚：监狱的诞生》（*Discipline and Punish: The Birth of the Prison*, trans. Alan Sheridan, New York: Random House, 1979），页30。
[3] 斯陶乐指出，福柯在1979年法兰西学院春季讲座的后期，曾就此问题提出了与其早期立场不同的看法。在这一讲演中福柯表示愿意接受这样的观点，即杀人的君主权利可能是经过转变化入了现代性，而不是被替代了，因为种族主义正是这么一种东西，它通过社会实体内部永久存在的战争关系而建立起"杀人的权利与对生命的确证之间的实在关系"。见Stoler, *Race and the Education of Desire*, 页86。正如斯陶乐所正确指出的，福柯的讲演提出了现代（重视生命政治）国家的权力中存在的种族和种族主义问题，但他没有进一步分析现代主体性是如何再造主权的。

第一章 国际政治的符号学转向

导致人们相信主权想象已经退出了现代主体性的领域，不需要再考虑了。参照乔治·斯坦梅茨（George Steinmetz）对德国在亚洲和非洲分别推行的殖民政策的比较研究，我们会看到一个宗主国作为政策的执行者和决策者，它在帝国的主权想象和主体性建构方面倾注了多么大的热情。[1]

我这里关心的问题，并不是国家权力及其司法制度是否应继续引起我们的关注，而是主权问题是否真的过时，它与本书讨论的欲望以及主体性的问题有什么关系？[2]如果主权问题并不过时——这也是我所要论证的，那么我们完全可以质疑那种认为主权只与法律意义的主体有关，而与其他类型的欲望主体无关的假设。巴特勒在《权力的精神生活》里对福柯就提出了相关的批评。书中有些深刻的分析尤其针对的是福柯有关奴役和主体化的解释。运用精神分析的方法，巴特勒从创伤的话语入手提问，为什么人们会反常地执迷于那些会伤害自己的询唤？她说："我们如何理解人们对他们个人与国家相连的自我如此执迷，尽管这种执迷明明在强化司法律令？"[3]巴特勒并不认为权力之外存在着一个无意识在左右人们的精神，她恰恰说人们对伤害自己的询唤如此执迷，是因为它的力量有如"与权力的无意识相似的某种东西，具有创伤性又富于创造力和重述性"。[4]

---

[1] 见 George Steinmetz, "Precoloniality and Colonial Subjectivity: Ethnographic Discourse and Native Policy in German Overseas Imperialism, 1780s-1914," *Political Power and Social Theory* 15 (2002), 页 135—228。

[2] Daniel Philpott 认为："主权不必如布丹（Bodin）所认为的那样显现于某一个体，也不必如布丹和霍布斯（Hobbes）都认为的那样显现于某个高于法律的实体。它也能寄身于三头执政，寄身于公众安全的委员会，寄身于由公意团结起来的人民（如卢梭所言），寄身于通过宪法或是欧盟法而实行统治的人民。大多数现代国家实行的都是广受欢迎的宪政统治，然而尽管如此，在有些事情上，国际法或欧盟法也可以是至高无上的。"见 Daniel Philpott, *Revolutions in Sovereignty: How Ideas Shaped Modern International Relations* (Princeton: Princeton University Press, 2001), 页 17。

[3] Butler, *Psychic Life of Power*, 页 102。温迪·布朗（Wendy Brown）对"创伤性依恋"的分析提供了一个重要启示，使我们看到女性主义者以及其他一些在政治上被边缘化的群体，为了反抗被排斥于公民的普遍范畴之外而采取的内敛策略本身，即带有西方自由主义传统的特征。见 Wendy Brown, *States of Injury: Power and Freedom in Late Modernity* (Princeton: Princeton University Press, 1995), 页 75。

[4] Butler, *The Psychic Life of Power*, 页 104。

这里所说的权力无意识，是不是接近我书中讨论的主权想象呢？如果答案是肯定的，那么主权想象对我们未来反思现代主体性是否能提供一些有益的启示？比如我在本书的结尾一章就以皇帝的宝座为例，分析此物的异地流转和它的重述性，说明现代世界的去魅其实并不彻底，说明拜物情结在我们这个时代尚未丧失其巨大的魔力。无论在维多利亚与艾伯特博物馆，还是在紫禁城中的故宫博物院，这些不同地方所展示的中国皇帝的宝座，看上去似乎没有被人占据，可谁能说人们在博物馆或是在历史照片、电影、小说和历史书里，没有在这个象征物上寄托了自己的幽思？从这个意义上说，从前皇帝的宝座并非没有被占据。在现代主体的心灵中，主权想象的痕迹往往是以权力的无意识方式运作的，所以很难被我们所掌控。

我们下面来具体地考察一下理论方面的阐述，进一步了解为什么主权的概念非但不过时，它还是我们理解现代主体性建构的一个关键。乔治·巴塔耶（Georges Bataille）曾强调，主权并不关乎帝王或极权主义的统治形式，而是关乎到主体性是如何通过社会劳动而达到的。由于这个原因，主体性也应是普通经济学理论的一个核心概念。在《被诅咒的份额》一书里，巴塔耶写道：

> 君主从不劳动，他只消费别人的劳动产品。如果主体是行使主权的君主，那么客体就是生产者，凡是暂时不用于维持客体存活的基本生计的那部分［剩余］劳动产品，即是主体所占有的份额。君主让产品的剩余份额为此时此刻服务，只要人们屈服于未来的重要性，君主就要继续占有他们的产品。君主因此成为主体的化身，由于他，也是为了他，瞬间——奇妙的瞬间——变成了海洋，劳动的千溪百流汇入其间，消失得无影无踪。君主为了自己也为了别人纵情欢宴，挥霍别人的劳动积聚。[1]

---

[1] 见 Georges Bataille, *The Accursed Share: An Essay on General Economy*, trans. Robert Hurley, vols. 2-3（New York: Zone Books, 1993），页 240—241。

国王和其他皇族是主权权力的传统象征，但巴塔耶对他们的分析并非就事论事，而是在黑格尔辩证法的哲学意义上，论述君主何以被公认为主体的化身。黑格尔的"承认"（Anerkennung）这个概念尤为重要，它讲的是，民众为君主劳动，通过这种劳动关系，民众在君主身上看到他们自己，因此反过来也承认君主。君主的主权之所以替天行道，是因为这个辩证过程将其化为芸芸众生的主体性具象。

巴塔耶的辩证思维源自黑格尔的《精神现象学》，尤其是黑格尔对欲望（Begierde）这个概念所作的分析。黑格尔认为，在欲望的运动中，自我意识通过把所有他物当作有待否定和替代之物，来寻找绝对的自我确定性。[1]巴塔耶回到黑格尔的主人与奴隶的辩证法，重新提出马克思主义对于剩余价值的物质和象征消费的诠释。如前所述，除了维持劳动者基本生计的那部分劳动成果，剩余的劳动是君主所占有的劳动，只要君主占有这些劳动，那么他就成为主体的化身。民众在承认君主的同时，也在君主的主权里看到了自己的影子。那么，为什么巴塔耶要把这个过程叫做奇妙的瞬间呢？它是否与某种神秘的承认机制有关呢？这正是弗朗兹·法农在《黑皮肤，白面具》里面所要探讨的问题，事实上，法农重述并修正了黑格尔的叙述：

> 黑格尔那里有一个交互逻辑；可是在这里，奴隶的自我意识是被主人嘲笑的。主人从奴隶那里要的不是承认，而是劳作。
>
> 同样，我这里说的奴隶绝不等同于那个消失于客体之中，在其劳作中找到解放之源的奴隶。
>
> 黑人就想当主人。
>
> 所以，他不具备黑格尔式的奴隶身上的独立性。
>
> 黑格尔式的奴隶要背向主人，面向客体。
>
> 我所说的奴隶要面向主人，抛弃客体。[2]

---

[1] 见 G. W. F. Hegel, *The Phenomenology of Spirit*, trans. A. V. Miller (Oxford: Oxford University Press, 1977), 页 109—110。

[2] Fanon, *Black Skin, White Masks*, 页 220—221。

在有关殖民主体性/臣服性的境遇和黑人寻求独立解放的斗争这些问题上，法农有过漫长而艰苦的思考。当奴隶转向主人并要求另一种交互逻辑时，一个奇妙的时刻就来临了。"从前，白人主人在**未经冲突**的情况下承认了黑人奴隶，"法农写道，"但从前的奴隶现在想**使自己被承认**。"[1] 法农努力想从黑格尔的"承认"（Anerkennung）这一概念中发掘出某种新义，他强调说：当奴隶要求得到与主人同等的承认并为真正的交互逻辑冒死奋斗时，自我意识就产生了。[2] 法农如此论述"为了承认而斗争"这个命题，其实不是对黑格尔的摹袭，而是来自于他对殖民战争以及为追求主权独立而进行的斗争历史的反思。[3] 他把关于黑格尔的主人与奴隶的哲学寓言转成一种历史叙述，这个历史叙述讲的是欧洲殖民统治下的黑人在社会经济和精神心理上的非人境遇。法农借奴隶之口说："一旦我开始有**欲望**"，"我就要求被当回事。我的存在不限于此时此地，我不能被封锁在物性之中。我的意义在别处，我的存在要实现别的目的。世人必须看到，我的否定性在于我活着还有比生命更高的追求，我的斗争是为了创造有人性的世界——一个人们相互承认的世界。"[4]

互相承认的辩证法，对于法农的意义不同于对于巴塔耶和与他同时代的其他黑格尔主义者。比如让—保罗·萨特就说过一些很刺激的话，去挑战法国人的想象力："当你把堵在黑人嘴上的封布拿开的时候，你指望得到什么？指望他们对你大唱赞歌吗？你真的以为这些曾被我们的

---

[1] 出处同上页注[2]，页216。

[2] 法农说的只是黑人男性的主体性，不是黑人女性的主体性。性别首先是因牵涉到种族境遇的问题，才跃入其视野，这种种族境遇结构了白种男人和（被支配的）黑人女人或是（怀着报复心的）黑人男人和白种女人之间的社会情欲关系。在《黑皮肤，白面具》中谈到马约特·卡佩西娅——《我是马提尼克岛妇女》的作者——的那一章里，法农试图拆解这种境遇，但同时却暴露了他自己的厌女症心理。

[3] 具有讽刺意味的是，迈克尔·哈特（Michael Hardt）和安东尼奥·内格里（Antonio Negri）认为，"对于像法农这样的思想家来说，提到黑格尔，即暗示了主人只能获得空洞的承认形式，而奴隶通过生与死的斗争，却有潜能朝着获得全面的觉悟而前进。"他们的解读奇怪地扭曲了法农与黑格尔进行的批判性对话，使法农的声音听来宛如黑格尔的回声。见 Michael Hardt and Antonio Negri, *Empire* (Cambridge, Mass.: Harvard University Press, 2000)，页129。

[4] Fanon, *Black Skin, White Masks*，页218。

父辈强摁在地的头颅重新抬起来的时候,你能在这些眼睛里看到对你的仰慕之情吗?"法农读到这些话以后,非但没有张开双臂去拥抱这位支持脱殖民运动的法国知识分子,却表示了他对萨特这种诘问的不以为然,他给萨特的著名回答是:"我不知道。我想要说的是,你们在我的眼睛里既找不到承认,也找不到仇恨,因为我的眼睛里只有永久的疑问,谁要是看不到这一点,谁就瞎了眼。"〔1〕萨特的诘问隐含着他对被压迫者和他们的欲望有一定程度的把握,法农却根本不认可他的把握。法农的这个谜一样的回答,把一个小小的难题引入到黑格尔式的相互承认的逻辑之中,使主体性之镜在顷刻间便粉碎了。因为,黑格尔式的互视达不到认知本身,至少是达不到幽灵所能够透露给灵魂的知识。当观看者碰到另一观看主体,而后者有可能不会回视你的目光时,就出现视而不见或自我蒙蔽这样可怕的结局。因此,**"瞎眼"**成为法农颠覆认知基础的主要隐喻,也预示了殖民主权的镜像崩溃的前景。〔2〕

---

〔1〕 萨特的引文出处同上页注〔2〕,页29。
〔2〕 法农与萨特及其与黑格尔的思想遗产(通过萨特和其他法国思想家)的论战,值得在此予以特别关注,因为法农写作的时代正好是黑格尔的主体哲学在法国复兴,而与这一复兴重合的是法国正经历着海外殖民地的暴力解殖民运动。在《黑色的俄耳浦斯》(*Orphée Noir*)中,萨特写道:"依靠革命运动来确证其黑人性(negritude)的黑人,直接把自己放在了必须予以考虑的位置上,这既是因为他想在自己身上辨认出某些客观地确立起来的非洲文明特性,也是因为他希望在自己内心深处发现黑人的本质。主体性因而得以重现:此自我与自我的关系;一切诗的源泉,也是劳动者被迫使之与自身脱离的思想源泉。要求其有色人种兄弟去'发现自己'的黑人,试图为他们展现其黑人性的模范形象,并反观自己的灵魂以捕获这一形象。他希望自己既是一座灯塔也是一面镜子,前者是革命性的,他将成为黑人灵魂的革命先驱,这个先驱一半是先知一半是信徒,他将把**黑色**(Blackness)从自身当中撕扯出来以贡献于世人之前;简言之,他将成为诗人,原本意义上的**诗人**(vates)。"Jean-Paul Sartre, *Black Orpheus*, trans. S. W. Allen (Paris: Presence africaine, 1976),页297—298。但法农却拒绝以这种方式来思考"黑人问题"。法农写道,只要黑人置身于其自己人当中,除了少数情况外,并没有必要通过他人来印证自身的存在。殖民地人民的世界观总是充满了杂质和裂痕阻碍,让人无法进行本体论上的阐释。这是因为黑人不光是黑色的,他必须相对于白人而言是黑色的。因此,"黑人问题"乃是从殖民遗产中产生的,必须在那个面向上来处理。对于法农来说,**为了承认而进行的斗争**的展开方式是与殖民关系不同的,因为它是一种旨在战胜殖民统治、同时获得主权独立的革命斗争。关于黑格尔研究在20世纪法国所处地位的分析,参见 Judith Butler, *Subjects of Desire: Hegelian Reflections in Twentieth-Century France* (New York: Columbia University Press, 1987)。

殖民暴力与现代主权概念的起源

从法农对黑格尔主义的修正中，尤其是为承认的政治而斗争这一点，我们看到，暴力对于现代主体性的建构如何重要；我们同时看到，主权这个概念为什么远没有过时，它在权力无意识的暴力性建构当中，为什么占据着一席之地，并持续地支持着现代主体性的运作。如果说，福柯把主权的概念狭隘地理解为古代操纵生杀大权的君权统治，那么他的论述已经不能帮助我们打开主权和主体的魔套。下一步的问题则是：如何分析主权建构过程中的暴力结构？

阿冈本（Giorgio Agamben）近年以对西方法律传统中的君主禁忌所作的研究，提供了他自己的答案。为了回应福柯关于生命的政治和对于生命的权力等核心命题，阿冈本撰写了《受谴咒的人》一书，对（欧洲）君主禁忌制度中的某些令人迷惑的特征进行了历史考察，书中主要处理的是最高主权如何通过君主禁忌制度与赤裸的生命（bare life）发生联系的。阿冈本重新评价施密特（Carl Schmitt）和巴塔耶的主权理论，他认为："如果例外（exceptionality）内在于主权的结构，那么主权就不完全是一个政治概念，或是一个法律范畴，它不简单是扩展到法律的某种权力（施密特），或是法律秩序的最高准则（汉斯·凯尔森）：它其实是更本源的结构，法律只有通过这个本源结构才能处理生命，才能悬置生命而将其纳入法律自身。"[1]阿冈本借用"受谴咒的人"（Homo sacer）这个古罗马的人物隐喻，来解释君主例外的制度。根据古罗马法，任何人都可以逍遥法外地杀死一个受谴咒的人，后者同时也被排除在宗教意义上的祭祀品之外。阿冈本在君主例外制和受谴咒的制度（sacratio）之间看到了某种结构上的类似："面对君主，所有其他人都宛如潜在的受谴咒者（homines sacri）；而面对受谴

---

[1] Giorgio Agamben, *Homo Sacer: Sovereign Power and Bare Life*, trans. Daniel Heller-Roazen (Stanford: Stanford University Press, 1998), 页28。

咒的人，所有其他人都宛如君主。"[1]主权的政治领域就是通过这种双重排斥的机制建立起来的，它既是宗教里的世俗因素的变异，又是世俗里的宗教因素的变异，结果在牺牲和谋杀两种行为之间就出现了一个含混地带。由此看来，"主权所涉及的范围意味着，在这里，杀人既不构成谋杀罪，也没有祭献的正面含义。受谴咒的生命——也就是可以被杀死，但不可以被献祭的生命——就成了不幸落入这个领域里的生命。"[2]这也是君主例外制的领域。

不过，阿冈本没有把君主例外制当作古代的遥远问题来对待，他把这个问题追溯到20世纪的纳粹国家，去研究暴力的结构在现代国家对生命权力的使用中是如何运作的。由于国家主权问题，以及它和福柯所说的权力的规训制度之间的相关性，没有在后结构主义以来的主体性理论中得到重视，可以说阿冈本的研究对后结构主义理论做了一次重要的修正。但阿冈本的问题是，他在分析暴力和现代性之间的关系的时候，却对法农曾经特别关注的殖民主义暴力问题保持缄默。在我看来，现代殖民主义一旦被排除在阿冈本研究的君主和主权的谱系学之外，这是否意味着殖民主义与纳粹种族屠杀之间的历史关联也同样不予承认呢？切断殖民主义暴力与欧洲主权观念之间的重要联系，就必然要扭曲主权的概念如何演变到今天的历史。下面我们会看到，国际法演进方面提供了大量的证据，足以证明我们所熟悉的主权概念乃是多个世纪以来殖民扩张、条约缔结和国与国交往的产物，而不简单源自欧洲内部的冲突。我们要想对这个动态变化的过程进行观察和记录，就必须首先摆脱狭隘的欧洲例外说，摆脱西方法律话语的普遍主义情节。

沿着这一思路，我们有必要对迈克尔·哈特（Michael Hardt）和安东尼奥·内格里（Antonio Negri）在《帝国》一书中对此问题所作的分疏进行简要的评述。哈特和内格里两位作者对现代民族国家的所谓"主权机器"进行了分析，他们指出，现代主权（modern sovereignty）与法国大革命前的旧制度有着根本的区别，因为现代主权的实现

---

[1] 出处同上页注[1]，页84。
[2] 出处同上，页83。

依靠的是主权与资本的结合,同时还依靠权威在超验层面上的运作。此过程把主权转化为政治机器,通过警察的力量和抗衡与之敌对的所有外部力量,来实行自己的统治。他们用德勒兹式的笔调写道:"由于主权机器如此运作,大众在任何时候都可以被转化成为秩序井然的整体。"[1]哈特和内格里与阿冈本不同的地方在于,他们承认殖民主义内在于这个过程,并主张应该把殖民主权(colonial sovereignty)与现代主权的概念辩证地联系在一起,其结论是:"殖民主义的终结和民族国家力量的衰落,标志着从现代主权范式向帝国主权(imperial sovereignty)的范式迈进的总体过程。"[2]

现代主权向帝国主权的迈进,果真显示了我们已经进入从帝国主义时代向当代帝国时代的历史性转化吗?殖民主义与当代帝国之间不再发生任何关联吗?这个结论假若成立的话,我们就要预先接受如下假设,即当代的主权概念——无论指的是现代主权还是帝国主权——本身并没有建筑在殖民史的基础之上。但这个假设究竟能否成立,还须加以审察。比如派格登(Anthony Pagden)最近完成的帝国研究,以及我下面要提到的其他历史学家的学术成果,让我们看到这个假设其实是站不住脚的。也就是说,对同一历史进程的描述,后殖民学者笔下的现代主权的谱系,迥异于福柯、巴塔耶、阿冈本甚至哈特和内格里等人所建构的欧洲中心主义的谱系,这一点值得我们认真对待。我认为,这两路研究之间的主要分歧在于,殖民性到底是在历史的大景观中充当辩证关系中的迟到的否定因素(哈特和内格里的观点),抑或它本身就是现代主权的起源条件(派格登等人的观点)?[3]后殖民

---

[1] Hardt and Negri, *Empire*,页87。
[2] 出处同上,页137。
[3] 不幸的是,哈特和内格里把后现代批评家和后殖民批评家混在一起了,在他们笔下,这些批评家好像在说:"如果现代是白人、男人和欧洲人的权力场,那么与之形成完美对称的是,后现代将是非白人、非男人和非欧洲人的解放之地。"(出处同上,页141)我认为没有一个严肃的后殖民批评家,表示过这个意见,他们也不会以这种方式来提出问题。《帝国》的作者把后殖民学者漫画化了,这使得哈特和内格里失掉了一个与那些向普世主义知识话语提出挑战的后殖民学者——尤其是在帝国研究领域的学者——展开严肃认真的论战的机会。

理论这一派的学者认为，现代主权根本就是殖民主权，而不是其否定关系中的镜像；扩而言之，哈特和内格里所认定的帝国主权归根结底也是某种形式的后殖民主权。对这一点，我们还应做出更具体的说明。

长久以来，国际法研究专家一致认为，16世纪的西班牙神学家维托里亚（Francisco de Vitoria，1492—1546）是现代国际法的奠基人。[1]维托里亚和他在萨拉曼卡大学的学生们，是最早系统地阐述自然法在国际关系中的基本概念的，这些概念后来由格劳秀斯（Hugo Grotius）、普芬道夫（Samuel Pufendorf）等国际法大家进一步发展并加以完善。维托里亚流传下来的主要著作有两部，一部是《论新近发现的西印度群岛》，另一部是《论西班牙与蛮族战争法》，这些著作明白无误地把万民法（ius gentium）的意义——国与国之间的法律——定位在殖民接触的早期年代。派格登在其《自然人的陨落》一书中指出，在西班牙人征服美洲（亦称"西印度群岛"）的初期，"印第安人的问题"变得十分突出，因为它牵涉到维托里亚所说的在"全人类共和体"（respublica totius orbis）中的"不同人群之间的关系是怎样的性质"这个问题。[2]维托里亚和他的学术同道们所关注的核心问题是：西班牙统治野蛮人——美洲印第安人——的法律依据是什么？如果仅仅由于美洲印第安人不是基督徒，仅仅因为他们在欧洲人眼里生活在所谓的野蛮社会，所以西班牙人就有理由霸占他们的土地和财产吗？这里有没有充足的法律依据？派格登的研究表明，如何回答这些问题，在当时是至关重要的，因为生活在哈布斯堡王朝治下的神学家和法学家，其首要任务就是建立完整的伦理政治原理，而凭借这些原理，卡斯蒂里亚王室就能以整个基督教世界的护卫者自居。[3]

---

[1] James Brown Scott, *The Spanish Origin of International Law: Francisco de Vitoria and his Law of Nations*（Oxford: Clarendon Press, 1934）.

[2] Anthony Pagden, *The Fall of Natural Man: The American Indian and the Origins of Comparative Ethnology*（Cambridge: Cambridge University Press, 1982），页65。

[3] Anthony Pagden, "Dispossessing the Barbarian: The Language of Spanish Thomism and the Debate over the Property Rights of the American Indians," in *The Language of Political Theory in Early Modern Europe*, ed. Anthony Pagden（Cambridge: Cambridge University Press, 1987），页79。

维托里亚的两部著作主要围绕以下论题展开，即谁对印第安人的土地具有公认的合法拥有权？因为这个合法的拥有权，可以用来界定主权准允和权威的限度。维托里亚本人也认为美洲土著人是"野蛮人"，他们信奉异端邪说，犯有不可饶恕之罪，但他反对文明的欧洲人把土著人在道德上和宗教上的缺陷当法律依据，并以此为由，剥夺土著人拥有自己领土的公共资格。派格登对此解释道，"这种资格——也就是行使主权的能力——受制于道德规范，而这种道德规范要求君主不能阻拦自由交通和自由地传播信仰。任何人一旦违背这些神启的'权利'，也就丧失了其公共资格，那么西班牙人就有权使用必要的暴力来强制执行这一神圣的规范。"[1]

维托里亚的推论，是以自然法（ius naturae）或自然权利的概念为基础的，它既适用于"信仰上帝的人"，也适用于"不信仰上帝的人"。在1537年发表的《论新近发现的西印度群岛》的论述中，他认为"西印度群岛的事务"既不是一个关乎教皇权限的问题，也不是关乎罗马法的问题，而是与自然法或自然权利相关的问题。至于维托里亚如何展开他这些复杂的神学辩论，派格登在一篇题为《剥夺野蛮人：西班牙托马斯主义的语言方式以及关于美洲印第安人的财产权的论辩》中进行了分析，并概括出下述的自然法原则：

> 依据万民法，西班牙人拥有了（维托里亚）所谓的"社会的权利和自然交通的权利"。海洋、海岸和海港对于文明人的生存是必不可少的，因此依据人类共同的协议，它们被排除在原初的财产分配之外。维托里亚认为，无论某处海滩事实上归属谁，任何人都不能被禁止在此地落脚，这种落地权始终是法律上的客观权利。当古代拉丁姆地区的国王们拒绝埃涅阿斯靠岸停泊时，埃涅阿斯义正词严地称他们是"野蛮人"，其理由即在于此。因此，旅行的权利——亦即旅行权（ius peregrinandi）——使西班牙人有

---

[1] David Kennedy, "Primitive Legal Scholarship," *Harvard International Law Journal* 27, no. 1 (Winter 1986), 页23。

权进入东、西印度群岛。此外，经商的权利也隐含在交通（communicatio）的名目下。照维托里亚的这种说法，当西班牙人以使者和商人的身份来到美洲时，美洲人对他们应待如上宾，并允许他们跟一切想跟他们做生意的人进行交易。既然这是万民法所规定的权利（至少根据维托里亚的定义），任何人要想改变它，都必须经过全人类的认可才能改变，而不是凭借某个统治者的个人意志就可以改变。维托里亚进一步宣称，万民法赋予西班牙人的传教权利——尽管它并不强迫别人接受自己的宗教——是不容干涉的，这个权利可以允许他们以"保卫无辜者"的名义，向暴君发动正义战争。[1]

维托里亚的主权概念的核心，是什么人有权利发动正义战争。上述引文最后一句所强调的是，西班牙人在何种情况下能够依据万民法向土著人发动正义战争。按照他的说法，美洲印第安人只要保证西班牙人"安全并和平"地在其土地上旅行、经商和传播福音，那么就可以维持他们的合法权利并得到保护。"自然权利"的交互逻辑同时也规定，如果西班牙人与土著做生意的权利，以及他们的居留权遭到土著的侵犯，那么就构成了伤害对方的口实。维托里亚说："为报复伤害而发动的战争才是正义战争，归根结底，西班牙人在美洲的合法性只能通过这种战争才能得以建立。"[2]在此情境之下，维托里亚对埃涅阿斯典故的援用意味深长，这个典故虽然是被作为一个法律先例而引用，但它提出的真实问题是，古为今用的做法如何服务于当前及未来的目的？[3]

---

[1] Pagden, "Dispossessing the Barbarian,"页 86—87。
[2] 出处同上，页 87。派格登对西班牙经院哲学中的萨拉曼卡学派的探讨包罗了一系列不同的立场，它们分别以维托里亚以及诸如 Melchor Cano 和 Juan de la Peña 等人为代表。我在这儿主要关注的是维托里亚所提出的关键性的神学概念对于国际法所具有的潜在意义，以及他对其后国际法的发展所产生的影响，这并非意味着漠视维托里亚所处时代神学论争的复杂性。
[3] 我对"野蛮人"及其与古代关系的探讨，见第二章。

维托里亚所论述的贸易自由、旅行自由和传教自由，到日后就逐渐演变成"文明"社会的标准定义。这在今天的后殖民时代的国际政治中仍然盛行。[1]必须看到，万民法、主权和战争权这些概念，早已在西班牙殖民征服美洲的过程中取得了新的定义，这一变化在国际法演进中是常态而不是例外。[2]对比当时的美洲大陆来说，进入东南亚地区（亦称东印度群岛）的欧洲人，意外地发现自己在亚洲置身于一个复杂的由国家构成的网络之中。从16世纪的国际法观点看，欧洲人无法把发现新大陆或占有无主荒地（terra nullius）的理由，适用于东印度群岛。欧洲人不得不面对的是当地实行的国与国的惯例，而这些惯例早已把签订条约、割让土地或军事征服纳入到这些地区既定的国家法律制度当中。[3]从16世纪末到17世纪初，荷兰人开始挑战葡萄牙人对东印度群岛贸易和航海的垄断权。正是在这个关节点上，长期以来被认为是欧洲国际法先驱的格劳秀斯，被请来（也可能是被授命）介入荷兰人和葡萄牙人之间的纷争。历史学家亚历山大罗维茨研究了欧洲人与亚洲君主在缔结条约和外交关系方面的争端案例，他所搜集并予以分析的档案材料，进一步否认了主权概念首先发源于欧洲国家之间的冲突，到几个世纪后，才扩展到非欧洲国家的那种观点。亚历山大罗维茨认为此观点将本末倒置。[4]不过，他批评的这种观点，在今天的国际关系学界仍然很流行，尤其是那些坚持以1648年签署的《威斯特伐利亚和约》为基础的学者，他们仍然强调欧洲的独特地位。这些人，把现代国际社会看成是欧洲的威斯特伐利亚体系的一个扩大版，而其他国家则是国际社会的迟到者；据

---

[1] 见 Gerrit W. Gong, *The Standard of "Civilization" in International Society* (Oxford: Clarendon Press, 1984)，页37。

[2] 更深入的讨论见 Anthony Anghie, "Finding the Peripheries: Sovereignty and Colonialism in Nineteenth-Century International Law," *Harvard International Law Journal* 40 (Winter 1999)，页1—80。

[3] 对原始法学观念的讨论，见 David Kennedy, "Primitive Legal Scholarship," *Harvard International Law Journal*, 27; 1 (Winter 1986)，页1—98。

[4] C. H. Alexandrowicz, *An Introduction to the History of the Law of Nations in the East Indies: Sixteenth, Seventeenth, and Eighteenth Centuries* (Oxford: Clarendon Press, 1967)。

称:"其他那些国家后来上升到威斯特伐利亚和约国的正式地位——美国是在1783年,加拿大是在1867年,中国和日本是在20世纪初。"[1]针对这种流行观念,亚历山大罗维茨指出:"他们把欧洲核心国家视为国际大家庭的创建者,而把东印度群岛的亚洲主权国家排斥在外。其实,这种对国际大家庭之起源和发展的看法,很晚近才披上这种成文法的外衣,而成文法本身却是迟至18、19世纪之交才产生的思想观念。"[2]

在《国际法史导论》中,亚历山大罗维茨澄清了一个重要事实,即格劳秀斯是根据荷兰东印度公司的档案,完成了其对印度洋诸国政权体制的研究。格劳秀斯在这里首次提出公海权(mare liberum,亦称自由海洋说),他的法律依据,就来自他对亚洲航海交通惯例的分析。由于闭海论(mare clausum)在当时欧洲各国的实践中甚嚣尘上,以致超过了自由海洋说,所以亚洲的航海惯例为格劳秀斯提供了一个法律上的先例。格劳秀斯的研究表明,从红海东部直到太平洋的全部海域,都实行的是自由航行,沿海各国的惯例也从来没有把印度洋看作是可以封闭的海洋。但是,始自葡萄牙人与伊斯兰人的冲突,这个局面就发生了根本的变化,跟着荷兰人接踵而至,使之进一步趋于恶化。1602年,一位名叫海姆斯柯克(Heemskerck)的荷兰海军指挥官,下令在马六甲海峡截获一艘满载贵重物品的葡萄牙商船圣凯瑟琳娜号(*Santa Catherina*),他把截获的物品当作战利品带回阿姆斯特丹去拍卖,其收益被摊入荷兰东印度公司的利润。于是,有关方面邀请格劳秀斯就此案发表意见,这就是他撰写影响深远的著作《公海论》的起因。亚历山大罗维茨认为,在此案中,格劳秀斯很有可能是东印度公司请来的法律顾问,因为他得到了披阅这个公司档案的特权,正是这些档案使格劳秀斯意识到东印度群岛对于欧洲贸易的重要性,并由此开始重新思考亚洲国家的君主在国际法中的位置。[3]

---

[1] 见 Philpott, *Evolutions in Sovereignty*, 页34。
[2] Alexandrowicz, *Introduction*, 页11。
[3] 出处同上, 页65。

《公海论》写于1608年。在这部著作中，格劳秀斯从法律的角度来处理自由海洋的问题。为了驳斥葡萄牙人对于东印度群岛的主权企图，格劳秀斯极力辩解说，东印度群岛的国家和地区本来就拥有自己的主权。1625年，葡萄牙法学家弗雷塔斯（Serafim de Freitas）针对荷兰人的这一立场提出反驳，他援用了教会法规来处理东印度群岛问题。这两位法学家旁征博引，都提出各自的法律论据，其焦点就集中在如何界定主权和领土权，两人关注的都是东印度群岛的自由航海与自由贸易的问题。格劳秀斯坚持认为，在国际法面前，东印度群岛不是法律真空。他解释道："我们所谈的这些岛屿（爪哇、锡兰和马六甲），无论现在还是过去，他们一直都有自己的国王、自己的政府、自己的法律以及自己的法律体系。"[1]格劳秀斯进一步指出，欧洲列强来到这里，要想攫取这里的领土权和其他权利，但他们无法打着发现新大陆或占有无主荒地的名义，也无法打着教皇捐赠的旗号进行单边行动。总之，欧洲人不能采取对统治这些国家的君主权威视而不见的策略。他们要想对这些土地获得主权，只能通过一些国际法原则认可的方式，譬如土地割让或武力征服。因此，葡萄牙人企图阻止荷兰人进入东印度群岛，阻止荷兰人跟亚洲诸国的君主交往，他们所依据的领土主权纯属虚构。在这里，格劳秀斯为了驳斥葡萄牙人，捍卫荷兰人的利益，他要求人们在法理上必须承认东印度群岛各国的主权地位，这一地位在国际法中是合法的。[2]

格劳秀斯的论点在欧洲与亚洲各国主权之间漫长的条约缔结过程中得到了证实，也说明主权的概念如何运作必须在外交实践中得到检验。到了18、19世纪之交，欧美的成文法学家重新想象东亚诸国，才开始认为这些国家原本不属于国际大家庭，因此有必要把它们（再）纳入到国际秩序之中。亚历山大罗维茨——他更偏向于自然法而批评成文法——在《欧洲人与非洲人的对抗》一

---

[1] 出处同上页注[2]，页45。
[2] 出处同上。

书中说道："成文法的实证主义抛弃了古典国际法的某些基本性质，自然法曾经根本不考虑信仰、种族、肤色和大陆（不歧视）等因素。而现在的国际法把自己缩小为欧洲中心的体系，把自己的观念强加于欧洲之外的国家头上，比如发动战争的合法性，抑或在什么情况下施加非军事方面的压力就可以成为某种主权的特权。这个国际法还歧视欧洲之外的文明，作为一种政治潮流，它与殖民主义并驾齐驱。"[1]不过，派格登对维托里亚的研究已经说明，古典国际法本身也与殖民暴力息息相关，已经成为殖民历史的一部分。无论如何，古典国际法至少还承认欧洲之外的民族和地域本来就拥有主权，而成文法学家则将它们排斥在国际法的大家庭之外。我们在现代学术中就经常碰到这种常识性的叙述，认为东亚诸国是国际大家庭的迟到者，这种对历史的误解，多半可以归因于19世纪以降的以成文法为主脉的国际法传统。

我在本章开头提出了国际政治的符号学转向，这一转向与国际法的发展基本同步，两者共同是19世纪成文法的实证主义精神的产物。国际会议这个机制的设立，就是对成文法的主权概念实行某种正式的认可形式。这个机制的新颖之处，在于它及时地捕捉到语言对于欧美所主宰的国际政治所具有的重要意义，同时捕捉到军事信号和其他符号实践的繁衍导致了日益增长的管理和统治需要。在接下来的几章里，我将对19世纪的跨文化、跨语际的符号实践展开具体的鉴别和分析。尤其令人瞩目的是，在鸦片战争期间，这些跨文化、跨语际的符号实践，使大批的有关主权诉求的译文频繁地在英帝国和大清国之间的争论中出现。在第二章和第三章中，我关注的是，恐吓的因素如何作用于主体间性，如何造就了英国人、汉人和满人之间的历史关系，并导致汉英之间出现了像"夷/barbarian"这一类奇怪的衍指符号，从而导致"夷"这个汉字最终在中英《天津条约》中被废禁。我在下面想强调的

---

[1] C. H. Alexandrowicz, *The European-African Confrontation: A Study in Treaty Making* (Leiden: A. W. Sijthoff, 1973), 页6。

是，当英帝国和满清统治者在翻译和文字的问题上争执不休，甚至不惜签署条约去规范某些跨文化符号的含义时，这里出现的翻译事件就已经不是一般意义的语义争端，而说明英帝国和满清统治者是如何对中国的主权提出各自的诉求。由于此，外交谈判同时也演变成彻头彻尾的符号事件。

第二章　衍指符号的诞生

> 每当人们追问，为什么当年的欧洲人，或外国人，被［非洲人］以"vazaha"（尊贵的陌生人）来称呼？每当人们追问，为什么那些航海遇险的欧洲人始终在异国他乡受到热情的礼遇，而从不被当敌人对待？［西方的］学者们从来不用"人道"、"善良"、"礼节"，或者用塞泽尔（Aimé Césaire）曾称之为"古风"的那一类习俗去回答这些问题。西方学者反倒不厌其烦地说，所有这一切都是因为白种人是人类翘首以盼的主子，而此事早已铭刻在古人"命定的象形文字"之中，也铭刻在人类的潜意识之中。
>
> ——弗朗兹·法农，《黑皮肤，白面具》

在大千世界数以万计的语言文字中，也许没有哪个单独的字，能像汉字的"夷"那样衍生出如此丰富的历史。我这里所说的历史当然是世界史。在过去的两个世纪中，曾有无数历史事件或奇闻轶事发生过，然而，似乎没有哪个事件，能与这个离奇的汉字"夷"所引发的种种事件相提并论。"夷"这一具有神奇效用的汉字，曾经引起那么多惶惑、焦虑甚至战争。它似乎被人看作是一头怪兽，因此有人想方设法地要制服它、消灭它或驱逐它，只怕它阴魂不散。那么我们就要问了，这个具有如此能量，又危险无比的字，它到底是什么意思呢？是"野蛮人"、"陌生人"、"外族人"，抑或是"非中国人"？问题是，我们一旦做起这个语义循环的游戏，就可能将特定历史事件的意义置之不顾,而仅仅在词语的字面意义上进行无休止的纠缠。即便历史语言学家能够穷尽"夷"字的所有含义,充其量也不过是为了给"夷"字找到更权威的定义,或更合适的译名而已。也就是说,纠缠于汉字"夷"的字义是不是等同于英文的barbarian(野蛮人),或根据字典的定义,进一步地争辩这两个词中哪一个更带有褒贬的意味,这只能导致人们忘记历史,让历史显得多余,或者无足轻重。针对这些困难,我拟在本章提出一个不同的思路,其大前提是不脱离"夷"字和英文的barbarian这两个词各自的历史传统,同时试图去理解和把握它们;尤其是尽力贴近近代以来这两个词之间出现的那些纠葛,并在这纠葛中去理解和把握它们之间的历史关系。无论是"夷"字的古汉语词源,还是古希腊词"barbaros"的词源——barbaros是古希腊人戏仿听不懂的外语发音而造的词[1]——今天人们对这些古词源的理解已经无法摆脱现代用法的阴影。因此,我们不必一开始就急于假定英文单词"barbarian"(野蛮人)就是汉字"夷"的恰当的对应词,而应该首先考虑的是,这两个不同语言之间的词义曾经如何互动?两者互解性或公度性的基础是怎样建立起来的?最关键的是,鸦片战争以来,英文的"barbarian"和汉字的"夷"这两个词之间出现的所谓通约关系遭受了什么样的法律约束?

一个奇特的法律禁令

"夷"字最早在国际官方的法律文件中出现,是在1858年签署的

---

[1] 伊迪丝·霍尔(Edith Hall)指出,波斯战争最先导致了泛希腊主义身份的浮现,同时它也导致了希腊人将所有其他人泛称barbaro(野蛮人)。霍尔将希腊人的身份和非希腊野蛮人的身份之对立的同期出现,追溯到公元前5世纪。希腊语的字barbaro源于东方语言,由多重拟声词组成。详见Edith Hall, *Inventing the Barbarian: Greek Self-Definition through Tragedy*(Oxford:Oxford University Press, 1989),页1—19。

中英《天津条约》。[1]这个条约的第51款就是特别禁止使用汉字"夷"的禁令。全文如下:"第五十一款一、嗣后各式公文,无论京外,内叙大英国官民,自不得提书夷字。"(图1)由于当时所有的条约必须是双语的或多语种的,所以第51款也配备了英文版,其原文是:"It is agreed that, henceforward, the character 'i'夷 [barbarian], shall not be applied to the Government or subjects of Her Britannic Majesty in any Chinese official document issued by the Chinese Authorities either in the Capital or in the Provinces."众所周知,19世纪期间,英国迫使清政府签署了许多旨在实现其远东外交战略的强制性条约,《天津条约》的签署即在此例。此条约最初的英文版本,把汉字"夷"的书写体,放在当时的罗马拼音"i"和英文翻译barbarian之间。[2]

为了确保"夷"字以及其他汉字的英文翻译在中英双语交流中维持原意,并具有法理权威,《天津条约》还在"夷"字禁令的前一条,也就是第50款中安插了如下规定:

> 第五十款一、嗣后英国文书俱用英字书写,暂时仍以汉文配送,俟中国选派学生学习英文、英语熟习,即不用配送汉文。自今以后,凡有文词辩论之处,总以英文作为正义。此次定约,汉英文字详细较对无讹,亦照此例。

---

[1] 在这场谈判中,额尔金代表英国政府,其助手为汉文正史托马斯·威妥玛(Thomas Wade)和汉文副史李泰国(Horatio Lay)。清政府的谈判官员是桂良和花沙纳。额尔金,本名为詹姆士·布鲁斯(James Bruce, 1811—1863),是第8代额尔金伯爵并第12代金卡尔丁伯爵。其父是著名的托马斯·布鲁斯(Thomas Bruce, 1766—1841),即上一代额尔金伯爵,在19世纪初,托马斯·布鲁斯在土耳其政府的允许下,把大量的古希腊大理石雕像运到了英国。詹姆士·布鲁斯本人曾任牙买加殖民地总督(1842—1846)和加拿大殖民地总督(1846—1854),后于1856年被派到东亚,成为英国女王的钦差大臣和驻中国和日本的皇家全权公使。关于额尔金家族的殖民地冒险记,详见Sydney Checkland, *The Elgins, 1766 - 1917: A Tale of Aristocrats, Proconsuls, Their Wives* (Aberdeen: Aberdeen University Press, 1988)。

[2] *Treaties, Conventions, etc., between China and Foreign States*,第二版,两卷(Shanghai: Statistical Department of the Inspectorate General of Customs, 1917),卷1,页419。

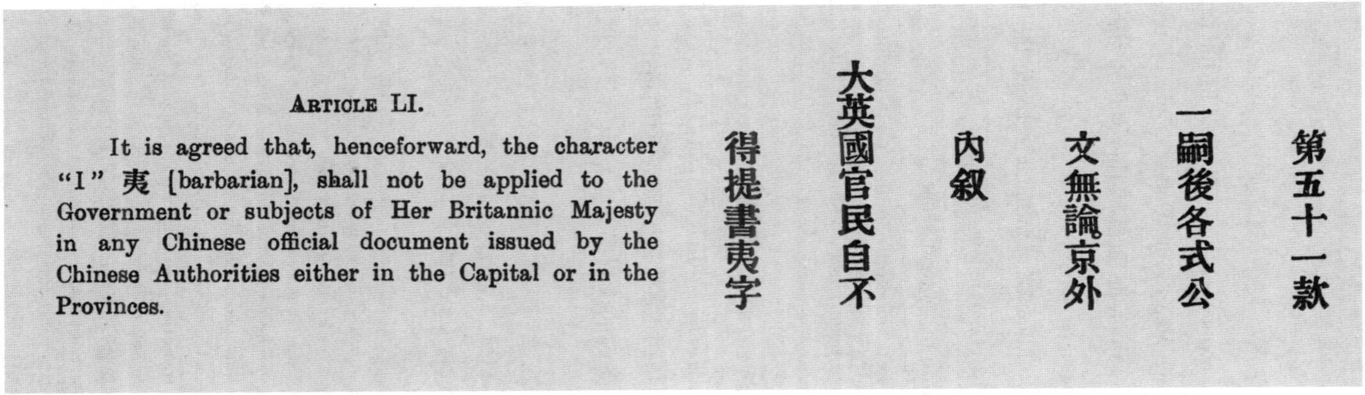

第五十一款

嗣後各式公文,無論京外,內敘大英國官民,自不得提書夷字。

ARTICLE LI.

It is agreed that, henceforward, the character "I" 夷 [barbarian], shall not be applied to the Government or subjects of Her Britannic Majesty in any Chinese official document issued by the Chinese Authorities either in the Capital or in the Provinces.

图1 《天津条约》第五十一款。图片源自 *Treaties, Conventions, etc., between China and Foreign States*。

此条款的英文略有不同，原文如下：

> Article 50：
>
> All official communications addressed by the Diplomatic and Consular Agents of Her Majesty the Queen to the Chinese Authorities shall, henceforth, be written in English. They will for the present be accompanied by a Chinese version, but, it is understood that, in the event of there being any difference of meaning between the English and Chinese text, the English Government will hold the sense as expressed in the English text to be the correct sense.
>
> This provision is to apply to the Treaty now negotiated, the Chinese text of which has been carefully corrected by the English original.[1]

我们可以看到，第50款的英文版和中文版之间已经出现了歧义，如果遵循此款的精神，则最后一句的准确汉译应当是"此次定约，其汉文已参照英文原文逐句纠正。"[2]第50款明确指出，以英文原意为准的原则，通常适用于条约的谈判以及条约中语言使用的一般情况。在英

---

[1] 出处同40页注〔2〕，卷一，页418。中法《天津条约》第3条款有类似规定，但附加了一些中国和法国之间在一定程度上互惠的条件。条约中写道："Les communications officielles des Agents diplomatiques et consulaires Français avec les autorités Chinoises seront écrites en français, mais seront accompagnées, pour faciliter le service, d'une traduction Chinoise aussi exacte que possible, jusqu'au moment où le Gouvernement Impérial de Péking, ayant des interprètes pour parler et écrire correctement le Français, la correspondance diplomatique aura lieu dans cette langue pour les Agent Français, et en Chinois pour les fonctionnaires de l'Empire. Il est convenu que jusque-là, et en cas de dissidence dans l'interprétation à donner au texte Français et au texte Chinois, au sujet des clauses arrêtées d'avance dans les Conventions faites de commun accord, ce sera le texte français qui devra prévaloir. Cette disposition est applicable au present Traité. Dans les communications entre les autorités des deux Pays, ce sera toujours le texte original et non la traduction qui fera fois." 出处同上，卷一，页816。

[2] 翻译官威妥玛和他的助手李泰国在谈判过程中起了很大的作用，因为双方最高的全权代表只是在谈判的开始和条约签署的时候才碰面。详见坂野正高（Masataka Banno），*China and the West, 1858 – 1861: The Origins of the Tsungli Yamen*（Cambridge, MA：Harvard University Press, 1964），页18—25。

国政府的要求下，第50款先，而第51款后，因此，就立刻产生了汉字"夷"的字义是否应该被英文"barbarian"（野蛮人）一词所纠正的问题。我的分析是，第51款的禁令恰恰是基于第50款对中英翻译的事先框定，不过从字面上看起来，汉字"夷"被英文"barbarian"进行纠正（corrected）的这件事，好像从未发生过，而它事实上也被第50款的中译版含糊了，似乎仅仅是"汉英文字详细较对无讹"。我们可以看得很清楚：中英《天津条约》实现"夷/i/barbarian"这个三位公度性的跨语际符号所采用的办法是，将汉字、其罗马发音及其英译捆绑在一起，形成牢不可破的三位一体的语义单位。

那么，这个三位公度性的衍指符号"夷/i/barbarian"意味着什么呢？它意味着汉字"夷"由于被赋予和体现了英文"barbarian"这个词的特征，并被转变成这个英文单词的能指，而成为一个中英文交叉的衍指符号，因此其本身的正确含义必须屈从于英文单词。这个中英文交叉的衍指符号，不动声色地把中文和英文的词源汇聚其中，并将其公度性锁定，形成了一个奇妙的语义组合整体。这种纠正中文语义的办法（corrected by the English original）不但造就了全新的中英文交叉的衍指符号，而且这一符号的含义及其完整性，立刻受到法律的保护。也就是说，如果有人企图颠覆或质疑衍指符号"夷/i/barbarian"语义的合法性或完整性，那么此人是冒天下之大不韪，等于违反了国际法。

不过，冒天下之大不韪的事总会有人去做，正如有人总是执迷于汉字的"夷"必须服从于英文"barbarian"（野蛮人）释义，而不可有他义那样。值得我们特别重视的是，《天津条约》第51款里的禁令，把原本好像微不足道的翻译问题，一下子抬到了国际争端的焦点，变成一个大问题。这对于在我们理解所谓文明之间的冲突这个说法，包括过去的和今天仍然在重复的说法，带来一些新的启示。对欧美人来说，至关紧要的是如何捍卫文明，这个问题首先关系到如何辨认谁是真正的"barbarian"。在当时的英国人眼里，西方以外的社会一律被划为野蛮的或半文明的状况，汉字"夷"则来路不明，它的到来似乎混淆了本来很清楚的文明和野蛮的分野,于是成为国际丑闻。这个丑闻在于,汉字"夷"的出现把野蛮人掷向文明的怀抱,使野蛮人成为文明人的孪生儿和自我镜像。

我们姑且承认,汉字"夷"在当时有可能给法律和正在形成之中的国际秩序构成某种威胁,那么在法理上,这个字又是怎样产生意义和进入社会实践的呢?文字禁令后面的心理焦虑来自何处?作为中英文交叉的衍指符号,"夷/i/barbarian"的精神生命在哪些方面,显示出它与其他语义交叉的异语符号有相似的特征?这些问题是此章研究和分析的基础。通过本章的分析,我力图向读者阐明的一点是,"夷/i/barbarian"这个语义交叉的衍指符号所暗示的,恰恰是大英帝国和大清国对峙的过程中,双方如何争夺对中国主权的象征的和实际的控制(自然满人也曾经是外族人)。詹姆斯·何伟亚(James Hevia)说过一句话,他把大英帝国和满清政府的对峙概括为:"这两个帝国的遭遇,各自都私怀天下情结,也都知道该怎样引经据典去伸张自己的天下情结。"[1]我们将在下文看到,这种帝国情结是如何导向战争,我们还会看到,大英帝国及其西方盟国采取了怎样的措施对付大清国,这些措施又如何帮助他们面对在异族国土的生存和对之占领时的种种问题,以及随之而来的焦虑和死亡。

谁是野蛮人?

在第一章讨论皮尔斯的符号学时,我曾简要地引出衍指符号的概念,并称之为词语的某种异类现象(linguistic monstrosity)。我之所以称之为词语的异类现象,是因为衍指符号往往躲藏在某个概念的"字面"之后,一方面表达概念本身,另一方面又使自身隐藏起来,不具有独立的物质载体。由于衍指符号并不以个别的词汇或个别的文字面貌出现,它不属于我们所熟知的语言文字现象的研究范围,因此词源

---

[1] James Hevia, *Cherishing Men From Afar: Qing Guest Ritual and the Macartney Embassy of 1793* (Durham: Duke University Press, 1995),页25。

学的分析方法并不能有效捕捉到它的生成和运动的踪迹。不过,尽管语言学无法在词语的层面处理衍指符号这一异类现象,这并不妨碍我们对其加以思考。我认为可以对衍指符号作以下定义:即衍指符号是甲方语言的概念,在被翻译成乙方语言的过程中获得的表述的方式。我们在技术上可以借用国际音标的斜杠,演示衍指符号的系列,比如"夷/i/barbarian"。这种分析方法的优势在于,它帮助我们克服传统语言学过分依赖现成的单个语言文字符号的弱点,从而开启思路,让我们得以近距离观察那些扑朔迷离的词义何以生成?为什么语言必有多重含义?外语对母语的入侵为何总是伪装得不留痕迹?为什么跨语际的言说和不同语言之间的意义创造具有如此的生命力?与此同时,为什么这一类的言说和意义创造总是被人们极力地否认?

可以肯定的一点是,当某个衍指符号渗透一种语言时,它往往以这种语言现有的某个单词或文字组合的面貌出现,不过,这个单词的"意义"则指向别处,指向某个外语的概念。汉字"夷"正是经历了这样一场蜕变。《天津条约》第 51 款对"夷"字所下的法律禁令,似乎是对一个奇怪的汉英杂交体的禁令。这时汉字"夷"的所指,并非汉语原有的概念,它以翻译体转喻的方式,指向英文"barbarian"的概念,而后者才是这个衍指符号的意义担保。事实上,《天津条约》的法律禁令,确保了这个衍指符号的独尊地位,迫使汉字"夷"的所指(亦即皮尔斯符号学里所谓的 object "对象")只能限于英文"barbarian"的字义范畴,这样做的结果是,一方面它切断了"夷"字与汉语中其他相关概念的联系,如"西洋"、"西人"或者"西洋人",另一方面,它以新的衍指符号"夷/i/barbarian"取代清朝官方对"夷"的更早的满文翻译"tulergi"(外地,外部)。[1]正如我在下一节里要讨论的,导致这一切发生的历史事件是 19 世纪的鸦片战争,以及中外之间发生的其他外交和军事上的对抗。

---

[1] 有关满汉翻译的讨论,详见笔者在第三章对满清政府提倡中外一家的意识形态的分析。

翻阅大量明、清两代的官方中文文献,没有证据显示唯有"夷"这个汉字是专指外国人的。(在第三章,我会进一步分析清代皇家的意识形态如何使用"夷"字。)在明、清两代,除了"夷"以外的其他表达方式,比如上文提到的"西洋"、"泰西"以及"西洋人",都始终并存,并且经常和"夷"字同时出现。这种情形与英国东印度公司从18世纪到19世纪初,一直采用英文单词"foreigner"(外国人)来翻译汉字的"夷",是有所呼应的。[1]比如,文献中称利玛窦为"西洋人",许多17世纪来到中国的耶稣会传教士也同样被称为"西洋人"。18世纪初,清政府为了控制对外通商,任命广州的十三行为对外贸易的垄断公司。为了有利于把外国商人和广州行商的称谓区别开来,从这时起,汉字的"夷"和"洋"就有了明确的分工。这时期的清朝官方文献将海外来的外国商人统统叫做"夷商",把广州十三行的行商统统称作"洋商",也叫"官商",这些"洋商"扮演的角色是外国商人和当地政府之间的中间人。"洋商"这个词也对称地反映了英文"Chinaman"的有趣用法,因为在18世纪的英文里,这个词不特指"支那佬",而是在伦敦贩卖瓷器制品的人(通常是犹太商人)。1834—1842年期间虽然风波四起,其间还爆发了中英首次军事对抗,但"夷商"和"洋商"的功能上的区分还得以延续了若干年。[2]直到1858年,英中双方签署《天津条约》,"夷"字始被禁,贬为不合法,"洋"字遂取而代之。"洋商"一百八十度转义,取代了"夷商"一词的原来功能,开始统指外国商人。到了民国初年,"洋"字被赋予更广阔的含义,其所指包括所有的来自外国的人和事,其更早的所指,即"洋商"与广州十三行商人的

---

[1] 在这段时期皇帝颁布的谕旨和清朝官员的奏折中,"夷"字和"西洋"经常在同一句话或者同一个段落中出现,而没有明显的修辞变化。请参考《朱批谕旨:雍正》(上海:点石斋,1887)。

[2] 有关这一用法的文献证据,请浏览已出版的部分清政府在1834—1839年间的谕令、奏折和公告。参见佐佐木正哉(Sasaki Masaya)编辑的《鸦片战争前中英交涉文书》(东京:巌南堂书店,1967);还可参考冯尔康的《雍正传》(北京:人民出版社,1985),页407。

同义指称乃消失殆尽。[1]

酒井直树（Naoki Sakai）对翻译问题有一段评述，或许能帮助我们把握这一现象后面的认知模式。他说："人们习惯性地把翻译过程描述为从'一方'到'另一方'的信息传递，或是一个人与另一个人的对话，抑或一群人与另一群人之间的对话。这种理解充其量不过是对翻译的特定表述罢了，其前提是双方的对话必须遵守一定的交流模式。"[2]酒井对交流模式的质疑，进一步促使我们提出以下问题：汉字"夷"演变成衍指符号"夷/i/barbarian"的过程，它所依赖的是什么样的知识机制？更准确一点说，汉字"夷"的含义是如何由"夷/i/barbarian"来表达的？首先，让我们来看看里面的交互逻辑（logic of reciprocity），因为这一逻辑似乎是所有衍指符号诞生的基础。假设甲的意义被判定等同于乙的意义，那么就可以理解为乙可以翻译甲，反之亦然。根据同样的交互逻辑，谁也不能保证甲不会反过来被乙所影响或改变，反之亦然。从事翻译的人依赖的正是类似的交互逻辑，来臆测和营造两种语言之间存在公度性的事实，在这种情况下，怀有某种动机的翻译行为，就能够在可供选择的不同语言的符号之间，在前人所创造的衍指符号之上，营造出一批全新的、言之成理和不得拆散的衍指符号。新的衍指符号一方面在翻译的交互逻辑下应运而生，另一方面又把这个过程遮蔽得不留一丝痕迹。也就是说，衍指符号内部的语言裂痕从一开始就被遮蔽了，而非后来才发生，因此它的新奇性和陌生性很快就被那些固定不变的能指和语词自身的物质载体所吸纳。这就是为什么人们不容易区别衍指符号链和固有的词汇之间有什么不同，这也是为什么我们在研究近代"夷"字时，当"夷"字的衍指符

---

[1] 陈旭麓《辨"夷"、"洋"》的文章影响很大，被广为引用，但他的研究忽略了广州行商被称作"洋商"的重要细节。在这个问题上，我所见到的绝大多数鸦片战争和清朝涉外关系的研究，也都重复陈旭麓的说法，竟然没有看出"夷"和"洋"这种功能上的区别，在这段时间的官方文献里比比皆是。详见陈旭麓的《陈旭麓学术文存》中的《辨"夷"、"洋"》（上海：上海人民出版社，1990）。

[2] Naoki Sakai, *Translation and Subjectivity*：*On "Japan" and Cultural Nationalism* (Minneapolis：University of Minnesota Press，1997)，页15。

号已经不能等同于纯粹的本土文字时,传统字源学(中文字典和中文有关文献)的办法就变得不那么有效了,而单纯字源学上的追究,只能进一步加深对衍指符号的那些外来痕迹的遮蔽。在近代史研究中,我们还必须面对"夷"字与英语、满语和其他语言互动的历史,否则将产生严重的方法论和知识论的误导。

目前看来,在语言符号的研究中,"字"作为一个分析单位尚无可能根本取消。在我们找到更好的分析方法之前,我们不妨尝试逐步打开文字的神秘面纱,来探究一下,当语言符号被藏在一个被充分物化的文字后面的时候,它究竟在做些什么?这也就是说,对文字的词源分析和对语言表意功能的符号学分析,完全是两码事,因为符号功能里有很多东西,是词源演变及其物质载体所无法解释的。比如,仅仅指出语言是历史的传承,或者指出字词的含义随着时间的推移而不断变化,这种解释其实是非常有限的。语言学家索绪尔很早以前就观察到并试图说明这一点:"我们千万不要把[词语的]'变化'这个词的意思弄错了。有人可能认为'变化'主要是说'能指'本身经历的语音上的变化,或者说'变化'是'所指'概念上的变化,这些观点都不全面。无论变化的动因是什么,无论是单独的力量或是合成的力量,'变化'之根本还是'所指'和'能指'之间关系的转变。"[1]这是索绪尔语言学符号共时研究的核心,也跟我们研究符号如何在跨语言的过程中产生质变是密切相关的。不过,索绪尔本人对符号的跨语际的生产过程似乎视而不见,没有作深入的分析研究[2]。因此,我在这里提出的是不同于普通语言学的研究方案,即我一方面要分析衍指符号的各种形式特征,另一方面,也要对本土词源与外来因素的

---

[1] Ferdinand de Saussure, *Course in General Linguistics*, trans. Wade Baskin (New York: McGraw-Hill Book Company, 1966),页15。
[2] 德里达在《论文迹学》(*Of Grammatology*)一书中,遗漏了索绪尔符号学研究中的一个重要方面,即索绪尔指出的语言研究中词源学方法的局限性。德里达本人动辄回到古希腊语和拉丁词根,恰恰就落入这种局限性。我曾在一篇叫做《符号的政治经济学中的意义价值问题》的文章里,从翻译理论的角度对德里达和词源学方法进行了批评,见Lydia H. Liu, ed., *Tokens of Exchange: The Problem of Translation in Global Circulations* (Durham: Duke University Press, 1999),页24—27。

互动过程提出自己的历史解释。

衍指符号"夷/i/barbarian"的新奇之处在于，它不仅通过索绪尔所说的"所指"与"能指"关系的转变，来瓦解早期满文对"夷"字的解释，而且，还结束了"夷"字在汉语里面的生命，使其在条款51的禁令下销声匿迹。"夷"字的汉语"能指"虽然还会在人们心目中引发某种幻觉，好像这个字与古汉语的词源始终连绵不断，但幻觉总归幻觉，事实上，这个词已经死亡，如今我们看到的只是它的遗迹。当《天津条约》第51款要求汉字"夷"以"barbarian"（野蛮人）的词义出现的时候，它已经将这个汉字从其过去的和其他的表意位置上实行了驱逐。这个驱逐行为，一方面确保了英文单词"barbarian"（野蛮人）在衍指符号中享有至高无上（即主权）的表意权，另一方面，它又不能不在"夷/i/barbarian"内部留下深深的裂痕和内在的区别，而使汉字的"夷"和英文的"barbarian"两者之间的公度性出现矛盾。那么，我们如何认识这种裂痕和内在的矛盾？一种语言里的符号有可能在另一种语言里的符号中获得它的命运和归宿吗？为什么两种语言在跨越彼此的界限的时候，很难留下它们越界的轨迹呢？我在下文将尝试从几个历史角度和分析角度来解答以上问题。

我们已经看到，《天津条约》第51款迫使汉字"夷"用英文的"barbarian"来表义，将这个英文词指定为衍指符号的意义归属，亦即恰当的所指。这意味着英文词"barbarian"本身不受法律制裁，享有与汉字的"夷"完全不同的一种命运和生存方式。法律禁令因此在衍指符号的内部作了巧妙的区分，它一边要求在"夷"字和"barbarian"之间坚持唯一和持久的公度性，但同时又否认其所谓的公度性只是翻译造成的事实。不过，衍指符号将其内部的分裂遮蔽得很好，把翻译行为藏在完美的公度性后面，藏在文字的"完全对等"（perfect equality）的面具背后。"完全对等"或"完全平等"恰恰就是英国人在1842至1858年的条约谈判中，一再使用的交互逻辑。假如有人想对某一翻译的恰当性提问的话，那么帝国的卫道士就会让对等的文字作为自身的证据出来说话，可是这个所谓的文字证据的作用，正是为了遮蔽翻译等式两边的不统一、离奇和变异。这让人想起17世纪的欧洲法学家普芬道夫（Samuel Pufendorf）对帝国的总结，他曾说帝国是一个不规则的、怪物一样的东西（"irregulare aliquod corpus et monstro simile"）。[1]这个隐喻对我们理解几个世纪以后，"barbarian"（野蛮人）的英文词在口头和书面语的表达上，如何为帝国效力作了精彩的预言。也就是说，大英帝国创造的这个怪异、庞大、恐怖的怪物，成了帝国自身的镜像，它像魂灵一般，挥之不去。

这也许可以帮助我们理解，为什么在英国人眼里，衍指符号"夷/i/barbarian"显得那么不可理喻，甚至秒不堪言。其实，第51款的文字值得进一步推敲，因为此款虽然向衍指符号"夷/i/barbarian"下了禁令，但禁令并不连累衍指符号内部的英文所指。换言之，"barbarian"这个词享有双重优势，它既是"夷/i/barbarian"这个衍指符号链的权威所指，又是一个独立的英文单词，不受任何条约和条款的审查和限制。由此看来，我们对第51款的禁令就有了更深入的解读，沿着其内在的分裂，我们可以发现两个隐含的附加指令：其一，汉字"夷"必须成为"barbarian"的能指（signifier），从而演变成为固定的衍指符号；其二，其所指英文词"barbarian"本身是能指，不过它的所指（signified）则指向别处，逍遥法外，因为"barbarian"并不受禁令对衍指符号"夷/i/barbarian"的限定。

那么，这两个附加指令导致怎样的后果呢？后果之一，就是到了一定的时候，"夷"字将被人从活着的汉语中永远驱逐出去（今天史学家著作中处理的"夷"字往往是死去的字）。不过，法律禁令的遏制力总是有时限的，若想发挥更长久的作用，它还需借助其他的力量，比如史学家撰写的教科书，以及大众媒体的声音。这时，历史写作就发挥了极为关键的作用。国外研究国际关系史的专家经常不厌其烦地

---

[1] 在普芬道夫语境里，此引文针对的是"德意志民族的神圣罗马帝国"中邦国林立的不统一局面。详见 J. G. A. Pocock. "States, Republics, and Empires: The American Founding in Early Modern Perspective", in Terence Ball and J. G. A. Pocock, eds., *Conceptual Change and the Constitution* (Kansas: University Press of Kansas, 1988), 页67。

重复说，当年的支那人对外国人如何地傲慢，说得很肯定，其实，他们的职业信心多半来自《天津条约》第51款的法令支持。除了很少的例外，几乎目前出版的所有关于19世纪中英关系的外文著作，都对支那人的国人心理，即所谓的"中国中心主义"，大加渲染。无论在费正清（John King Fairbank）之前还是之后，这种文化心理主义的猜测差不多成为史学界的惯例，其中包括大名鼎鼎的《剑桥中国史》。[1]《天津条约》第51款给后人的长久遏制，我们还可以从两个有名的英译版中略见一斑，即林则徐1839年致维多利亚女王那封信的英译本。第一个译本发表于1840年的《中国丛报》（Chinese Repository）；第二个版本由费正清和邓嗣禹重译，发表于他们在1954年合编的近代史资料选辑（见本书附录）。所有这一切都表明，《天津条约》第51款的禁令留给后人一个多么深厚的传统，其遏制力的持久性实在令人震惊。

英文（和其他外文）世界的史学著作至今顽强地使用"barbarian"这个词，这说明《天津条约》第51款的深厚传统至今还在影响着当代学术。但何以证明中国人的确把外国人叫做"barbarian"呢？在多数情况下，汉语文献里用的只是"夷"这个词，这种跨语际的偷梁换柱在史学研究中往往做得不动声色。这种做法对于后人如何理解近代史，如何理解文明之间的交往，造成了严重的障碍。一方面，它妨碍我们将衍指符号"夷/i/barbarian"作为19世纪的一个特定的法律和历史问题来探讨；另一方面，它也切断了衍指符号"夷/i/barbarian"与当时出现的英文以及其他欧洲语言中大量的有关"barbarian"（野蛮人）的殖民论述之间的重要纽带。本来所谓中国人仇外的故事是和欧洲人的海外殖民扩张有紧密联系的，但如果我们从一开始就把欧洲人的殖民史排除在视野

---

[1]《剑桥中国史》第二卷处理的是1800至1911年的晚清史，其中有关中国外交关系的章节就由费正清的学术所主导，文中多处出现英文字"barbarian"，是作为中国中心主义的文字证据使用的，因此，在学术上，《剑桥中国史》的本卷作者继续贯彻中英《天津条约》第51款的法律精神，既没有对"barbarian"这个英文词的用法进行考察，也没有分析原始文献中不同语言之间的不统一。因此，这本所谓的权威历史教科书讲述的清朝外交关系，极不可靠，它里面陈述的事实必须维护而不是破坏中英《天津条约》第51款的延续方式。见Denis Twitchett and John K. Fairbank, *The Cambridge History of China*（Cambridge：Cambridge University Press，1980），第二卷，第二部分。

第二章　衍指符号的诞生

之外，那么近代史在什么意义上还可以算作历史，就是一个很大的问题。

我们还要问，汉字"夷"究竟在何种意义上，为近代史写作中盛行不衰的中国仇外论提供了确凿的文字证据？中国仇外论是不是在不同阶段都受惠于《天津条约》第51款的禁令？挑战这个禁令，有点把皇帝拉下马的意思，因为我们面对的是以档案文献为名的一整套学术建制，这座文献的大山——国际条约、政府之间的照会、殖民编年史、新闻宣传品以及殖民教科书——构成了历史叙事的基础。另一方面，按照欧洲国际法的自述，国际关系只不过是"16世纪以来，欧洲向外扩张过程中形成的某种定式，后来才被自然化，变成世界的话语共识"。[1]我们能否用批判的眼光去审视这一解释和审视那些文献呢？好在最近以来，出现了一种新趋向，新一代的学者开始批判地反思过去的历史写作，寻找了解19世纪中英冲突的新途径。[2]我在本书所做的，跟这些具有批判精神的新的历史写作可以说异曲同工，就是要重新检验衍指符号"夷/i/barbarian"的跨语际和跨文化的基础。必须看到，这个符号在西方和其他地方的学术文章和通俗写作中，被英文词"barbarian"长期遮蔽，长达150多年。我认为，衍指符号"夷/i/barbarian"的创造和《天津条约》第51款禁令的颁布，都是大英帝国的恒久的成就，因为它不仅终止了汉字"夷"的生命，而且对近代史的叙事投下了浓重的阴影。通过挖掘这个衍指符号诞生的轨迹，我们会看到语词的冲突绝非小事，它凝聚和反映的是两个帝国之间的生死斗争，一边是日趋衰落的大清国，另一边是蒸蒸日上的大英帝国。谁拥有对"夷"这个汉字最后的诠释权，谁就可以踌躇满志地预言这个国家的未来。

"夷"字之辩：1832年

英国人对清朝政府提出"夷"字的抗议可以回溯到1832年。这一年，英国东印度公司的高级职员胡夏米（Hugh Hamilton Lindsay）奉命

---

[1]　James Hevia, *Cherishing Men From Afar*, 页27。

[2]　这些新学术在本书的引文、注释以及贯穿各章的讨论中都有所反映，这里就不一一标示。

沿中国海岸向北航行，搜集并汇报有关中国北部沿海开放通商口岸的情报。胡夏米从东印度公司总部得到的秘密指示是"探知这个帝国北方的港口中有哪些最有可能逐步向英国敞开通商大门，哪些港口最符合通商条件，在多大程度上港口的当地人和地方政府愿意通商"。[1]与胡夏米同船北航的人中，包括一个来自普鲁士的著名冒险家，也是独立传教士的郭实腊（Karl Gützlaff 或 Charles Gützlaff, 1803—1851），此人的职责是充当翻译官和外科医生；他们乘坐的阿美士德号（Lord Amherst）船上还有一名制图员，此人负责在地图上标出清军海防的主要位置，几年后证明此举对英国海军大有帮助；同船还有一位识字的华人，他的主要任务是在航行过程中，帮助胡夏米和郭实腊撰写诉状和给满清政府官员的书信。胡夏米及其船员于1832年3月初起航，于9月4日才返回澳门，其实，他出发前得到的指示要求他在6月1日前就返回。[2]在这次航行中，阿美士德号分别在厦门（Amoy）、福州（Foochow）、宁波（Ningpo）以及上海停靠，并在返航途中拜访了朝鲜的港口和琉球群岛。

1832年6月20日，阿美士德号在上海海岸抛锚停靠，胡夏米向地方政府官员上禀，要求开放这一地区与其通商。[3]他的翻译官郭实腊传教士，在日记中详细记录了这次航行——这是在鸦片战争爆发之前，郭实腊在中国沿岸所作的那三次著名旅行的第二次。郭实腊日记里记载，苏松太道吴其泰马上拒绝了胡夏米的请求，并要求他们即刻返回广州，不得再作停留。[4]在这过程中，郭实腊6月24日的日记里有英

---

[1] Hosea Ballou Morse, *The Chronicles of the East India Company Trading to China, 1635–1834*, 四卷本（Oxford: the Clarendon Press, 1926），卷4，页332。

[2] 出处同上，4:333。郭实腊的日记中记载的日期有一点出入：2月25日出发，9月5日返回。详见 Charles (Karl) Gützlaff, *The Journal of Two Voyages Along the Coast of China in 1831 & 1832* (New York: John P. Haven, 1833)，页126和页297。

[3] 此事为现存的中文文献所证实，中文文献记载的胡夏米上苏松太道禀是在道光十二年5月22日。详见许地山主编的《达衷集》（上海：商务印书馆，1928），页47—49。

[4] Gützlaff, *Journal of Two Voyages Along the Coast of China in 1831 & 1832*, 页227—230。此书于1833年印刷出版之前，其中有些章节已在1832年《中国丛报》上发表。郭实腊1834年出版了他的第三次航海日记，并重印了前两次航行日记：*Journal of Three Voyages Along the Coast of China in 1831, 1832, 1833 With Notices of Siam, Corea, and the Loo-choo Islands*。

国方面反对苏松太道使用"夷"这个汉字的记载。日记写道：

> 我们努力说服所有的朋友不要使用"夷"这个称谓，它的意思是 barbarians（野蛮人）。支那人对所有的外国人都不分青红皂白地用这个词，语气里总是带着狡诈和暗算。到这里来经商的外国人一直是忍气吞声，被他们这么称呼，被他们当 barbarians 来对待。我们抗议这个称谓是非常有必要的，我们向他们指出这个词在中文的书面表达有斥责的含义。打这以后，他们就不再使用这个词了，而是称我们为"外国人"，或者"英国人"。[1]

日记中的这一细节很重要，因为郭实腊对"夷"字的翻译与此前英国东印度公司的做法大不相同。罗伯特·马礼逊（Robert Morrison）在最早的一部《华英字典》（*Dictionary of the Chinese Language*）中曾把"夷人"翻译成 foreigner（外国人），并与"远人"相提并论（图2）。[2] 自18世纪初以降，英国东印度公司雇用的所有翻译官，都在"夷"字翻译上与马礼逊的做法是统一的，因此郭实腊推翻了东印度公司自己的翻译。[3] 东印度公司的工厂（即

---

[1] Gützlaff, *Journal of Two Voyages Along the Coast of China in 1831 & 1832*, 页233。

[2] 马礼逊的《华英字典》将"夷人"和"番人"都排在9号偏旁"人"字旁之下。"夷"字同时也排在37号偏旁"大"字旁下。《华英字典》对"夷"字多义的英文解释有多种，只是没有"barbarian"。详见 Rev. Robert Morrison, *The Dictionary of the Chinese Language*, 3 vols（Macao: The East Indian Company Press, 1815），第一卷，页61和页586—587。

[3] 关于"夷"字用什么英文字翻译的问题，英国东印度公司现存的档案讲述了一个完全不同的故事。这些文献包括了大量的清政府向广州的夷商和洋商颁布的公告，公司英译文几乎没有例外地将"夷"字等同于"foreign"或"foreigner"。在18世纪20年代，两广总督孔毓珣给雍正皇帝上了多次奏折，对皇帝重开闽粤海禁的决定起到了很大的作用。有关孔毓珣在18世纪早期雍正皇帝对外贸易政策中所扮演的角色，请参见冯尔康的《雍正传》（北京：人民出版社，1985），页402—415；另见王之春的《清朝柔远记》（1891；再版，北京：中华书局，1989），页58—60。我在英国东印度公司的档案中看到一篇孔毓珣在1728年8月20日颁发的公告，它先从中文被译成法文，然后又被一位罗马天主教神父从法文译成英文，以下是我本人从英国东印度公司档案中抄录的英文版本，现摘录如下（保留原文的有些不规范的英文拼写，如"夷人"字译为 foreigners）：

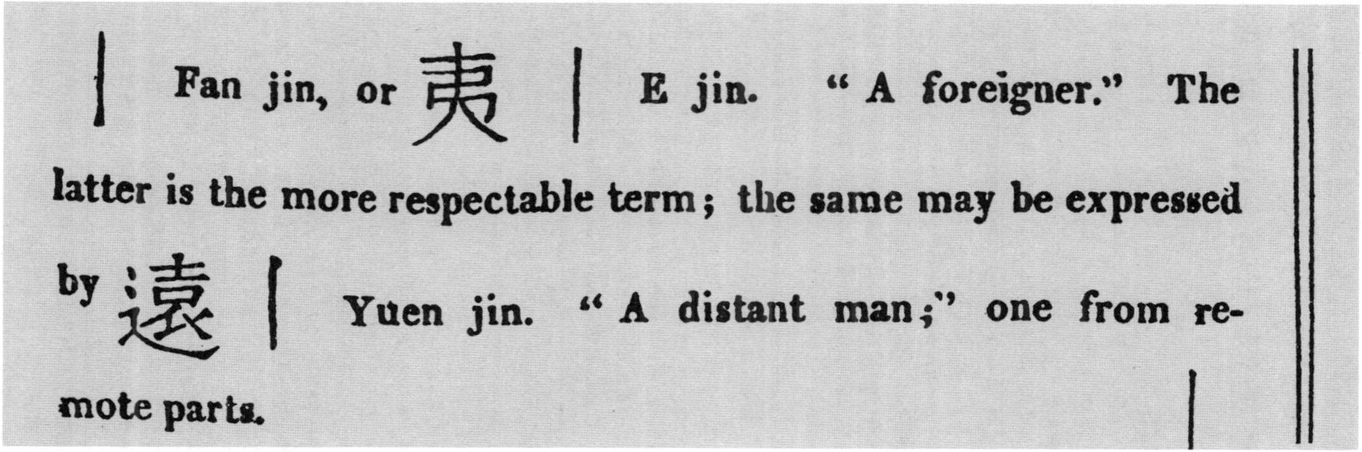

| Fan jin, or 夷 | E jin. "A foreigner." The latter is the more respectable term; the same may be expressed by 遠 | Yuen jin. "A distant man;" one from remote parts.

图2 马礼逊1815年在《华英字典》中对汉字"夷"的翻译。

公司）档案显示，1720年代末一直到19世纪初，公司始终使用 foreigner 这个词去翻译"夷"字。晚到1831年，东印度公司翻译同年5月22日颁布的皇帝圣谕时，还将"夷商"继续译为 foreign

---

（接上页）I, Tsunto, Viceroy and Mandareen of the Customs, the head and eyes lifted up, I regard with respect and with all possible attention how great is the goodness of the Emperor to treat forreigners so favourably and that by benefits without bounds, which obliges me to redouble my attention to assist forreigners. Therefore you forreigners who come here to trade, you can help by applying yourselves to, and trusting the chiefs of Hongs; take care they are men of worth who are faithfully just and of good correspondence, that your merchandize may be soon ready, and that you may be soon ready to return home from hence, for there are a sort of merchants, imposters and deceitfull, who by fraudulent means endeavours to engage forreigners and afterwards defer dayly to fulfill their contracts, not having their merchandize ready, and by their villainy forreigners hazard their being caught and loosing the monsoon; it's certain heretofore forreigners have been reduced to this condition by the tricks of fraudulent merchants.

For this cause I publish now this placart to prohibit you from acting in that manner, and by this I signify to you forreigners and to you chiefs of Hongs who deal with Europeans, to you Linguists [interpreters] and all others, that each of you may be instructed in and do his duty. I ordain then that forreign ships coming into our ports, that the merchants have liberty to choose the chiefs of Hongs who are men of worth and whom they can trust, that poor merchants may no more deceive forreigners & ruin their commerce. I prohibit to Linguists and others to introduce their friends or adventurers to forreigners to deceive them, and if you should violate this order I shall punish you rigorously. As to the houses built at Wampo, it is permitted them in the daytime to sell all eatables. I prohibit selling wine to the sailors for to shun disorders, and if you have the boldness to resist this my command you shall be taken and chastised on the place. In short, you forreigners, attend to the choice you make of merchants, don't give ear indifferently to all sorts of people for fear of falling into the hands of villains, that afterwards you have cause to repent in suffering by them. This is the principall aim of this placart, given the 23rd of the 7th Moon in the 6th Year of the reign of Emperor Yong Tching, the 28th August NS 1728. （见"Diary and Consultation of the Council for China," in "East India Company Factory Records [1595 – 1840],"大英图书馆，G/12/27，广州，1728年8月20日，页49—51）

这份早期东印度公司的英译文件反复使用"foreigner"这个词，没有使用"barbarian"来翻译"夷"字。上文提到清政府的官方文书在"夷"字和"洋"字之间作了功能性的区分，这一点也在孔毓珣给雍正皇帝的奏折中看得很清楚。英国东印度公司的档案不包括孔毓珣公告的原件，我核对了《朱批谕旨》（第一函第3卷）这一段时间里孔毓珣给雍正皇帝上的奏折，也未收入此原件。不过，《朱批谕旨》中有一部分奏折，涉及到孔毓珣对粤海关官员腐败的调查，如杨文乾与洋行之间的背后交易等，可以看出，孔毓珣照惯例对外国商人和外国商船使用"夷"字，而他使用"洋行"的时候，总是专指广州华人的十三行。第一位来中国的新教传教士马礼逊也按照英国东印度公司的习惯，在1815年的《华英字典》中把"夷"解释为"foreign"和"foreigner"。

merchant。[1]可是，从1832年的某一天开始，这个从18世纪以来从未在英国东印度公司惹是生非的"夷"字，却成了一个大麻烦。

虽然我们不能把情势的急转直下都算在郭实腊一个人身上，但此人在日记中描述的事件，可以说是"夷"字翻译的一个重要转折点。[2]郭实腊是19世纪早期为数不多的几个到中国内地探险的欧洲旅行家之一。他在游历的过程中，用英文及时和生动地记录了他所观察到的一切，以及与当地人接触的亲身经历。[3]这些游记，尤其是出版于1833年的头两次沿着大清国海岸线航行的故事，在全世界广为流传，读者无数。这些故事对大英帝国的对华政策和商贸企业也产生了影响。郭实腊以畅销作品的方式把中国变成大英帝国注视的对象，这自然使我们立刻想到19世纪的另一位传教士大卫·利文斯通（David Livingstone），虽然利文斯通的畅销书比郭实腊的历险记晚了几十年，但他的书也和郭实腊的写作一样，大力推动了欧洲殖民者向"黑色的非洲大陆"的腹地进行扩张。然而，不同的是，利文斯通本人并没有意愿充当欧洲残酷掠夺非洲的帮凶，郭实腊则不然。他在推动欧洲列强在亚洲殖民进行侵略扩张这件事上从未犹豫过。例如，在1833年出版的《1831年和1832年两次支那国沿海航行日记》中，郭

---

[1] Hosea Ballou Morse，*The Chronicles of the East India Company Trading to China*，1635–1834，卷4，页284。

[2] 郭实腊并不是第一个把"夷"翻译成"barbarian"的欧洲人。早年的耶稣会传教士，如利玛窦（Matteo Ricci）和下文提到的马若瑟，曾用拉丁文"barbari"做过类似的翻译。但郭实腊不认可18世纪中文里对外国人的其他称谓，也不认可"夷"的其他英文翻译。郭实腊的特殊贡献是，他把"barbarian"从此固定为汉字"夷"的英文翻译，变成新的衍指符号，并将其上升为法律事件。

[3] 帕特里克·韩南（Patrick Hanan）最近对传教士的研究表明，郭实腊干了很多事，还较早用中文的白话文写传教士小说。韩南恰当地总结了这个19世纪传奇人物的一生，说他："善于投机、精力过剩、喜爱夸耀、有多动症、坚不可摧。据说他的野心的能量来自他的自我中心。有人说他是一个不可救药的乐天派，狂热分子，有远见的传教士冒险家，精明的时政撰稿人。汉学家魏理（Arthur Waley）的描述其实最干脆，他说郭实腊是一个'牧师和海盗、小丑和天才、慈善家和骗子的结合体'。就连他的体态也给人留下深刻印象。有一位传教士同行这样描述郭实腊：'身材矮小敦实，举止粗鄙，动作活跃，语速极快，谈话时兴高采烈且全神贯注。'另一位认识他的人提到郭实腊那张'了不起的'面孔和'邪恶的眼睛'。"见Patrick Hanan，"Missionary Novels in Nineteenth-Century China"，*Harvard Journal of Asiatic Studies*，60.2（December 2000），页420。

实腊向他的读者发出热烈的呼吁，其使用的语言几乎在预言鸦片战争的爆发：

> 读者们应该牢记，已经发生的一切只不过是我们所要追求的事业的微弱开端而已。我们盼望，我们祈祷，仁慈的上帝将很快会为我们打开更宽的一扇门；只要上帝赐予我们健康、力量和机会，我们就会继续努力。我热切地希望能够采取更加有效的措施来打开与中国交往的"自由之路"，如果我本人能够在某种程度上有助于推动这一进程，我将备感荣幸。**在仁慈的上帝和救世主的帮助下，我们可以满怀信心地说，中国的大门将很快被打开。**至于由谁来做到这一点，或采取怎样的手段，这都无关紧要；每一个善良的祈祷者都会热切地期望所有的荣耀都是上帝恩赐给我们的。[1]（黑体为本书作者所加）

写下这些话不出十年，郭实腊就以翻译官的身份开始协助英国政府驻华商务总监督的工作，后来他还直接参与了起草中英《南京条约》。汉字"夷"首次被英方列入条约谈判的议程，最初发生在《南京条约》谈判的一次会议上。[2]

郭实腊在他第二次航行日记中对"夷"字事件的描述，对我们了解英国东印度公司的船员如何与当时的地方官员交往，提供了非常有用的信息。究竟胡夏米与负责监督海防的苏松太道吴其泰是如何争论的？郭实腊在日记中模糊了很多细节。对比留下来的中文文献，我们可以更详细地了解他们对话的大致情景，然后才能得出可信的结论。[3]根据中文

---

[1] Gützlaff, *Journal of Two Voyages Along the Coast of China in 1831 & 1832*, 页 123—124。

[2] 详见本章下文对条约签署情况的分析。

[3] 这批中文文献来自英国东印度公司的档案，原件收藏于牛津大学 Bodleian 善本图书馆，档案号为 Ms. Chin. C. 23。学界应感谢许地山在 1926 年花了四个星期将这份档案笔录下来，后来编辑并出版，书名为《达衷集》。许地山在写在前面的《弁言》中特别指出，马士（Morse）在编写《东印度公司编年史》（*Chronicles of the East India Company Trading to China, 1635-1834*）的时候，没有利用这份档案，因此学者应将这份中文资料与 Morse［以及郭实腊对同一事件］的说明进行对证。

文献，苏松太道吴其泰在拒绝胡夏米的通商请求时，当时做了如下批示："该夷船人胡夏米等知悉，据秉，希冀贸易，转报上宪等情。查该夷船向无在上海贸易之例，未便违例据情上转。合行驳饬，原呈掷还。即速开船，遵照旧例回粤贸易，毋得延误自误。道光十三年五月二十三日批示。"〔1〕胡夏米认为吴其泰在文中使用"夷"字，触犯了英国的体面，于是呈上一份抗议书："夫大英国终不是夷国，乃系外国。并普天之下其权之威，其地之阔，未有上之国"云云。吴其泰回应了胡夏米的抗议，并在回应中引经据典，争辩说，他只是用了一个通指外国人的惯用词，不含轻蔑的意思。他的解释如下："中华自上古圣人该书传世，书内说得明白：南方谓之蛮，东方谓之夷，北方谓之狄，是南蛮、北狄、东夷、西戎。自古至今，总是照此称呼。况中华舜与文王都是大圣人，孟子尚说：'舜，东夷之人也；文王西夷之人也。'岂是坏话？是你多疑了。"〔2〕

胡夏米根本不服吴其泰引经据典的那些解释。他仰仗郭实腊的中文知识以及同在阿美士德号上那位华人的学识，又写了一份辩驳书，其中也大引典籍以及《大清律例》，以反驳吴其泰的解释。胡夏米在其辩驳书中提出了四点主要的辩驳理由。第一点是，古代中国人把朝鲜人称为东夷，而英国的地理位置在大清国的西面，因此严格地讲并不符合对于东夷地理位置的描述。其次，大英帝国在大清国的东、南、西、北四个方向都拥有"属地方"（即殖民地）。〔3〕第三，《大清律例》第十一条把苗、羌、蛮、

---

〔1〕 见许地山，《达衷集》，页49—50。
〔2〕 出处同上，页51—52。有关现代考古发现的有关"东夷"的材料和分析，请参见逄振镐的《东夷及其史前文化试论》，《历史研究》3（1987），页54—65。我在下一章将讨论"夷"字在经学传统中的变化，并通过分析雍正皇帝的《大义觉迷录》论述"夷"字对于清朝皇家经典学术的重要性。在《大义觉迷录》中，雍正皇帝同样引用了吴其泰对胡夏米所引用的孟子的原话来维护满人对于汉人的统治。
〔3〕 这里提及英国的属地方，即殖民地，是很关键的一点。胡夏米在他的上书中，始终把"colony"翻译成"属地方"。顾长声在《从马礼逊到司徒雷登》一书里，仅仅参考了郭实腊日记的一面之词，如郭实腊引述胡夏米说："由于我们允许来上海的船只驶入我们［英国的］港口，我认为我们也有权利到访你们的港口。"（见顾长声，《从马礼逊到司徒雷登》，上海：上海人民出版社，1985，页54）其实，这种要求平等贸易往来的语气似是而非，因为它忽略了英国拥有"属地方"这件事，胡夏米给吴其泰的通信中特

貊划为"夷"。第四,胡夏米引用著名宋代诗人、政治家苏东坡在《王者不治夷狄论》中的一句名言,曰:"夷狄不可以中国之治治也。譬若禽兽然,求其大治,必至于大乱。先王知其然,是故以不治治之。[治之]以不治者,乃所以深治之也。"[1] 从以上四点,胡夏米得出结论:"由此观之,称夷人者,为蛮貊而已矣。倘以大英国民人为夷人,正是凌辱本国的体面,触犯民人,激怒结仇。"[2] 胡夏米因此拒绝听从吴其泰的驱逐令,声称假若吴其泰不把有争议的"夷"字从官方文书中剔除出去,阿美士德号将继续滞留上海港。其时吴其泰一心想让英国人离开,害怕非法入境的外国船只在上海口岸逗留时间太长,给自己带来麻烦,因此最终做出了文字上的让步。在道光十二年六月初九签发的文件中,吴其泰用"英国商人"的说法替代了"夷商"字。[3]

胡夏米在辩驳书中最有说服力的引证,是苏东坡的《王者不治夷狄论》,但这里面还有一个背景。苏东坡这段名言的拉丁文版和英文版其实已在外国传教士和商人中间广为流传。早在 18 世纪,来华传教的耶稣会神甫马若瑟(Joseph de Prémare, 1666—1736)就先把这段话译成了拉丁文,译文如下:"barbari haud secus ac pecora, non eodem modo regendi sunt ut reguntur Sinae. Si quis vellet eos magnis sapientiae legibus instruere, nihil aliud quam summam perturbationem induceret. Antiqui reges istud optimé callebant, et ideo barbaros non regendo regebant. Sic autem eos

---

(接上页)别指出这一点。郭实腊有意含糊了原信的措辞,因为上海从来没有船只被派往英国去,而中国历代都有商船在南亚和东南亚一带活动。胡夏米的"属地方"(colony)这个词,指的是已被殖民的印度和东南亚,而不是宗主国英格兰(England)。对比顾长声的论述,请读者参见胡夏米的原文:"旧时大清与大英国贸易为少;但此百年间增加十倍,因此两国彼此获大益。向来每年小船七八只至贵国,如今每年大船七八十只到中国,带本国的货物来,买运贵国的茶叶三千万斤及湖丝等货,银两几百万元。又贵国的船及上海县的货船,年年进我大英国属地方之埠头,受好款待。"许地山,《达衷集》,页 47—48。胡夏米要求的互惠原则,是基于中国与英国管理下的殖民地之间的贸易,而不是郭实腊所称的那个意思。

[1] 许地山,《达衷集》,页 53。苏轼原文为:"治之以不治者,乃所以深治之也。"胡夏米引文句首缺"治之"二字。
[2] 许地山,《达衷集》,页 53—54。
[3] 出处同上,页 59。

non regendo regere, praeclara eos optimé regendi ars est."[1]马若瑟的译文大致还准确，但后来的英文译文就大有出入。比如，后来出任殖民地香港总督的德庇时爵士（Sir John Francis Davis）曾在1836年出版过一本书，叫做《支那人：概论支那帝国及其居民》，其中就引用了马若瑟的拉丁文翻译并做了英文翻译。然而，他的英文翻译对苏东坡的语言进行了奇怪的改写："The barbarians are like beasts, and not to be ruled on the same principles as citizens. Were any one to attempt controlling them by the great maxims of reason, it would tend to nothing but confusion. The ancient kings well understood this, and accordingly ruled barbarians by misrule. Therefore to rule barbarians by misrule is the true and best way of ruling them."[2]苏东坡原文里的"不治"，或拉丁文中的"non regendo"，在这里变成了"乱治"（或"暴政"），于是，苏东坡的原话不但走了样，而且成为胡言，好像他在说："故以乱治治之。治之以乱治者，乃所以深治之也。"[3]

胡夏米和郭实腊读到的并作为依据的，究竟是苏东坡的原文，还

---

[1] 引自Sir John Francis Davis, *The Chinese: a General Description of the Empire of China and its Inhabitants*（1836；再版，伦敦：C. Cox, 1851, 卷一，页49）。约瑟夫·马若瑟是元曲《赵氏孤儿》的法文本译者，此剧被法国启蒙运动领袖伏尔泰改编为《中国孤儿》。对于马若瑟的文字翻译工作的研究，详见大卫·波特（David Porter）的《表意符》（*Ideographia*）（斯坦福：斯坦福大学出版社，2001），页66—72。

[2] Davis, *The Chinese*, 页49。塞缪尔·韦尔斯·威廉后来在其畅销书《中国》里又重复引用了苏东坡的这段英译。见Samuel Wells William, *The Middle Kingdom: A Survey of the Geography, Government, Literature, Social Life, Arts, and History of the Chinese Empire and Its Inhabitants*, 两卷（纽约：Charles Scribner's Sons, 1883），卷二，页450。

[3] 关于苏轼的原文，详见《王者不治夷狄论》，收录于《苏轼全集》，三卷（上海：上海古籍出版社，2000），卷二，页671—672。苏轼关于"不治"的理念，可以追溯到何休的思想。何休是对孔子的《春秋》进行注解的最重要的一位人物。孔子在《春秋》中写道："王者不治夷狄"。苏轼这篇议论有上下文，我们评价他对少数民族的观念，需考虑宋代与外族的政治、经济、文化以及军事等各方面的冲突，他的言论是有针对性的，这种针对性与清代满人（少数民族）的情形很不同。有关汉族与女真和其他少数民族关系的研究，见刘浦江，《金朝的民族政策与民族歧视》，《历史研究》1996年第3期，页54—69。相关的英文研究，见Peter K. Bol, "Seeking Common Ground: Han Literati under Jurchen Rule," *Harvard Journal of Asiatic Studies*, 47卷，1987年12月第2期，页461—538。

是拉丁文的翻译，抑或英文翻译的版本呢？我们不排除胡夏米只读了某种英文版本的可能性（没有证据证明他本人懂中文）。在这场争辩中，胡夏米和吴其泰都各自引用中国的典籍名著来支持自己的立场，以驳斥对方。在这里，"夷"的问题变得至为关键，这倒不是因为苏东坡将它与禽兽相提并论从而明显带着贬义，而是因为它与历代的经学传统和满清的皇家意识形态有着密切的联系。我在下一章会重点论述这个联系，其中分析到雍正皇帝在1730年处理曾静、吕留良案时使用的话语政治。当时雍正皇帝给曾静和吕留良定谋反罪的文字证据之一，就是吕、曾二人对苏东坡的《王者不治夷狄论》的类似引用和评价。[1]

回到本章的重点，胡夏米和吴其泰之间的首次话语交锋，预演了从第一次鸦片战争之前和之后多次发生的中英冲突中类似的争吵。可以说，胡夏米和吴其泰开启了一个可供重复的外交方式：首先，英国人先发起质疑，要求清政府停止使用"夷"字，认为它是侮辱人的字眼；接下来，满清官吏一律否认他们使用"夷"字是在侮辱英国人。对英国人来说，他们需要在满清官吏面前维护大英帝国的体面，那么，面对英国人的挑衅，满清官吏也要极力地维护大清国的体面。胡夏米在其辩驳书上提出的第二点，尤其强调了这一点，指出问题的真正症结所在。他指出，大英帝国在大清国的东、南、西、北四个方向全都拥有"属地方"，挑明了这场关于"夷"字的争辩，实际上关系到大英帝国正在上升的至高无上的霸主地位。殊不知，在阿美士德号抵达中国海岸以前，英文的"barbarian"早就长期以来成为欧洲殖民扩张的话语了（英国人喜欢将其属地方的子民称作"barbarian"）。然而，由于特定的翻译行为，这个英文词与汉字"夷"竟不期而遇，发生冲撞，使得英语中针对殖民地他者的"barbarian"话语突然陷入困境；

---

[1] 雍正皇帝审理曾静案期间，正逢耶稣会神甫马若瑟身居澳门。我的推测是，马若瑟翻译苏轼的这篇文章，似与此案有关，甚至可能跟当年《大义觉迷录》的广泛传播有关，此事有待考证。关于雍正皇帝如何在《大义觉迷录》里面处理"夷"字，见本书第三章的分析。

也就是说,英国人的"barbarian"论述突然在别人的语言(中文)里发现了被扭曲的自画像。

值得我们注意的是,胡夏米和吴其泰两人在争论的过程中,都绕开了翻译问题,他们把焦点全部集中在"夷"的汉语本义以及有关的中文典籍。其实典籍中出现一词多义或模棱两可的情况很多,词汇经常无法表达单一的意思,并且这些中文典籍也不是胡夏米等人了解"夷"字之义的真正途径。真正的途径是英文译词"barbarian",这在郭实腊的日记里记得很清楚,也就是说,胡夏米和郭实腊是透过英文的"barbarian"来判断"夷"的字义的。[1]这种诠释法,我将其称为跨语际的谬释法(catachresis)。跨语际的谬释法特指一种翻译行为,它一边跨越语言之间的界限,一边又掩饰其越界的痕迹,从而有效地操纵衍指符号的意义。胡夏米和吴其泰之间关于"夷"字的争论,表面上是用中文进行的,好像英文词"barbarian"根本不在场,但其实"barbarian"在里面起到了关键的作用,它是"夷"字贬义的主要参考依据。

在阿美士德号完成这次海岸航行的两年之后,发生了一起真正的外交事件,即律劳卑(Lord Napier)与两广总督卢坤的冲突,它更戏剧性地重复了前一次的跨语际谬释法。这场外交冲突还影响到后来的大英帝国和清政府之间的交往方式,因为两边的政府都在尊严、权力和主权这几个原则问题上,互不相让。

野蛮人的眼睛 (The Barbarian Eye)

英国东印度公司对华贸易垄断权被议会终结之后,律劳卑是第一位被派到广州的英国政府官员——英国外务大臣巴麦尊(Lord Palmerston)任命他为英国首席驻华商务总监。[2]律劳卑于1834年7月25日

---

[1] 在阿美士德号上帮助英国人起草禀文的华人何许人也,从现存的文献中我们无法获知。船上的翻译官是郭实腊,因此当时的中文措辞还是由他定夺的。

[2] 详见巴麦尊致律劳卑的信,Viscount Palmerston to Lord Napier, January 25, 1834,《英国议会档案》(*British Parliamentary Papers*: China 30, Correspondence Orders in Council, and Reports Relative to the Opium War in China, 1840),页242。

抵达中国。他在事先没有获得对方国家许可，也没携带任何国书的情况下，乘船驶入广州（Canton），要求与两广总督卢坤直接通信。两广总督拒绝接受他的信件，要求依照惯例通过洋商进行接洽，因为洋商始终是在夷商与当地政府之间打交道的中间人。[1]律劳卑在两广总督那里吃了闭门羹，这时有人告诉他，当地政府的官方文件把他的官方头衔"英国驻华商务总监"（Chief Superintendent of British Trade in China）译作"夷目"，并解释"夷目"的意思为"野蛮人的眼睛"（the barbarian eye）。律劳卑的受挫感顿时转成了愤怒。[2]有点蹊跷的是，曾编写《华英词典》的罗伯特·马礼逊当时做律劳卑的翻译，马礼逊似乎也认可"夷目"的英文解释是"野蛮人的眼睛"。这个糟糕的误释法从此走上了一条不可逆转的道路。[3]

1834年8月号的英文报纸《中国丛报》（Chinese Repository）刊登了由两广总督卢坤向广州洋商发布的一道谕令的英译文，那里面

---

[1] 关于已出版的两广总督卢坤、清朝廷和行商之间往来的有关律劳卑的中文文件，请参见佐佐木正哉的《鸦片战争前中英交涉文书》。

[2] 律劳卑的名字是Napier音译的广东音，费正清诠释为"劳苦的、卑劣的"。见费正清（John King Fairbank），*Trade and Diplomacy on the China Coast*：*the Opening of the Treaty Ports*，*1842 – 1854*（Cambridge：Harvard University Press，1953），页79。

[3] 马礼逊于1834年7月16日被律劳卑任命为汉文正使，年薪1300英镑。律劳卑命其穿上带有皇家纽扣的副领事制服，而不穿传教士长袍。详见两卷本的Eliza A. Morrison and Samuel Kidd，*Memoirs of the Life and Labours of Robert Morrison*. 2vols（London：Longman，Orme，Brown，and Longmans，1839），卷二，页524。马礼逊接受律劳卑的任命显然由于家庭财政的需要。马礼逊在1832年11月9日写给英国伦敦会（London Missionary Society）财务长的信中，抱怨说："我这半辈子，25 年之久，都在为伦敦会和其他慈善机构在海外奔波，包括圣经协会、宗教宣传协会、学校和祈祷文协会。我觉得自己正日渐衰老，英国东印度公司拒绝为我支付养老金，但会给外科医生和牧师支付养老金；可能他们以为其他机构会为我个人提供资金上的帮助。这些机构联手为我提供退休金，也是在情理之中的事，因为我为你们效劳了一辈子。"见Eliza A. Morrison and Samuel Kidd，*Memoirs of the Life and Labours of Robert Morrison*，卷二，页468。在马礼逊被任命为英国政府的正翻译官之前，他曾于1834年1月31日写信给多马·斯当东（George T. Staunton），表示对自由贸易的虚夸言辞的深切不安，"我认为自己可以预测将来的后果会是怎样的。不过，我看到的后果是严重的，我祈祷这些后果不仅对英国有益，同时也对中国有益；因为我虽然也爱国，但我绝不愿意以伤害或摧毁一个国家来扩展我自己的国家。基督教无法接受这种爱国主义。可是，所有的人都在搞自由贸易的投机，有谁把中国的福祉放在眼里呢？"（出处同上，卷二，页505）

凡是提到"夷目"的地方,都用了"野蛮人的眼睛"的误译。谕令的英译文是这样开头的:"an English war vessel having on board a barbarian *eye*, had from the outer seas, sailed to Cabreta Point (off Macao), and there anchored."(卢坤原文:有英吉利兵船一支,载有夷目一名,自外洋驶来,鸡头洋面寄泊。)在译文里,翻译者或者是编辑把"eye"(眼睛)一律用斜体来表示,把读者的眼睛自然而然地吸引到"eye"上来了。译文还说:"The barbarian *eye* who has now come is of course for the superintendence and examination of this business. And the barbarian *eye* is not on a par with the taepans. If he wishes to come to Canton, it will be necessary to make a clear report, requesting the imperial will on the subject."[1](卢坤原文:现来夷目,自系查理此事,惟夷目非大班人等可比。如欲来省,必须先行奏明请旨。)尽管《中国丛报》在稍后出现的括弧中注明"the barbarian eye"在中文中是"首领"的意思,但"野蛮人的眼睛"从此作为"夷目"的字面翻译在英文的翻译和文章中频频出现。[2]从律劳卑抵达中国,直到他客死澳门,《中国丛报》里发表的大量文章都坚持采用这个谬释法。我们无从确定究竟是当时的译者拿着"野蛮人的眼睛"的英译开了汉字一个玩笑呢,还是衍指符号的谬释回过头来在嘲笑译者的无能?不管怎样,两广总督卢坤的所谓"无礼"大大激怒了律劳卑,后者骂这位总督是

---

[1] *The Chinese Repository*, 3.4 (August 1834),页 187。这一期的《中国丛报》翻译和发表了 5 篇两广总督颁布的谕令(页 187—192)。卢坤谕令的原文,见佐佐木正哉编辑的《鸦片战争前中英交涉文书》,页 4。

[2] 从裨治文(E. C. Bridgman)主编的《中国丛报》可以看出,英美人在这段时期根据情况,把"夷"字有时译成"barbarian",有时译成"foreigner",中间似乎存在着含混和不确定。在把译文和谕令原文进行比较的过程中,我发现同样的"夷"字,在"夷目"(the barbarian eye)中被翻译成"barbarian",但紧接着在下一句或下一个段落中的另一个上下文,又被翻译成"foreigner"。读者可以将两广总督卢坤给洋商的谕令原文跟《中国丛报》的英译做一对比。中文原文在佐佐木正哉编辑的《鸦片战争前中英交涉文书》,页 4;英译文在 *The Chinese Repository*, 3.4 (August 1834),页 188。有关《中国丛报》这份对当时的战事施加影响的刊物,见默里·鲁宾斯坦的研究:Murray A. Rubinstein, "The Wars They Wanted: American Missionaries' Use of *The Chinese Repository* Before the Opium War," *The American Neptune* 48.4 (Fall 1988),页 271—282。

一个"不知天高地厚的畜类（savage）",并发誓要对其侮辱英国皇室的行为进行报复。[1]

"夷"这个汉字从哪里获得如此大的杀伤力？[2]

中英之间的第一场军事冲突,其导火索就是这个"夷目"事件和与之相关的外交手段及礼仪方面的争执（见下文有关英方对中文外交照会中尊卑地位的争论）。1834年9月8日,律劳卑开始向清政府宣战,在宣战书里,他依仗大英帝国的强势和傲慢,斥责两广总督卢坤对他的傲慢态度：

> 英格兰国王陛下是一位伟大的君主,君临天下,举世无双。他统治的疆域分布在世界四面八方,比整个支那帝国的领土还要大得多,其无限的权力也比满清政府要大得多。他统帅着英勇无畏的军队,战无不胜;他还拥有先进的战舰,每条战舰上装载的火炮有120门之多,这些战舰正在暗暗地在大洋里各处巡逻,支那的土著没有人敢在那种地方露面。两广总督你好好琢磨一下,这样的君主岂会表示"恭顺"![3]

律劳卑请求驻守在虎门的皇家海军舰队调兵到广州。9月11日,两艘护卫舰伊莫金号（Imogene）和安德洛玛刻号（Andromache）开抵广州,停靠在黄埔,随后即爆发了那场著名的中英战役,而双方贸易在这次军事行动中都遭受了很大损失。我们在回顾这段历史的时候,

---

[1] 费正清,*Trade and Diplomacy*,页79。

[2] "野蛮人的眼睛"到了当代还余波未平。例如,20世纪末出版的一本书,就叫《野蛮人的眼睛》。作者普里西拉·律劳卑（Priscilla Napier）嫁给了律劳卑家族的后代,在书中,她说律劳卑之所以被叫做"野蛮人的眼睛",是因为清政府怀疑他是个危险的间谍。此外还有一本书,叫做《野蛮人的镜头》（*Barbarian Lens*）,是1998年出版的一本关于摄影的书,作者也拿律劳卑的故事做文章。见 Priscilla Napier, *Barbarian Eye: Lord Napier in China, 1834, The Prelude to Hong Kong*（London: Brassey's, 1995）。

[3] *The Chinese Repository*, 3.6（October 1834）,页286。"Reverently obedient"是当时中文"恭顺"的英译词。

也许会觉得事情有点不寻常，因为英国第一次对华战争的导火索既不是鸦片也不是贸易平衡。在律劳卑看来，两广总督对其傲慢无礼，极大地损害了英国皇家的体面和尊严，就应得到惩治。律劳卑的义愤当然是真实的，这场义愤最终导致伊莫金号和安德洛玛刻号上面生命财产的损失，同时也导致律劳卑本人积劳成疾，于 1834 年 10 月 11 日死于疟疾。[1] 马礼逊也在同年去世，原因则是翻译工作过度劳累。（图 3）他死后，由他的儿子马儒翰（John Robert Morrison）接任英国驻华正翻译官的职位。[2]

衍指符号"夷/i/barbarian"，是现代外交史上十分惨痛和代价高昂的一场文字案，这样说其实是一点不过分。早在 20 世纪 30 年代，历史学家郭斌佳（P. C. Kuo）就指出，这次从语词到外交礼仪的争执，以及后来酿成的严重悲剧，是英国方面造成的："9 月 7 日，当双方开始进入敌对状态的时候，整个事态就从对原则的争执演变成一场战争了。战争的罪魁祸首是英国的驻华商务总监。"[3] 但无论战争的罪过应归咎于哪一方，律劳卑的不幸死亡，后来为英国议会的主战派提供了有力的口实。几年以后，当英国议会展开多次辩论要不要对华发动战争，以及要不要对林则徐销毁英国财物（鸦片）进行惩罚报复之际，律劳卑事件再次成为导火索。

谴责中国人对于外国人的傲慢无礼，成为那些在鸦片走私贸易中获得暴利的夷商（包括传教士郭实腊在内）对抗清政府禁烟运动的手段之一。[4] 律劳卑死后不久，著名鸦片商威廉·渣甸（William Jardine）

---

[1] 关于每一艘船上的具体伤亡数字，见 *The Chinese Repository*, 3（November 1834），页 332。

[2] 马礼逊于 1834 年 8 月 1 日去世，其时律劳卑事件还未终了。有关马礼逊去世的情景，请见 Eliza A. Morrison and Samuel Kidd, *Memoirs of the Life and Labours of Robert Morrison*. 2vols (London: Longman, Orme, Brown, and Longmans, 1839)，卷二，页 531—538。

[3] P. C. Kuo（郭斌佳），*A Critical Study of the First Anglo-Chinese War with Documents*（上海：商务印书馆，1935），页 26。

[4] 详见 Jack Beeching, *The Chinese Opium Wars*（New York: Harcourt Brace Jovanovich, 1977, c1975），页 61—62 及页 141—142。

第二章　衍指符号的诞生

图3 马礼逊的肖像。原作是 George Chinnery 所作的油画，1830 年以后复制成若干幅版画，原作已毁。现用版画为香港艺术馆所收藏。

和詹姆士·马地臣（James Matheson）遂率64名在华英商，于1834年12月9日起草了一份请愿书，递交英国枢密院。在请愿书中，他们要求英国政府委派一名全权公使，由三艘战舰护驾来华；全权公使必须有授权向清政府要求解除卢坤的职务，并要求赔偿由战事带来的贸易中断所造成的损失；请愿书还敦促英国政府制止大清国内部和外部的所有贸易活动，并没收大清国所有备有武装的船只。他们说："这些举措不仅能够充分展示大英帝国的力量和雪耻的勇气，而且还能让全权公使在第一时间为国王陛下的臣民和财产所遭受的损失要求赔款。"[1]特别值得我们注意的是，这份请愿书写在林则徐抵达广州，发动销烟运动之前，里面提出的诸多要求，后来都先后出现在中英两国签署的《南京条约》、《天津条约》以及其他的不平等条约之中。

有意思的是，律劳卑头衔的汉字译名"夷目"被解释为"the barbarian eye"，这个英文解释究竟是否妥当，在英国人中不是没有争议的。当时英国公认的精通汉语的专家多马·斯当东（Sir George Thomas Staunton）就说，为"夷目"之名争执没有什么正经的理由，因为汉语不过是"foreign principal"（外国首领）的意思。"目"在这里应该被译成"首领"，而不是字面上的意思"眼睛"。[2]但为什么这两种翻译之间有如此巨大的差异呢？历史学家狄力普·巴素（Dilip Basu）的结论是，"barbarian eye"（野蛮人的眼睛）的修辞术是英国人为了发动战争找到的一个堂而皇之的借口，他在英国人对"夷"字的兴趣和律劳卑错误的军事冒险政策之间，看到了一个重要的联系。根据巴素的研究，斯当东和 P. P. 汤姆斯（Peter Perring Thoms）是当时为数不多的几位对马礼逊（郭实腊？）的翻译提出异议的英国人，并怀疑这后面

---

[1] "The Petition of British Subjects in Canton, to the King's Most Excellent Majesty in Council," *The Chinese Repository*, 3.8（December 1834），页357。有关研究，请参见 W. C. Costin, *Great Britain and China 1833–1860*（Oxford：Oxford University Press, 1937），页27。

[2] Dilip Basu 未发表的论文对此有详尽的分析，见 Basu，"Chinese Xenology and Opium War," Paper presented at the University of California at Berkeley, 1997。这里我还要补充一点相关的内容。郭实腊在他第一次沿中国海岸航行的日记中曾翻译过一个类似的词。他把中文里"头目"这个词译为"head man"，而不是按照字面意思译成"head eye"。见 Gützlaff, *The Journal of Two Voyages Along the Coast of China in 1831 & 1832*，页46。

可能有军事行动驱动的政策背景，但面对众人齐声谴责"夷"字的呼声浪潮，汤姆斯等寡不敌众，还是以失败告终。巴素写道：

> 汤姆斯的异议没有奏效。他指出，在律劳卑事件之前，没有人在跟清政府打交道的过程中抱怨过"夷"字。他知道这是为什么。从前的交往主要跟商贸事宜有关，大家比较恭敬，文雅。可是到了1834年，就连马礼逊这样的行家或郭实腊都开始把这个概念译成冒犯人的意思。汤姆斯猜测，马礼逊可能是**受人指使**（"under authority"[汤姆斯的加重]）才这样做的，没有按自己正常的判断行事。汤姆斯还注意到，在1840年呈交给英国议会上下两院的"与中国相关的信件"中，这个冒犯的词在一份不长的文件中出现了高达21次。[1]

1834年11月15日，巴麦尊的英国外务大臣职位被其政敌威灵顿公爵（Duke of Wellington）所取代，新上任的外务大臣对清政府采取了较其前任比较温和的姿态。威灵顿公爵认为，律劳卑对各种尊贵头衔的计较只是一个托辞，真实的原因是律劳卑太狂妄，他在没有事先得到许可的情况下，就想在广州立足，还非要坚持和两广总督直接通信。[2]新任的外务大臣下达指示（当时他还没有得到律劳卑的死讯），要求"英国驻华商务总监在未经许可的情况下不得进入广州，必须遵守惯常的沟通方式与中方交流"。[3]律劳卑死后，临时接任对华商务

---

[1] Basu, "Chinese Xenology and Opium War", 页9。

[2] 威灵顿公爵，阿瑟·韦尔斯利（Arthur Wellesley, 1769—1852），1834年11月出任外务大臣，但于1835年4月下台。巴麦尊在1835年4月18日又一次担任外务大臣。

[3] 1835年2月2日威灵顿致信律劳卑，见《英国议会档案》（*British Parliamentary Papers*: Correspondence Orders in Council, and Reports Relative to the Opium War in China, 1840, China 30）。此外，参见Costin, *Great Britain and China 1833–1860*, 页26—27。Costin引述一位目击者的话，此人是罗马天主教传教士，他批评律劳卑说："un long numéraire de ses titre sans oublier celui de sa noblesse, moins encore sa qualité de Representant de Sa Majesté très puissante le Roi de la Grande Bretagne."（他有一大串头衔，从不忘记自己的贵族称号，但作为英国皇家的代表，可没显出什么杰出的品质。）页27注2。

总监的，是前文提过的德庇时爵士，此人在第一次鸦片战争后出任港督。德庇时指出，对华贸易的英国商人向英国枢密院递交的那份请愿书，措辞粗俗，文理不通，而且当时最正派的英国商行都拒绝签名。然而，格拉斯哥商会不断给英国政府施压，要求直接与清政府沟通，要求中国开放其所有口岸进行通商。与此同时，英国外交部收到了胡夏米的一份十分详细的报告，他在报告里说："我并不否认律劳卑爵士在某些方面做得不恰当"，但"支那人本来就要侮辱他，因此律劳卑无论做出怎样的克制也不能受到得体的接待"。胡夏米说，在这种情况下，只能有两种选择，或是公开宣战，或是遵守异国当地的法律；如果选择公开宣战的话，正当的开战理由是什么？胡夏米承认，在通常的情况下，到异国去就应服从异国的法律，但，"这里的先决条件是我们跟一个文明国家打交道，其要求我们遵守的法律法规有明确规定，而且能够对于我们的人身和财产安全予以合理的保护。"[1]胡夏米在这里所说的文明国家及其对立面（非文明的中国）的立言之本，是一整套关于欧洲人的自然权利和殖民统治的伤害话语（colonial discourse of injury），我接下来会对此进行深入的分析。简言之，殖民统治的伤害话语是欧洲人最早在美洲新大陆与那里的所谓 barbarians 遭遇以后，在欧洲神学界出现的自然法话语。无论是胡夏米在1832年的表现，还是他在律劳卑事件中所扮演的角色，这些围绕汉字"夷"或衍指符号"夷/i/barbarian"的争议，明显是和当时欧洲人的文明话语本身有着千丝万缕的联系，这才是问题的核心。

前面提到，当年在阿美士德号上为胡夏米做翻译的传教士郭实腊，于1834年开始做英国政府驻华汉文正史马儒翰的汉文副史，其职责是协同翻译中英政府之间交往的官方文书。我在这里想强调的是，在中英关系极其关键的这一段时期，马礼逊和后来马儒翰所在的汉文正史办公室（the Office of the Chinese Secretary），对改变"夷"字的命运，

---

[1] 引自 Costin, *Great Britain and China 1833–1860*, 页28。其实，《大清律例》的法规是清楚明了的，缺点可能是过于详尽。请参见95页注释2。

起了非同小可的作用。[1]最早在《华英字典》中把"夷人"译成"foreigner"的传教士马礼逊，后来推翻了自己的翻译，这是汉文正史办公室与大英帝国建立新型关系的开端。[2]早在律劳卑抵达之前，汉文正史办公室是为东印度公司提供语言文字方面的服务，主要执行各类翻译任务。在1834年以后，汉文正史办公室变成了大英帝国的政府机构，处理并翻译官方往来文书以及秘密情报。[3]一切由英国国王（后来是英国女王）驻华全权公使任命为汉文正史的传教士或外交人士，都必须服从上级的命令。从此，正翻译官的个人判断，已经不得背离大英帝国的官方政策。我下文分析的马儒翰一例即是如此，他对汉字的诠释就不得不服从于外务大臣巴麦尊的意思。从1834到1860这些年期间，汉文正史办公室始终是英方处理对华外交文件的地方。马礼逊、其子马儒翰、罗伯聃（Robert Thom）、郭实腊，还有威妥玛都曾先后在此任职。[4]

谈判中英《南京条约》的首席翻译官是马儒翰，他还有两个助理，那就是郭实腊和罗伯聃。费正清在他的《中国沿海的贸易与外交》一书中，描述了这几个人进行文案工作的大致情景，时间是1843年，马儒翰等人正在起草有关贸易法规的条文：

> 马儒翰（中文版）的法规第一稿共有13个条款，罗伯聃改写

---

[1] "The Chinese Secretary"的中文译名是"正翻译官"，1856年后，中译名改为"汉文正史"。参见"The British Foreign Office Records," F. O. 682/1987/21 和 F. O. 682/1992/25b，英国国家公共档案馆（The Public Record Office）。

[2] 在早期，英国政府和清政府都没有自己培训的专业翻译人员。双方都依靠传教士提供翻译服务。这些传教士的收入和忠心都依赖于大英帝国的恩赐，尽管有些人出生的地方并不是英国，比如普鲁士传教士郭实腊。

[3] 历史学家魏斐德提到过一个细节："汉文正史办公室的英国人在广州的衙门里，布置了一个密集的情报网：衙门里的小职员会把奏折和谕令的复本私运出来，以换取酬金。"详见魏斐德（Frederic Wakeman Jr.），*Strangers at the Gate*：*Social Disorder in South China*（Berkeley：University of California Press, 1966），页103。

[4] 汉文正史办公室的汉文正史威妥玛和汉文副史李泰国（Horatio Lay）在《天津条约》谈判过程中，扮演了重要角色。有关细节，请参见坂野正高（Banno），*China and the West*, *1858 – 1861*：*The Origins of the Tsungli Yamen*，页18—25。

后交给中方官员。中方官员认为中文版本"有些地方表达晦涩",有时文义不通,于是将这13个条款再次改写,进行细微修改,形成16个条款。这个中文本然后被译回英文,由罗伯聃草拟一个意见,说明对每项条款是赞成还是反对。根据马儒翰和罗伯聃从广州带回来的这些文件为基础,璞鼎查(Sir Henry Pottinger,英国驻华全权公使)再进行批注。(1834年)7月15日,他写信给耆英,信中附上15个条款的条约最后修订版,耆英立即把条约递交给了北京政府。[1]

如何控制中文文本里的文字措辞,这绝不是条约谈判中无关痛痒的小事。英国在赢了第一次鸦片战争和解除了鸦片贸易禁令后,最先摆在中英谈判桌上的要求之一就是禁止清政府在官方语言中使用"夷"字。这一条在若干年后,当威妥玛(Thomas Wade)担任英国驻华全权公使的汉文正史,并参与中英《天津条约》谈判的时候,被成功地写入了条约。[2]不过,这里的麻烦是,在英国人眼里,"夷"并不是独一无二的在外交上犯禁的词,还有一类中文官方书信的文类和称谓,他们也不能接受,必须加以禁止或监控。

英国人的脸面

第二任英国对华商务总监义律(Charles Elliot)在接替律劳卑的职位之后,接到英国外务大臣巴麦尊的指示,要求他对清政府官员所使用的语言和文字,都必须保持高度的警惕,在与对方政府交往的过程

---

[1] 费正清,*Trade and Diplomacy*,页119。
[2] 威妥玛是名声显赫的外交家和汉学家。离开外交工作后,他成为剑桥大学第一届中文教授。威妥玛后世的名声是跟他与翟理斯设计推广的"威翟拼音法"(Wade-Giles)相联系的,后者已被汉语拼音广泛替代。但在19世纪中英谈判桌上,威妥玛是缔造不平等条约中的风云人物,起草过中英《天津条约》,也参与了1876年李鸿章签署的《烟台条约》的整个过程。有关威妥玛生平和帝国主义,见何伟亚(James Hevia),"An Imperial Nomad and the Great Game: Thomas Francis Wade in China",*Late Imperial China*,1995年夏季第2卷16期,页1—22。

第二章 衍指符号的诞生

中，尽其最大的努力维护大英帝国的尊严和名誉。[1]义律于1836年12月就任后，随即采用官方通行的"禀"这种中文体例，上书两广总督，以求打开与清政府的正式对话渠道。义律为此受到了巴麦尊的责问。巴麦尊在1836年7月22日给义律的信中写道："国王陛下的政府认为，你与支那政府的通信中使用'Petitions'的体例是绝不可取的。"[2]义律辩解说，以他本人的官位等级来说，以"禀"的方式给两广总督上书似乎没什么不得体，因为支那的下级官员也以同样的方式向上级汇报。他还说，"至于这个字的偏旁所属（'示'，即警告、命令或出示），在这里也许表示的是恭敬地提供信息的意思，而不像我们在'Petitions'里要表达明确的想法之类的含义。"义律是想把两者的关系倒过来加以说明：所谓不敬的意思是由英文"petition"（请求）的译词造成的，而不是汉字"禀"本身的问题，也就是说，他对"禀"和"petition"之间的对等性或公度性提出了质疑。为了支持自己的观点，义律让马儒翰写了详细说明，附在给巴麦尊的信中。马儒翰对"禀"字的诠释如下：

> 所有三品以下的官员（其中最高等级相当于法国的地区长官），他们对省级以上高级官员讲话或者写信时，要用"禀"字，而上级官员发给他们的文件叫做"谕"。马礼逊博士的《华英字典》里的解释，可以对这些字作一补充。
>
> "'Pin'（禀）。通常是下级交给上级的有关事情的明确报告。'禀'意味着以口头或书面的形式，向上级提出某种请求，抑或提供信息；可以由普通人向政府官员提出；也可以由下级官员向

---

[1] 从1830年11月至1834年11月，巴麦尊（即Henry John Temple, 1784—1865）最早在格雷伯爵（Earl Grey）任首相期间出任英国外务大臣。自1835年4月至1841年9月，他又在墨尔本（Lord Melbourne）政府的内阁再次出任英国外交大臣；从1846年7月到1851年12月，他最后在罗素（Earl Russell）的内阁第三次担任英国外务大臣。

[2] 巴麦尊给义律的信，1836年7月22日，见《英国议会档案》（*British Parliamentary Papers*: Correspondence Orders in Council, and Reports Relative to the Opium War in China, 1840, China 30, 第65号）。关于义律通信的中文版本，见佐佐木正哉（Sasaki Masaya）编辑的《鸦片战争前中英交涉文书》，页87。

高出自己好几级的长官提出……反过来，指令叫做'谕'，用于政府中的上级官员向下级或者普通百姓传达的命令。"

外国人经常使用这些词来与这里的政府进行通信往来；1834年两广总督就是要求律劳卑以"禀"的方式与之往来。[1]

这里提到律劳卑的名字，就显得比较微妙，因为早先正是巴麦尊亲自指示律劳卑应该以何种方式与两广总督进行通信往来。[2] 巴麦尊这次又坚持了他的决定，禁止义律在与清政府官员的通信中使用"禀"的格式。巴麦尊说他这样做是根据"英国以往的惯例，此惯例不允许英国国王所委任的官员以那样的方式去称呼其他君主所委任的官员"。[3]

中国在第一次鸦片战争中战败后，巴麦尊上述指示的精神及时地在1842年签署的中英《南京条约》中得到了体现。《南京条约》第11款作出如下规定：

> 议定英国住中国之总管大员，与大清大臣无论京内、京外者，有文书来往，用照会字样；英国属员，用申陈字样；大臣批复用剳行字样；两国属员往来，必当平行照会。若两国商贾上达官宪，不在议内，仍用禀明字样为著。[4]

很明显，"禀"字在第11款最后一句里仍被保留。根据《南京条约》的汉英双语版本，"禀明"被英国人解释为"representation"的汉译，也就是说，"禀"字从此不再胜任"petition"（请求）这个字的汉译。

---

[1] 义律致巴麦尊的信，1837年1月12日，见《英国议会档案》，出处同上，页87。
[2] 巴麦尊在最早致律劳卑的指示中，就禁止律劳卑使用"禀"的格式，他强调说："要以跟两广总督通信的方式，宣布阁下抵达广州的消息。"巴麦尊致律劳卑的信，1834年1月25日，出处同上。
[3] 巴麦尊致义律的信，1837年6月12日，出处同上。
[4] 见 *Treaties, Conventions, etc., between China and Foreign States*，卷一，页355。《南京条约》的汉英双语版本，将"Communication"译为"照会"；"Statement"译为"申陈"；"Declaration"译为"剳行"；"Representation"译为"禀明"。

第二章 衍指符号的诞生

表面看起来，翻译的公度性服务于"完全平等"的交流模式，但这种跨语际的改写，提出一些令人深思的问题，英国人究竟想通过这样的文字修辞达到什么目的呢？这些文字礼仪是不是在替英国人"掩饰自己用暴力手段制伏'China'（支那）"的事实呢？[1]为了进一步了解这些情况，让我们来仔细看看谈判的条件。1840年8月29日《南京条约》谈判开始的时候，英国人把"平等"的问题列为议程中第二重要的讨论议题。清朝钦差大臣琦善对此提出异议，他说任何国家的官僚体系都有等级之分，大英帝国也不例外。难道英国人不在上级和下级以及高低尊卑之间做区别吗？在巴麦尊的授权下，义律回答说，对条约的要求并不涉及具体官僚体系中的等级制度，英方只要求平等的待遇，与谈判对方实行平等交往。[2]琦善最后被迫在中英交往中剔除"禀"的文类，并同意把第11款写入条约中。

在"禀"字问题上，琦善对英国人的屈从，遭到了代理两江总督裕谦的大力抨击。当道光皇帝出来为琦善辩解的时候，他把文书制度视为"小节"，表现得比英国贵族更随和。[3]他对裕谦奏折的回应为："所见大差，远不如琦善之遵旨晓事。原字原书一并封奏，使朕得洞悉夷情，辨别真伪，相机办理。若似汝之顾小节而昧大体，必至偾事。"[4]郭卫东对相关的中文文献的研究表明，琦善利用朝廷授予的特权，在没有事前提请朝廷审议的情况下，擅自决定了许多关于中英

---

[1] 何伟亚，"Making China 'Perfectly Equal'," *Journal of Historical Sociology*, 3.4（December 1990），页394。何伟亚的文章显示，镇压义和团以后，英国人仍然乐此不疲地追究清朝的礼仪。
[2] 见郭卫东，《"照会"与中国外交文书近代范式的初构》，《历史研究》3（2002），页99。从目前发表的对有关中英外交的平等问题的文献研究来看，郭卫东的研究和分析最为细致和深入。
[3] 1841年10月鸦片战争期间，英国炮轰和占领宁波城以后，两江总督裕谦自杀身亡。关于裕谦的奏折，请参见梁廷枏，《夷氛闻记》（上海：商务印书馆，1937，c1874），页40。郭卫东指出，两江总督的这份折件虽没署名，但一般认为是裕谦所奏。参见郭卫东，《"照会"与中国外交近代文书范式的初构》，页100注6。又见P. C. Kuo（郭斌佳），*A Critical Study of the First Anglo-Chinese War with Documents*，页157。
[4] "清道光朝留中密奏"，《鸦片战争》，卷3，页514及页516；引自郭卫东的《"照会"与中国外交近代文书范式的初构》，页100。

官方交往的文书制度问题，以满足英方的要求。稍后，他提请朝廷审议的时候，比如在白河和广州要求永久性更改中英交往中惯有的用法时，朝廷也没有提出反对意见。道光皇帝似乎在正式和恭敬的称呼问题上，显得比英国方面更加灵活。在中英这场危机中，道光皇帝最关心的是领土割让和赔款问题。[1]

但在英国人看来，文书是否得体，称谓是否恭敬，这与贸易的收支平衡同等重要，因为这关乎种族的脸面和名誉问题。赫尔曼·梅里韦尔（Herman Merivale）在1839年出版的《关于殖民化和殖民地的讲座》(Lectures on Colonization and Colonies) 成为畅销书，并于1861年再版（两次出版的年份都恰好是两次鸦片战争发生的时候）。在书中，梅里韦尔是这样描述英国在殖民帝国中的地位的：

> 民族的荣誉感、血统的自豪感、强大的自卫精神、对于同宗社会的认同、优越种族的本能，还有一种要把自己的文明和宗教传遍全世界的模糊而又慷慨的意愿：像这一类的冲动，也许那些躲在屋子里的大学生会忽视，但政治家却不会，因为他们有把握战胜一切，就像从前一样战无不胜。当危机出现，需要他们挺身而出的时候，他们就会让功利主义的说法无地自容。[2]

这些讲座起初是给牛津大学学生的公开演讲。梅里韦尔在快到40岁的时候，成为牛津大学德鲁蒙德政治经济学讲座教授。从1848年开始的12年中间，作为詹姆士·斯蒂芬爵士（Sir James Stephen）的同事和继任者，梅里韦尔一直在殖民总署（the Colonial Office）里担任高级职务，因此，他在英国殖民政策方面具有相当的权威。梅里韦尔的讲座在19世纪对英国公众的影响巨大，到了20世纪还有人评价他说："认真研究大英帝国的人，必须研究他的这本书，它里面蕴藏着优秀无比

---

[1] 出处同上页注[4]。
[2] Herman Merivale, *Lectures on Colonization and Colonies* (Oxford: Oxford University Press, 1928), 页675。

的思想，蕴藏着成熟和丰富的经验，充分展示了殖民统治史上的一个重要和特点鲜明的阶段。"[1]梅里韦尔所说的民族尊严和种族优越，自然不是空洞而无所指的，它具有明确的官方政策的含义，建筑在英国与其殖民地属民和外国人进行日常交往的基础之上。维多利亚女王于1841年1月26日在上下两院的讲话，就重申了英国的官方政策。她说："鉴于有必要向支那沿海派驻军舰和军队，有必要对支那皇帝的官员对我臣民的伤害以及对一位皇家代表的侮辱进行索赔，我特此委任几位全权公使与支那政府接洽相关事宜。"[2]维多利亚女王这里所说的伤害和侮辱自然包括我们在这一章中所讨论的文书交往形式和尊称的问题。

巴麦尊认为义律未能在条约谈判中充分地维护大英帝国的利益，从而将其革职，然后以璞鼎查（Sir Henry Pottinger）接替他成为维多利亚女王任命的新任英国驻华全权公使。[3]1841年5月，璞鼎查刚上任就开始了新一轮的中英条约谈判，其中，对于平等的问题，他的态度尤其强硬，坚持要求把"夷"字的禁令写入《南京条约》当中。中方代表团谈判成员张喜在《抚夷日记》中，对这次谈判过程有详细记载，它发生在1842年8月26日。璞鼎查指出"夷"字不善，应停止使用。清政府方面的主要谈判代表之一咸松圃，遂引用古代圣人之言"舜，东夷之人也；文王，西夷之人也"以反驳英方的提议。[4]由于双方无法在"夷"字的含义上达成共识，谈判陷于僵局，"夷"字的法律禁令也没有被写入条约中。尽管如此，璞鼎查还是继续对清政府施加压力，不许"夷"字在《南京条约》的中文版本中出现，待到签署《天津条约》的时候，"夷"字的法律禁令才被正式写入。这次南京条约签署，是近代不平等条约的开始，它不仅使中国丧失了对香港的

---

[1] 详见肯尼思·贝尔（Kenneth Bell）为此书1928年版本写的前言，出处同上页注[2]，页A1。
[2] Sidney Ensor, ed., *The Queen's Speeches in Parliament from Her Accession to the Present Time* (London: W. H. Allen & Co., 1882)，页22。
[3] 对义律和琦善两人后来的下场的分析，见费正清，*Trade and Diplomacy*，页81—82。
[4] 参见张喜的《抚夷日记》，收录于《鸦片战争》，6卷本，齐思和等人主编（上海：神州国光社，1954），第五卷，页389。

主权，而且在其他主权问题上也向英国和其他的西方列强做出了大量的让步。

据说签署不平等条约的理由，是为了捍卫完全平等，这理由很虚伪，似乎自相矛盾。实际上，英国人到底希望世界上的其他人如何看待他们呢？除了梅里韦尔那样的官方立场，19世纪的英国大众文化对此也有充分的描述。穆雷特·艾理斯（T. Mullet Ellis）曾在一本名为《神仙们的爱好》的儿童读物中，为我们勾绘了一幅各国朝拜维多利亚女王的朝贡图：

> 来自远东地区的国王们，［印度］高尔贡达的王子们，塞林伽巴丹的君主们，帝王，摩洛哥的皇帝，西藏达赖喇嘛和菲菲佛夫的喇嘛，所有这些人都光着膝盖匍匐前行，拜倒在女王的宝座前，他们背上扛着大袋的珠宝，口袋中还有给女王的特别的礼物。她拥有所有这些价值连城的礼物，有来自加利福尼亚的金条，来自澳大利亚这块富饶土地的满载着金矿的船只。女王的宝库堆满了金锭以及大量珍贵的宝石。[1]

从这段生动的文字描述，再到1872年的那幅描绘缅甸公使双膝跪地向女王献礼的画（图4），在我们眼前展现的不是英国人对平等的渴望，而是另一种愿望。从孩童时代起，英国人就被灌输了大量的关于财富和种族特权的幻想，他们期待其他的种族，尤其是这些种族的国王和皇帝，向大英帝国进献宝物，表示恭敬。这也解释了当年英国特使马戛尔尼爵士（Lord Macartney）在觐见乾隆皇帝时，他到底该行还是不该行"叩拜礼"这样的细节为什么如此重要，以致几乎困扰了英国人近两个世纪；它同时也解释了为什么在19世纪，英国官方本来就不打算平等地对待清政府的官员。

---

[1] 见 T. Mullet Ellis, *The Fairies' Favourite: or The Story of Queen Victoria Told for Children* (London: Ash Partners, 1897)，页31；引自 Adrienne Munich, *Queen Victoria's Secret* (New York: Columbia University Press, 1996)，页73。

图 4　W. B. Wallen,《女王接见缅甸使节》(1872)。图片源自 Arthur Lawrence Merrill, *Life and Times and Times of Queen Victoria*(1901)。

正式签署《南京条约》的九天前，即1842年8月20日，钦差大臣耆英及其随从被安排访问"皋华丽"（Cornwallis）号战舰，并会见英国全权公使。英国的汉文正史马儒翰事先通知了清朝代表团，他说按照英国的礼节，要向尊贵的客人鸣枪致敬。他说，客人的级别越高，鸣枪的次数越多，最多为23响。[1]这一天，英国全权公使璞鼎查登上"皋华丽"号的时候，共鸣响19枪向他致敬。而以平等身份与璞鼎查进行条约谈判的耆英及其代表团，仅仅听到3响礼枪。马儒翰解释说，英国人这样做是遵照中国人的惯例。当然，这种精心策划的羞辱并没有帮助英国人达到他们的"平等"理想。因为，四天之后，双方约定在陆地会面，清朝官员玩了同样的把戏，他们也用3响礼枪向英国人致敬。[2]一边是英国人的平等话语，另一边是清政府的一视同仁，双方就是以这种奇怪的帝国较量的方式，演出了一幕又一幕的悲喜剧。

清政府不仅对英国，并且对英国以外的国家，也实行最惠国待遇这个特点，人所共知。费正清对此曾经有一段解释。他说："在1842—1844年间，参加条约谈判的满人代表愿意把古人对所有野蛮人一视同仁的思想也都带到谈判桌上来。由于皇帝习惯性地怀柔远人，那么他的大臣几乎连想都不用想就把跟英国签署的条约也适用于美国。他们这样做的目的是不让英国人自己向美国人提供这些特权，否则美国人原本应该对清朝皇帝的感激之情就会变成对英国人的感激。"[3]清朝皇帝为什么宁可放弃自己的利益也要一视同仁地对待不同的国家呢？费正清的心理主义猜测其实根本不着边际。清政府采取"一视同仁"的外交政策，不是为了什么"感激之情"，而是出于国际政治考虑，因为它已充分觉察到英国人独霸世界的野心。

早在1793年马戛尔尼使团访华的时候，乾隆皇帝就认为英国使

---

[1] 详见张喜的《抚夷日记》，5，390。鸣枪21响可能被记成23响。1842年8月29日签署《南京条约》的时候，英国人就鸣礼枪21响来庆祝维多利亚女王的生日。
[2] 出处同上，页382—383以及页385。
[3] 费正清，*Trade and Diplomacy*，页196。

第二章　衍指符号的诞生　　81

节来华是"居心叵测"的。当然英国人眼里的乾隆皇帝,是个高傲自大的君主,他表现得对英国的商品毫无兴趣,这在乾隆给英王乔治三世的信中就看得很清楚。但经常被人忽略的一点是,乾隆皇帝同时在写给他的亲信大臣的谕旨中,曾经几次流露出他的不安。他担心英国人通过排挤那些与中国保持长期贸易关系的其他国家,借机垄断在广州的对华贸易。乾隆五十八年(1793)10月2日,皇帝颁布谕旨,其中提到:"英吉利在西洋诸国中较为强悍,且闻其向在海洋有劫掠西洋各国商船之事,是以附近西洋一带夷人,畏其恣横。今不准其人留在京,该国王奉到敕谕后,或因不遂其欲,借此生事,不可不预为之防。"[1]乾隆皇帝命其亲信长麟赶在马戛尔尼返程之前到达广州,告诉那里的外国商人,皇帝并没有给予英国任何特权,而且英国人也无权声称他们能代表外国商人与清政府进行贸易,并从中牟取暴利。[2]乾隆皇帝的预感半个多世纪后变成了现实,英国人果然在帮助镇压太平天国叛乱期间,乘机控制了大清海关总税务司。回溯历史,从18世纪初年直至19世纪,清政府在向外商发布的公告中,一再重申"一视同仁"政策,目的都是抑制英国在大清国的扩张。为什么英国人总爱说中国人反对"社会精神",中国人顽固不化地抵抗"欧洲人的渗透,和理性的公共空间,只愿意在欧洲人想象的中心以外的世界生存"?[3]这是因为他们极为反感清政府多年来采取的抵抗政策。当印度和周边的东南亚国家一个接着一个沦为英国殖民地的时候,清政府这项政策,其实比较成功地抗拒了英国的殖民地野心。顺便提一句,我在第一章里提到亚历山大罗维茨(C. H. Alexandrowicz),这位学者对大清国和印度两国不同命运的解释,也陷入了大英帝国的话语逻辑。他以乾隆皇帝对待马戛尔尼使团的态度为例来证明,清朝政府在意识形态上如何顽固不化,这跟

---

[1] 《大清高宗纯皇帝实录》(台北:华文书局,1964),页21327。
[2] 出处同上。关于此事件的最新研究,请参见赵刚的"是什么遮蔽了史家的眼睛:18世纪视野中的马戛尔尼来华事件",《视界》2003年2月第9期,页3—28。
[3] 见何伟亚,*Cherishing Men From Afar*,页72。

印度的莫卧儿王朝的做法形成鲜明的对比，莫卧儿王朝对付欧洲人讲究权宜之计，善变灵活。[1]亚历山大罗维茨的观察是基于当时英国人自己的描述和叙述，自然没有机会考察清政府方面的文献，而这些文献足以表明，清政府早已觉察到了英国人的殖民企图。

殖民统治的创伤话语

对英国驻华全权特使璞鼎查来说，但凡有一线希望把对"夷"字的禁令写入他们在1842年签署的《南京条约》，他都会不遗余力地去做。璞鼎查会这样做的原因，根本不是出于对平等的要求，而是决心要洗刷英国皇室的名誉。那么，区区一个衍指符号为什么能给大英帝国的主权意识造成如此重大的精神创伤？这个符号无非是跨越汉字的能指，衍指到某个英文词的所指，对于此种现象，恐怕就连精神分析家都无法找到合理的解释。为此，我们可以考虑以下可能性，即英国人在一个汉字上看到的自虐投影，如同他们幻想的中国人在英国人身上所投射自我中心的世界观一样，都属于同一历史过程。那么，这些多重复杂的投影和镜像有无深意？如果有的话，我们应该到哪里去发掘这些深意？英国人的自我镜像或投影具有怎样的政治含义？统观历史上的殖民统治话语，创害对于主权想象来说是不是必要的？

在《雅利安人与英属印度》一书中，托马斯·特劳特曼（Thomas Trautmann）重新考察了英国人为什么在印度要炮制雅利安人的故事。有关雅利安人的叙事，使得英国人和印度人之间出现了远古的血缘关系，将殖民统治的现实一下子变成了一个亲情故事（love story）和家族团聚（family reunion）的故事。关于友情的话语，在英属印度的殖民关系中显得格外重要，这让我们对情感经济在殖民统治中的作用有一定的了解。特劳特曼写道："英国人在对印度政策的问题上争论不

---

[1] 参见 C. H. Alexandrowicz, *An Introduction to the History of the Law of Nations in the East Indies: The Sixteenth, Seventeenth, and Eighteenth Centuries* (Oxford: Clarendon, 1967), 页17。

休,但中心问题是,如何使印度人热爱英国人的统治。"[1]皇家亚洲协会的创始人和首任主席威廉·琼斯(William Jones)认为梵文研究是建立雅利安人血缘关系的根本。从梵文到更庞大的语言文字研究,这项学术工作的目的是要证明印度文化本来就是"西方"文化。这样一来,借用罗伊·哈里斯(Roy Harris)的话来说,英国人到印度来,"不是殖民冒险家为了掠夺东方财富,而是为了让偏远地区的古老雅利安文明回到现代世界的怀抱,重新在这个世界的政治地缘内部找到自己的正确位置。"[2]对于殖民统治来说,强调爱慕、友谊,还有情感眷恋的重要性,应该不难理解,这与一切统治者和被统治者、男人和女人、强者和弱者之间的心灵博弈是相通的。当英国人来到中国的时候(他们往往是直接从英属印度乘船过来),他们对于清朝政府以及当地居民如何看待自己是有期待的。他们是不是也期待着中国人的爱慕?退一步讲,假如英国官员沿用了马礼逊更早的翻译,把"夷"字理解为"外国人"而不是"野蛮人"的话,英国人的行为会有什么不同吗?

我在本章开头的题词中引述了法农(Franz Fanon)的一段话,法农的思考是在欧洲人和马达加斯加人之间的关系中进行的,但它对于我们回答上述问题应该有所启发。在《黑皮肤,白面具》一书中,法农写道:"每当人们追问,为什么当年的欧洲人,或外国人,被[非洲人]以'vazaha'(尊贵的陌生人)来称呼?每当人们追问,为什么那些航海遇险的欧洲人始终在异国他乡受到热情的礼遇,而从不被人当敌人来看待?[西方的]学者们从来不用'人道'、'善良'、'礼节',或者用塞泽尔曾称之为'古风'的那一类习俗去回答这些问题。西方学者反倒不厌其烦地说,所有这一切都是因为白种人是人类翘首以盼的主子,而此事早已铭刻在古人'命定的象形文字'之中,也铭刻在人类的潜意识之

---

[1] 参见 Thomas R. Trautmann, *Aryans and British India*(Berkeley: University of California Press, 1997),页17。

[2] 参见 Roy Harris, "Comparative Philology: A 'Science' in Search of Foundations," Introduction to Franz Bobb, *Über das Gonjugationssystem der Sanskritsprache*(London: Routledge, 1999),页17。

中。"[1]欧洲殖民者把"vazaha"（尊贵的陌生人）魔术般地变成"人类翘首以盼的主子"，这似乎跟英国人把"夷"字翻译成"barbarian"（野蛮人）形成另一个极端，但这两种截然相反的翻译恐怕是一块硬币的正反面。对于英国人来说，衍指符号"英夷/English barbarian"证明了中国人对外国人的蔑视，这种态度跟英国人在世界其他地方进行殖民统治时碰到的经验不符。但每当英国人指责满清官吏在语词上对他们不敬的时候，这些官吏无一例外地表示惊讶，并竭力否认"夷"字带有英国人所说的那些贬义。《南京条约》签署10年之后，署任两广总督柏贵，对于英国全权公使文翰（Sir Samuel George Bonham）向其屡次抗议"夷"字的使用，备感困惑，他不明白这个字为什么会引起事端。[2]柏贵所不知道的是，文翰阅读的是通过汉文正史办公室翻译的照会的英文版，其中"夷"字是被写成"barbarian"的。[3]此后不出几年，中英就签署了《天津条约》，从那时起，所有外交往来文书的英文版本，都被规定为原始的和正确的版本。但在此之前很长一段时间内，针对"夷"字的问题，两国之间往来的外交照会中出现过多次英方指责和中方否认的僵局，清政府官员一如既往地声明英方的指责毫无根据，一再说"夷"字无关大体。果真如此吗？如果一个英国人觉得这个字可以侮辱他，那么，"夷"字肯定不是无关大体的。

我认为，衍指符号"夷/i/barbarian"本身的不定性，可能是问题的症结所在，"夷"字无处不在地伤害英国人的神秘力量也来自于此。中国人和英国人都抓不住它的原因是，这个衍指符号既不完全由汉字符号所驱使，也不完全由英文符号所驱使，"夷"字恰恰进入了跨语际谬释的中间地带，游移在两个语言之间，成为一个怪异的衍指符号。[4]因

---

[1] Frantz Fanon, *Black Skin, White Masks* (New York: Grove, 1967), 页99。
[2] 文翰曾任新加坡总督。他于1848年3月16日接替德庇时爵士成为香港总督。详见 Frederic Wakeman Jr., *Strangers at the Gate: Social Disorder in South China*, 页90—91。
[3] 见徐广缙、柏贵等致文翰的信函，1852年7月27日，"The British Foreign Office Records," F. O. 23/27，英国国家公共档案馆（The Public Record Office）。
[4] 根据更早的翻译，"夷"字与满文"tulergi"和英文"foreign"形成固定的衍指符号是可能的，但最终没有实现，却被"夷/i/barbarian"所取代。请参见下一章里，我对雍正朝和乾隆朝用满语"tulergi aiman"翻译"夷狄"的分析。

此,所谓伤害的原初情景是这样的:中国人对英国人说"夷"字,而英国人听见或看见的是"barbarian",也就是说,衍指符号"夷/i/barbarian"的指称功能本身已经成为一个重叠的、翻译的情景了。[1]让问题更复杂的是"barbarian"这个英文词,它本身是源自拉丁语和希腊语的外来词,长期以来,这个词根的词在各种欧洲语言中被不断地转义,不断地翻译。在这过程中,一些欧洲国家、地区把另一些欧洲国家和地区的人称为"barbarian"——欧洲人将殖民地的人叫"barbarian",则是惯例。大英帝国的殖民官员就是带着英国既有的"barbarian"的殖民话语来到中国的,他们自然不能接受自己在别人的语言里当"barbarian"的荒谬地位。大卫·波尔特(David Porter)的研究指出,英国文人从18世纪的后25年开始,就已经把中国人归为"barbarian"的范畴里了。请看詹姆士·鲍斯威尔(James Boswell)记录的他与大文豪塞缪尔·约翰逊(Samuel Johnson)的一次谈话,时间在1778年:

> 约翰逊把东印度[亚洲海域]一带的人叫"barbarian"(野蛮人)。鲍斯威尔:"先生,您会把支那人除外吧?"约翰逊:"不会的,先生。"……鲍斯威尔:"那您怎么看他们的文字呢?"约翰逊:"先生,他们没有字母书写。所有其他国家都创造了字母书写,就是支那人没有创造字母书写。"鲍斯威尔:"据说他们文字里藏的学问比任何文字的学问都多,他们有无数的汉字。"约翰逊:"这个文字越是原始,就越难掌握,用石头砍树费劲,还是用斧子砍树费劲,道理是一样的。"[2]

在本书的第六章,我还会详细地分析近代欧洲比较语文学兴起时,语言和种族之间的关系得到了怎样的理论表述。上述引文有可能是再现

---

[1] 有关指称功能的介绍,见第一章我对邦维尼斯特(Emile Benveniste)的结构主义语言学的讨论。

[2] James Boswell, *Life of Johnson*, 6 vols. ed. G. B. Hill and L. F. Powell (Oxford, 1934),卷3,页339;转引自 David Porter, *Ideographia*,页76。

了鲍斯威尔和约翰逊之间的一次真实对话,也有可能是反映鲍斯威尔个人的想法,但无论哪种可能,它表现的都是 18 世纪的英国人对于中国文明的复杂情绪。不过,我后面将要提到的英国东印度公司的工厂档案,就毫无疑问地表明,英国人至少在 1721 年就开始使用"barbarian"称呼中国人了。

在中英天津谈判期间担任汉文副史的英国人李泰国(Horatio Nelson Lay),就常把中国人叫"barbarian"。在镇压太平天国期间,由英国方面的推荐,清政府 1861 年任命李泰国为大清皇家海关总税务司,对此,李泰国认为自己是一名"受雇于支那政府的外国人,替他们执行一定职责,但不从属于他们的领导"。他补充道:"我不必多说,让一位绅士接受亚细亚野蛮人(an Asiatic barbarian)的领导是极其荒谬可笑的。"[1] 荷西·巴卢·马士(Hosea Ballou Morse)的编年史显示,李泰国从清政府那里支取了长达八年的薪水。另一个英国人,即指挥中英舰队的海军上校实纳·奥士本(Sherard Osborne),也同样在"亚细亚野蛮人"手下工作,并从清政府那里领取薪水。这两个人始终被一个问题所困扰:"作为欧洲出身的军官和水手,我们替一个野蛮人君主(a barbarous sovereign)打仗,如何保证我们不被迫卷入那些我们自己国家会进行道德谴责的做法?"[2]

当然,假如我们仅仅关注某些个人的观点和偏见,那么我们对问题的整体把握就会有失偏颇。其实,从 18 世纪末乃至整个 19 世纪,中国人一直处于一个被种族化的历史中,这个历史牵扯到一个相当复杂的科学知识和公众舆论动员的过程,它的叙事是由种族理论家、头盖学家、体质人类学家、作家和小说家共同创作的。石桥(George

---

〔1〕 Hosea Ballou Morse, *The Chronicles of the East India Company Trading to China*, 1635 – 1834, 卷二,页 38。
〔2〕 出处同上,页 39。中英舰队源自于清政府对太平天国叛乱的镇压。清政府有时借用外国军官指挥的外国战舰,以限制叛军的军火供应。1862 年,有人向政府建议成立一支组织得当的海军,配备欧洲海军官员,以便包围太平天国的军队。将于 1863 年就任下一任粤海关总税务司的罗伯特·赫德(Robert Hart),利用这个机会向恭亲王提议说,让当时正在英格兰的李泰国为清政府采办并装备一支蒸汽机舰队,到中国来。李泰国完成了这一任务。这支舰队的总司令是英国人奥士本(Captain Osborne)。出处同上,卷二,页 34—35。

Steinmetz）最近的研究提醒我们注意，18世纪著名科学家林奈（Carl von Linné）在其《自然系统》一书中，把支那人（Chinese）划入"怪物人种"（Homo monstrous），描述其具有"锥形头骨"，并与非洲的何腾托人（Hottentots）归为一类，在欧洲人眼里，何腾托人是典型的低级人种。19世纪中叶，也就是中英《天津条约》签署的同时，欧洲的科学家和作家们正忙于把支那人头颅骨的形状、面颊的角度、皮肤的内部组成以及有种族特点的手形等等，与支那人的智力和道德缺陷联系在一起予以论述。斯坦梅茨发现，也是在这一段时间里，支那人在所有欧洲的语言中，都从白皙人种变成了所谓的"黄种人"。[1]所以不奇怪，德国人殖民青岛的时候，德国驻京总领事的夫人伊丽莎白·海靖（Elizabeth von Heyking）在日记中毫不客气地写道："无论支那人从前是什么样子，他们现在只不过是一群肮脏的野蛮人，他们不需要欧洲国家的大使，他们需要欧洲主人来统治他们。"[2]

我在第一章曾提出，替他者命名，令其臣服于己，这种指示态的称谓，往往是殖民统治中主体间性交往的恐怖政治的开始。大量的关于欧洲人在什么地方遭遇了什么人的殖民叙事，都属于这种情况：在殖民者和被殖民者之间的统治关系形成过程中，绝对意义上的指示态称谓，即"我是我，因为我不是你"的差异逻辑，势在必行，而殖民统治所有关于普遍性和差异性的论述都基于此。欧洲人关于"野蛮人"的殖民话语，就是起到指示态称谓的作用，它把殖民地的人命名为"野蛮人"，并以此建立和巩固自身的主权地位。欧洲的各个帝国

---

[1] 参见石桥（George Steinmetz），"Precoloniality and Colonial Subjectivity: Ethnographic Discourse and Native Policy in German Overseas Imperialism, 1780s – 1914," *Political Power and Social Theory* vol. 15（2002），页185—186。

[2] 同上书，页188。石桥指出，早在青岛割让给德国以前，德国人对中国的殖民想象在两次鸦片战争的时期就萌芽了。事实上，最著名的公开鼓动殖民中国的德国人，也是后来导致青岛成为殖民地的人，他就是费迪南德·李希特霍芬男爵（Baron Ferdinand von Richthofen）。此人于1860年陪同第一任普鲁士驻华大使来到中国，1868年重返中国游历四年，目的是在18个省份中的13个省里，侦察未来可以利用的矿山及港口（出处同上，页187）。有关1864年恭亲王如何处理丹麦船只在天津海域被普鲁士新上任的驻华大使抓获的事件，请参见第四章。

把美洲土著人和欧洲以外的种族叫做"savages"（接近"畜类"）或"barbarians"，在认识论上维持了殖民地他者的文明低劣等级，而欧洲人的文明等级的普遍秩序所依据的标准是种族、文化、技术、语言和所有权等。这个指示态称谓不可逆转，因为命名者不能同时被命名。正如黑格尔意义上的奴隶和主人一样，奴隶不可能被他的主人反过来认可为主人，要不然，这就自相矛盾了。它也帮助我们解释，殖民称谓的逻辑为什么容不得矛盾和逆转的情形，因为一旦有可能出现此种情形，事情就会变得很滑稽，甚至很荒诞。

一方面，律劳卑、罗宾臣和巴麦尊等人似乎过于重视欧洲人关于"野蛮人"的殖民话语，总是担心它有可能被人逆转的危险；但另一方面，英国国内的人也看到这件事的荒诞一面，似乎非常乐于有机会来嘲讽英国贵族阶级的自命不凡。英国著名政治漫画刊物《潘趣》杂志（*Punch*）就用幽默的手法，大肆渲染他们想象中的汉字"夷"，可能给"barbarian"造成的情景逆转。其中 1844 年的一幅漫画，将英国有爵位的人的勋带，说成是"野蛮人的女王"所赠与的东西，同时还戏称，无知的野蛮人居然拿他们国家的诗人莎士比亚跟孔夫子相提并论（图5）。《潘趣》杂志 1860 年 11 月 4 日刊登的一幅漫画，嘲讽了类似的情景逆转，漫画中额尔金（Lord Elgin）左手指着清朝皇帝说："过来，跪下！这回可别耍花招"，他的右手里拿着类似炮弹的弹子（图6）。[1]

显然，额尔金同时代的人抓住了情景逆转的真实含义，即，中英之间的冲突跟英国贵族所说的平等问题没有关系，英国人真正想要的是对于大清国和对于整个世界的统治关系。在这个意义上，饱受争议的"夷"字，恰当地点出了情景逆转的危险和殖民话语逻辑的要害。对于"文明人"来说，谁是真正的"野蛮人"？如何恰当地回答这个问题，这里面充满了各种焦虑和不确定因素。从 1834 年至 1860 年这段时间，英国人的殖民话语在中国经历的喜悲剧式的各种逆转，也都是围绕这一类问题的。

---

[1] Tamara Chin 提醒我注意这张有关额尔金的漫画，在此致以感谢。

EXHIBITION OF THE ENGLISH IN CHINA.

MR. FRISBY, our friend and correspondent, late Anglo-Chinese pundit of Canton, has favoured us with a most particular and lucid account of an exhibition now opened at Pekin; a show which has attracted all the mandarins and gentry, their wives and families, of the "flowery kingdom." Little think the sagacious English public who visit Mr. DUNN's Exhibition, Hyde Park Corner, to marvel at the pigtails and little feet of the Chinese, that a DUNN from Pekin—LI LI by name—has sojourned many years in England, for the express purpose of showing to his countrymen the faces and fashions of the barbarian English. But so it is. At this moment there is open in Flying Dragon Street, Pekin, an exhibition, called "THE BARBARIAN ENGLISH IN CHINA." There we all are, from high to low; numbered in cases as at Hyde Park-Corner, and a catalogue of our good and bad qualities illuminates the darkened mind of the curious.

Our dear friend the aforesaid pundit has translated this catalogue for *Punch*; and has, moreover, regardless of expense on our part, caused drawings to be made of our countrymen as they are presented by LI LI to the dwellers of the Celestial Kingdom. The prominent parts of this catalogue we lay before the reader; they will be found to beautifully harmonise with the skill which has displayed us in cases; wherein, sooth to say, we do appear with a certain Chinese air, which proves the national prejudices of the artist. Whether he has improved our looks or otherwise for the Chinese public, we leave to the opinion of the judicious and reflecting beholder. Our simple duty is now to lay before the reader the Chinese catalogue, translated and enriched with notes, by our indefatigable and profound correspondent. The Exhibition is dedicated to the "Son of Heaven," very vulgarly known as the Emperor. The dedication, however, we omit; as it tells us no more than that LI LI is, in his own opinion, a reptile, a dog, a wretch, a nincompoop, a jackass, when addressing the said "Son of Heaven;" that his "bowels turn to water" with dread, and his pigtail grows meek with amazement. It will be conceded that, allowing a little for oriental painting, the dedication in no way differs from many other such commodities of home manufacture. Leaving the preface, we begin with the

INTRODUCTION.

When your slave remembers that through the creamy compassion of the Son of Heaven, the Father of the Universe, and the Dragon of the World, the barbarian English were not, in the late war, seized, destroyed, and sawn asunder; that their devil-ships were spared, their guns respected, their soldiers mercifully permitted to retain their swords, and their sailors allowed to return to their barbarian wives and little ones,—when your slave remembers all this, his heart is turned to honey by the contemplation of your natural sweetness, whilst, in admiration thereof, his soul drops upon its knees, and, prostrate, worships.

And when your slave further remembers, that in some leisure hour, you may—with a benevolence that is as broad as the earth, and as high as heaven,—vouchsafe to reign over and to comfort the aforesaid barbarians, your slave tremblingly takes hope that the samples of the people he has gathered together, with the subjoined faithful account of their manners and their doings, may find favour in the sight of HIM, who when he sneezes, arouses earthquakes; and when he winks, eclipses the moon.

CASE I.—AN ENGLISH PEER.

He wears a garter about his leg; an honourable mark of petticoat government bestowed by the barbarian Queen. The Garter is sometimes given for various reasons, and sometimes for none at all. It answers to the peacock's feather in the "flowery kingdom," and endows with wisdom and benevolence the fortunate possessor. The Peer is represented at a most interesting moment. He has won half-a-million of money upon a horse, the British nobility being much addicted to what is called the turf, which in England often exhibits a singular greenness. The nobleman, however, displays a confidence always characteristic of the highly born. By winning so much money, he has broken the laws of the country, by which more than his winnings may be taken from him; but it will be seen that he has pens, ink, and paper before him, and is at the moment he is taken, making a new law for himself, by which he may, without any penalty whatever, protect his cash. It is the privilege of the nobility to have laws, like their coats, made expressly to their own measure.

CASE II.—SHAKSPEARE.

This is the national poet, which the barbarians would, in their dreadful ignorance, compare to Confutzee. It is melancholy to perceive the devotion paid by all ranks of people to this man. He was originally a carcase butcher, and was obliged to fly from his native town because he used to slip out at nights, kill his neighbours' deer, and then sell the venison to the poor for mutton. (All this I have gathered from the last two or three authentic lives lately written.) He went to London, and made a wretched livelihood by selling beans and wisps of hay to the horses of the gentlemen who came to the playhouses. Thinking that he could not sink any lower, he took to writing plays, out of which—it is awful to relate—he made a fortune. (It is, however, but justice to the barbarians to state that they give no such wanton encouragement to play-writers at present.) SHAKSPEARE, or SHAKSPERE, or SHIKSPUR—for there have been mortal battles waged, and much blood shed, about the

图 5 《在中国展览英国人》，出自《潘趣》杂志，1844 年。这幅卡通是想象中的逆转情景，其原型是发生在伦敦海德公园旁边的一栋楼房里举行的 "支那物品展览"。那次展览是一位名叫纳特·敦（Nathan Dunn）的美国商人在第一次鸦片战争后举办的。

图 6 《额尔金的新弹子》,图片源自《潘趣》杂志,1860 年。"弹子"一词的原文 marbles 还有一个含义,即"大理石",因此"新额尔金的弹子"语义双关,暗指"老额尔金的大理石"。此暗指后面的历史史实是,这个老额尔金当年将希腊的很多古代大理石雕像艺术品盗运英国的行为。这里必须指出的是,此处插图中的小额尔金正是老额尔金的长子,也是负责抢劫和火烧圆明园的英法联军的总指挥。

这里的难题是不是能够启发我们进一步思考创伤话语的问题呢？我们不妨提出这样一个问题：早在"barbarian"英文字与汉字"夷"字相遇之前，"injury"（伤害）这个概念在西方自己的法律传统中，相对于"barbarian"的话语有何种意义？在第一章里，我已经谈到现代国际法的奠基人，16世纪的神学家维托里亚，此人在回答西班牙征服美洲在法理上能否立足时，是如何思考这个问题的呢？维托里亚学派重点关心的是：西班牙人有没有权利去统治美洲印第安人，也就是那些被欧洲人称为"barbarians"的美洲土著。〔1〕我在这里不必重复维托里亚的复杂论述，只想提醒读者，维托里亚认为万民法的普遍法则既适用于欧洲人，同样也适用于美洲的"barbarians"。美洲印第安人必须保证西班牙人在美洲土地上进行旅行、贸易和传教的自由，这样大家就相安无事。但假如美洲的"野蛮人"抵抗西班牙人的旅行、贸易和传教，那么在万民法的法理上，他们的行为就构成对西班牙人的伤害，因为它侵害了西班牙人的天赋人权。于是，正如安东尼·派格登所指出的，"为报复伤害而发动的战争才是正义战争，归根结底，西班牙人在美洲的合法性只能通过这种战争才能得以建立。"〔2〕但是遍查国际法的先例，似乎还没有人为了报复别人使用"barbarian"称呼，并以此为正当理由而发动战争的。所以，我们不得不进一步追问，英国人受到伤害的根源和发动战争的理由到底是什么？

学者乔纳森·霍尔（Jonathan Hall）潜心研究了希腊古语中barbaros这个概念的由来，他指出，公元前5世纪，希腊人发明的barbaros的话语是建立一种自我身份定义的机制。霍尔说："希腊人的身份是从'外部'，就是跟某种另类形象的对立，而得以确立的。这个外部的另类形象就是异族的、奴性的、捉摸不透的barbaros，是一种被程

---

〔1〕 见 Anthony Pagden, "Dispossessing the Barbarian: the Language of Spanish Thomism and the Debate Over the Property Rights of the American Indians," in Anthony Pagden, ed., *The Language of Political Theory in Early-Modern Europe*, 页79。

〔2〕 出处同上，页87。

式化和被普遍化的意象。越是强调野蛮人的语言、文化或礼仪对自己多么陌生,就越觉得自己是希腊人。由于有了希腊人和野蛮人之间的这种绝对的、象征性的界限,希腊人在理论上从不会从内部质疑什么是希腊性。"[1]但这种界限是一个虚构的界限。就拿古希腊人的宗族为例,最早的祖先赫愣(Hellen)及其儿孙留给后世的各个族群等因素,经常被当作希腊人身份的证据。霍尔的研究显示,赫愣作为希腊人祖先的这种说法既不符合考古学的发现,也找不到文学和语言学方面的证据:"艾都利安人在当时是公认的希腊人,但他们的祖先艾都罗斯不能上溯到赫愣,而只能上溯到恩底弥翁。同样,阿卡斯是阿卡蒂安人的祖先,阿卡斯是卡利斯托的儿子,卡利斯托是吕卡翁的女儿,白刺斯格戈的孙女。这一血统与古希腊人的宗谱毫无干系。"[2]如果古希腊人的本源是通过跟 barbaros 的绝对对立确立起来的,那么这个本源就很难落实为本源了。而其对立面 barbaros 又如何落实呢?在一次又一次的使用中,难道 barbaros 这个概念的本意不是沿一条不断重复的意义链,也不翼而飞了吗?派格登在《自然人的陨落》一书中进一步指出,自古代罗马教皇大贵格利一世在公元6世纪开始使用拉丁文的 barbarus 一词,此词转换成了"异教徒"的同义词,因为基督徒认为,自己跟异教徒世界里的各种人的类型有着根本不同。当天主教史家凯撒利亚的尤西比耶斯试图说服自己的读者,说他自己和他的同类是一种"新型人类"的时候,他使用的语言已经是:"我们既不像希腊人那样想问题,也不像野蛮人那样生活。"[3]

法国作家蒙田(Montaigne)在16世纪写过一篇《话说食人部落》的文章,米歇尔·德·塞尔多(Michel de Certeau)对此做了颇有洞见的分析。塞尔多说,"barbarian"和"savage"的话语已经成为欧洲人自我定义的一种机制,到了16世纪的时候,这两个概念达到很高程度

---

[1] Jonathan M. Hall, *Ethnic Identity in Greek Antiquity* (Cambridge: Cambridge University Press, 1997),页47。
[2] 出处同上。
[3] 详见 Anthony Pagden, *The Fall of Natural Man: The American Indian and the Origins of Comparative Ethnology* (Cambridge: Cambridge University Press, 1982),页20。

的语义灵活性。塞尔多的分析从欧洲人同美洲印第安人的初次接触开始，沿着殖民话语本身的扑朔迷离的踪迹追踪下去，最后得出这样的结论：殖民者使用的基本命名（如"野蛮人"，"畜类"）所"表达的其实不是言说者所指的那个现实对象，而指明了言说主体的出发位置（élocuation），不过，这种言说本身的现实却被掩饰得很好"。[1]也就是说，"barbarian"故事的作用在于从语言里替对方、替自己定位，但当彼此真正相遇时，镜像可能就会遭到破坏。借塞尔多的话说，"一个接着一个镜像被粉碎，一个接着一个意象被扭曲。"[2]此外，派格登对维托里亚的研究有力地证明，在万民法（ius gentium）中，"伤害"的话语是我们理解早期国际法中的"barbari"（拉丁文）这个概念的基础。为此，我的观点是，除了应该将英文"barbarian"这个概念的词源追溯到古希腊 barbaros 和早期基督教的 barbarus 等来源上，我们还必须考虑的是这个英文词后面的万民法背景，它跟法律意义上的潜在伤害有什么关联。

欧洲万民法对伤害的诠释，前提是有某种互动关系和暴力冲突的发生，而这两者都深深植根于早期殖民者对文明和野蛮的思考，也为后来几个世纪我们如何了解"barbarian"的含义提供了重要的启示。当万民法把贸易自由、旅行自由以及宗教自由，当作基本人权和原则赋予欧洲人的时候，就意味着谁要阻拦欧洲人进入自己土地，谁就侵犯了他们的生命财产，从而构成欧洲人发动正义战争的理由。这对我们了解现代国际法话语中的一些重大发展，提供了历史的角度（详见第四章），因为有些法律概念只有放在欧洲人的殖民历史中才能得到解释。18 世纪初在广州发生的几例人命官司，都涉及在华英国人杀死华人的法律纠纷，研究这些纠纷，可以让我们具体地了解英国人的"伤害"话语，是如何表达法律的互动关系和暴力冲突的。

英国东印度公司的工厂档案里，保存了若干欧洲人对华人的人命

---

[1] 详见 Michel de Certeau, *Heterologies: Discourse on the Other*, trans. Brian Massumi (Minneapolis: University of Minnesota Press, 1986), 页 71。

[2] 出处同上。

案。其中一个案件发生在 1722 年 10 月 30 日，涉案的是一艘从孟买开到广州的英国船"乔治王号"（King George）。事发时，这艘船上的炮兵声称他把炮瞄准稻田里的一只鸟，却不巧击中了正在地里干活的一个中国男孩。[1]这个男孩受了重伤，然后死去。根据《大清律例》，这个案件可以根据第二卷第 282 条或第 292 条进行起诉。但是与其他案件不同的是，据称这起人命案没有进行刑事诉讼，因为男孩的父母以及清朝政府官员同意以经济赔偿的方式来解决。[2]英国东印度公司 1722 年 11 月 15 日的记录如下："被乔治王号上炮兵打死的支那男孩，不仅给斯盖特哥以及希尔（Scattergood & Hill）带来了无数的麻烦，而且已经耗费了他们近 2000 两银两。"[3]英国人在字里行间里表现出的冷酷，也许会让人感到惊讶，但我在前文对自然法中的伤害这个概念的分析，可以解释这个冷酷。我们已经看到，在欧洲殖民主义的大环境下，"伤害"的确切含义与杀害当地的土著无关，因为这种事件往往可以通过经济赔偿来解决，也可以通过逃避当地司法系统来解决，甚至还考虑如何采用"治外法权"的方式来逃避惩罚。向清政府要求"治外法权"的字样，就经常出现在 18 世纪初期的英国东印度公司的记录中。此处的问题是，"伤害"的确切含义跟什么有关呢？原来，只有当它涉及保护欧洲人的自然权利和财产权利时，才有意义。查阅这一事件的历史档案，我们可以看到，当广州的涉外法庭要求这条

---

[1] 我第一章里分析了小说《鲁宾逊漂流记》中的一个场景，这里枪击男孩的事件与那个场景诡秘地相似，发生在《鲁宾逊漂流记》出版之后三年。

[2] 多马·斯当东（Sir George Thomas Staunton）将《大清律例》的刑法条款译成了英文，于 1810 年出版。其中"刑律·人命"中第 282 条"谋杀人"，第 290 条"斗殴及故杀人"，还有第 292 条"戏杀误杀过失杀人"等，都对各类人命案的惩罚办法有明确规定，清朝政府在处理英国及欧洲人在广州多次杀害华人的案件时，显然是照章办事的。如若轻判乔治王号上那个炮兵的杀人罪，按照第 292 条将其定为"过失杀人罪"的话，那么根据《大清律例》上的规定："若过失杀伤人者（较戏杀愈轻），各准斗杀、伤罪，依律收赎，给付其（被杀伤之）家。"（见《大清律例》，天津古籍出版社，1993，页 458）《大清律例》中的刑律和多马·斯当东对此的英文翻译，对我们了解当时频频出现的法律纠纷很重要。英国人在广州很早就想提出治外法权的要求，虽然这个要求既不符合当时欧洲的国际法，又不符合《大清律例》，这都与类似的人命案有关。

[3] Hosea Ballou Morse, *The Chronicles of the East India Company Trading to China, 1635 – 1834*, 卷一，页 174—175。

船的两名大班斯盖特哥和希尔,替行凶者支付赔偿金的时候,英方反而归罪于男孩的父母和清朝官员,说这些人"非常邪恶地趁火打劫,借机捞财,我们必须全力制止他们这种行径"。[1]结果,被伤害一方好像不是死去的男孩和他的家人,而是欧洲人自己。英国人或欧洲人在华行凶后向受害者反咬一口这种事,这绝不是独一无二的例子。

我们再来看英国东印度公司档案中记载的另一例涉外人命案,发生在1721年11月22日。也同样是一个华人被杀,但也同样被认为此案伤害的是欧洲人的权利。记载说:"博塔尼号上的水手杀死了一个在'河泊'(粤海关监督)手下做事的支那人。斯盖特哥先生(博塔尼号的大班)从自己家中逃到了英国联合工厂(尽管他是清白的)以避免落入那些乐于折磨人的'barbarians'(野蛮人)的手中。"[2]所谓的"野蛮人"指的是清政府的办案人员,他们当时已赶到现场,调查谋杀案并拘捕了一些人。英国的大班找到粤海关监督去抱怨,声称"我们的法人、官员和海员的特权正在被你们伤害";同时还警告清政府:"英国国王陛下在东印度地区的马德拉斯和其他地方都部署了海军战舰,如果我们要求的正义得不到满足的话,那么此项程序的后果,我们概不负责。"[3]他们所说的"程序"指的是清政府依据《大清律例》,对行凶者进行起诉并量刑惩罚的程序。[4]我们从维托里亚论述权利和特权的自然法概念中已经看到,发动正义战争的合法性,在于这些权利和特权有没有受到伤害。更重要的是,早在英文"barbarian"这个字与汉字"夷"遭遇之前的一百多年里,它已深深根植于英国商人的中国经验里,已是英国殖民地式的创伤话语的一部分,这一切都发生在前文谈到的生成衍指符号的殖民话语逻辑之前。最后,当衍指符号"夷/i/barbarian"成为现实的那一刻,当殖民者言说中的

---

[1] 出处同上页注[3],页175。
[2] 出处同上,页168。
[3] 出处同上,页169。
[4] 大清律例"刑律·人命"第290条规定了"斗殴及故杀人"的惩罚措施。条款的具体内容参见95页注释2。

"barbarian"好像开始渗透另一个语言的那一刻，就开始有了逆反的威胁，它必然造成震撼、裂痕、伤害上加伤害，甚至出现某种认知对象被颠覆的危险。从这种意义上说，"创伤"话语的殖民性在中英《天津条约》对"夷"字的禁用上，得到了充分的表达，是英国人发动战争的法律依据。

第三章 主权想象

> 海外西洋等国，千百年后，中国恐受其累，此朕逆料之言。
> ——康熙五十五年十月壬子谕大学士九卿

早在中英《天津条约》的"夷"字禁令还没有正式出台之前，英国人就已经开始对中文出版物施加压力，比如从徐继畲的《瀛寰志略》1844年的版本到1849年版本的修订情况，就可以清楚地看到这一过程。[1] 英国当局在第二次鸦片战争之后，开始加紧对1858年中英《天津条约》"夷"字禁令的贯彻。在这种情况下，中文作者和出版商也不得不对其出版物加以自我审查和小心处理，以免引火烧身。"夷"这个字眼，开始逐一地被从每个文本中剔出，代之以"洋"、"外国"或国名之类的语汇。如"夷"字禁令实行之后排印的《道光洋艘征抚记》(1878) 等许多晚清的出版物，就都经历了此种校改和审查。[2] 中英《天津条约》签署后三个月，钦差大臣桂良于1858年上疏咸丰帝，呈报英国人对清朝廷冒渎条约款项的抗议：

> 英酋额尔金，因邸报内见上谕有夷船闯入天津字样，指为背约，照会前来。奴才等查英国条约第五十一款开载，嗣后各式公

---

[1] 1849年版和后来的《瀛寰志略》版本在介绍英国或英国人的部分，开始将"夷"字删除。
[2] 见陈旭麓，《辨"夷""洋"》，《陈旭麓学术文存》，上海：上海人民出版社，1990，页303。

文,无论京外内叙英国官民,不书夷字。原非指明谕旨而言。奴才等现在备文照会,嗣后仍当照约办理。惟将来由军机处发出各件,凡关夷务者,可否饬令毋庸发抄,以昭慎密之处,出自圣裁。[1]

桂良对于谕旨应该例外的建议是值得深思的。条约的英文措辞似乎将皇帝的诏书,也包括在"any Chinese official document issued by the Chinese authorities"(支那当局发布的任何支那语的官方文件)之内,但条约这句的中文词义却颇为含糊。它提到的"各式公文",包括但也可以不包括皇帝的"圣谕"在内,而且无疑不包括皇帝给臣子的秘密诏书。桂良此处苦心孤诣的分辩,可以说反映了他为维护大清国主权所做的最后努力,但他并无胜算。因为条约的第50款早已规定,条约字义的解释必须依照英文的意思。

在上一章里,我详细论述了衍指符号"夷/i/barbarian"的巡回性和逆转,并且主张,我们不应该在此处还把"夷"字看作是它自身可靠的词源依据,更不能将其简单地视为某种中国人排斥外国人的集体意识的证据。出于这一考虑,我认为采取多重的分析角度和历史角度,并由此把握言说的跨语际条件,在这里就变得非常重要。正是在这些条件下,执迷于"伤害"的殖民话语才会将衍指符号的语言符号实行转化,令其成为另一种语言的命运和归宿。《天津条约》的禁令明确实施以后,"夷/i/barbarian"这一衍指符号就是如此,它了无痕迹地掩盖了其符号特性以及跨语际迁移的痕迹。这一掩盖如此成功,以至于它长期阻止我们对其特定的语言异质性做进一步的探寻。这样,接下来的一个问题是,在这项研究中,我们应如何思考"夷"这个字及其概念在儒学经典中的位置?也就是说,在"夷"字还未尝与英文"barbarian"遭遇之前,在它还未尝被转化为衍指符号"夷/i/barbarian"之前,"夷"字的意义究竟如何落实?我们是否可以将围绕"夷"

---

[1] 齐思和等编,《第二次鸦片战争》第三卷,上海人民出版社,页531。

字的话语,一直追溯到中国古代的主权理论中去?是否可以将其追溯到清王朝的帝国意识形态上去?还有,一个随之须要探讨的问题是,18世纪英国东印度公司的翻译官为什么决定将"夷"字译成"foreigner"这个无伤大雅的英文词?这是否与雍正和乾隆的满清政权当时采取的对外政策有某种密切的关联?

夷:如何命名主权统治的边界

本章旨在探索"夷"字在18世纪大清国的普世主义意识形态中的位置和安排,然后进一步分析,这种意识形态与我在第二章中分析过的"barbarian"的问题有什么联系。我们知道,"夷"这一概念很早就出现在古代经典和文献中,并随之横贯了众多学科和学术领域。此概念在中国历史上,始终是国家统治中心如何处理与周边他国、其他民族的关系的重要隐喻。有清一代,在其版图扩张过程中,无论儒家的经学著述,或是边疆民族志,都曾出现过大量的有关身份和边疆问题的新政策和新规划。在这过程中,"夷"的概念开始获得特殊意义,并处于清朝满族统治的意识形态的核心位置。这是我在本章里想特别强调的。

无论是雍正还是乾隆,这些皇帝在惩治那些坚持华夷之辨的汉人时,其实并没有一味谋求禁用"夷"这个字眼。相反,他们努力将儒学经典中的"夷"话语据为己有,并借此巩固其政权。也就是说,清朝皇帝对华夷之辨的处理,跟英国人形成了鲜明的对照,英国人在19世纪创造了一个衍指符号"夷/i/barbarian",而清朝皇帝采取了不同的策略。不过,这些差异并不妨碍我们看清以下一点:满清政府虽然支持和鼓励公羊学对"夷"的诠释,英国人虽然竭力想使衍指符号"夷/i/barbarian"获得普遍的合法性,但两者分别针对的,都是"中国"的主权概念所涵盖的中心和边界的关系。

在这个讨论中,我的主要论点是:中国古代的"夷"话语,其作用——在动词的意义上——主要是命名主权统辖的文化政治边界。经由了几千年来围绕儒家经典、特别是《春秋》的经学阐释,"夷"话语逐渐演变成了中国的古典主权理论。如果不顾及这个政治和哲学的久远传统,而仅仅将"夷"字的词源和其他的相关用法从经学文本中孤立出来,把它仅仅当作贬义词,甚至种族概念来对待时,这不但有歪曲字义本身之嫌,而且也有曲解经学阐释传统的危险。在第二章中,我们已经看到,当今学者必须慎重对待如何将古代汉语概念翻译成现代汉语,或翻译成现代英语以及欧洲语言这件事。如稍不留心,尤其是当跨语际翻译中出现疏漏的时候,都有可能给现代学术造成概念上的重大陷阱。比如在《中国人的种族观念》一书中,作者冯克(Frank Dikotter)声称他从中国古代的经典文本中发现了证据,证明中国人自古就有种族歧视,但冯克的文字证据不是汉语的,而是英文的。他把理雅各(James Legge)1872年的《左传》英译改头换面,策略性地进行了误引。理雅各原先把"非我族类其心必异"这一句话翻译为"if he not be of our kin, he is sure to have a different mind",冯克将理雅各引为"If he is not of our race, he is sure to have a different mind",于是得出结论:"这个句子似乎证明了这一论述:至少在某种程度上,'种族歧视'在中华文明的古代时期即已存在。"[1]看起来,冯克的这句话好像还给"种族歧视"的程度留了一点余地,但是,把"族类"(kin)替换成"种族"(race)这样的英文翻译,则只能是有心为之。这个替换巧妙地固定了这个汉字的英文所指,以支撑他书中的论点。由"族类/race"构成的衍指符号,一方面对汉语"族类"的概念实行了曲解,另一方面也对英文的"race"这个概念实行了误导。我们知道,在公元前4世纪的《左传》对"族类"的表述里,主体是鲁国(而非"中国"),其指向是古代鲁国与楚晋等国的外交和战争关系。

---

[1] Frank Dikotter, *The Discourse of Race in Modern China* (Stanford: Stanford University Press, 1992),页3。Tamara Chin 在一篇未发表的文章中,指出冯克对理雅各《左传》的英文翻译的误引。请对比理雅各在 *The Chinese Classics* 中对"族类"一词的翻译(Hong Kong: Hong Kong University Press, 1960),卷5,页335。杨伯峻在其《左传》白话注释中,也采用现代新词"种族"去翻译"族类",因此在古汉语的"族类"和现代汉语"种族"之间进一步造成词义的含混。

冯克将"族类"转引为"种族",这一概念的偷置,由于粗鲁地撇开了围绕传统的儒家经典所构成的诠释历史,于是把问题转化为现代人的臆测。就这样,冯克把一个具有复杂的古代经学含义和历史具体性的概念,转化成"古代中国是否有种族歧视"这样一个现代欧洲人的问题。

今人诠释或翻译古人写下的文字,捕捉那个与我们完全不同的世界的生活,总是困难重重。尼古拉·第·科斯莫（Nicola di Cosmo）在《古代中国及其敌人》一书中提请大家注意,千万不要一看到诸如蛮、夷、戎、狄之类的汉字就不分青红皂白得出它们是"barbarian"的英文结论,而应仔细地推敲古代的文献,尝试弄清楚某个特定的文本到底在说什么,并且在对谁说这些话。[1]的确,如果变化或历史变迁是史学家普遍接受的常识,那么何以语言本身在经过世代沧桑后,仍必须维持原意呢?更不必说,古人的语言在后人的翻译过程中,其意义还常常遭人绑架。何况,在语言及其意义的发展历史中,还有衍指符号这样的因素,这就使情形变得更加复杂。史学家派格登曾批评早期现代欧洲史研究领域里的举证谬误（evidential fallacy）,其实,似乎同样的举证谬误在其他史学领域也存在。派格登写道:"对于16世纪神学家理解的词汇或句子,和某个现代史学家理解的同一词汇或句子,（史学家）假定在所有重要的方面都是相同的——他们看不到词义本身会变化,看不到对某个时代的人曾具有紧迫性的问题,到了下一代就变得无足轻重。这种失误导致了太多的对理解历史无关宏旨的争论,

---

[1] Nicola di Cosmo, *Ancient China and Its Enemies: The Rise of Nomadic Power in East Asian History* (Cambridge: Cambridge University Press, 2002), 页97。根据他对先秦文本及其语境的解读,科斯莫质疑了下述观念:"早在周代,明确区分'我们'和'他们'的意识就已出现,这一区分表明了中国内部的文化统一体的成熟观念,它表达在统一的华夏与'野蛮人'的对立中。"科斯莫指出,其实"夷狄"一词始于《穀梁传》和《公羊传》,而没有出现在更早的《左传》中。在《穀梁传》的传统中,夷狄是指那些生活品行与德性和道德标准相反的人,在惩罚这一类人的时候,可以不必过于顾忌邦国之间的通常礼仪,因此才有"夷狄何言是非"的著名论述。那么,到底谁是夷狄呢?如果这一称谓是在"我们"和被称作夷狄的外国人之间划出清晰的边界,那它在当时就太灵活了,"那些被视为周代政治和文化系统内部的邦国也会被叫夷狄。秦国、楚国和吴国,也都在不同的阶段被冠以夷狄之名,因为它们违反了既有的行为规范。"（页100）

都是些吵来吵去的政治意见。"[1]在以文明和文化互动为研究对象的领域里,学者们尤其要依靠大量的文字和文本的材料证据,但相关的文字证据本身,却很少被人给予相应的仔细检验,这是现代学术中经常出现的举证谬误。

对于"夷"这样一个不断处于变化之中又备受争议的历史概念,若想对它提出有意义的解释,我们就不能一上来就假设,"夷"的概念,只是对于他人或其他民族的某种(真实的或偏见的)认识,而其对立面"华"这个概念,则似乎是稳定不变的。这种认识论上的化约主义,正是英国人当年向"夷"字施加禁令的举证基础。只要换个角度,我们就可以充分地考察"夷"的言说,如何在历史上一次又一次地发挥了界定主权统治边界的重要作用。只有通过考察这个概念以什么方式参与了战争、起义等等历史事件,又如何在不同时期创造出不同的政治合法性,我们才能把握关键,取精用弘。在本章里,我是把"夷"或"夷狄"作为话语行为诠释的,这个穿越在国家版图和地缘政治边界之间的话语行为可能是一个危险的东西,因为地缘政治对于统治者的主权合法性的建立或瓦解,起着至关重要的作用。因此,"夷狄"的话语行为给统治者的政治合法性带来的威胁越大,它的言说也就越危险(因为围绕"夷"的话语不仅有陈述功能,还有行动的力量[illocutionary force])。基于同样的原因,"夷"的话语行动给抗拒统治者的人们,也提供了同等分量的话语武器。毋庸讳言,这个武器是一柄双刃剑。要想充分地理解这个话语行动是如何运作的,我们必须首先弄清楚:历史上每当有人亮出"华夷之辨"这把双刃剑的时候,占据这个话语的主导言说位置(enunciatory positions)的是统治者,还是被统治者?

本章将展开对此问题的回答,它也许会帮助我们了解大清国与大英帝国在18世纪和19世纪是如何建立各自的主权想象的。康熙皇帝早就警示中国人:"海外西洋等国,千百年后,中国恐受其累,此朕逆

---

[1] Anthony Pagden, *The Fall of Natural Man*: *The American Indian and the Origins of Comparative Ethnology* (Cambridge: Cambridge University Press, 1982),页7。

料之言。"[1]康熙这话不仅表达了他对清统治下的中国命运有着深刻担忧,而且,此话所指的主权想象边界,更获得了某种世界性的意义,并无意中预言了鸦片战争的到来——康熙出此预言之后不到150年,噩梦就真的变成了中国的现实。从这时起,英国人不断给中国和中国百姓带来巨大的苦难,这一苦难历史为本章后半部分的分析提供了一个基本的历史语境。

恰好是在鸦片战争期间,"鬼子"或"番鬼"的口头绰号,开始大规模地在中国流传。[2]英国人和其他西方列强加诸中国的军事暴力这件事,还有他们在中国被骂做"鬼子"或"番鬼"这件事,两者之间有一个时间先后的必然联系,看不到这一点就等于是盲视。但我们还是要进一步追问:"夷"(书面)和"鬼子"(口语)之间有没有话语上的关联?此外,1840年代以降,"鬼子"和"番鬼"的绰号,从南到北都开辟了哪些话语的言说位置?英国人既然如此谨慎地在出版物和纸面上贯彻对文字"夷"的禁令,他们有没有以同等程度的警惕去监督"鬼子"、"番鬼"这一类说法的口头表达?还有,在当时中国城市的大街小巷里,普通人和英国人之间发生的口头碰撞,是否能暴露出我们从前所不知道的鸦片战争的某些侧面?

失去指涉对象的"支那":Cīna、支那、China 等

众所周知,作为北方游牧民族的满人部族,清王朝的统治者推翻了明王朝,于1644年正式开始对汉人的统治。满族军事征服的暴力,如"扬州十日",激起众多地方明王朝效忠者的抵抗运动,出现了史

---

[1] 引自方豪,《中西交通史》(台北:中华文化出版事业委员会,1954),页165。日期为康熙五十五年十月二十六日。
[2] 我在修订本章时,英国图书馆于2002年春在伦敦举办了一个名为"Trading Places"的展览,来展示英国东印度公司的历史。这个展览由于不提鸦片战争的历史,激怒了伦敦的华人社区,批评者指出,展览的组织者忽略和掩盖了在19世纪直接或间接地导致一千七百万(还有待证实)华人丧生的鸦片战争,以此粉饰英国对中国的侵略罪行。他们设立了一个抗议网站,指出这次展览"始终对东印度公司将其意志强加给所谓的'贸易伙伴'及其军事恐怖,保持缄默"。参见 www.thetruthabouttradingplades.org.uk。

家大量记载的汉族绅士进行群体性自杀的现象。[1]清廷的薙发令颁布于1645年，要求所有汉族成年男子剃去额发，并将头发像满族人那样编为三股辫子，以示效忠清廷。服从者被接受为大清的臣民，抵抗者则被视为叛逆而被砍头。其中流传最广的一个事件是，苏州知名学者杨廷枢因卷入1647年的松江暴动而被捕，当时掌刑者告诉他，如果遵从薙发令，他将被免于谋逆罪，受特殊优待。杨廷枢平静地拒绝了，他说："砍头事极小，辫发事极大。"结果他被砍了头。魏斐德在《洪业——清朝开国史》一书中是这样分析的：汉族的男性将剃头令视为象征性的阉割——不仅名节扫地，其严重远甚于身体的死亡。[2]

著名的明遗民如王夫之和顾炎武，则在《春秋》的古老经学传统中发掘抗清运动的文化资源，借"华夷之辨"的论述，去颠覆满清统治的思想基础。[3]在中国历史上，每当朝代更迭或外族征服的关键时刻，华夷之辨就会抬头，对"华夏"的文化身份进行重组或拆解。但什么是"华"或"夏"的本质？这个概念既然包含历代中国变动不定的地理边界，还有不同族群的多元文化描述，因此"华夏"从不那么简单，它充满了异质性。"夷狄"也同样不是那么简单，也充满了异质性。但有一点是肯定的，即夷狄之关乎华夏，正如华夏之关乎夷狄，两者互为定义，并随着几千年的军事征服、民族冲突以及文化和话语实践的变动而变动。早在满族到达中原以前，

---

[1] 关于清初的排满运动，参见 Mi-chu Wiens, "Anti-Manchu Thought during the Qing", Papers on China (1969), 页1—24；于心华，《清初抗清汉人的华夷观研究：以王夫之、顾炎武、傅山为中心》(北京大学博士论文，1999)。

[2] 参见 Federic Wakesman Jr., *The Great Enterprise*: *The Manchu Reconstruction of Imperial Order in Seventeenth-Century China* (Berkeley: University of California Press, 1985), 1, 页649。

[3] 关于顾炎武和王夫之的英文研究，参见 Ian McMorran, *The Passionate Realist*: *An Introduction to the Life and Political Thought of Wang Fu-chi* (Hong Kong: Sunshine, 1992); Alison Harley Black, *Man and Nature in the Thought of Wang Fu-chi* (Seatle: University of Washington Press, 1989); Thomas Bartlett, "Ku Yen-wu's Response to 'The Decline of Human Society'" (Princeton University 博士论文); Willard. J. Peterson, "The Life of Ku Yen-wu (1613–1682)", *Hardvard Journal of Asiatic Studies*28 (1968), 页114—156; 28 (1969), 页201—247; Kai wing Chow, *The Rise of Confucian Ritualism*: *Ethics, Classics, and Lineage Discourse* (Stanford: Stanford University Press, 1994), 页80—84。

情况就已经如此。

这不能不带来一个与本书主旨关系甚密的问题：既然如此，英文里的"China"（支那）或"Chinese"（支那人/支那语）的指涉对象又是什么呢？我们大家今天所熟知的现代中国的地理版图，是从大清国那里继承来的，但这一继承本身似乎颇具讽刺。史学家柯娇燕（Pamela Crossley）说："这一讽刺在于，清朝的帝国意识形态很认真地将中国进行对象化，将其看作是大清国的一部分而已。"[1]满清统治者制定的国名是大清国，他们当年推翻的是大明国，而不是西方历史研究中通常所说的"中华帝国"（中国史学家也在沿用这一说法）。史学家河罗娜（Laura Hostetler）提醒我们："虽然'中国'一词在汉语古籍中时常出现，但被正式地用来统指这个国家，则是晚近的事。如果这个词用于古代'中国'，那么它的恰当英译应该是'Central States'。明清两代称自己的疆域为大明国和大清国，当然还有更雅的字眼，如中华、神州、九州和中土，但通常不太称'中国'。现代人用的'中国'一词，指的是现代民族国家的中国。"[2]明王朝和清王朝的版图边界并不重合，因为大清国在1660年到1760年期间，将近一倍于大明国的疆域纳入其主权统治之下。这里就出现了一个问题，英语里的"China"（支那国）和"the Chinese"（支那人）这两个命名的指涉对象，是不是从来就不在场？

指涉概念的缺失与否，成为晚清民族主义知识分子如黄遵宪、章太炎、梁启超等人忧虑的原因之一。黄遵宪在1898年写道：

考地球各国，若英吉利，若法兰西，皆有全国总名，独中国

---

[1] 见 Pamela Crossley, *A Translucent Mirror*: *History and Identity in Qing Imperial Ideology* (Berkeley: University of California Press, 1999), 页341。

[2] 见 Laura Hostetler, *The Qing Colonial Enterprise*: *Ethnography and Cartography in Early Modern China* (Chicago: University of Chicago Press, 2001), 页27。河罗娜观点有可取之处，但遗憾的是，她没有进一步质疑英文词"China"。难道这个英文词自然就是中文词"中国"的所指吗？我们必须看到，"中国"一词的现代用法后面，还有殖民史和国际背景。

无之。西北各藩称曰汉,东南诸岛称曰唐。日本亦曰唐,或曰南京,南京谓明,此沿袭一代之称,不足以概历代也。印度人称曰震旦,或曰支那,日本亦称曰支那,英吉利人称曰差那,法兰西人称曰差能。此又他国重译之音,并非我国本有之名也。[1]

黄遵宪遂建议采用"华夏"作为未来国家的正式名号。

梁启超也作了同样的思考,他甚至抱怨说:"吾人所最惭愧者,莫如我国无国名之一事。寻常通称,或曰诸夏,或曰汉人,或曰唐人,皆朝名也;外人所称,或曰震旦,或曰支那,皆非我所自命之名也。"[2]梁启超说他更倾向于采用"中国"作为国家的名称,但"中国"这个词比较含糊,容易引起误解。比如章太炎就反驳说:

> 中国之名,别于四裔而为言。印度亦称摩伽陀为中国,日本亦称山阳为中国,此本非汉土所独有者。就汉土言汉土,则中国之名,以先汉郡县为界。然印度、日本之言中国者,举中土以对边郡;汉土之言中国者,举领域以对异邦,此其名实相殊之处。[3]

这里的问题是,即使要把清朝以后的国家重新命名,使之与外国人称之为"支那"的概念,或对应,或重合,但在当时,事情都没有那么简单,因为可供选择的名称不少。但无论如何,当晚清知识分子还在争论给未来的现代国家起什么样的名称才合适的时候,这个有待命名的对象,就事先已经被英语、法语、梵语和日语命名过了(即自我确立的途径是经由他者的命名)。换言之,梁启超等人在对未来的新型民族国家的构想中,亦即在重新将"大清国"想象为"中国"的过程中,

---

[1] 黄遵宪,《日本国史》,收入《续修四库全书》(上海:上海古籍出版社,1995),卷745,页49。
[2] 梁启超,《中国史序论》,《饮冰室合集》(上海:中华书局,1936),卷6,页3。
[3] 章太炎,《中华民国解》,《民报》15(1907年7月),页2413。

他们的命名已经有了预设的前提，那就是跨语际的所指"支那"或"差那"（China）的存在。整个命名的过程，实际上就是逐渐走向"中国/China"或"中华/China"的衍指符号，它是跨语际的创造过程。

史学家很早就认识到，外语中的"支那"（China）这个词，无论在什么语言里出现，都可汇源到梵文的词源 cīna。既然如此，古梵文 cīna 一词，在我们所说的衍指符号"中国/China"的跨语际整体构成中，又占据一个什么位置呢？这个衍指符号是不是始终在那里，潜伏在历史的阴影之中呢？目前学界的一般看法是，cīna 这个梵文词最早源自秦始皇统一天下（公元前221—前206）的时代，它是"秦"字的拟声词。[1] 许多学者把提及 cīna 的文献追溯到史诗《罗摩衍那》（*Ramayana*）和《摩诃婆罗多》（*Mahabharata*）及其他古代梵文文献，如印度的玛奴法典。据阿尔夫·赫尔特白泰尔（Alf Hilterbeitel）的研究，《摩诃婆罗多》成书大约在公元前2世纪至公元前后，而《罗摩衍那》形成文字大约也在同一时代。这些古代史诗中提到了匈奴，说匈奴是"支那人在北方的劲敌。当时支那人的梵语名称是 cīna，它必然让人想起始皇帝创建的秦王朝，秦朝于公元前214年开始修建长城，用以抵

---

[1] 学者苏仲湘提出了关于梵语"cīna"起源的另一说法。他认为"荆"（又称为楚）而非秦才是 cīna 来源的更佳候选者。苏猜测这个梵语词可能是"荆"的翻译，它经由西南的古代商业路线传播，这一路线早在汉代丝绸之路前已经存在。苏仲湘对秦作为 cīna 的汉语对应者的质疑，其根据是古代梵文史诗《罗摩衍那》和《摩诃婆罗多》的断代，据说可以回溯至公元前5世纪，早于秦帝国的统一。苏仲湘还引证《旧约·以赛亚书》的希伯来语 Ciyniym，称其为更古老的词源："看哪，这些从远方来，这些从北方来，从西方来，这些从希尼国来的人"，并在括弧里加注说"希尼国"在原中文《旧约》的译本里是译为"秦"的。英王詹姆士钦定版《圣经》中是用 Sinim 拼写希伯来语 Ciyniym 的，但新修订的1989年标准版《圣经》却将这个希伯来语拼为 Syene，后者则指阿斯旺（Aswan）。如果梵文史诗和《旧约》的成书都可以被断代在秦王朝的建立以后，它就有可能是"秦"的译名。苏仲湘对梵文中 cīna 和外"cīna"与汉语资料中的荆和外荆的对应，似乎没有确凿的文字证据，尤其是他用来确定《罗摩衍那》和《摩诃婆罗多》的梵文成书年代并不十分可靠。参见苏仲湘《论"支那"一词的起源与荆的历史和文化》，《历史研究》4（1979年4月），页34—48。苏仲湘提到了从梵文转译而来的汉语佛经中"支那"一词的早期用法，这是最早的汉语音译的梵文 cīna 一词，肯定早于日语从欧洲语言派生出来的"支那"发音（shina）。此外，参见 Joshua Fogel, *Cultural Dimension of Sino-Japanese Relations: Essays on the Nineteenth and Twentieth Centuries* (Armonk, N. Y.: M. E. Sharpe, 1995), 页68。

御匈奴"。[1]另一位梵文学者帕特利克·奥利维尔(Patrick Olivelle)在最近对古印度玛奴法典的研究中,重新审视了涉及梵文词 cīna 的有关证据,他的看法是:

> 至于 cīna 这个词指的是不是支那人,这并不是没有问题的。此词既没有被帕丹加黎(Patañjali)提起,而且达摩经(Dharmasūtras)中也未曾提到。这个词可能源自中亚的语言,可能与秦王朝有关。秦王朝虽然为时甚短,却是第一个统一中国的朝代。不过,这个词本身有可能更古老,因为在与中亚有密切贸易往来之前,秦国已经是支那西北部的秦王国。英文里的 China 这个词的用法很像英文词 India,它本来就不是支那人用来自我命名的词汇。这个梵文词后来可能从印度经由僧徒和经文被译回到支那国。至于印度人何时开始知道有个名叫 cīna 的民族,这个很难估定。从这个词在更早的古代文献中缺席的情况看,它不太可能在公元前 1 世纪前就为人知道,原因是支那与西域的贸易是到了公元前 1 世纪或汉王朝的统治下才得以兴盛。[2]

奥利维尔的证据似乎肯定了 cīna 一词与"秦"的关系,但这一关联的确切性质还有大量的诠释余地。[3]

使问题更为复杂的是,古代汉语文献中还有一个相关的中文地名——大秦,与汉代指称秦王朝的词是同一个词。"大秦"在公元 1 至 5 世纪之间出现在中国史书中,是罗马帝国的名称之一,而不是指南印度。在当时,中国与非洲的贸易颇为繁盛,"大秦"特指埃及的知

---

[1] Alf Hiltebeitel, *Rethinking the Mahabharata: A Reader's Guide to the Education of the Bharma King* (Chicago: University of Chicago Press, 2001),页 31。
[2] Patrick Olivelle, "The Laws of Manu",未刊稿。感谢 Madhav Deshpande 向我提起奥利维尔即将出版的古印度玛奴法典,也感谢奥利维尔本人允许我引用他的手稿。
[3] 20 世纪初,康有为设想了"诸夏"与 cīna 的发音模式的历史转变,并在形态学分析的基础上主张 cīna 一定与三代以来"诸夏"有关,但这种看法始终是一种推测。参见康有为,《诸夏音转为诸华音转为支那考》,《万木草堂遗稿外编》(台北:正文出版社,1978)。

名都市亚历山大（此地为罗马帝国重要的非洲港口都市）。[1]据《后汉书》的文字记载，"其人民皆长大平正，有类中国，故谓大秦"，也就是说，"大秦"一词是依照类比逻辑（参照自身来命名他者）创造出来的。[2]有点不可思议的是，"秦"字既命名了中国第一个统一王朝，同时似乎也是（通过中亚语言的中介？）梵文 cīna 的字音来源，最后，它还在汉代被用来命名古罗马帝国。

未来的学者也许能够提出新的证据，为解决这一谜题提出新的意见。但在此之前，我们所能确定的只是，两千多年来，梵语词 cīna，波斯语的 chīnī，以及欧洲语言中类似"支那"的说法，始终是外国人对这个国土和人民的称呼。但关键是，这个故事还有一个近代的转折："支那"和"支那人"等词，在19世纪末和20世纪初，经由日语开始大量地进入了汉语。在这之前，虽然"支那"的中文拟声字，在早期佛教僧侣的梵文翻译中偶尔出现，但它从来都不是作为国家的正式或非正式的名称使用的，这无论对于古汉语文献还是日本的汉语文献都一样。汉字"支那"在近代中文里的出现，来自于近代日本汉字"支那"对近代欧洲语言中的 China 等词的发音模仿，其做法，是将欧洲语言中 China 或 Chine 等外语词写为两个汉字："支那"，并将其发音规定为日语发音 shina。[3]日语汉字

---

[1] 关于"大秦"之意的历史和文字学论辩，参见沈福伟，《中国与非洲：中非关系二千年》（北京：中华书局，1990）。根据考古和文献资料，沈澄清了一个重要的观点，即大秦并非如冯承钧在《中国南洋交通史》中说的是指南印度。这个词指的是埃及，特别是亚历山大里亚。以为"大秦"是南印度的错误，是因为学者混淆了《后汉书》卷88中"大秦"一词和晚出于9世纪的《蛮书》中的"大秦僧"的另一个词。沈福伟还认为，"大秦僧"本身又是"駞僧"的笔误（页68）。

[2] 《后汉书》（北京：中华书局，1965），卷88，页2919。

[3] 弗格尔（Joshua Fogel）说近代日语词"支那"并无贬义，就像 Negro 一样。他说 Negro 在1960年代以前是对黑人的"尊称"，"没有冒犯的意图"。弗格尔的读法说明，关键词研究和传统词源学有着严重的局限，因为这类研究把词语的意义限定在其自身的陈述价值，而不在具体话语情境中的言说行动上观察意义的产生。一旦看不见言说行动本身也产生意义，弗格尔就只能无视日本人和中国人在20世纪此问题上争端的关键所在，有趣的是，弗格尔虽然无视了言说行动的意义，他自己在分析这场争端中却一边倒地支持日方的言说，比如竹内好为1930年6月的《东京日报》写的一篇文章。竹内好坚持"支那国"，反对"中华民国"的提法。至于当时郭沫若等人发表的反对意见，弗格尔则不假思索地予以否定。参见 Fogel, *Cultural Dimension of Sino-Japanese Relations*，页75。

"支那"在明治维新时代很快演变成为种族标记，及时地取代了日本人过去习用的文化地理名称，如"唐"，"唐都"，"中国"，"中都"，还有"中华"。这样，当"支那"（shi 和 na）作为外来词的纯粹声标时，就丢弃了汉字本身的字源传统，也疏离了日本沿袭下来的那些命名中国的老名称，这很符合日本殖民者征服中国大陆的大目标。这一文字上的重新命名，上面铭刻着日本人如何通过模仿西方的帝国主义，来效仿西方文明的欲求。可以说，日本人的这种殖民模仿，恰如其分地捕捉到了它的模仿对象，这幅镜像将一束阴险的光投向其抄写的榜样，显示其视为榜样的西方列强，也是打着文明的旗号进行帝国侵略的。[1]

欧洲不同语言中的 China 或 Chine 一词不仅赋予日本外来词"支那"以语音结构，而且也在衍指符号链"Cīna.../China/Chine/支那（日文）/支那（中文）"中，起着关键的所指作用。[2]在明治时代，去日本学习的大清国留学生，将这个外来的拟声词返销到自己的国土，在这过程中，有人甚至把"支那"作为自己的身份而加以认可。这里应该注意的一个问题是，由于日语的"支那国"和"支那人"这些称谓，很快就成为日本对华侵略和种族主义的话语因素，中国人最终还是拒绝接受"支那人"的这个自我称谓。[3]然而，令人疑惑不解的是，既然"支那"这个词不可以被接受，那么，为什么至今很少有人看出英文和其他欧洲语言中的 China，其实就是现代日语"支那"一词的模仿对象？这里存在着一个被忽略了的重要事实：日语词"支

---

[1] 关于明治时期日本对西方帝国主义的模仿，Robert Eskildsen 提供了一种有说服力的分析，见"Of Civilization and Savages: The Mimetic Imperialism of Japan's 1874 Expedition to Taiwan"，*American Historical Review* 107, 第2号（2002年4月），页388—418。

[2] 传统的外来语研究当然有用，但不能替代我在本书中提出的衍指符号研究。为防止混淆，我必须重申：衍指符号不是指一个具体的语词，而是指涉链，它同时跨越不同语言的语义领域，对业已建立起的语言单位的意义施加物质性影响，无论它是本土的语汇、外来语还是其他的话语现象。对这一理论的详尽分析，参见本书第一章。

[3] 有关鲁迅对"支那人"和"华人"之辨的洞见，参见拙著《跨语际实践》（*Translingual Practice: Literature, National Culture, and Translated Modernity-China, 1900–1937*, Stanford: Stanford University Press, 1995），页67。

那"固然冒犯中国人，但它的真实言说主体不仅在日语，而且还在日语模仿的对象，即欧美语言之中。因此，现代英语中的 China 和 the Chinese 的准确翻译，其实不应该是"中国"和"中国人"，而是"支那国"和"支那人"（除非中国人宁愿不去正视这个事实，假装 China 和 the Chinese 这两个英文称谓没有问题）。由于在英语和欧洲语言中，这些词是用罗马拼音字母写出来的，所以中国人可能视而不见，但是，这些词和日语里的"支那"，其实一样地在近代史中，演变成为殖民征服和种族主义话语的有机部分。那么，中国人既然不能接受"支那"一说，照此逻辑推理，也不应接受英文的 China 和 the Chinese。是日本人如竹内好，最早看出了这里的问题。中华民国成立以后，日本官方始终不愿意接受"中华民国"的汉字名称，坚持在外交照会中使用"支那共和国"字样，这在当时引起民国政府和知识分子的强烈抗议。竹内好1930在年报纸上公开发表文章，呼应《东京日日新闻》上的一篇社论，声称，中国人没有道理不接受"支那共和国"，其理由之一就是"中华民国"的英译名"the National Republic of China"中就已包含"支那"一词，为什么支那人从来不对这个英译国名提出异议？[1]

我们需要正视的是，英语的 China（"支那国"）和 the Chinese（"支那人"）的古词源，虽然可以上溯到古词源梵文、波斯文和中亚等语言，但由于前述的近代史变迁，"支那国"和"支那人"的现代用法，其实已经跟人们理解的"华夏"、"汉人"或"中国"之间没有什么直接的对应关系。[2]尤其在今天，在现代汉语里，中国人坚持称自己为"中国人"或"华人"，没有人像晚清人那样说自己是"支那人"，那么 China 和 the Chinese 在国际间跨语际的地图中，又是如何被定位的呢？[3]

---

[1] 参见弗格尔在 *Cultural Dimension of Sino-Japanese Relations* 一书里对1930年代这场论战中日双方态度的总结。

[2] 在17和18世纪开始，英文"China"的另一词义也广泛流行起来，它同时指"瓷器"以及制造瓷器和其他奢侈品的国家，即"支那"。参见拙文"Robinson Crusoe's Earthenware Pot"，*Critical Inquiry* 25，第4号（1999年夏），页728—757。

[3] "汉人"被用来区分少数民族。"汉人"在英语里常与"支那人"混淆，因为"the Chinese"总是将它们总括起来。关于"汉人"的种族区分的特定历史意义及其在满清的帝国政策中的意涵，参见 Crossley，*Translucent Mirror*，页46。

如果有人依靠衍指符号的功能把"中国"与China（支那国）混为一谈，又将"中国人"或"华人"与the Chinese（支那人）混为一谈，那么，这个熟悉的衍指符号不是正好遮蔽了中华民族是由多民族构成的这样一个事实吗？英文里将"中国人"或"汉人"简约为the Chinese（"支那人"），客观上是将"支那人"与白人和其他种族的身份区分开来，因此是种族话语的言说基础。（本书第二章中提到的18世纪科学家林奈［Carl von Linné］，他将"支那人"划为"怪异人种"［Homo monstrous］只是事情的一面。）此类问题，也正是当年随同第一任大使赴欧的清廷官员张德彝备受困扰的问题。1871年张德彝在巴黎时，有个叫郑延的法国人前来拜访，此人明知故问地道："久闻贵国人民呼泰西人曰'桂子'，不知何所云然，方祈明示。"张德彝明知他问的是"鬼子"，就也故作玄虚地去搪塞此人。他说"桂子"这个词出自两千年西域的一个地名，叫做"龟兹"。汉代的使者当年最早从那里引进了葡萄种，但随着时代的变迁，"龟兹"的发音以讹传讹，读成了"桂子"（鬼子）。接着，张德彝反问法国人：

> 盖惟闻东方有中华、日本之名，而未尝明辨其服色也。是西人见华人之呼以"日本"，与华人见西人呼之以"龟兹"之义同也。[1]若又谓于今数十年来，人民既知有英、法、德、俄之分，何不改"龟兹"而以本名呼之？是又与西人之不改呼"华人"之义同也。按彼此立约通商数十年来，西人既知中国曰大清，曰中华，何仍以"斋那"、"吉那"、"什音"、"芝那"、"吉塔"等名呼之？且中国自古迄今四千余年，从无此名，不知西人究何所奉而以是名呼之耶？[2]

张德彝的逻辑，表面上与竹内好的逻辑前后一致，两人都注意到同一

---

[1] 张德彝，《随使法国记》（三述奇），左步清点，钟叔河校（长沙：湖南人民出版社，1982），页181—182。
[2] 张德彝，《随使法国记》，页181—182。

第三章 主权想象

个问题，但采取的话语立场是针锋相对的。对于19世纪的英国、法国以及当时的帝国主义列强势力来说，"支那国"——China这个命名的对象很具体，指的是那个可以被传教、侵略和征服的对象（也是一个可以被占领的巨大市场）。

作为晚清时代民族主义者的黄遵宪、梁启超等知识分子，在努力为外语的China一词发掘本土的指涉对象的过程中，客观上也认可和巩固了张德彝所不能接受的衍指符号：中华/China。这个衍指符号抹杀了下述事实：即"中华/China"的拟真性（simulacra），是落实在外国语和外来的话语之上的。但是，我们不能不进一步追问，中国人的自我指称在历史上就没有问题吗？难道"中华"和"中国"这些概念，从前就没有被相似于上述衍指符号的包袱和历史忧虑所困扰吗？当然不是。纵观历史，"中华"和"中国"这些概念，在中文的话语中并没有取得长久稳定和毫不含糊的意义；何况，我们现在所说的中华、中原、中土或中国这个地方，其实有相当长的时段从属于所谓"外族"的统治。20世纪著名学者钱穆，曾对元季的汉族士大夫怀念蒙元统治深感困惑，因为依照一般料想，这些汉族士大夫会欣喜于明王朝的建立，或者至少会乐于为"汉人"皇帝服务。但事实显然并非如此。钱穆指出，汉族士大夫用了两三代近八十年的时间，才逐步修正他们对蒙元的态度，开始认同明王朝。[1]这一点与清代汉人对满清的憎恨，以及19世纪末章太炎等人对汉族身份的拥抱，形成了鲜明的对照。钱穆的研究，打破了人们对文化认同的连续性所维持的假象，要求学者更仔细深入地对文献进行分析，不能想当然地重复中国中心论的老调，以为中国人从来都把外国人贬低为野蛮人。我们还必须看到，华和夷这两个概念在不同朝代，始终有不同的解释，而且，它们总是在进入具体的政治话语行为时才能生效。只有通过细致的研究和发挥足够的想象力，我们才能搞清楚每当"华"和"夷"这两个概念

---

[1] 钱穆的研究表明像宋濂这样杰出的中国学者，几乎没有虑及他们作为"华"的身份，而且对明王朝的态度相当含糊。参见《中国学术思想史论丛》，卷8（台北：东大图书有限公司，1978），77—200。

重新抬头的时候，这里面利害攸关的东西究竟是什么。

雍正帝及其文字狱

我在第二章提到过，胡夏米在1832年争辩"夷"字的含义时，苏松太道吴其泰曾援引孟子的一段话作为回应，他指出，古代中国的帝王典范皆源出于夷。《孟子》的原文如下：

> 孟子曰：舜生于诸冯，迁于负夏，卒于鸣条，东夷之人也。文王生于岐周，卒于毕郢，西夷之人也。地之相去也千有余里，世之相后也千有余岁，得志行乎中国，若合符节。先圣后圣，其揆一也。[1]

吴其泰如此引用《孟子》，值得我们深究。假如其初衷是为了居高临下地教训几个外国人，那他为什么大引《孟子》，而不提苏东坡呢？吴其泰有没有必要强调说，中国的圣人都源出于夷狄而不是华夏？那么是不是他为了平息事件，故意捉弄胡夏米等人呢？这里涉及的问题其实没有那么简单。当年雍正帝在《大义觉迷录》（1730）中，也是以同样的方式援用《孟子》的。雍正陈述自己对华夷之辨的看法，是为了重申满族皇权对中国进行统治的道义基础，而清朝这位统治者之所以援引《孟子》的权威，是因为他当时面对的乃是明代遗民在这问题上针锋相对的论述，这些论述也都来自儒家经典，其中最主要的是《春秋左氏传》。王夫之、顾炎武、吕留良及其追随者，是图谋借助"非我族类，其心必异"这一类的观点，去鼓动汉人对满清统治进行反抗。这里的引经据典，当然不是一般意义上的引经据典。我们需要特别留心的是，经学研究本身的社会条件，在这时是不是开始发生深刻的转变？相关的问题是，公羊学在18世纪华夷之辨的话语中发生了

---

[1]《孟子》, 4.33。

怎样的转变？而所有这一切都与清朝大一统的意识形态之间取得了怎样的联系？

与此相关的是，我们如何理解清朝皇帝对儒家经典的占用？在回答这个问题的时候，人们容易一厢情愿地得出"汉化"的简单结论。康熙、雍正、乾隆等皇帝熟知儒家经文，满清统治者中也不乏渊博的经学学者，但这些学问的命运并不是简单地被用于汉化，况且满人也不是历朝历代中首次利用儒家经典与被征服的民族协调关系的外族统治者。包弼德（Peter Bol）在《女真统治下的汉族士人》一文中提出，"蛮族被汉化"这个观点并不能解释，在契丹人、女真人、蒙元和满人统治汉人的情况下，那些巨大的社会变迁究竟是如何发生的。比如，我们需要考虑的一个问题是，"女真统治者如何一边采纳汉族的政治体制，一边还出于其政治目的坚持其民族身份，不与汉人混淆。"包弼德回答这一问题的途径，在于重新检讨"文明"这个概念在统治中的作用。他写道："女真统治者招募汉族士人，不是将其视为汉人，而是将其视为公共理念的守卫者。如果女真人仅仅是需要汉人，他们可以有别的做法。从汉族士人的角度看，这些人也不认为自己跟其他普通汉人有什么共同之处。士总是汉人中的少数，他们还担负将其他汉人'文明化'的任务。"[1] 欧立德（Mark Elliott）在其《满人之道》（*The Manchu Way*）一书的研究中，说明清代的满族统治者对此有高度的警觉，并坚定地维持满汉之间的民族和社会身份的等级分别，在这个意义上，满人统治者并没有被其所征服的文明所汉化。[2] 但满人之所以能做到这一点，主要原因还是由于他们借助了经学的帮助。清朝统治者为了驳斥明遗民的说教，对儒家经典中"夷狄"概念给予新的诠释，这一点他们做得相当成功。

湖南人曾静（1679—1739）是明遗民的追随者之一，并在雍正朝

---

[1] Peter K. Bol, "Seeking Common Ground: Han Literati under Jurchen Rule", *Harvard Journal of Asiatic Studies* 47, 第 2 号（1987 年 12 月），535。

[2] Mark C. Elliott, *The Manchu Way: The Eight Banners and Ethnic Identity in Late Imperial China* (Stanford: Stanford University Press, 2001), 页 34。

以叛逆被罪。深受吕留良反满思想浸染的曾静，一度以为作为抗金英雄岳飞后代的川陕总督岳钟琪，会揭竿而起，反叛朝廷。1728年，曾静派助手张熙谒见岳钟琪，并转呈曾静的书信、手稿以及吕留良的著作以鼓动岳起兵反清。然而，岳钟琪却将这一事件奏报朝廷，并拘禁了张熙。雍正帝立即将曾静、吕留良的弟子以及其他疑犯传唤至京，以谋逆论罪。此事就是雍正的《大义觉迷录》的写作、传布的起因。雍正在这个写作里进行了自我辩护，并针对儒家经文里的华夷之辨进行重新诠释，以驳斥曾静和吕留良的叛逆说教。[1]

雍正皇帝从即位那天起，就被其王位的合法性问题，以及谋害骨肉、宫廷阴谋以及滥用权力等各种传言所困扰。由于这些和其他另一些复杂原因，雍正开始迫害那些散播流言或影射他不适合做君主的人士。[2]在这样的氛围下，曾静发现了康熙朝著名儒者吕留良的著作。吕留良以"尊王攘夷"作为《春秋》的主旨，并以此解释其中的微言大义；[3]他认为坚持华夷之辨要比遵守君臣之义更为重要，因为一切道德论断都肇始于这一分辨。曾静充分领会吕留良的告诫，并在其未刊行的《知新录》中，控诉雍正帝的十大罪状，并号召人们起来推翻满族统治。[4]雍正帝第一次详读岳钟琪奏章中抄录的这些指控时，他既惊且怒："朕览逆书，惊讶堕泪览之，梦中亦未料天下有人如此论朕也，亦未料其逆情如此之大也。"[5]但奇怪的是，他非但没有将曾静以谋逆罪处死，反而决定将曾静树立成为一个洗心革面的罪人形象，充当《大义觉迷录》的反面教材。雍正命曾静在广为传布《大义觉迷录》的同时，四处游走并坦白自己的罪行，歌颂皇帝的智慧功德。

---

[1] 冯尔康，《雍正传》（北京：人民出版社，1985），页222—242。
[2] 同上书，页225。
[3] 参见 Crossley, *Translucent Mirror*, 页251—252。关于《春秋》注释传统中的"秘密告诫"的解读，参见 Wiens, "Anti-Manchu Thought during the Qing"。
[4] 《知新录》的手稿在文字狱中被毁。剩余的部分存于雍正自己的反驳中。参见冯尔康，《雍正传》，页224—225。
[5] 冯尔康，《雍正传》，页228。

在撰写《大义觉迷录》过程中，雍正首先处理的问题，就是动摇"华夷之辨"的根本。他以这样的考察开始：

> 在逆贼等之意，徒谓本朝以满洲之君，入为中国之主，妄生此疆彼界之私，遂故为讪谤诋讥之说耳。不知本朝之为满洲，犹中国之有籍贯，舜为东夷之人，文王为西夷之人，曾何损于圣德乎！[1]

其结论是，臣民用来判断其君主是否适合统治，必须依据他的圣德，而不是他的籍贯。通过这一经典的儒家理念，雍正将其备受质疑的君主资格转移到功德层面来为自己辩护，声称天命之所以转移到满族人手中，这跟他们的"籍贯"没有关系，而是因为满人是有德之人。[2]雍正在《大义觉迷录》中反复陈说这一道理，这里值得注意的一点是，他把"夷"和"夷狄"这些字解释为"籍贯"，并说"逆贼以夷狄为诮，诚醉生梦死之禽兽矣"，因此，似乎没有必要禁止使用这些字眼。[3]

雍正对曾静的迫害产生了巨大的社会影响，但这也带来想不到的后果：由于惧怕惩罚，著作者和出版人开始剔除"夷"及其他相同的语汇，并以同音字来替代它们。雍正在1733年了解到了此种自我审查的行为之后，曾命令臣僚加以制止：

> 揣其意盖为本朝忌讳，避之以明其敬慎，不知此固背理犯义，不敬之甚者也。夫中外者，地所画之境也。上下者，天所定之分也。我朝肇基东海之滨，统一诸国，君临天下，所承之统，尧舜以来中外一家之统也；所用之人，大小文武，中外一家之人也；所行之政，礼乐征伐，中外一家之政也；内而直隶各省臣民，外而蒙古极边诸部落，以及海澨山陬，梯航纳贡，异域遐方，莫不尊亲，奉以为主，乃复追溯开创帝业之地，目为外夷，以为宜讳

---

[1] 雍正，《大义觉迷录》（北京：中国城市出版社，1999），页2。
[2] 关于雍正的观点的英文总结，参见 Crossley, *Translucent Mirror*, 页255—258。
[3] 雍正，《大义觉迷录》，页42。

于文字之间,是徒辨地境之中外,而竟忘天分之上下,不且背谬已极哉?孟子曰:舜,东夷之人也,文王,西夷之人也。舜,古之圣帝,而孟子以为夷;文王,周室受命之祖,孟子为周之臣子,亦以文王为夷,然则夷之字样不过方域之名,自古圣贤不以为讳也。[1]

这一陈述,重申了雍正在《大义觉迷录》中所说的那些道理,同时,又凝缩了清帝国在18世纪发展和确立起来的帝国意识形态的许多重要方面。首先,"夷"这个概念对满族的主权观念是核心的,而非边缘性的,因为它结构起了征服者和被征服者阐释天命的方式。第二,雍正借此发展出了一套适合于满族的帝国想象的普世主义观念。这一观念宣称"中外一家",由此,所有种族、民族和文化的差异都被奇迹般地跨越了,同时,满族贵族、旗人、汉人、少数民族、朝贡国以及外国,都被组织进了具有普遍亲情关系的等级秩序中。第三,儒家经典被卷入到正统而明晰的满清的帝国想象中,正是这一学术和帝国想象的关系,导致了18世纪后半叶汉代今文经学的复兴。雍正对《孟子》的解读,提出,"夷"字不过是"方域之名,自古圣贤不以为讳",如将其避讳或监督,那就反而背理犯义了。真正的背逆是"徒辨地境之中外,而竟忘天分之上下"。满人之所以不能被人称为"夷",倒不是因为他们来自于中土以外的"方域",而是因为满人才是"中外一家"的正当统治者。

这里的一个重要细节是,满文将汉语里的"夷狄"译为 tulergi aiman(满文的罗马拼音),意指"外地的部落"。雍正对"夷"的纯地理解释,是与满文将汉语里的"夷"或"夷商"翻译为 tulergi gurun i hudai niyalma(直译:外国出生的人)完全统一的。[2] 由于这样一个

---

[1] 参见《清实录》,卷4433(北京:中华书局,1985),卷130,页21—33。
[2] 安成双,《满汉大辞典》(沈阳:辽宁民族出版社,1993),页633。"夷"或"夷商"这两个词在满文翻译中合并为一,表明这里的夷人就是指夷商。林则徐写给维多利亚女王的书信中也是在这个意义上使用"夷"或"夷商"的。参见附录中林则徐的檄文。

跨越满汉语言的衍指符号能够提出如此有力的解释，清朝皇帝似乎没有必要像19世纪的英国人那样，对"夷"字实行忌讳。雍正采取的办法是，对"夷"这个概念的语义范围加以限定，用满文的解释驯化这个汉字，使之无害于满清的统治。后来，待乾隆1736年即位后，新皇帝违反父亲的命令，处死了曾静，并禁止了《大义觉迷录》的传播——这个宣传品已成了无意中散布曾静和吕留良的反叛观念的主要渠道。[1]不过，乾隆和雍正有一个相同的做法，即他对华夷之辨的谋反潜力，继续保持着高度的警惕，而且继续将"夷狄"解读为纯粹的地域概念。[2]乾隆曾传诏四库馆臣，指出不必删改"夷"这个字。更有意思的是，乾隆"颁布这道诏令的那段时间，正逢朝廷严厉惩罚任何一个敢对满人或蒙人说不敬字眼的人"。[3]

史学家庄吉发，仔细对照比较了乾隆朝对"夷狄"一词的官方满文翻译与康熙朝较早采用的词汇，指出乾隆对"夷狄"一词进行地域的而非族裔的诠释，是经过了慎重抉择的。事实上，清朝初期对儒家经典的满文翻译，在18世纪得到了很大的修正和改进，其中"夷狄"如何翻译受到了很大的关注。在康熙朝翻译出版的满文版《中庸》中，"夷狄"这个词没有翻译，而是用满文拼写中文官话发音的标音符号。到了乾隆的《四书御译》时，"夷狄"则被译为 tulergi aiman（外地的部落）。与此相类，"蛮貊"一词（在第二章中我曾提到胡夏米对此语的指摘）被译作 tulergi amargi aiman（北部外地的部落）。[4]用地域或方域的概念对"夷狄"或"蛮貊"进行重新定义，这个做法，旨在消解华夷之辨中潜伏的颠覆性，从而建造大一统，也就是清

---

[1] Crossley, *Translucent Mirror*, 页258—265。

[2] 在乾隆朝，有将"夷"和"彝"合并为一的倾向，尽管这两个字可互换使用可以溯至《左传》。在给四库馆臣的诏书中，乾隆皇帝表达了对将夷和狄代以同音字的做法的不满，参见《钦定四库全书总目》（北京：中华书局，1997），页7。

[3] Benjamin Elman, *Classicism, Politics, and Kinship: The Ch'ang-chou School of New Text Confucianism in Late Imperial China* (Berkeley: University of California Press, 1990), 页27。

[4] 参见庄吉发，《清高宗敕译四书的探讨》，《清史论集》（台北：文史哲出版社，2000），页66。感谢赵刚提醒我注意这篇文章。

朝的中外一家的统治秩序。随着对华夷之辨的取消,满族人的异族身份于是变得不那么重要,只是某种偶然性。清朝统治的合法性以及满人对汉人的统治,借此可以自圆其说,即称它来自儒家经典本身,满人统治的合法性来自于汉人自己认可的"圣德"的概念。

大一统的帝王意识形态

乾隆皇帝提倡和鼓励经学研究,并通过在案语中驳斥收入《四库全书》的宋代学者胡安国的著作设立了一个典范。[1]胡安国著名的《春秋传》,曾推崇了乾隆所反对的华夏和夷狄之间的分判。[2]针对胡安国对儒家经典的解释,乾隆重申了大清国是"中外一家"的观念。正是这一帝国想象,鼓舞了乾隆尽心于文学、建筑、绘画、字典和各类百科全书的规划,并荫庇"天子"(满文拼音:*abka i jui*)治下的中外学者和艺术家,到北京汇聚。[3]在第二章中,我曾分析过托马斯·特劳特曼在《雅利安人与英属印度》一书中的要点,此书考察的重点,是英国人如何通过梵文研究炮制有关雅利安人的故事,以及殖民者如何借此故事,建立欧洲人与印度人的远亲关系和家族纽带以便于统治。当年满清皇帝征服中原的时候,满人对汉人实行过严酷的镇压,建立了等级分明的社会和族裔秩序,但在意识形态方面,统治者发明了一整套兄弟友爱和家族亲情的话语,去实践他们无所不包的普世主义意识形态。因此,在19世纪英国官员到达中国,把他们的帝国野心和普世主义意识形态带到中国的时候,他们碰到的不是政治真空,而是满清王朝自己的普世主义意识形态。英国人的雅利安人故事,几乎就是满清的"中外一家"之帝国想象的镜像,因为两边的统治者都懂得如何发掘经学或经典(无论是梵文经典还是儒家经典),借此将他

---

[1] 参见《钦定四库全书总目》,1,368—369。关于胡安国的著作,参见 Elman, *Classics, Politics, and Kinship*, 页 152—153。

[2] 参见《钦定四库全书总目》,1,345 和 368—369。

[3] Crossley, *Translucent Mirror*, 页 221。

们对异族人的统治合法化。

在乾隆钦定的传世满文版《皇清职贡图》中，汉字"夷人"被译为 niyalma 或 tubai niyalma 的满文（tubai 为指示语，意思是"这里的"；niyalma 则指"人"）。《皇清职贡图》满汉双语版还有对英国人的民族志式的描述，在那里，"英吉利夷人"被译成满文的 ing gi lii gurun i niyalma（英吉利国的人）。[1] 由此可见，这些满语文献以及钦定的儒家《四书》的翻译，限定了汉字"夷"的可供解释的词义边界，清楚地表达出满清统治者是如何用满族语言去理解和诠释中文经典的。众所周知，满文和汉语都是清代的官方语言。在中英《天津条约》第 50 款签订之前，满文（而非英文）对汉字解释，在很长的时间内支配了这种跨文化的意义诠释。

如前所述，乾隆皇帝的普世主义意识形态导致了 18 世纪后半叶公羊学的复兴。[2] 这一运动的领袖，是出自常州显赫家族的士绅庄存与，以及与他有亲属关系（外甥）又身处要职的清朝官员刘逢禄。受汉代学者何休的《春秋》注解的感召，庄存与和刘逢禄通过对儒家经典中三代的秩序变换、朝代更替的新诠释，看到了微言大义。他们认为，这一微言大义，可以由孔子撰写《春秋》时审慎地收入的历史材料所证实。第一个时代是据乱世，一个混乱的时代，强调本国与其他邦国之间区别的时代。第二个时代是升平世，一个上升且和平的时代，诸夏与夷狄之间有明确的界线。第三个时代是太平世，在这个时代里，就不再有区划华夏和夷狄的必要。因此，公羊学派的学者认为，孔子在《春秋》里构想了一种由据乱世、升平世和太平世的上升秩序构成的图景，其顶点是大一统。[3]

那么大清国在其外交实践中，是以何种方式来实行大一统的理论呢？在《经学·政治和亲族》一书中，艾尔曼分析了 1824 年任补仪制

---

[1] 庄吉发，《谢遂〈职贡图〉满文图说校注》（台北：国立故宫博物院，1989），页 81。
[2] 在华夷之辨的清代阐述上，感谢杨立华提示的公羊学的资料。
[3] 参见 Elman, *Classicism, Politics, and Kinship*, 页 216—217。有关的中文研究，参见陈其泰，《清代公羊学》（北京：东方出版社，1997）。

司主事的刘逢禄如何把自己的经学学问用以处理外交纠纷,为我们提供了一个具有启示性的案例。当时刘逢禄奉命接待由新即位的越南国王明命派遣的朝贡使团。纠纷起因于越南贡使陈请为其国王母求乞人参,不想他见到谕中有"外夷贡道"几个字,便提出要求,要将"外夷"改为"外藩"。刘逢禄引经据典以说服越南贡使,他的回复是:"《周礼》职方氏,王畿之外分九服,夷服去王国七千里,藩服去王国九千里,是夷近而藩远。《说文》羌、苗、蛮、貊字皆从物旁,惟夷字从大从弓,东方大人之国。夷俗仁,仁者寿,故东方有不死之国,而孔子欲居之。且乾隆中尝奉上谕申斥四库馆臣,不得改书籍中夷字作彝、裔字,孟子谓'舜东夷之人,文王西夷之人'"云云。[1]这里,刘逢禄又一次引述雍正帝在《大义觉迷录》中对《孟子》的复述,对越南贡使强调,舜为东夷之人,文王为西夷之人,还特别指出:就连乾隆皇帝本人当年都不忌讳"夷"字,还要求四库馆臣不得用其他字来替换"夷"字。[2]但是,刘逢禄所不知道的是,在当时,越南人恰恰是将满人视为中华的夷人。史学家吴才德(Alexander Woodside)发现,越南王明命在1824年与越南国子监祭酒黄金焕有过一次谈话,谈话内容就明白无误地表明越南王的这种态度:"满人其实是夷人,他们征服了汉人,所以我们地处南方的国家越南不能完全依赖这些'北方人'。"[3]

无独有偶的是,1824年发生的这样一个外交插曲,十几年后竟然再次上演。鸦片战争期间(1841),越南使节李文馥,在出访清廷时再

---

[1] 见 Elman, *Classicism, Politics, and Kinship*,页216—217。关于刘逢禄对这些语汇的阐释,参见黄爱平,"刘逢禄与清代今文经学",《清史研究》1 (1995),页102—110。"外藩"一词在语义上被等同于满文 *tulergi aiman*,后者也用来翻译"夷狄"一词。参见安成双,《满汉大辞典》,页633。"藩"在词源学上与"篱笆"、"边界"有关,而这个概念在清代的帝国地理观中获得了新的意义。包弼德将"藩"字译为"border"是一种准确的翻译。参见,"Seeking Common Ground",页536。另见包文汉,《清代"藩部"一词考释》,《清史研究》4 (2000年11月),页98—105。

[2] Elman, *Classicism, Politics, and Kinship*,页217。

[3] Alexander Barton Woodside, *Vietnam and the Chinese Model: A Comparative Study of Vietnamese and Chinese Government in the First Half of the Nineteenth Century* (Cambridge, Mass.: Harvard University Press, 1988),页122。

次提出，越南不能接受清国将其称为"夷"。李文馥还即兴以赋文写出《辩夷论》，用洋洋洒洒的古文大作，证明越南士大夫有如何深厚的儒学底蕴，并将此文呈进给道光皇帝。吴才德在其著作《越南与中华典范》中对此事有详细的分析，表明越南人不认为自己比满族统治者更"夷狄"，相反，他们认为自己生活在儒家文明之中，而且是儒家文明的中心。[1]在1835年，越南王打算称帝的时候，他宣称古都顺化虽然在地理上更靠南，但在文化传承上却代表正宗的"中原"。为了表示越南才是周代的合法继承者，这位雄心勃勃的国王还在顺化的宗庙中重铸九鼎，以示周代皇权的南移。[2]从这个角度来看，刘逢禄对"王畿之外分九服"的训诂学解释，具有相当的讽刺意义，因为他事先假定"王都"就在清帝国的疆域之内，而这个假设是越南皇帝不会接受的。[3]后者将"王都"南移，目的是试图证明大清国的统治者本是夷人，且生活在"中原"的边缘。这不光是越南君主一相情愿的野心，因为已有不少历史研究表明，朝鲜人和日本人，同样将自己置于儒家秩序的中心（华），而把清朝当作中心的边缘（夷）。[4]

由此可见，"夷"的概念与"中原"或"华夏"的概念，在竞相伸张主权的网络之中，形成了十分复杂的历史关系。以上的分析，可

---

[1] Woodside, *Vietnam and the Chinese Model*, 页 117—118。

[2] 参见吴才德，"Territorial Order and Collective-Identity Tensions in Confucian Asia: China, Vietnam, Korea", *Daedalus*（Summer 1998），页 198。吴才德将清朝、越南朝廷和朝鲜朝廷共享的古汉语和儒家经学与意大利文艺复兴时期的人文主义者和北欧的人文主义者（如伊拉斯谟）之间建立了有趣的类比。他写道："受到与中国相类的科举的鼓励，朝鲜人和越南人在作为使节出使中国时甚至可以直接用笔对话，比如1597年，越南使节冯克宽与朝鲜学者李睟光之间的交谈。"（页 195）

[3] 吴才德提出的另一个类比有助于理解这一状况："就像《圣经》在加尔文教徒、路德宗教徒或波兰天主教徒的心目中产生不同的共鸣一样，像《论语》这样的儒家经典也会被中国或朝鲜的学者或越南的乡村教师以不同方式来解读"，同上，页 194。

[4] 关于朝鲜的儒学研究，参见任桂淳，《试论18世纪清文化对朝鲜的影响：以李朝出使清朝的使节问题为中心》，《清史研究》4（1995），页 28—39。有关日本的情况，参见郝秉键，《18世纪中日政治思想的反差》，《清史研究》1（1995），页 1—12；David L. Howell, "Territoriality and Collective Identity", *Daedalus*（Summer 1998），页 105—132；严清华，《中日近代化之初的两种对外开放观："中体西用"与"和魂洋才"思想比较》，《经济评论》2（1995），页 67—71。

为我们理解这个问题提供有益的解释框架，因为此类主权诉求，不但出现在我们所熟悉的中国，而且还充贯于儒教亚洲的整体。鸦片战争之后，这一主权竞争不但延续下来，并且不稍衰减。英国人来到中国的公开目的是自由贸易，但是，当他们开始抗拒"夷"字的时候，当他们坚持要求与大清国"平等"的时候，英国人其实也是在历史的话语框架中，开始了对中国的主权想象。我在第二章已经分析过，英国人采取的策略是，创建新的衍指符号，在不平等条约中嵌入一款强制性的文字禁令，将"夷"与"barbarian"永久地等同起来，并由此建立自己的主权威势。

在第一次鸦片战争前后，中英两国之间主权思想的冲突，在话语上集中体现在表述和自我表述、如何规定游戏规则、如何实行道德判断、如何贯彻法律以及帝国的意志等方面。[1]其中非常值得注意的例子，就是钦差大臣林则徐（1785—1850）和他的僚属起草给维多利亚女王的那篇著名的檄文，檄文的内容，是陈述清政府禁烟运动的理由，并要求英国女王停止鸦片贸易。此文的初稿在被传抄和流通两个月后，在1839年5月被刊印在《中国丛报》（*Chinese Repository*）上，这是最早的英译本。原文第二版，亦即正式版（有道光皇帝玺印），发布于1839年8月3日，其英译版则于1840年2月登载在《中国丛报》上。林则徐与当时盛行的公羊学派里的杰出人物关系十分密切，其中就包括刘逢禄的学生龚自珍。在这篇由两广总督邓廷桢和怡良共同签署的檄文中，林则徐依照儒家思想的逻辑，向英王指出：

> 闻该国禁食鸦片甚严，是固明知鸦片之为害也。既不使为害于该国，则他国尚不可移害，况中国乎！中国所行于外国者，无一非利人之物，利于食，利于用，利于转卖，皆利也。中国曾有一物为害外国否！[2]

---

[1] 参见第四章关于林则徐对国际法使用的讨论。
[2] 林则徐，《拟与英吉利国王檄》，《林则徐年谱新编》（天津：南开大学出版社，1997），页342。

林则徐提到的出口商品包括茶、大黄、丝绸和瓷器。无论是英国女王还是任何一个基督徒，只要读了他的信，就不会不明白作者在这里所陈述的交互逻辑是什么。因此，我们不能不好奇：假如林则徐当年托人递交的檄文没有被弄丢，的确到达了收信人的手中，那么维多利亚女王会怎样回复他的指控呢？[1]无论如何，这份文献是幸存下来了，对这幸存我们要归功于当年印刷媒体的重复引述和翻译，而这一引述和翻译的模式，又进一步给我们展示了符号以及衍指符号的生成和交换的历史。

林则徐书信的官方文体是"檄"，这个文体是在军事冲突的时候，向敌方发布庄重声明和宣谕。"檄"的作用是警示和告诫敌方，使其明白本方的意图，而不是语言上责辱对方。林则徐在涉英的外交书信中，一贯称英国为"贵国"，称维多利亚女王"贵国王"，即使是在谴责鸦片贸易的罪恶和重申大清国的严格禁条及惩罚时也是如此。在檄文中，"奸夷"这个措辞，指的是偷贩鸦片的夷商，此词当时曾惹郭实腊极为不满，我们在第二章中看到，郭实腊在其1832年的日记中说："支那人对所有的外国人都不分青红皂白地用这个词，语气里总是带着狡诈和暗算。"郭实腊略过不提的是，在"奸夷"这个词中，是"奸"字，而非"夷"字，在这里承载了道德谴责的分量。清政府的文献通常称本国的偷贩鸦片者为"奸民"，以区别于"良民"；偷贩鸦片的夷商是"奸夷"，以区别于安分守己的夷商，"良夷"。[2]在18世纪到19世纪初的诏书和奏议中，这一用法比比皆是，"奸民"指欺诈夷商或与夷商勾结走私违禁货物的华人，"奸夷"特指那些违背清国法律的夷商，这两个词在上下文中经常是一起使用的。[3]

处理中英之间争端的一个早期案例，是乾隆皇帝于1776年颁布的一封诏书，其中就是在这个意义上对一个名叫倪宏文的商人使用了"奸民"一词。在这道诏书中，乾隆谴责了倪宏文欺诈夷商的行为，因为倪

---

〔1〕 林则徐不信任英国的信使，他复制了大量抄本给其他欧洲船只的船长，让他们将它带到英国。关于这封信的日期及相关的情况，参见来新夏，《林则徐年谱新编》，页311—313。
〔2〕 林则徐的书信审慎地维持了良夷与奸夷之间的区分。参见《林则徐公牍》（北京：中华书局，1965），页58—60。
〔3〕 例证在《筹办夷务始末》（27，页25下—26）以及清代文献中无处不在。

宏文没有履行向他的英国债主偿还欠款的承诺。乾隆皇帝命令广东巡抚李质颖籍没倪宏文的财产，并由当地政府出资补足差额，来赔偿英国人的经济损失。乾隆在诏书中说："夷商估舶冒越重瀛，本因觅利而至，自应与之公平交易，使其捆载而归，方得中华大体。若遇内地奸民设局赊骗，致令货本两亏，尤当如法讯究。"[1]当林则徐用"奸夷"或"逆夷"这样的字眼时，显然他谴责的则是违反清国法律走私鸦片的夷商。

与律劳卑事件相比显得有一些蹊跷的是，在1839和1840年之间，英文刊物《中国丛报》在刊印林则徐檄文的英文翻译的时候，信中的"夷"字一律是译为"foreigner"（外国人）。[2]译者姓名不详，不过资料显示可能是袁德辉，他是林则徐当年在广州雇用的四名翻译之一。[3]关于这四个人的背景，《中国丛报》于1839年6月曾刊发一则简讯："这位钦差大臣有四个当地人，都还算通晓英语。第一位是在槟城和马六甲受过教育的年轻人，他原先在北京为支那政府供事数年。第二位是个老人，曾在印度的塞兰坡受过教育。第三位是个年轻人，在美国康州的康瓦尔镇的某个学校读过书。第四位是个在中国受过教育的年轻伙计，他能相当熟练、准确和自如地翻译一般性的文章。"[4]袁德辉就是文章里提到的第一位翻译。袁德辉一度在槟城的罗马天主教学校修拉丁

---

[1] 参见王之春，《清朝柔远记》（北京：中华书局，1989），页128。乾隆对广州的外商政策与雍正相似。

[2] 译者使用的"邪恶之树"、"上苍"和"将你的心献上那永久正义的祭台"这一类的基督教语汇，让林则徐的修辞产生一个奇怪的宗教效果。

[3] 《中国丛报》在这之前还刊印了一篇据说是林则徐的译员翻译的官方文件。译文没有使用标点符号，而且明显地不符合英文的惯用法。《中国丛报》的编者按说："据我们所知，这是出自汉语的第一份文件，显然是林则徐自己的资深译员做的，这个翻译在北京任职多年。他的译文的语言习惯完全是中文的，就像他们语言中的所有文章一样，不加标点符号。假如我们读者能搞明白这篇译文说的是什么，他们会看到钦差大臣大人如何地怀柔远人，他多么真诚地愿意看到英国船只像往常那样进入虎门，并承诺'他绝不会用两套方式对待你们外国人'。这份文件值得一记。"见 Chinese Repository, 卷8，第3号（1839年7月），页168。有关林则徐的翻译人员，参见林永俣，《论林则徐组织的迻译工作》，载于《林则徐与鸦片战争研究论文集》，福建社会科学院历史研究所（福州：福建人民出版社，1985），页118—137。

[4] 见《中国丛报》（Chinese Repository），卷8，第2号（1839年6月），页77。有关林则徐的翻译人员的详细背景，参见第五章。

文，1825年，在马六甲英国伦敦会传教士米怜办的英华书院学习英文。回国后，袁德辉于1829年被任命为清政府四夷馆的翻译，曾于1830和1838年两赴广东，为清政府收集外语书籍。1839年，袁德辉被派为林则徐的随员，协助禁烟运动中的翻译工作。[1]林则徐非常重视翻译工作，并亲自过问经袁德辉之手翻译的给维多利亚女王的那份檄文的第二稿。为了确保译文的准确性，林则徐请一位名叫亨德（William C. Hunter）的美国商人和汉学家，将袁德辉的英译稿译回中文，然后督促译者改进其翻译。林则徐在1939年请亨德帮忙的事，在亨德本人的回忆录中有一段说明：

> 钦差大臣大人抵达后不久，就与广州政府的几位高级长官起草了一封有关鸦片贸易的信，是写给英国女王陛下的。这封信的英译稿被转到我所在的公所楼，要求我将其译还为中文，用这样的办法来检验译文是否符合原文。我才知道译者是我的一个老同学Shaow-Tih（袁德辉）。他在广东一直待到这一年的年末，然后我听说他返回北京了，从此就再没什么音信。我和他共同处理这封重要的书信，而且在互不知情的状况下相互校核，这实在是一次值得记忆的巧合。[2]

袁德辉与亨德合作的成果，很可能就是《中国丛报》发表在1840年2月号上的版本。至少，我们可以作出以下推断，"夷"字在林则徐的檄文中并没有被译成"barbarian"，这个决定恐怕来自林则徐本人。除了林则徐对此字有自己的理解，我们也不排除律劳卑事件所造成的后患对这一决定的影响。[3]

---

[1] 参见来新夏，《林则徐年谱新编》，页295。
[2] 见 William C. Hunter, *Bits of Old China*（London: Kegan Paul, Trench, Co. 1885），页260—263。亨德称和袁德辉同学，是因为亨德在马六甲的英华书院学习中文时，两人相互认识。
[3] 参见林永俣，《论林则徐组织的迻译工作》，页122—123。另见齐思和，《鸦片战争》（上海：神州国光社，1954），6，页440。

可是，当邓嗣禹和费正清于1954年着手重新翻译林则徐致维多利亚女王的这个重要檄文时，两位学者作出了完全不同的决定。他们将一百年前《中国丛报》出版的英译本加以纠正，把里面所有的"夷"字，都改译为"barbarian"。这一纠正给林则徐的文体创造了一个奇特的腔调，因为1954年的译文把"贵国"（your honorable country）这样彬彬有礼的称呼与"野蛮人"（barbarian）放在同一个上下文出现，好像林则徐竟然说出了"尊贵的野蛮人"这样的词句。比如，林则徐在檄文中写道："量贵国王向化倾心，定能谕令众夷，兢兢克法，但必晓以利害，乃至天朝法度，断不可以不懔尊也。"邓嗣禹和费正清将其译为："We presume that the ruler of **your honorable country**, who takes delight in our culture and whose disposition is inclined towards us, must be able to instruct the various **barbarians** to observe the law with care. It is only necessary to explain to them the advantages and disadvantages and then they will know that the legal code of the Celestial Court must be absolutely obeyed with awe."[1]我们看到，由于同一句话里称谓的这种不协调，"檄文"的庄重文体立刻变成了一种轻佻的带有某种喜剧性效果的嘲弄。

如果说，邓嗣禹和费正清的译文，似乎和1858年以来中英《天津条约》针对衍指符号"夷/i/barbarian"所做出的禁令之间，发生了下意识层面的呼应，那么，我们就应该追问这个早已化为风尘的禁令，何以能够维持如此强大的生命力，为什么近一百年以后的译者还必须响应它的召唤？跟邓嗣禹和费正清的做法形成鲜明对比的，是阿瑟·威利（Arthur Waley）的翻译。在邓嗣禹和费正清重译的林则徐的檄文发表四年之后，威利这位20世纪英国最重要的汉学家和翻译家，撰写了题为《中国人眼中的鸦片战争》的一本小书，其中威利又重新翻译了林则徐的檄文，将里面所有的"夷"字译回为"foreigner"（威利使用的原文是林则徐的初稿，而不是邓嗣禹和费正清使用的定稿）。那么到底哪一方把"夷"字翻错了？是袁德辉、威利，还是邓嗣禹和费正

---

[1] 邓嗣禹和费正清（Ssu-yü Teng and John K. Fairbank），*China's Response to the West: A Documentary Survey, 1839 – 1923*（Cambridge, Mass.: Harvard University Press, 1954），页25。

清？我们知道，威利是经验丰富的翻译家和汉学家，起码比费正清更熟悉中文经典，因为他翻译了许多重要的经典文献，包括《诗经》、《论语》、《道德经》，还翻译了大量的唐诗和白话通俗小说。对经学的熟悉和了解，使威利在翻译中谨慎行事，没有轻率地在"夷"字和英文词 barbarian 之间画等号。威利对"夷"字的处理，与19世纪后期的美国传教士卫廉士（Samuel Wells Williams，亦称卫三畏）的看法颇为一致。卫廉士在其广为流行的著作《中国》里提到："外国人把'外夷'译为'outside barbarians'，这个翻译是一种误导，在当地有教养的人那里，外国人的地位其实并不如此。"卫廉士进一步指出："如果不加辱骂性的形容词，夷字作为普通词汇单独使用时，它就是'外国人'的意思。"〔1〕这里所说的"辱骂性的形容词"，也就是我在上文提到的"奸"、"逆"，还有其他具有道德谴责含义的形容词。

刘逢禄的弟子魏源编纂了多卷本的《海国图志》，旨在普及世界地理和历史知识。这位公羊学的著名学者提出"师夷之长技以制夷"，是毫不奇怪的。〔2〕魏源这句话不是说中国人应该掌握野蛮人的技术，虽然这个老师是清国的敌人。"师"字在"师夷之长技"中是动词，魏源是在要求学生模仿老师，而不是要求文明人效法野蛮人。〔3〕鼓励

---

〔1〕 参见 Samuel Wells Williams, *The Middle Kingdom: A Survey of the Geography, Government, Literature, Social Life, Arts, and History of the Chinese Empire and Its Inhabitants* (New York: Charles Scribner's Sons, 1883), 2, 页461—462。但在批评错误的英文翻译的同时，卫廉士也有他的理解上的局限。比如，他指出："夷字被用来称呼英国臣民或外国，遂遭英国条约的谴责，因而引起广泛注意。这个被翻译成 barbarian 的夷字，在当地人看来，意思不过是不懂汉语的人，因而文明程度低一点。古希腊人用 barbarian 这个词，也是指那些不讲希腊语的人，正如莎士比亚以此来称谓那些不说英语的人。中国人里的众多臣民也是夷人。"（页461）当然我们已经看到，实际的情形要比卫廉士的类比性论断复杂得多。

〔2〕 魏源，《海国图志》，卷1，页1。

〔3〕 那些与魏源观点相同的人（如龚自珍、林则徐，直到梁启超那一代），都沉浸于公羊学当中。林则徐的挚友龚自珍，成了那个时代最重要的公羊学者。他在1819年追随刘逢禄学习，而且拥护刘的华夷之辨以及"远近尊卑"之辨。在面对鸦片贸易带来的危机时，龚自珍重新解释了三世说，以号召清帝国的激进变革。他还写信给林则徐，对他的朋友发动禁烟运动以道德上的支持。关于龚自珍在清代公羊学中的地位以及他对清代地理学的贡献，参见汪晖，《礼仪中国的观念与帝国的合法性问题：今文经学的"内外"观与清朝的帝国视野及其演变》，《中国社会科学评论》1，第1期（2002），页181—185。

丁韪良翻译《万国公法》的恭亲王,也是在同样意义上提出"师夷智"。"师"这个儒家概念隐含着学生对老师表达的尊敬,魏源和恭亲王用"师"来表示对敌人的尊敬并不悖谬。

到此为止,我和读者一起,穿越了英文 barbarian 和汉字"夷"各自的多歧路径,又一次抵达两者相遇和交叉的十字路口。这两个字,从此逾越各自的语义范围,开始经历一次符号的炼金术的冶炼,最后成为衍指符号"夷/i/barbarian"。这个衍指符号的出现,是大英帝国与大清国碰撞的结果,其中凝练了 19 世纪国与国抗争的故事,以及由此带来的种种历史叙述和心理上的扭曲。在这场帝国的大争端中,英国和其他列强极力争取世界霸主地位,而大清国则拼命抵抗或者不得不作出妥协。历史教科书始终把衍指符号"夷/i/barbarian",解释为中国人的仇外心理,其实它真正折射的是国际关系在 19 世纪当中的大转变,以及现代地缘政治的大转折。

当然,这不等于说中国人对英国人没有产生过敌对态度。恰恰相反,鸦片战争带来的中国百姓的艰难屈辱、列强享用的种种条约特权、传教士的布道特权,以及西方帝国主义的不断入侵,极大地引发了中国的士绅和普通百姓对西方人的愤怒和不满。"鬼子"和"番鬼"的绰号就体现了这一情绪,它尾随着英国的战舰和贸易从南至北流传开来,这些绰号比以往任何一个汉语词汇都更能把捉那个时代民众的情绪。显然,在征服者和被征服者之间并没有亲情可言。

驱除"夷"字的幽灵

英国全权公使额尔金代表其政府强迫清政府签订《天津条约》两年后,英法联军又在一系列战事之中攻陷了北京。[1]联军进入北京后,先是到处劫掠,继而焚毁了圆明园,接着又在北京城内建立了外国政府的

---

[1] 历史学家称之为第二次鸦片战争。关于这场战争的翔实可信的研究,参见 John Y. H. Wong, *Deadly Dreams: Opium, Imperialism, and The Arrow War (1856–1860)* (Cambridge: Cambridge University Press, 1998)。

公使区。额尔金的汉文正史威妥玛(Thomas Wade)由于在谈判《天津条约》过程中有功,这时已被晋升为英国公使参赞。威妥玛这个人对语言的尊卑等级非常敏感,他按期检查中国人在官方照会中有没有使用不敬词汇,比方说,中文照会中写到"大英国"这几个汉字的时候,抬头的格式,即空格的规则,必须与"大清国"几个字的格式是一致的。有一次清政府的《京报》疏忽了,没有把"大英国"这几个字作空格抬头,威妥玛发现后大为不满,当即向主管总理衙门的恭亲王提出抗议。[1]

无论对清朝政府的官方文书,还是对民间的中文出版物,英国当局一概对之保持高度警惕,谨防任何对英国人不敬的词语冒出来。维多利亚时代,为大英帝国效力的英国男性崇尚冒险和征服,因此,这种对唯恐别人对之不敬的焦虑,反映的是英人性格的另一面。伊林·福里古德(Elaine Freedgood)对此曾经提出以下解释:"那些人的外部表达和内心情感之间出现一种半歇斯底里式的分离——也就是俗话所说的那种僵硬的(瘫痪的)上嘴唇——这表明的是,一个国家在经历一场前所未有的、矛盾四伏的经济及疆土扩张的过程中,它越是想要支配别人,要建立自己的威严形象,就越需要控制和掩盖这个过程所带来的各种焦虑。"[2]统计学家威廉·法尔(William Farr)也说过类似的话。他认为,古典政治经济家之所以老是寻找所谓的"规律性",是因为他们深信"知识有能力把人的内心深处的恐惧驱逐出去"。[3]

但即使规律和法律都站在英国人一边,他们还是担心别人对其不敬,从来未能将恐惧和不安赶走。为了审查所有的中文报刊,1879年住在上海的英国殖民者,发起了一场大规模的文字审查运动,针对的则是"土著报纸中的不敬之嫌疑"(The Charges of Discourtesy in Native

---

[1] 参见鲁道夫·瓦格纳(Rudolf G. Wagner),"The *Shenbao* in Crisis: The International Environment and the Conflict between Guo Songtao and the *Shenbao*",*Late Imperial China* 20,第1期(1999年6月),页122。瓦格纳提到的威妥玛和恭亲王于1872年3月21日至26日间的通信,现存英国国家公共档案馆(Public Record Office),F. O. 230/89。

[2] Elaine Freedgood, *Victorian Writing about Risk: Imagining a Safe England in a Dangerous World* (Cambridge: Cambridge University Press, 2000),页92。

[3] 同上。

Newspapers）。学者鲁道夫·瓦格纳在其研究中发现，即使是《申报》也不能逃脱这一次的监督，而大家都知道，《申报》本来是安纳斯·美查（Ernest Major）等英商集资办的一份华文报纸。但《申报》的新闻报道，也经常因为有时会忽略在排印英国政要人物的名字前，留出足够的空格抬头，从而备受攻击。[1]这种监督的强大压力，自然导致了自我审查，因此，到了20世纪之交，"夷"字以及其他的"不敬"的字句，就从大多数的中文出版物和清政府的官方文件中，被永久地放逐了。

我们必须承认，1858年的"夷"禁令取得了令人瞩目的成功。即使这样，英国人还是继续被这个衍指符号所纠缠，他们担心的是，这个在法律上被判过死刑而且已经被处死的字，会变做幽灵再回来，改头换面地潜伏在老百姓街头巷尾的白话俚语之中。他们明白，印刷品或书写媒介中出现的不敬字眼，比较容易被搜捕，并可以用禁令来指控和惩罚，但大众的口头语却难以监控。不过，这并没有阻止英国人对中国老百姓口中的"番鬼"或"鬼子"加以缉捕，他们认为这些口语跟"夷"字一样在伤害外国人。当时的外国人和中国人的记载，都见证了英国人在1860年占领北京期间，对普通北京人实行监督的一些实例。一位笔名叫做赘漫野叟的作者，为我们描述了以下的暴力场面，警告大家不要再用语言冒犯那些夷人：

> 独约内一条云，不许名之为夷，不可不知。日前崇文门外三转桥地方，有一傻子，立于门前，见夷人经过，拍手大笑曰："鬼子来也"。夷众立将此傻子毒殴，伤重垂毙，复入其家，举室尽被殴伤，毁坏什物。强梁至此，可不避其忌讳耶？[2]

这里的"鬼子"，似乎变成了"夷"字的幽灵，通过一个傻子去攻击外国人，而这次口头攻击竟然引来对他人身的狂暴袭击。我们如何解

---

[1] 参见 Wagner, "*Shenbao in Crisis*"，页127。
[2] 《第二次鸦片战争》，齐思和编（上海：人民出版社，1979），2，页20。

释这种丧心病狂的行为呢?

前文提到,张德彝在1871年对"鬼子"一词的解释,不过是含糊其词的辩解,其实答案在别处。中国老百姓并不总是把西方人都叫"鬼子"。根据郭实腊的记载,他于1831年首次到达山东沿海时,当地的老百姓把他叫做"西洋子"(原书拼音为Se-yang-tsze)。[1]我们知道,郭实腊是最早反对"夷"字的欧洲人之一,在《1831年和1832年两次支那国沿海航行日记》中,他大段地抱怨支那人如何对外国人居高临下。但同一个日记里,也经常出现相互抵牾的细节,比如郭实腊写道,南方的支那人土著对他很友善,这些人"好像没有见过外国人,见我们到来,十分欢喜,把我们请到家,给我们吃甜点还有茶"。[2]1832年,郭实腊乘坐阿美士德号沿中国海岸线航行时,他观察到:"支那人天生地不厌恶人类",并记述道:"我们登上崇明岛,没人找我们的麻烦,让我们很满意,并且亲眼看到支那人的真品性,那就是对外国人的友善。"[3]如果中国北方和南方的老百姓似乎对外国人都很友善,那么是什么因素,导致他们发明"鬼子"、"白鬼"和"黑鬼"这一类的词汇?在中国人与外来者交往的历史中,语言暴力传达的是哪些重要的信息?

其实,西方人在中国的负面形象始于16世纪初。葡萄牙(佛朗机)殖民者最早在中国南海一带出现,时常造成劫掠杀戮的事件。尤其是西芒·佩雷兹·德·安德拉德(Simão Peres d'Andrade)等人,他们1518年到广东以后,便开始绑架妇女儿童,从事葡萄牙人当时在非洲同时进行的贩卖奴隶活动,在当地引起极大民愤。为此,御史何鳌于1520年上奏明廷,要求以武力驱逐葡人,明廷准奏,遂于正德十六年(1521)成功地驱逐了葡人,即著名的屯门之役。[4]几十年后,当

---

[1] 参见 Charles Gutzlaff, *Journal of Two Voyages along the Coast of China in 1831 and 1832* (New York: John P. Haven, 1833),页84。
[2] 同上书,页126—127。
[3] 同上书,页243。
[4] 关于早期欧洲与中国的关系,参见周景濂,《中葡外交史》(北京:商务印书馆,1991)。方豪,《中西交通史》(台北:中华文华出版事业委员会,1954)。另见 Andrew Ljungstedt, *Historical Sketch of the Portuguese Settlements in China* (Boston, 1836)。

耶稣会传教士利玛窦来华传教的时候，他不得不去费神地扭转安德拉德等葡萄牙人给民众留下的恶劣印象。时至18世纪，正如我在第二章所指出的，英国东印度公司的大班经常由于欧洲水手杀害广东的所谓"土著"，而被卷入与当地民众和政府的官司之中。广东话中的"番鬼"和"鬼子"这类绰号的出现，以及这些绰号在鸦片战争期间向全国的广泛传播，并不是因为西方人的面相奇怪，而是由于欧洲人在广东曾经犯下的这些罪行。有学者指出，这些绰号进入大众的语言大都是在1840年代以后，也就是说，鸦片战争才是西方人的"鬼子"形象传播的分水岭。[1]"鬼子"这个形象表达的是老百姓对自己"被西方人欺侮的愤怒和痛苦"，这种言说行为与我下面要分析的投石头和扔铁币的符号意义是一致的。[2]无论是扔东西，还是骂人，这与人们对西方人是否形成偏见或正确认识，是两码事。话语的功能是聚集语言的行为能量，唤醒大家对欧洲人的暴力行为的记忆，从而调动普通人民对英国人的反抗。

鸦片战争与"外国鬼子"

1841年三元里抗英运动一举成功，产生了大量的诗歌、童谣以及通俗文学作品，这些民间创作促使"番鬼"和"鬼子"一词在全国广泛传播。[3]在不到一年的时间里，这个现象就被《中国丛报》的编辑注意到了，他写了一篇解释"番鬼"（foreign devil）词义的文章，登

---

[1] 参见孟华，"The Chinese Genesis of the Term 'Foreign Devil'", *Images of Westerners in Chinese and Japanese Literature*，由孟华、平川祐弘编著（Amsterdam：Rodopi，2000），页34。

[2] 同上书，页36。

[3] 关于英文中对这一事件的叙述，参见 Frederic Wakeman Jr., *Strangers at the Gate: Social Disorder in South China, 1839–1861*（Berkeley：University of California Press，1966），页11—21。Wakeman 这样来强调广东三元里事件的意义："三元里事件是此后二十年间灼烧中国南方的众多问题的关键序幕：民兵运动、太平天国叛乱、秘密社团、宗派战争以及排外运动。除非三元里事件得到了明确的把握，否则后面出现的事情将无从索解。"（页21）出自这一时期的文献材料，参见阿英（钱杏邨），《鸦片战争文学集》（北京：中华书局，1957）。

载在 6 月号的《中国丛报》上,他说:

> "番鬼",这个辱骂性的绰号已经在这个国家里成为外国人的同义语,可以想象这个词不久就会被收入字典,并将其定义为"在支那专指外国人的名词"。有一天,我们请教一位当地的士绅,问他人们用"番鬼"这个词称呼外国人的原因是什么。他回答说:"我不认为'鬼'字是指魔鬼,它这里的含义可能是异常、粗鄙,或者怪诞,总而言之,指的是非天朝的,或非支那人的。'番'则用于南洋一带的卑贱野人,正如蛮、夷和狄被用于清帝国的北方和其他边境地方的人。当外国人最初来到支那海岸时,他们穿的紧身服装、声音刺耳的鞋子和鸡冠似的帽子、蓝眼睛红头发,还有他们的配剑、听不懂的言谈、趾高气扬的举止,以及他们战舰上传来的轰鸣的炮火,这一切都震慑了这里的老百姓,于是他们惊呼:'鬼!鬼!'这个词就一下流传起来了,而且范围越来越大,现在成了对所有远方来的陌生人的统称。"这位士绅的解释似乎接近真相,但只提供了片面的证据;在我们看来,他的解释恰好说明支那人如何蔑视别的国家。尤其在这个地区,这个称呼是唯一用来指称外国人的通用词,虽然在很多情况下并不一定含有故意的不敬,但如果这里的人真要尊敬我们的话,那他们应该能够找到更好的词。[1]

作者断言"番鬼"一词只能说明中国人对其他国家的蔑视,但他对这个地区的三元里抗英运动只字未提,而第一次鸦片战争中的三元里抗英运动恰恰是这一绰号传播的直接背景。引文中的"不久"和"已经"这类时间性的指涉,事实上已经勾勒出了这个线索,它指向行为中的世界。在这个世界中无论男女老幼,百姓们开展了一场话语的游击战,以此抗拒英国战舰上送来的轰鸣的炮火。我们已经看到,英国

---

[1] 见 *Chinese Repository*,第 6 号(1842 年 6 月),页 325。

人也许打赢了围剿衍指符号"夷/i/barbarian"的战争,现在针对"番鬼"绰号的这场斗争,看来注定要失败了。原因是他们这次的对手是匿名大众,而不是清政府的使臣和随员。

"鬼"的汉字比英语中的"devil"一词的语义范围要广得多,举凡神秘的、奇异的、厌恶的、异国的和滑稽的东西,都可囊括其中。由于它深植于包括妇女、儿童甚至白痴在内的草根性社会运动之中,"番鬼"一词记录的是比"轻蔑"还要强烈得多的恐惧、厌恶和憎恨的情感,而这一切恰好发生在大英帝国和大清国在谈判桌前坐下来,开始争辩"夷"的文字含义的时候。在第一次鸦片战争以后,西方人走在广州城区的街头,就常常被孩子们骂为"番鬼",这个词的粗鲁和敌意往往给他们留下深刻的印象。上文引述的《中国丛报》的作者,曾记述几则类似的轶事,有助于说明鸦片战争时期,广州的普通百姓是怎样使用这个词的。他特别提到自己的一个朋友,有一天,这个朋友走在广州街头,"周围有很多人,忽然他听见有一个少年冲着自己无理地大喊大叫。他转过身一把揪住这个顽童,正打算教训他一顿,但这孩子翻着白眼,大声嚷道:'我不叫你番鬼叫你什么?'然后就挣脱跑掉了。"[1]还有那些哺乳的母亲,她"会跟怀里的婴儿说,要是再哭就把他扔给番鬼,这个方法很灵,孩子马上就不哭了"。《中国丛报》的作者本人就经历过这样的事:有一次他走近一个孩子,那孩子看见他立刻啜泣起来,哭着叫"番鬼"。[2]作者显然没有懂得这些轶事的意义,他说:"要想根除这个绰号,这里的民众就必须多跟外国人往来,学会把他们看作同类人,拿他们当朋友,在视觉接触上就要接受外国人是他们的同类和朋友。"[3]从视觉上来说,在中国沿海周边频频出现的英国战舰和枪炮,只能激起这里人们的恐惧、仇恨和抵抗,无法让老百姓愿意把外国人当自己的同类和朋友。我深信,那些母亲和孩子之所以害怕英国人,将其看作敌人而不是朋友,是有充分的理

[1] 同上页注[1]。
[2] 同上书,页326。
[3] 同上。

由的。

自从广东村民武装起来，抗击英国人的那一刻起，"番鬼"这个口头绰号几乎是同时登场，并迅速蔓延到全国，成为一场民间抵抗入侵者的语言游击战。随着英国军队沿着中国海岸由南至北，"番鬼"和"鬼子"的绰号也接踵而至，一直到了北京。前文提到了赘漫野叟，他记载了英国人在北京街道上如何惩罚一个傻子说话。英国人的这一类行为还有来自英国人自己的佐证，比如当时在英国军队服役的勒尼医生（D. F. Rennie）在1861年所写的日记。来到中国以前，勒尼是在大英帝国印度殖民政府中服务的军医，1860年他跟随赴中国的英国战领军北上，保存了一份非常详尽的关于英国人军事和外交方面日常事务的日记。几年后，他将这份日记以《北京和北京人：英国使馆在北京的第一年》为题出版。[1]其中他描述了一件趣事，说的是威妥玛在北京街头跟一位老者不依不饶纠缠的过程，原因是这位老者对英国人出语不逊，威妥玛要教训他。勒尼写道：

> 1861年4月6日，威妥玛骑马行进于北京街头，无意中他听到一个戴眼镜的老人招呼屋里的朋友出来看外国鬼子。威妥玛马上冲过去订正他，说不该如此不敬地称呼他。威妥玛还指出，自己不是鬼，而是正常的人。老者不承认自己用过这个词，这时周围聚集了一堆人，也都说这个词很糟糕，他们还说老者已经明白这是故意冒犯，所以他今后大概不会再这么说了。我们一行人骑马经过总理衙门附近的房屋时，有人拿一些铁币向我们掷过来。这些铁币是些小硬币，约当半便士，已经不再通用，这些铁钱是在铜匮乏时发行的，当时引起社会的不满，所以根本没有进入货币流通。[2]

---

[1] 感谢何伟亚提醒我注意勒尼的日记。

[2] D. F. Rennie, *Peking and the Pekingese: During the First Year of the British Embassy at Peking* (London: John Murray, 1865), 卷1, 页71—72。勒尼也是 *British Arms in North China and Japan: Peking 1860; Kagosima 1862* (London: John Murray, 1864) 一书的作者。

勒尼笔下描述的威妥玛与老者的遭遇，和赘漫野叟讲的事也许根本不是同一件事，但两者在叙述方式上惊人的相似，唯一不同的地方在于，勒尼医生的叙述，丝毫没有英国人暴力因素的参与。这一类的意外相遇，使人想到鲁宾逊与星期五的第一次遭遇。我在第一章里的分析曾经指出，鲁宾逊把自己的那杆枪叫做"神奇的致命的东西"，他通过展示这支枪的杀伤力，成功地驯服了星期五。英国人在北京不但找不到拜倒在他们的枪炮之下的星期五，他们碰到的是相反的指涉关系：北京人是用扔东西和骂他们的方式迎接英国人。投掷无价值的铁币（在这里是纯粹的表意符号）是一个重要的细节，因为无论是扔铁币，还是扔绰号，这两者在符号上没什么不同，都是某种言说行为。勒尼医生好像意识到，铁币符号和语言符号说的是同样的话。威妥玛一味坚持要监督他人的语言，说明他并非没有意识到语言和铁币的行为作用，毕竟两者都是弱者的武器。但威妥玛对语言的理解十分有限，"鬼子"其实是同时具有指涉（indexical）和象征（symbolic）功能的符号，而威妥玛仅仅在语言模仿现实（mimesis）的层面上解读。他认为，语言应该正确地模仿现实，因此才会追着那老者去纠正他对外国人的错误观念。这是一种徒劳的努力，因为在英法联军占领北京的最初几个月里，他们对宫殿、寺庙和民居的大规模劫掠和摧毁，让北京和新开放的通商口岸那里的老百姓无法不怀疑英国人到底是人还是鬼。[1]

继《南京条约》给英国人提供的通商口岸（即广州、厦门、福州、宁波和上海）以后，《天津条约》第 11 款又在英国人现有的特权之上，增加了新的通商口岸，比如牛庄、登州、台湾、潮州和海南。[2] 但这些地区的老百姓马上组织起来，抵抗清政府和外国势力之间签署的条约，并公开在口头和文字中把英国人叫做"鬼子"和"番

---

[1] 威妥玛虽然对"鬼"字和"夷"很反感，但似乎并不反感"番"字。根据刘逢禄对番和夷之间区别的阐释，英国人把夷译为"野蛮"（barbarian），但有时将番译为"外国"（foreign）。

[2] 参见 *Treaties, Conventions, etc., between China and Foreign States* (Shanghai: Statistical Department of the Inspectorate General of Customs, 1917)，卷1，页408。

鬼"。就在大清国中央政府的首都北京被英法联军占领的时候，潮州的老百姓却屡屡成功地阻止英国人的进入，将其拒之门外长达六年之久。1860年，潮州的士绅领导听说英国的新领事乔治·凯恩（George Caine）即将到达赴任，他们发布了以下公告：

> 近日英咭利闻得要到潮郡，探看地方情形，希图霸踞，欲广东上海之举。其心难测，不得不预防之。竟有不肖官长，惧怕番鬼，欲任其所为。是以众绅士公同合议，如该鬼头胆敢自投罗网，到各乡村市镇经过，许该乡村将鬼头杀毙一名者，赏花红银五十元；活捉捆送者，赏花红银一百元。如有汉奸勾引鬼头入境者，许将该汉奸杀毙，亦赏银五十元；活捉者，赏银一百元。每乡村市镇，各置旗一枝，铜锣一面。如果番鬼入境，先即摇旗鸣锣以为号，以便四面兜擒。此系地方关重，万一贪官污吏，胆敢袒护鬼头，尔各乡村市镇，自行拿获杀毙，不必送交官府也。立赏格是实。[1]

几个月之间，潮州的民兵武装就组织攻击了怡和洋行（Jardine and Matheson）分行的住址，还摧毁了其他外国公司的财产。[2] 由于清政府将他们的港口和家园割让给了外国人，当地百姓很自然地将其视为敌人的同谋。当其时，英国军队和清军联合起来，对潮州地区进行了多次军事围剿，一次又一次地屠戮整个村庄，最后才征服了那里的抵抗势力。[3] 即便如此，几年后英国领事凯恩在清军的严密保护下，试图穿过潮州城区时，仍有雨点般的石头和辱骂投向了他。[4] 相比之下，投向威妥玛及其随员的铁币，不过是英国人在中国其他地方所碰到的真实抵抗的缩影。

---

[1] 房建昌，"潮汕地区中英交涉数事"，《汕头大学学报》3（2000），页82。
[2] 同上。
[3] 房建昌的研究显示，在数次冲突中有多人丧生，其中既有潮州人民，也有英国和清政府的士兵。仅在1869年的一次冲突中，就有三个村庄被屠灭。
[4] 这发生在1865年11月1日，《汕头大学学报》3（2000），页84。

上文提到过的卫廉士,他不觉得"夷"字有冒犯人的地方,但是注意到"'番鬼'在这几年的过程中,却越来越多地表达蔑视和恶意,不仅在广州,而且遍及整个中国。结果,英国人还没来得及让人了解,就已经被中伤了"。[1]与前所述的《中国丛报》的作者一样,卫廉士也认为"番鬼"表达的是中国人对外国人的蔑视和恶意,而这一切却与鸦片战争和条约的暴力无关。不过,这个见证人所强调的时间性,如"在这几年的过程中",再一次提醒我们,中国人对英国人的敌意是不能跟当时发生的历史事件割裂开来的,无论是英国人攻克广州城的早期战役,还是鸦片战争以来的一系列军事行动。

勒尼在《北京和北京人》一书中,举出奇特的洋泾浜英语"Wei-lo",他的伪训诂明确点出,有些词语的缘起是来自战争的暴力。勒尼写道:

> 精通汉语的专家吉必勋(John Gibson)先生昨天骑马经过城里,一个小孩冲他叫"Wei-lo",于是他叫住了这孩子,向他解释"Wei-lo"不是英文词,而且人们一般不在奉承或恭敬的意义上使用它,以后最好不要使用自己不懂的外语词说话,还是回到自己的汉语官话。说话时,周围聚了一群人,这些人都赞成吉必勋的看法,并且告诫那孩子:以后还是用官话说话。"Wei-lo"这个词,是汉语词 Hugh-lo(意思是:走吧)的英语(to go)的传讹,早先是为那些参加第一次支那战争的英国士兵所使用。从那以后,中国人由于经常听外国人用到这个词,就以为它是英文词。同一个词"Hugh-lo"在中国北方的发音是"Chu-lo"[去了?]。在南方,"Li-lo"[来了?]的意思是"to come";因此,传讹的"Wei-lo"和"Hugh-lo"一道,在洋泾浜英语中一般指"to go"。在商务洋泾浜英语里,"He make-ee wei-lo"的意思是:这人已经

---

[1] Williams, *The Middle Kingdom*, 卷2, 页461。

走了。[1]

在勒尼描述英国人与北京人打交道的日记中，我们可以看到一个很有意思的、重复性的叙事模式：一个英国人骑马在街上行进，听到一个老人或孩子说一句冒犯性的话。这个英国人立即下马与其对质，于是四周围了一群人，这些人往往都赞同英国人的看法。在上述引证的那一幕中，吉必勋的语音训诂似乎掺杂了很多的自由联想，起码要比威妥玛对同类事件的解释有更多的联想成分。他的耳朵对洋泾浜词汇尤其敏感。勒尼和吉必勋声称"Wei-lo"不带恭维或恭敬的含义，不过"Hugh-lo"这个广东音的英文传讹，究竟如何隐含对英国人的不敬，这似乎是个谜。无论读者信任吉必勋的耳朵，还是信任勒尼的叙事，"Wei-lo"有没有可能是"鬼佬"的北京发音，或"鬼子"的另一形态"鬼佬"呢？它有没有可能是"hello"的变形呢？无论是出于疏忽还是无意识的回避，勒尼和吉必勋都不愿意听到威妥玛听到的话，似乎很肯定吉必勋听到的是"Hugh-lo"一词发音的洋泾浜式的传讹。

说"Wei-lo"，还是不说"Wei-lo"，都不是问题的根本所在。正如我在前一章中指出的那样，英国人焦虑的真正根源，来自他们所熟悉的殖民话语以及这个话语可能被逆转的危险，他者的语言成为英国人的自我镜像。无论是"夷/i/barbarian"、"番鬼/foreign devil"，还是其他含有不敬之义的词句，这个曲折的镜像才是他们与之搏斗的对象。"野蛮人"相对于具有主权意识的自我来说，在这里变得不可解，但恰恰在这一神秘的不可解中，我们可以窥见在帝国的无意识中偶尔闪现的那一瞬间的自我怀疑，不是吗？这个充满主权意识的主体，为了使自己变得完整，变得正面，变得充实，他就要努力从深植于自身的忧虑和不安中，拔除"野蛮人"的幽灵。这一过程与德里达在《马克思的幽灵》（*Specters of Marx*）一书中讨论的魔咒的镜像式反照，有异曲同工之处。德里达说："给别人制造恐怖的人，往往首先恐吓他们自

---

[1] Rennie, *Peking and The Pekingese*, 页72—73。

己。他们念魔咒时叫出来的鬼魂,不是别人,正是他们自己。念魔咒等于是替自己服丧,借鬼魂之力打击自己。"[1]威妥玛和吉必勋的麻烦在于,尽管中英条约对衍指符号"夷/i/barbarian"下达的禁令,在他们到达北京之前即已实施,但法不罚众,大众的口头语必然逃避条约的惩罚。所以在英国人的眼里,被封杀的"夷"字,其幽灵似乎还在四处游荡,这个幽灵无时无处不在与大英帝国开展着游击战。

谈到死亡和幽灵,当时英国有一位著名的探险摄影家名叫汤姆森(John Thomson),他把自己的照相机叫作"死亡的前驱",颇有一点自嘲的味道。第二次鸦片战争刚一结束,汤姆森就来到中国,拍摄了大量的风景照和人物照,发表了早期最著名的有关中国人的图片。汤姆森在他为1873年的摄影集《支那国和它的国民》写的一篇序中说:

> 作为披着人形的"番鬼"或"foreign devil"……我……的名声经常被人跟危险的巫师连在一起,我的相机被当作是一件黑暗和神秘的仪器,这个仪器,再加上我天生的,甚至是超自然的视力,给我赋予特殊的神力,使我的目光穿透岩石和山脉,刺透这些土著的灵魂。我用黑暗的巫术摄出那些瑰奇的照片,同时也让照相机拍摄的人物大伤元气,在短短的几年内,令其必死无疑。
>
> 由于这个"死亡的前驱"的名声,我就很难有机会拍摄孩童的人物照。但令人诧异的是,在这个将孝敬奉为最高德行的国度里,儿女们会把年迈的双亲带来,让他们坐在外国人的这个无声而神秘的杀人仪器面前。[2]

汤姆森是在来华的英国人中,极少数能够用如此自嘲的口吻,得意洋洋地讲述自己当"番鬼"的经历。照相机这个致命的仪器,很像鲁宾

---

[1] Jacques Derrida, *Specters of Marx: The State of the Debt, the work of Mourning, and the New International*, Peggy Kamuf 英译(New York: Routledge, 1994),页116。

[2] John Thomson, *Illustrations of China and Its People* (London: S. Low, Marston, Low, and Searle, 1873—74),序。

逊手中的枪,给予他"超自然的视力",把他化为万能的巫师。汤姆森的殖民摄影叙述,以嘲讽落后无知的人,去突显自己的科学理性。当孝敬的儿女们让他们的父母面对这个"无声而神秘的杀人仪器"时,一个黑色巫术的故事就变成了中国人的无知和虚伪的道德寓言。于是"番鬼"谋杀人物的故事出现根本逆转,变成了中国人弑亲的故事。[1]

"鬼迷心窍并不意味着在场现身,"德里达写道,"每个概念的构建,必然要引入鬼迷心窍的因素。从存在和时间这两个概念开始,一直到其他所有的概念都要经历这个过程,这就是我们称之为魂迷论(hauntology)的东西。本体论(ontology)与魂迷论相对的地方在于,本体论是一种驱鬼运动。本体论其实就是念魔咒。"[2]德里达的观察很有洞见,尤其是联系前文我们对"番鬼"的分析,但我们是否能将这一洞见进一步延伸,来考察大英帝国主权/主体内部的不统一,甚至陌生之处呢?我们是否可以说,帝国的主权/主体被自己投射到他者身上的恐惧所鬼迷心窍,所以才要通过驱除这一恐惧,来获得自身的本体呢?德里达的魂迷论未必是本体论的最佳替代者,但我也不认为,人们的思维里面不包含某种念魔咒的因素。从"魂迷"或者"驱鬼"的角度,我们至少可以揭示出"夷/i/barbarian"或"番鬼/foreign devil"这些衍指符号本身的魔咒性;我们还可以从中思考,为什么有些词的意义被呼唤出来,而另一些词的意义却永久地死亡了;我们甚至应该思考,意义本身何以呈现?它的秘诀在哪里?我在第四章将一边

---

[1] 汤姆森在这里的叙述跟早期照相技术进入的中国记述,形成鲜明的对照。德龄在回忆慈禧太后时提到:慈禧特别喜欢让宫廷摄影师勋龄给她照相,并对这种新技术表现出了强烈的兴趣,她甚至会到摄影师的暗房里观看冲印过程。当美国公使的夫人康格(Susan Conger)女士安排在巴黎受业的艺术家卡特琳·卡尔(Katherine Carl)为慈禧画肖像时,慈禧似乎对油画的印象并不深刻,反而对西方摄影技术惊叹备至。正如我将在第五章中呈示的那样,慈禧太后以观音菩萨的扮相拍摄照片,利用这组图片展示她皇权的宗教基础。参见德龄, *Two Years in the Forbidden City*(New York: Moffat, Yard and Company, 1912),页217—226。德龄还提到慈禧太后的卧室里有一台留声机,她还拥有大批的中国歌曲和西方音乐的唱片。

[2] Derrida, *Specters of Marx*,页161。

继续思考这些问题，一边开始考察大清国是如何开展其下一步的外交对策，即所谓的同治中兴。同治中兴时期有几方面的重大转折，如1861年总理衙门的建立，1862年同文馆的设立，以及在1863—1864年翻译和出版《万国公法》这一里程碑式的文本。

第四章　翻译《万国公法》

在19世纪之前，亚洲诸国曾是国际大家庭里面的成员；19世纪以后，这些亚洲国家则要重新申请加入国际大家庭，并要得到列强的承认。这一深刻的变化来自于国际法理论本身的变化，因为自然法（natural law）的准则开始遭人抛弃，取而代之的则是欧洲式的成文法（positive law）。

——C. H. 亚历山大罗维茨，《东印度地区国际法历史导论》

我们对现代国际关系的理解，往往建筑在主权这个概念的自明性上，似乎它不容置疑。不过，当我们在这样做的时候，往往会忽略我在前面的章节中提到的一些重要的历史因素，比如大英帝国主权/主体内部表现的不统一，以及相伴而来的心理焦虑。在本书第三章中，我们看到大英帝国是如何为了实现自己完整、正面和充实的主权形象，而不得不与语言镜像中的野蛮人作战。在本章，我们还会进一步了解，国际法的翻译，如何也加入了欧美列强塑造自己的完整、正面和充实的主权形象的过程。

我这里提出的问题是，19世纪的国际法文本，如何构想了一个未来的、有待实现的现代世界秩序？法律文本如何与（尚未实现的）真实互动？1836年出版的亨利·惠顿（Henry Wheaton）的《国际法原理》（*Elements of International Law*），即《万国公法》，可以说是在这个过程中起到了划时代的作用。惠顿的这部国际法著作，是当时在全球流传最广和影响最深的若干个国际法文本之一。同期出现的几大语种的翻译,似乎也印证了内在于惠顿这部著作中的普遍性诉求——1848年法译本出版后,紧接着在墨西哥出版了西班牙文译本,后来,又有意大利文译本于1860年出版(法文本包括惠顿本人去世前所作的修改和增补)。丁韪良的中译本则是出现在意大利文第一版之后的四年,以及达纳(Richard Henry Dana)1866年的标准英文版之前两年。

《万国公法》的出版正逢其时,这本书极大地影响了日本与欧美列强的关系,从而也改变了东亚后来的历史进程。这一切都是如何发生的? 1860年英法联军入侵北京之后,总理衙门和外国领事馆区相继建立,接着就是1864年惠顿的《万国公法》中文版的出版,以及其他国际法著作的翻译出版。这些非同小可的译事,尤其是惠顿的著作,通常被认为是中国在国际外交史上翻开了新的一章。[1]可以说,"主权"成为sovereign right的虚拟对等词,"权利"成为right的虚拟对等词等等,这些政治理论概念首次进入汉语,都是通过《万国公法》才实现的。由于大量的翻译活动,很多新词和衍指符号出现在了《万国公法》中,它们第一次在两个不同的语言和知识传统,以及两种截然不同的政治话语之间,建立起初步的虚拟对等关系,构成起码的可译性。同时,这些新的衍指符号,又对国际法本身的交互性逻辑(logic of reciprocity),以及国际法在全球范围流通的途径和手段,提出了根本性的理论问题。此外,日本以及中国台湾和朝鲜未来的命运,也在这里埋下伏笔,因为早在1865年,《万国公法》就传到了日本。在日本,《万国公法》以及1876年的日文译本,掀起了一场诠释和讨论"万国公法"(日语发音:bankoku kōhō)的热潮,这最终对于日本帝

---

[1] 参见徐中约(Immanuel C. Y. Hsu), *China's Entrance into the Family of Nations: The Diplomatic Phase, 1858–1880*。徐中约在这本书里的研究虽然材料丰富,但处处显露出费正清有关中英贸易和外交观念论述的影响,这是因为费正清的观念长期支配着东亚国际关系领域的研究。参见费正清, *Trade and Diplomacy on the China Coast: The Opening of the Treaty Ports, 1842–1854* (Cambridge, Mass.: Harvard University Press, 1953);以及费正清编, *The Chinese World Order: Traditional Chinese Foreign Relations* (Cambridge, Mass.: Harvard University Press, 1964)。

国主义的兴起、对中日未来的关系，以及对日韩未来的关系都产生了直接和重大的影响。[1]

互译性：殖民主义史学的盲区

翻译的文本以及它在外交实践中如何被应用，这两者之间的关系往往不是不言自明的。我们不能上来就假设文本与实践之间，存在着某种直接或间接的关系。为此，我们必须首先考察的是，翻译文本是如何在两种语言的话语系统之间产生意义的，这个意义，可能是殚精竭虑的产物，也可能是无意间产生的附带效果。这是因为，无论国际法的翻译，还是其运用，都不可能脱离外交谈判的复杂过程中必然伴随的跨语际诠释。1863 年，美国传教士 W. A. P. Martin（中文名丁韪良，字冠西）及其合作者着手一个雄心勃勃的翻译计划，试图把英文的国际法著作翻译成中国的文言文。这时他们首先面对的困难，就是在两个语言中很难找到对应词。如果我们考虑到，英语和汉语，在此之前几乎没有什么全面的接触，现在，却破天荒第一次要尝试着使用对方的政治话语来建立理论语言，这种情景为我们在历史中观察意义的生成，提供了一个难得的机会。

可译性，对国际法的翻译来说永远是个大问题。如果说语词意义之间的对应关系本身，就是一个有待研究的历史现象，那么，想当然地以为不同语词意义之间存在着理想的对应关系，并且以这样的假定作为研究的前提，那肯定是劳而无功。本书理论的出发点，恰恰不是传统翻译理论中的那种假设，即认为语词本身就具有自足、完整的意义。对我来说，可译性意味着截然不同的东西，它指的是不同语言之

---

[1] 参见 Alexis Dudden, "Japan's Engagement with International Terms," 参见 Lydia Liu, ed., *Tokens of Exchange* (Durham, NC.: Duke University Press, 1999), 页 165—191。另参见 Alexis Dudden, "International Terms: Japan's Engagement With Colonial Control" (Ph. D. Dissertation, University of Chicago, 1998); 及 John Peter Stern, *The Japanese Interpretation of the "Law of Nations," 1854 – 1874* (Princeton: Princeton University Press, 1979)。

间虚拟的对等关系（hypothetical equivalences between languages）以及这种虚拟对等关系的历史建构过程。在一开始，这些对等关系，也许不过是临时抱佛脚式的现炒现卖，之后由于通过反复使用，被或多或少地固定下来，或者，被后代人所认为的更恰当的某种假定的对等关系取而代之。我在《跨语际实践》一书中已经说明，人们的翻译活动，并不是在对等的词语之间进行，而是在主方语言和客方语言之间的中间地带，创造出来的对等关系的喻说。这个充斥了新语词想象的、由虚拟对等关系所形成的中间地带，往往就是人们所说的历史变化的一个基础。[1]

那么，在这样一个历史建构过程里，意义又如何被发明出来？被发明以后，如何取得合法化？如何被颠覆或悬置起来？如何投入实践呢？我认为，即使在我们研究一个文本如何卷入一个更大的外交事件的时候，上述提问也能够提示一种更富有成果的方式，帮助我们了解国际法在19世纪中国的翻译活动。这比直接阐述文本及其在外交实践中的运用要好得多。这样做，则不论是文本，还是实践，都必须接受同样严格的质疑，也就是说，欧美国际法文本的中文翻译，不再仅仅是一个文本事件，也不再是纯粹的外交事件。这件事还有第三个方面，我们可以尝试把它称为一个认识论事件。这个认识论的事件，与文本事件和外交事件交织在一起，构成了一个三重事件。正是在这个三重事件的意义上，国际法的翻译才具有本章所赋予的那种重要性。我还要顺便补充一句，所谓全球性（以及后来的民族性）、东亚意识，恰恰就是在这个三重事件的历史格局之中产生的。

有关中国和东亚如何在现代历史发展中步入世界民族之林的历史记载，充满了奇闻轶事。其中一个故事，可以说颇具一种传奇色彩，这就是1793年的马戛尔尼使华。据说，这一事件是对中华文明的优越性及其在东亚的统治地位，提出的第一次严肃的挑战。在欧洲人眼里，马戛尔尼使华这一事件，暴露了清廷对外部世界惊人的无知，因为乾

---

[1] Lydia H. Liu, *Translingual Practice: Literature, National Culture, and Translated Modernity* (Stanford: Stanford University Press, 1995), 页40。

隆皇帝把马戛尔尼视为来自英格兰的朝贡者,还企图让他行叩头礼,另外,由于乾隆皇帝直截了当地拒绝了英国与中国建立广泛的贸易关系的要求,马戛尔尼的使命以失败告终。在何伟亚出版其批判性著作《怀柔远人》之前,这个有确凿文献依据的中英外交传奇,基本上为中外大多数历史学家讲述19世纪和20世纪中西关系的故事,定下了调子。[1]

不仅如此,马戛尔尼使华的传奇故事,还标志着中西关系研究中的"殖民主义史学",在西方学术界以及某些中国历史学家著述中得以落地生根的开端。这种由双方共享的历史观的中心论点是:中国在19世纪没落的原因,是因为它在对待外部世界这个问题上,顽固地坚持传统的华夏中心主义的思维方式,拒绝与世界上的其他地区进行自由贸易。于是,华夏中心主义的叙事就成为不证自明的心理现实,用它来囊括中国人的文化心态似乎很方便,因此就没有必要对这一自我解释的心理学机制,展开进一步的分析。

研究国际关系的史学家不厌其烦地告诉我们,中国在处理19世纪外交事务时犯了很严重的过失,而这些过失曾"招来"西方列强的报复和惩罚。如前所述,这些解释总是求助于华夏中心主义的故事。外交史叙事不厌其烦地告诉我们,满人和中国人死死抱住古代的朝贡制度不放,所以无力应付现代欧洲外交的挑战。清政府拒绝英国的通商要求这件事,顺理成章地被视为一种传统主义对进步的回应。[2]然而,如前所述,中国人对西方帝国主义的抵抗,没有必要一定在"传统的"框架里去理解才是有意义的,就像"不平等条约"也不是传统的东西一样。许多时候,满清王朝和中国政府在当时临时拼凑和运用的种种存活策略,其目的本在于遏制西方列强的侵略,可是,这些措施往往被说成是对社会变化的传统式的保守反应。实际上,清王朝对帝国主义的全球扩张和侵略进行如此面对面的、日复一日的斗争,这

---

[1] James Hevia, *Cherishing Men from Afar*, Duke University Press, Durham and London, 1995.
[2] 有关国族历史的线性时间问题,史学家杜赞奇的批评非常有价值。参见 Prasenjit Duara, *Rescuing History from the Nation* (Chicago: Chicago University Press, 1996)。

在当时完全是一件新鲜事。[1]

把对侵略的抵抗说成是"传统"作祟,这在殖民主义史学的国际关系研究中,始终处于核心地位,并且,它绝不仅仅限于中西关系。在我看来,殖民主义史学,即使按照它自身的学科标准,也表现得不尊重历史,因为,它拒绝在"传统与现代"、"落后与进步"、"特殊性与普遍性"等等这些先定的概念模式之外,去了解那种面对面和日复一日的抵抗,到底有什么意义。当然,这么说并不是要刻意贬低殖民主义史学的重要作用。对于大英帝国以及整个西方的帝国主义秩序的建立来说,殖民主义史学不但有着特殊的功用,而且是必不可少的,因为,正是它赋予了欧美国际法和现代外交实践以普遍的有效性,同时把所有其他的价值,都贬为特殊性的,无关宏旨的,只不过是代表着特定文化的特定的事物。在这个意义上来说,西方帝国主义历史的限度,必然是由殖民主义史学的叙事来设定和永久化的。

必须承认,马克思主义史学家始终在强调,抵抗殖民主义和抵抗帝国主义的行动本身,具有根本的重要性。因此,在如何处理殖民者和被殖民者之间的暴力冲突方面,这些学者曾做过大量有价值的考察。但是,在解释中国是如何进入现代国际共同体的历史过程时,马克思主义的历史研究方法,主要是坚持进步主义的,[2]而进步主义的问题在于:首先,就普遍历史和国际关系而言,它不可能从根本上质疑殖民主义史学,例如国际法是如何将自身普遍化,以及反过来,它又如何使人们不得不对世界历史和国际法本身进行普遍主义解读。其次,在解释历史现实的时候,传统马克思主义历史学家所使用的一些治学方法,即对史料的假设以及分析原始材料的方法,跟殖民主义史学的区别可以说微乎其微。

历史研究离不开证据,但就以证据问题而论,史家通常认为只有

---

[1] 史学家卫周安(Joanna Waley-Cohen)重新检讨了所谓中国拒绝西方科学和技术的神话,详见 Joanna Waley-Cohen, "China and Western Technology in the Late Eighteenth Century", *American Historical Review*, 98.5 (December 1993), 1525—1544.
[2] 参见胡绳,《从鸦片战争到五四运动》,2卷本,北京:人民出版社,1981。

在涉及文字所指对象（帝国主义或国家主权）的时候，证据才取得知识上的有效性。问题是，当史学家若在处理证据时不巧碰到了"翻译"问题的时候，他们对待它的方式，要么是干脆不予考虑，要么就把"翻译"归为次要的问题。为此，很多史学家在建构文字证据时依靠的这种简单粗糙的方法，经常导致一个后果，即对原始文献（不管是汉语、英语、日语、法语或任何其他语言）总是按其表面意思进行解读，文献怎么说，就怎么解释。如此，当涉及外交问题的时候，就有可能对有关的外交交涉得出错误的结论，并给人以这些事都是以透明的交流方式进行的错误印象。[1]

在第二章中，我们已经看到，《天津条约》第50款规定，若在英中双语的官方文件之间出现任何歧义，英文原件才是最终的判断依据。但是，我们必须认识到，照会往来不一定是双语的，因为在中英两个政府之间传递的照会原件，都是中文文件和中文译文，而英国政府官员看到的，却是英文的文件。因此，对研究者来说，这里就出现一个问题：我们如果仅仅依靠英文的原始档案对当时发生的事情作判断，那会出现很大的差错。1834年，卢坤在处理律劳卑事件的时候，曾经派了几位政府官员和翻译人员拜访这位英国派来的驻华商务总监，但是，律劳卑拒绝通过清朝政府提供的翻译人员与这几位官员打交道，理由是清政府的翻译人员英语能力不行。卢坤在道光十四年八月十八日上了一道奏折，奏明律劳卑拒绝使用政府派来的"通事"（即翻译人员）的原委，不久以后，差不多同一内容的英译文就出现在《中国丛报》上。卢坤的奏折原文是："因该夷目令通晓汉语之夷人传话，恐传告有不宴，饬令带同通事前往，该夷目又不肯令通事转传言语，委员等无从晓谕。"[2]（一个多星期以后，1843年10月号的《中国丛报》将此文字做了如下翻译："Still apprehending that their words might not be truly delivered, I commanded them to take with them linguists, and

---

[1] 一个学者有能力利用外语资料，并不等于翻译的问题就一定能进入他的学术视野，从而对影响这些资料的翻译过程有所把握。

[2] 佐佐木正哉编，《鸦片战争前中英交涉文书》（东京：巖南堂书店，1967），页15。

proceed thither. When the flowery and barbarians have oral intercourse, linguistics interpret what is said. Throughout the empire it is in all cases thus. Yet neither would the said barbarian *eye* employ the linguists to interpret for him, so that the deputed officers could not say everything."[1] 中英早期交往时出现的冲突，极易落入这种翻译政治的陷阱，英国人拒不接受清朝政府派来的"通事"，尤其会给学者分析和处理文字材料造成多重困难。史学家黄宇和说得很清楚：

> 英国政府总是按照英文的原件和英文的译本行事的，但在中国这边，政府官员既无英文原件，又无英文译本，他们了解的只是自己的中文照会的原件，还有英国人翻译和传递的英文照会中译本。也就是说，中英外交官之间进行信息传导的媒介是中文原件和中译本。所以，那些只依靠英文原件和英文译本作为其证据基础的西方学者，恐怕就得重新考虑他们做出的结论。[2]

翻译在本章里之所以占据如此中心的位置，正是因为，国际关系本身，就是在这种跨文化和跨语言的话语政治中形成的。

丁韪良：集翻译家和外交官于一身的传教士

惠顿的国际法著作在1836年面世后，经历了一次又一次的再生产，在不长的时间内，就开始以不同语种和不同版本的多种面貌出现。文本与文本之间所以出现这种循环形态，源自于外交行为本

---

[1]《中国丛报》(*Chinese Repository*)，1834年10月，第3卷第6号，页287。
[2] 参见黄宇和（J. Y. Wong），*Anglo-Chinese Relations 1839–1860: A Calendar of Chinese Documents in the British Foreign Office Records*（New York: Oxford University Press/The British Academy, 1983），页7—8。林则徐可能算唯一的例外，他组织了自己的翻译班子，但是这个班子在他被流放的1840年10月以后即解散。我认为，有必要对第一次鸦片战争前后的中英文献进行系统的对比研究，一定会对我们深入了解情况有新的启发。伦敦的英国国家档案馆藏有1839年和1860年之间英方缴获的各届两广总督的书信文件及照会，编号为 F. O. 682。英国外交部的有关英文文献在英国国家档案馆的编号是 F. O. 17。

身——外交活动离不开语言，所有交往都经常是在语言和语言之间展开。

惠顿的国际法的这种状况，与其说是表明了这部国际法著作的某种内在价值，倒不如说，更重要的是，认真研究这一状况能够帮助我们思考普遍主义的历史建构问题。在这里，国际法的翻译为我们提出了一个重要的研究角度，让我们重新审视通常在哲学层面上进行的有关普遍性与特殊性的论说，并且，把它放在过去几个世纪以来全球化的历史语境之中去考察，让我们看一看，所谓全球性的普遍价值是如何生成的。就此而言，我认为，离开了对文化翻译的思考，离开了对翻译过程中意义是如何生成这类问题的思考，我们几乎无法把握普世价值究竟是怎样落地生根的。在这个过程中，处于中心地位的是翻译家，而且，不论是在字面意义上还是比喻意义上，翻译家同时还扮演着"外交官"的角色。我在本书中提到的很多人物，都是以此种方式进入或参与创造历史的，例如威妥玛、郭实腊、丁韪良，以及下面两章中我会谈到的马建中和辜鸿铭。

翻译家同时又是"外交官"，这在另一个意义上也很有启发性，因为在此种情形里，译文与原文的关系并不是一次性的，它们之间的交往互动，是沿着许多方向展开的，而且译文的存在，还往往会导致作者一再改写原文。这是由于，作者和编辑在这个过程中常常会把许多案例和国际争端的解决增补到原文之中，因而，欧美国际法著作的"原文"，在第一版之后的各个版本中，不仅篇幅都有所增加，而且其变更往往涉及更长的时段。一个像威尔逊这样的编辑，会引证外文翻译以证明惠顿著作的普遍价值（不仅仅是可适用性），这是一种相当典型的现象。它意味着晚出并经过修订的版本与原版一样，都是国际法在过去二百年里得到全球化和普遍化过程的有意义的见证。

我要强调指出，国际法著作的原文修订版和外文翻译，都处于同一个生产与流通的全球空间之中，它们理所当然地应当共同成为历史研究的对象。为此，对于研究者来说，至关重要的，是始终保持一种双重视野。一方面，我们必须认真地探索和分析19世纪的中国在接触国际法的时候，它所面临的国内外复杂形势；另一方面，在研究这样的接触过程时，还应当考虑其文本生产的复杂性：由于在欧美这些诞生地，有修订版的再发行并且进入流通，这使得不但原初文本和修订版，还有各个版本之间，都产生了意味深长的关系。有了这种双重视野，我们就可以更好地解释，在现代国际关系中，由跨语际翻译而获得的种种知识，是如何被编织并进入全球流通网络的，还有，它本身又如何由这个网络而得到解释的。如此，我认为普遍性与特殊性的整体问题构架，就获得了一种新的意义。

1864年，惠顿的国际法著作的翻译，由恭亲王从刚成立不久的总理衙门拨银五百两，交付崇实印书馆刊行。[1]这部题为《万国公法》（图7）的译著，主要是美国传教士丁韪良与几位中国学者共同完成的，当时丁韪良是恭亲王任命的京师同文馆总教习。[2]除了《万国公法》之外，丁韪良在中国同事的协助下，还翻译和出版了下述著作：吴尔玺（Theodore Dwight Woolsey）的《公法便览》，由拉迪的法文本转译的布伦（Johann Kaspar Bluntschli）的《公法会通》，以及堂氏（William Edward Hall）的《公法新编》。此外，丁韪良还翻译过几本外交手册之类的书，如《星轺指掌》等。

---

[1] 总理各国事务衙门，简称"总理衙门"，成立于1861年。参见坂野正高，*China and the West*, *1858–1861*: *The Origins of the Tsungli Yamen*（Cambridge：Harvard University Press，1964）。

[2] 京师同文馆是继总理衙门成立后出现的新机构，是清朝政府官办的外语学校，它和大清皇家海关总税务司一样同属总理衙门管辖。同文馆建于1862年，主要培养对外翻译人才，由外籍教师任教，课程后来扩大到格致等内容。第一任的英文教习是英国传教士，名叫包尔腾（John Burdon）。此人后来任香港区圣公会维多利亚主教。接替包尔腾的英文教习是傅兰雅（John Fryer），后来去了上海，参加江南制造局翻译馆的工作，主持科技书籍的翻译，稍后创办格致书院。傅兰雅辞退京师同文馆的教习职位后，由于美国驻华公使蒲安臣（Anson Burlingame）和英国外交官威妥玛（Thomas Wade）两人向恭亲王的大力推荐，丁韪良遂接任此位。参见丁韪良，*A Cycle of Cathay*：*Or*，*China*，*South and North*（New York：Fleming H. Revel，1900），页296。京师同文馆的经费来源是海关总税务司。赫德（Robert Hart）被任命为海关总税务司以后，给同文馆和总理衙门提供了经费支持，赫德还是恭亲王的政治顾问。

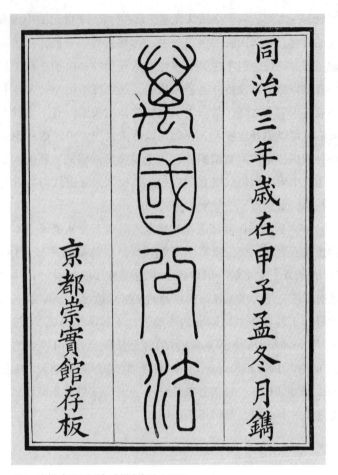

图7　惠顿《万国公法》中译本扉页（1864）。

丁韪良在这个故事里扮演了传教士、翻译家和外交官的三重角色，这事绝非偶然。就像他那个时代其他的基督教传教士一样，丁韪良为他从事的世俗翻译事业提出了一个"更高的"目的，即所谓基督教的道德真理，这给我在前文所说的那三重意义的翻译事件，赋予了基督教的福音色彩。丁韪良是来自美国印第安纳州的长老会传教士，由全美长老会对外传教委员会（Foreign Mission Board）派往中国。他和妻子于1849年11月23日离开费城，于1850年4月10日抵达香港。[1]丁韪良传教事业的第一个十年是在宁波度过的，在这一段时间里，他间或为美国政府的外交交涉充当翻译。早在为满清政府承担翻译国际法的任务之前，他就已经在1858年《天津条约》谈判期间，被美国公使列卫廉（William B. Reed）聘为翻译官。及至下一个美国公使华若翰（John E. Wade）走马上任，丁韪良再次受聘，并在英法联军与满清政府就大沽口军事冲突的外交谈判中担任翻译。丁韪良在美国外交使团中的这些经历，促使他在1860年后对国际法产生兴趣，而且没过几年，他又在自己的传教事业和世俗翻译事业之间找到了一种有意义的联系。

1807年以后，继马礼逊（Robert Morrison）的足迹来到中国的新教传教士，采取了一种典型的劝人皈依基督教的办法，这让人想起17世纪耶稣会传教士们所曾经发现的非常实用的策略。[2]这些传教士非

---

[1] Ralph Covell, *W. A. P. Martin: Pioneer of Progress in China*（Washington, D. C.: Christian University Press, 1978），页27。

[2] 新教的传教士初来中国的时候，主要是在社会的底层活动。这一点和当年耶稣会士的做法很不相同，耶稣会士接触的是士绅阶层，最后得到宫廷的赏识。韩南的研究指出，罗伯聃（Robert Thom, 1807—1846）1830年代在广州学习中文，他当时就抱怨，自己的处境比17世纪的耶稣会士差得多。罗伯聃说："我们周围根本没有文人，一点不像耶稣会士当年那样。我们没有办法像他们那样进入文人的知识宝库，我们也不像他们那样得到世人的尊敬，起码耶稣会士有一段时间受到宫廷的青睐。唉，可不是吗！我们认识的华人都是一些行商，翻译，买办，苦力，都是一些跟学问没有缘分的人。即便他们愿意，即便他们胆敢在学问上给我们进行指导，他们其实也做不到。这些人一面赚我们的钱，一面痛恨我们，还蔑视我们。这，差不多就是每个把脚踏上中国的外国人的境遇。我自己在五年期间，只有三次机会（而且纯属偶然）跟可被称作文人的人谈话。"参见韩南（Patrick Hanan），"Chinese Christian Literature: The Writing Process," in *Treasures of the Yenching: Seventy-fifth Anniversary of the Harvard-Yenching Library*, ed. Patrick Hanan (Cambridge, Mass.: Harvard-Yenching Library, Harvard University, 2003)，页270。

常清楚,满清政府的官员对基督教神学毫无兴趣,于是他们采用迂回曲折的方式,用中国精英感兴趣的或者已有的中国世俗知识,来包装其宗教教义。丁韪良阅读过大量的明朝时期的耶稣会士的著作,对利玛窦的作为尤为敬佩。[1] 他特别喜欢把自己想象成为新教的利玛窦,并以利玛窦做榜样鼓舞自己从事国际法的翻译工作。这使丁韪良成为19世纪最成功的传教士之一。他的译作,不仅把过去和他自己时代的基督福音的传播联系起来,而且还提出了一些新的问题,即基督教的传教士在现代世界的世俗化和全球化过程里,应该扮演什么样的角色?

在1863年10月1日写给他的朋友,宁波的一位长老会传教士娄理华(Walter Lowrie)的信里,丁韪良似乎是第一次提到他翻译国际法:"我从事这项工作,并没有得到任何人的指示,但是我毫不怀疑它可以让这个无神论的政府承认上帝及其永恒正义,也许还可以向他们传授一些带有基督教精神的东西。"[2] 这些话,听上去似乎全是实话,但它们远远不是故事的全部。丁韪良的传记作者考威尔(Ralph Covell)就倾向于认为,即使是在这个刚刚开始的阶段,事情也不是由丁韪良自己一个人做主的。[3] 在一本许多年以后发表的名为《花甲忆记》(A Cycle of Cathay)的回忆录里,丁韪良对他当时翻译工作的环境,做了一个较为详尽的说明,其中提到他如何放弃了原先打算的翻译万忒尔(Vattel)的计划,改为翻译惠顿的著作。这一切发生于1862年,也就是他携带妻子和孩子回美国休假后再返回中国的时候。从美国回来以后,他被派往北京进行传教,但由于在上海负责教会出版物工作的同事克陛存(William Culbertson)去世,他临时留在了上海。丁韪良在一封信中说,"我把自己的一部分时间用于翻译惠顿的《国际法原理》,这部著作将会对两个国家以及我自己的生活道路产生一定

---

[1] Ralph Covell, *W. A. P. Martin*: *Pioneer of Progress in China*, 页114。

[2] 参见美国长老会海外传道会档案(*Chinese Letters of the Board of Foreign Missions of the Presbyterian Church in the United States of America*), VII, Peking, Martin to Board, #44, October 1, 1863。

[3] 考威尔在 *W. A. P. Martin*: *Pioneer of Progress in China* 一书中引用了这封信(页146),但他没有提到美国公使华若翰从一开始就插手此事。

的影响。我早就注意到中国缺少这样的著作，我原拟翻译万忒尔的著作，但是华若翰先生向我推荐惠顿的著作，因为它更加现代而且具有同样的权威。"[1]

华若翰的及时干预意义重大。丁韪良在大沽口危机期间曾亲眼目睹中国和英法联军的军事冲突，其时他正作为翻译官为华若翰效力。因此，华若翰的意见对于他的这位前翻译官之所以重要，是因为它代表了美国政府的官方观点。丁韪良曾对惠顿的《国际法原理》有"更加现代而且具有同样的权威"这样的评价，但是，还有另外一个理由，他没有明白说出来，那就是惠顿本人是美国法学家和美国的外交官，惠顿也从不掩饰自己的著作与美国的国家利益之间的关系。早在1855年，美国国务院就给驻华公使寄了一本惠顿的著作，可惜被寄丢了。于是列卫廉（第一个聘丁韪良为译员的美国公使）在1857年用公款另购了一本。[2]

在《万国公法》序言里，丁韪良没有提及，而且也不可能提及这些有意义的细节。对于这些细节，他只是偶尔在其他地方提到或者干脆闭口不谈。例如，他为本书写的序言，就成功地抹去了美国官方政策对于他选择文本方面的影响：

> 关于作者的选择，我问心无愧。最初，我倾向于翻译万忒尔；但是经过反复思考，我觉得那本书有点过时了，把它介绍给中国人，有点像是教他们托勒密天动说体系一样。惠顿的著作不仅吸收了最新的科学成果，而且被公认为一部全面公正的著作，因此风行于整个欧洲。尤其是在英国，这本书是外交官考试的教科书。[3]

---

[1] Martin, *A Cycle of Cathay*, 页221—222。
[2] 列卫廉是在1857年12月31日给美国国务卿路易斯·卡斯的一封通信中提到这个细节，此信是从澳门发出的。原文如下："我们又购买了一本惠顿的国际法著作，以替代国务院1855年寄丢了的那一本。"见 *Diplomatic Despatches, China Despatches*, 美国国家档案馆（NARA），卷15，Reed to Cass, Dec. 31, 1857。
[3] 丁韪良，《万国公法》，北京，1864，译者序（英文），页3。

这段引文紧接在丁韪良对赫德的赞美之后。丁韪良夸奖赫德能够克服自己的国家立场,欣赏"一部美国版的美国教科书"。这可能会让知情人不以为然,因为,惠顿的著作既然与赫德态度相似,又代表美国人对国际法进行的诠释,那么译者恐怕就有义务对这一选择进行解释。十三年后,丁韪良翻译出版了吴尔玺的《公法便览》,这是又一部美国人写的国际法。但丁韪良这次意识到,有必要在"褊狭的爱国主义"这种指责面前为自己进行辩护。[1]此后,丁韪良选择翻译步伦、堂氏以及其他人的著作的时候,都声言他是尽量地在不同国家利益之间寻找平衡。例如,在出版堂氏的《公法新编》时,丁韪良就申明,他所以引进这位英国的国际法权威,是为了"全面介绍重要的国际法著作"。[2]丁韪良这里所说的"全面"是不是真的很全面,姑且不论,原作者的国籍无论如何对国际法自封的公正无私性投下一道可疑的阴影。这个事实同时表明,在更广泛的意义上,国际法的"作者身份"在这里显得相当关键,因为西方列强争夺的焦点之一,就是谁的国家更有资格代表普世价值。

让我们再次回到华若翰介入之前丁韪良曾经打算翻译的万忒尔。在鸦片战争时期,中国人对万忒尔的《万民法》(The Law of Nations)并非一无所知。早在1839年林则徐在广州禁烟时,他就曾请美国传教士兼医生伯驾(Peter Parker, 1804—1888)翻译万忒尔著作的三个段落。在1839年的《眼科医院记录第十册》中,伯驾曾把对林则徐的一次拜访记述如下:"病例第6565号,疝气。林则徐,钦差大臣……他最初到这里来并不是为了治病,而是要求翻译万忒尔《万民法》中的几段文字,这本书是商会会长送给他的;内容涉及战争及其敌对措施,如封锁、禁运,等等;它们是用中国毛笔写的。"[3]伯驾的译文后来收入魏源《海国图志》第83卷(作者的名字音译为滑达尔)和一部

---

[1] 丁韪良,《公法便览》,北京,1878,译者序(英文),页2。
[2] 丁韪良,《公法新编》,上海,1903,译者序(英文)。
[3] 参见《中国丛报》(Chinese Repository), 8, 634 (1840);转引自徐中约(Hsu), China's Entrance into the Family of Nations,页123。

名为《各国律例》的书里。[1]徐中约（Immanuel Hsu）正确地指出，伯驾的翻译，是对万忒尔清晰明确的原文的牵强附会，是略述大意，再随意加上自己的评论。[2]

不难想象，林则徐几乎无法理解伯驾的翻译，只好请中国翻译袁德辉帮忙。袁德辉曾经在槟榔屿的天主教学校里学习拉丁文，是米怜（William Milne）在马六甲开设的英华书院的学生。在前一章里，我曾提到袁德辉是清政府四夷馆的翻译，他在1838年被派到广州采购外国书籍，临时随林则徐办差。据说是袁德辉"眼看与英国交恶迫在眉睫，遂建议林则徐留意万忒尔的权威著作"。[3]

林则徐让伯驾翻译的有段文字，是这样的："各国有禁止外国货物，不准进口的道理。贸易之人，有违禁货物，格于例禁，不能进口，心怀怨恨，何异人类背却本分。"[4]尽管伯驾的译文，对原文的传达似乎言不及义，林则徐还是对万忒尔的国际法学说有了一定的理解。他于1839年宣布鸦片是违禁物品并命令销毁鸦片，应该说与此事有很大关系。在致维多利亚女王信中，林则徐义正词严地要求英国停止鸦片贸易，他写道，"闻该国禁食鸦片甚严，是固明知鸦片之为害也。既不使为害于该国，则他国尚不可移害，况中国乎！……弼教明刑，古今通义，譬如别国人到英国贸易，尚须遵英国法度，况天朝乎！"[5]在这些交涉中，林则徐对于国际法的运用完全是策略性的，因为他让伯驾和袁德辉为他翻译的万忒尔著作的段落，仅仅涉及国家间的战争以及实施禁运、封锁等敌对措施。

换言之，林则徐并没有把国际法视为普世价值，而是把国际法

---

[1]《海国图志》1844年初版为50卷，1849年第二版为60卷，1852年第三版为100卷。

[2] 徐中约在其著作的第123—124页对原文和译文作了比较分析。

[3] 见Chang Hsi-tung, "The Earliest Phase of the Introduction of Western Political Science into China（1820 - 1852），" *The Yenching Journal of Social Studies*, 5.1：13（July 1950），页14。我在第五章里，对袁德辉和林则徐的翻译班子的其他成员有更细致的讨论。

[4] Emer de Vattel, *The Laws of Nations*（New York, 1796），页97。中译文见魏源，《海国图志》卷八十三。

[5] 林则徐，《林则徐集·公牍》，中华书局，1963，页126—127。

当作一种能够以理服人的权宜之计来使用,这个权宜之计使他能够用一种他认为英国人能够理解的语言,来指明鸦片贸易的危害。林则徐似乎是把国际法当作"成文法"来使用的,这同二十年后丁韪良的观点,仅在表面上有些相似之处。丁韪良表示他翻译国际法的目的,在于让一个无神论政府承认上帝,并且授予它某些带有基督教精神的东西。丁韪良对其世俗译著和宗教事业持有一个整体的观点,因而由他经手翻译的国际法著作也必须有完整性。林则徐则不同,他并不在意文本的统一性及其整体性价值。在1839年整个禁烟过程中,林则徐用国际法的语言宣布鸦片是"违禁品"(contraband),并强令没收和销毁鸦片的时候,他的说理方式,是在所谓的中国式说理方式被西方人漠视和拒绝时,所采用的策略反应。[1]

只有在无论中国的说理方式,还是西方的说理方式,都不能奏效的情况下,林则徐才诉诸了武力。当他下令摧毁广州的鸦片船时,他坚信自己的行为即使按照西方国际法的标准来衡量,也具有道德和法律的正当性。然而,鸦片战争遵循的是另一套截然不同的逻辑,一种本应使国际法成为笑柄,而结果却适得其反的逻辑:英国向中国宣战,要求清政府赔偿因林则徐没收和销毁英国臣民的商品所造成的损失。故事的其余部分,早已家喻户晓:香港成为英国殖民地以及五口通商等等。清朝政府付出巨额赔偿,林则徐本人也为战争的结果付出严重的代价。历史的反讽是:中国之进入世界民族大家庭,与英国在鸦片战争期间违反国际法有着逻辑的联系。单单是这种联系,就让我们有足够的理由,把丁韪良翻译的国际法放在一个比较长远的历史视野中来考察。

---

[1] 具有反讽意味的是,最大的鸦片贸易商怡和洋行(Jardine and Matheson,旧名"渣甸洋行")引证万忒尔为其帝国主义贸易政策辩护。当时身为国会议员的马地臣在鸦片战争前夕引用万忒尔的理论,证明必须让傲慢的中国人及其政府遵循自由贸易的规则。他所谓的自由贸易是指"世上人人都应当追求他所需要的东西",如果必要的话不惜使用武力。参见马地臣(James Matheson), *The Present Position and Prospect of Our Trade with China* (London, 1836),页7—20。

《万国公法》翻译的前后过程

第一次鸦片战争二十年之后，当英国公使卜鲁斯（Frederick Bruce）得知丁韪良在翻译《万国公法》时，他对丁韪良的工作的看法，再一次显示出两个事件的紧密联系，即西方违反国际法和中国进入世界大家庭的同步性。卜鲁斯说："这件事很有意义，可以让中国人知道西方国家的人做事是有**道理**可循的，武力并不是他们的唯一法则。"[1]这位英国外交官的话，无非是无意中承认了这样一个事实：西方国家征服世界凭的是两手，一手是武器，一手是法律（道理）。如此，野蛮的军事实力就能借助于国际法的道义和法律权威，把征服世界变成为某种殖民教化工程（oeuvre civilitrice）。有了合法性话语，欧洲人在全球范围展开的所有杀戮和掠夺行为，就都变成了高尚的事业。

卜鲁斯所以对丁韪良的翻译计划大加赞赏，还有另一个原因：英国和其他西方列强在鸦片战争、亚罗战争和其他对华战争中，存在着各种违反国际法的行为，他们现在需要为此提出迟到的合法性依据。"迟到的"在这里至关重要，因为它显示出丁韪良的翻译工作的间接的意义（虽然不完全是有意为之）。以武力威逼满清政府签订了一个又一个不平等条约之后，英国和欧洲列强们现在需要总理衙门和清廷与他们合作，严格按照国际法去履行和实施条约的各个款项。[2]在这个意义上，国际法的翻译可以说既是迟到的，又是非常及时的。

1863年春，清廷与法国发生外交摩擦。军机大臣兼总理衙门大臣文祥，请求美国驻华公使蒲安臣（Anson Burlingame）推荐一部所有西

---

[1] 参见丁韪良，*A Cycle of Cathay*，页234。徐中约的著作中也引用了卜鲁斯的话，其来源是一篇发表得较晚的未署名文章，"The Life and Work of the Late Dr. W. A. P. Martin", *The Chinese Recorder*, 48.2, 119 (Feb. 1917). 我猜测这篇文章中的引文也来自丁韪良的回忆录。参见徐中约（Hsu），页137以及页239，注释29。

[2] 所有这些复杂的背景无法支持徐中约的观点，徐中约认为丁韪良从事此书的翻译仅是因为他"很同情中国人对国际法翻译的需要"。参见徐中约（Hsu），页126。

第四章　翻译《万国公法》

方国家都会承认的权威性国际法著作。和华若翰一样，蒲安臣也提到惠顿的《国际法原理》（即《万国公法》），并且许诺把这本书的某些部分翻译出来。后来，他在和美国驻华特命全权公使熙华德（George Seward）的通信中获悉丁韪良恰好正在从事这项工作，[1]于是蒲安臣不但鼓励丁韪良继续完成他的翻译，并且答应帮助他把译作呈交清廷官员。同年6月，丁韪良奉命北上，在天津与崇厚会晤，并谈到翻译惠顿一事，崇厚答应写信向文祥推荐其译作。[2]

1863年9月10日，蒲安臣正式把丁韪良引荐给总理衙门的四位大臣，其实他在1858年的条约谈判中就已经与这几位大臣相识了。[3]丁韪良随身带来了未完成的译稿，并请总理大臣过目。大臣们无不留下深刻的印象。文祥说，赫德在清政府的海关总税务司李泰国（Harotio N. Lay）手下担任助理的时候，曾替总理衙门翻译过其中的一个重要段落，据丁韪良的回忆，文祥又追问："这本书包括'二十四款'吗？""我国向外国派驻使节的时候，这将是我们的指导方针。"[4]这里所说的"二十四款"，是指《万国公法》第三部第一章，这一章的内容是专门论述外交使团的特权问题。[5]在回答提问过程中，丁韪良说他的翻译尚未完成，并请总理衙门委派干员协助他做最后的修改以

---

[1] 见 *Diplomatic Despatches*, *China Despatches*, 美国国家档案馆（NARA），卷21，Burlingame to William Seward, October 30, 1863；也可参见丁韪良《万国公法》译者序，页2。

[2] 丁韪良，*A Cycle of Cathay*, 页222。

[3] Covell, *W. A. P. Martin*, 页146。这里的日期是根据丁韪良"Peking News"，*New York Times*, 1864年1月8日。徐中约给出的日期是1863年9月11日，他的来源是丁韪良的"Journal of Removing to Peking," *Foreign Mission*, 22, 228 (Feb. 1864)。参见徐中约（Hsu），*China's Entrance into the Family of Nations*, 页128以及页238，注释28。对不同材料来源的解释，见考威尔（Covell），*W. A. P. Martin*, 页164，注释102。此外，参见美国长老会海外传道会档案（China Letters of the Board of Foreign Missions of the Presbyterian Church in the United States of America），VII, Peking, Martin to Board, #44, October 1, 1863, and #71, July 19, 1864。

[4] 丁韪良，*A Cycle of Cathay*, 页233。

[5] 同上，页233—234。还可参见徐中约，*China's Entrance into the Family of Nations*, 页237—238，注释16。关于赫德的翻译，参见"Note on Chinese Matters,"此文是作为Frederick W. Williams, *Anson Burlingame and the First Chinese Mission to Foreign Powers*一书的附录发表的（页285）。

便付梓出版。于是，恭亲王任命四位饱学之士（其中一人在翰林院供职）协助丁韪良，以尽快完成译事。[1]此外，丁韪良还得到五百两白银作为刊行的费用。翻译就在总理衙门进行，根据新任的海关总税务司赫德的建议，这本书是专供政府使用的。[2]

丁韪良把完成的译作献给了蒲安臣，以感谢他"为把国际法引进中国所作的卓越贡献"。[3]蒲安臣自己也这么看。他在1863年10月20日写给美国国务院的信中说："此事在中国是史无前例的，我怀着爱国者的自豪情绪把它的进展记录在案。"[4]其实，我们不妨把这句话视为丁韪良的内心表白。但并不是每个人都喜欢这件事。许多外交官，其中既有中国人也有外国人，对丁韪良的动机颇有疑虑。法国使馆代办哥士奇（Michel-Alexandre Kleczkowski），就把丁韪良看作是制造麻烦的人，他向蒲安臣抱怨："有人想让支那人窥探我们欧洲国际法的秘密，这人是谁？杀死他，绞死他；他会给我们带来无数的麻烦。"[5]同样，卫廉士表示担忧，把国际法引进中国，恐怕会刺激中国人达到西方的法律水准，从而找到废除"不平等条约"中某些条款的法律依据，譬如"治外法权"。卫廉士在1865年11月23日写给美国国务卿的信中，就明确指出：

> 支那国的官员和日本国的官员如果潜心研究这本书的话，就会做出他们的努力，把国际法的惯例和原则也适用于他们与外国的交涉中。这些官员就会逐步意识到，他们与西方国家签署的条约中，所谓治外法权的原则其实是篡改了西方和欧洲国家之间通行的惯例。他们会奇怪，西方人的目的为什么不在于把东方民族

---

[1] 四名中国官员是陈钦、李常华、方濬师和毛鸿图。
[2] 丁韪良初次抵达北京时，赫德恰巧离开，但他很快就从天津致信丁韪良，表示他对翻译惠顿著作的欣喜之情。参见丁韪良，*A Cycle of Cathay*，页234。
[3] 同上书，页235。
[4] 见 *Diplomatic Despatches*, *China Despatches*，美国国家档案馆（NARA），卷21，Burlingame to William Seward, 1863年10月30日。
[5] 同上书，页234。

提升到他们自己的水平，反而倒行逆施，非把治外法权强加于人，瓦解当地人民的生存方式。[1]

卫廉士的顾虑自然在理，不过当时也有中国人怀疑丁韪良的动机。他们不认为丁韪良对此事的热心出于公心，甚至怀疑他想学利玛窦以沽名钓誉。这种怀疑并非毫无根据，因为丁韪良在1863年9月10日拜见四位总理衙门大臣时，确实要求被授予官位。他后来在回忆录里写道："他们承诺在适当时机将委以重任，这要比虚衔更令人难忘。"[2]后来，丁韪良果然被朝廷授予三品官衔，1898年又被授予二品顶戴。其传记作者考威尔，对这一切有这样的评价："丁韪良对官方认可的热情日益增长。"[3]不过，在1863年时，只有恭亲王和文祥是丁韪良热情的支持者，这是因为，总理衙门在处理与西方列强的外交事务时，要用《万国公法》作为实用指南。这本书可以让他们熟悉西方各国的外交惯例——在1860年代危机之后，这些国家都在北京设立了外交使团，总理衙门渴望了解那些以国际法名义强加在他们头上的东西，如不平等条约、治外法权、最惠国待遇、关税检查、外交代表、战争与和平的权利、主权等等，它们究竟有什么法律基础。

不少满汉官员对丁韪良的译作疑虑重重，更有一些人表示了他们直言不讳的敌意。他们深深地怀疑其隐而不宣的意图，"就像特洛亚人之怀疑希腊人的礼物一样"。[4]针对这种忧虑，恭亲王在1864年8月30日的奏折中写道：

> 臣等因于各该国彼此互相非毁之际，乘间探访，知有《万国律例》一书。欲径向索取，并托翻译，又恐秘而不宣。适美国公使蒲安臣来言各国有将《大清律例》翻出洋字一书，并言外国有

---

[1] 见 *Diplomatic Despatches*, *China Despatches*, 美国国家档案馆（NARA），卷22，S. Wells Williams to William Seward, Nov. 23, 1865。

[2] 丁韪良, *A Cycle of Cathay*, 页234。

[3] 参见 Covell, *W. A. P. Martin*, 页164，注释104。

[4] Martin, *A Cycle of Cathay*, 页235。

通行律例，近日经文士丁韪良译出汉文，可以观览。旋于上年九月间，带同来见，呈出《万国律例》四本，声称此书凡属有约之国，皆宜寓目，遇有事件，亦可参酌援引。惟文义不甚通顺，求为改删，以便刊刻。臣等防其以书尝试，要求照行，即经告以中国自有体制，未便参阅外国之书。据丁韪良告称，大清律例，现经外国翻译，中国并未强外国以必行，岂有外国之书，转强中国以必行之礼？因而再三恳请。……臣等查该《外国律例》一书，衡以中国制度，原不尽合，但其中亦间有可采之处。即如本年布国在天津海口扣留丹国船只一事，臣等暗采该律例中之言，与之辩论。布国公使，即行认错，俯首无词，似亦一证。[1]

恭亲王对西方国际法持这样的态度，主要是其实际的用处，因此并不关心它是否是普遍真理。在天津发生的丹麦船只事件（其时俾斯麦正与丹麦开战），为总理衙门提供了一个有力的契机，去验证《万国公法》所列法律条款的有效性。普鲁士新任驻华公使李福斯（Guido von Rehfues）是于1864年来到中国的。当他发现大沽口有三艘丹麦商船，当即命令把它们作为战利品捕获。嗣后，总理衙门利用领海概念和中普条约中的有关条款，抗议普鲁士将欧洲争端带到中国来，为此恭亲王拒绝接见普鲁士新任使节，责怪他以此种方式开始他的任期。这事件最后被成功解决，李福斯释放了三艘丹麦船并赔偿1500英镑。[2]

恭亲王关于《万国公法》的奏折果然有了效用，于是丁韪良的手稿得到了朝廷的认可，并允许发布刊行。但是，除了中国利用国际法维护主权的一两个孤立的案例外，恭亲王的奏折对《万国公法》的赞许，是否还表达了一些其他的文化意蕴呢？这里值得注意的是，恭亲王在丁韪良本人的提示下，似乎认可了一个含糊其辞的对等逻辑（按照丁韪良的说法）：中国从不强迫外国实行中国法律，正如外国也不强

---

[1] 《筹办夷务始末》，同治朝，卷27，页25—26。
[2] 关于这个事件详尽的讨论，参见徐中约，*China's Entrance into the Family of Nations*，页132—133。又见《筹办夷务始末》，卷26，页29—38。

迫中国实行外国法律。但是丁韪良并没有清楚说明，这种想象的交互性是建立在什么样的基础之上。我们知道，马戛尔尼使华之后，当多马·斯当东（George Thomas Staunton）着手翻译《大清律例》的时候，完全不存在中国强迫西方采纳中国法律的问题。这位英国人不辞劳苦的目的，其实是为英国政府提供有关中国的有用情报。

　　但是，至19世纪中叶，到了丁韪良翻译国际法的时候，西方列强已经能够以国际法的名义，强迫满清政府接受他们的许多不合理的要求，签订了一个又一个不平等条约。所以，在《大清律例》和《万国公法》之间，本来就不存在那种想象的交互性，可以拿来支持丁韪良的文化相对主义观点。相反，我在下一节将要证明，丁韪良的普世主义规划用意于别处。当然，他孜孜不倦地从事翻译的事实本身也许可以证明，丁韪良真诚地相信在英语和汉语之间存在着交互性和公度性。但是，交互性和公度性，在任何意义上，都是两种语言直接碰撞后的产物，而不可能通过任何其他方式产生。这为交互性和公度性的概念开辟了一个诠释的空间，我们在这里可以充分把握丁韪良翻译的意义。

　　前面提到的法国使馆代办哥士奇，他对"我们欧洲国际法"的强调，不但点出了国际法的工具性一面，也从反面说明，国际法其时还不具备普世主义价值。另一方面，丁韪良的文化相对论，即使仅仅是个托词，毕竟还是让我们可以有以下的基本认识：当国际法在非西方国家提出普遍性诉求的时候，它究竟有多么大的效力？这还引发另一个问题：如果国际法的意义在晚清中国如此地不确定，在满人、汉人和西方人之间如此地你争我夺，而且他们当中谁也不那么肯定这本书对谁最有利，那么，我们应当如何解释和分析下述事实，即后来的历史进程确实给予了国际法以普遍的承认。

　　这是我在下一节里想要解答的。

普世性是如何建构起来的

　　开宗明义，《万国公法》以一张地图明确无误地告诉满清政府的官员,中国在最新的"科学的"世界地图上所处的位置和地位。(图8)这张地图,印有对半剖开的东西两半球,并按照音译的方法,用中文注明各个大陆和海洋的名称。这样的制图学表征在当时并不罕见。这幅世界地图,旨在让清朝政府和中国的士绅阶层对普世意义上的世界秩序和全球意识有所把握,从而让这个古老的文明加入世界民族大家庭。但是,如此传播普世知识,还意味着必须在文本层面克服本土语言的阻力。在19世纪中叶,这种阻力是相当强的,因为那时的英语和汉语之间,还没有出现足够的虚拟对等关系,一种语言的词汇在另一种语言里用什么词汇来表示,是一件颇费斟酌的事情。丁韪良第一次把他的译稿呈交恭亲王后,恭亲王的评价是:"检阅其书,大约俱论会盟战法诸事。其于启衅之间,彼此控制钳束,尤各有法。第字句拉杂,非面为讲解,不能明晰。正可借此如其所请。因派出臣衙门章京陈钦、李常华、方濬师、毛鸿图等四员,与之悉心商酌删润。但易其字,不改其意。半载以来,草稿已具。"[1]恭亲王最初的反应,意思似乎模棱两可。他意识到这是一本很有用的书,但文字不通,因此派以上大员给予协助。恭亲王的批评虽然是对遣词造句而发,我们却不能将其仅仅视为是针对文体。在相当大的程度上,它凸现的是英语和中文之间尚未建立足够的虚拟对等关系这个事实。

丁韪良在翻译中经常使用一些让中国人感到难以理解的新语词。这些词汇在当时显得非常晦涩,但时间久了,大家才习以为常,很多词语后来成为惯用法。这是因为在过去一个多世纪里,通过大量翻译欧美的著述,现代汉语已经发生巨大的变化,在此过程中,这些新造的术语也逐渐被汉语吸收消化了。这表明,语言和语言在最初接触时产生的一系列的可译性和互解性问题,其意义不一定在当时的历史语境中能够得以呈现,很可能要经过相当长一段时间,在后人的语言中才能获得一定的清晰度。历史上发生过很多类似的事件,其意义都很难简单地归结为当时的社会原因,也无法用当时的时间框架或当事人的生平来解释。

---

[1]《筹办夷务始末》,卷27,页26。

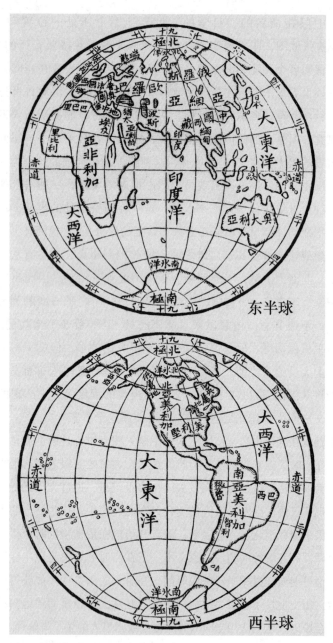

图8 《万国公法》中文初版中的世界地图。

譬如，现代中国政治话语的核心概念当中，有一个就可以追溯到丁韪良等人翻译《万国公法》时发明的新语词，这个概念就是"权利"（right）。此外，还有"主权"（sovereignty）以及其他 19 世纪的许多新语词。现在，"权利"已经不再让我们感到陌生，不再与中文格格不入了，因为它在过去的一个多世纪里，在中国（和日本）政治话语中被反复使用，已经被彻底地自然化。但是在 19 世纪中叶，这个新词还是十分陌生的，我们从翻译者自己的记述中可以窥见一斑。在《万国公法》发表 14 年以后，丁韪良仍然觉得有必要解释他们为什么要杜撰新词。1878 年吴尔玺的《公法便览》翻译出版的时候，丁韪良等人在该书"凡例"里，对书中为了翻译 right 而不得不创造新词"权利"，进行了说明，语气显然有自我辩解的成分：

> 公法既别为一科，则应有专用之字样。故原文内偶有汉文所难达之意，因之用字往往似觉勉强。即如一"权"字，书内不独指有司所操之权，亦指凡人理所应得之份；有时增一"利"字，如谓庶人本有之"权利"云云。此等字句，初见多不入目，屡见方知不得已而用之也。[1]

说起来，这当然也并不奇怪，因为在 19 世纪初马礼逊第一次到达中国的时候，英语和汉语，彼此之间还是相当陌生的。尽管 19 世纪上半叶，在翻译《圣经》和宗教小册子方面已经有了一些进展，但是政治话语和哲学话语中为翻译而临时杜撰并使用新词，仍然是常态而不是非常态。在那段时间里，为了让汉语世界和英语世界达到最起码的交流，那些第一代翻译者，包括传教士及其中国同行，可谓殚精竭虑，其代价往往是不得不牺牲词语的最起码的可读性。

汉语"权"字的意义经过翻译之后，也产生了很大的变化，它跟"权势"等词联系在一起的负面涵义，开始被过滤出去；复合词"权

---

[1] 丁韪良等，《公法便览》，译者序。

利",也把"利"字从它往常的商业语境中抽出来,从而使它可以在国际法语境中表达某种正面的意思。"权利"的这种正面的意义,是在与英语概念遭遇的过程中产生的,并且为中国的政治话语引进了一个全新的概念。若干年后,尤其是在甲午战争之后,通过严复等人的翻译和写作,还有日本人的许多翻译,再加上西方自由主义的政治理念在中国日益流行,"权利"的概念才开始获得它自己的生命力,并越来越受到世人重视。

耐人寻味的是,丁韪良为什么会被他的翻译助手说服,采用两个带有一定负面意味的汉字,来组成和英语 right 对等的复合词?这似乎有一点不寻常。我们必须记住,"权利"一词在1860年代,比在今天含有更多的模糊性,它完全是一个陌生词汇,其意义在汉语和英语衍指符号中飘泊不定。更有意思的是,"权"和"利"的那些"过剩"的词义,完全可以如镜像一般,照出英文原词 right 的某些隐晦的含义,因而有可能重新诠释它的意义。《万国公法》出版多年后,丁韪良等编写了一个题为"中西字目合璧"的国际法术语中英双语词汇表(见本书附录),我们可以由此看到这个跨语际过程是如何发生的。这个双语词汇表是他们在完成《公法新编》的翻译时,作为此书1903年出版的附录而发表的。这个权威性的词汇表将"权利"一词,与英语的 right and privilege 相对应,由此我们也可以把 right and privilege 看作是对汉语的"权利"一词的反向翻译。这种反向翻译的效果,是参照汉字"权"所具有的"权力"、"特权"、"权势"的意思来解释英语词 right 的意义。[1]英语词 right,一经投入流通,就不得不根据其他可能的意义和其他可能的联想(这种情况总是和翻译一起出现的)来重新解释。这里,问题的关键并不在于翻译究竟是对还是错,是好还是坏。我相信,这个反向翻译提出的问题,比起好坏之类的判断,要有趣得多,也要微妙得多,因为这里的问题是:翻译会不会使原文概念的透明性与自明性陷

---

[1]《公法便览》附录"中西字目合璧",见本书附录二。

于某种困境?

我们需要对这个问题进行更深入的考察。我们知道,欧洲的权利(人权)话语原本也是大量地使用国际关系的语言来表述的,这种权利话语,自从启蒙主义以来就一直是国际法不可分割的一部分。康德曾经展望一种在道德实践理性基础上废除战争的世界秩序,建立世界的多国联盟体。在《永久和平论》里,康德想象着有一天世界大同,所有的国族都进入一个普遍的共同体,到了那时"地球上如果有一个地方侵犯权利,它就会在所有的地方都被感觉到;这意味着世界性的法制就不再是幻想的或过于夸诞的了,它是对民权和国际法的补充,并将其改造成为人类的公法"。[1]最近,哈贝马斯在解释18世纪关于国际大家庭的梦想时,还对康德的远见卓识赞不绝口,并且把"人类的公法"这个概念直接解释为 Menschenrechte,即"人权"。[2]哈贝马斯很明白,对"人权"的意义做这样的解释,也就是将"人权"话语置于国际法本身的历史过程之中去考察。

我在本章里始终认为:国际法的历史展开过程,不能不包括国际法在各种其他语言中的翻译和流通,以及这一翻译的历史如何回过头来,又对原文产生循环影响。哈贝马斯所涉及的这个主题,其实早在过去两个世纪的拉丁文、英语、法语、意大利语、汉语、日语和许多其他语言中,已经反复出现。由于哈贝马斯对国际法的翻译历史不了解,他的想法与康德的"永久和平"观念的关系,很像《万国公法》之于惠顿的《国际法原理》的关系,以及惠顿之于海付达(August Wilhelm Heffter)的《欧洲国际法》(*Das Europäische Völkerrecht der Gegenwart*)的关系,如此类推,以至无穷。也就是说,理论家每次对"法律"、"权利"和"人权"做出的新解释,都有其特殊的国际环境

---

[1] 康德,《永久和平论》,《历史理性批判文集》,商务印书馆,1991,页118。
[2] Habermas, "Kant's Idea of Perpetual Peace, with the Benefit of Two Hundred Years' Hindsight", in James Bohman and Mattias Lutz-Bachmann, ed. *Perpetual Peace: Essays on Kant's Cosmoplitan Ideal*, 页124。

以及特定的历史和语言条件，同时也受制于从前的阐释和翻译行为的制约。[1]

用英语写作的惠顿，他的"人权"概念，引自著名的德国公法理论家海付达的著作。在海付达那里，"人权"的概念，主要是被他用来对国际法的不同分支，给予明确的界定。第一个分支是所谓通常意义上的"人权"，以及被主权国家所共同认可的私人关系，尽管所涉及的个人可能不受特定主权国家的管辖。第二个分支，是主权国家之间的直接关系。惠顿引证海付达来阐述这种区分：

> 在现代世界，国际法（law of nations，Völkerrecht，Droit des Gens，Jus Gentium 等）这一名称专指后一种关系。其实它更恰当的名称应该是外部公法，以区别于特定国家的内部公法。古代的 Jus Gentium 的前一部分的分支现在已经跟特定国家的国内法相混淆，但它尚未失去其原初和根本的特性。这一部分国际法只是涉及人的一般的权利，以及被认为应当受到国家保护的那些私人关系。因此，通常被归于国际私法的名下。[2]

这段话为我们理解过去和现在的人权话语提供了一个有用的历史视野。海付达把"人权"的概念，很具体地视为国际法的一个分支。德语通常用 Völkerrecht 来翻译拉丁文里的 jus gentium（万民法），正如法语中的 droit de gens 和英语中的 law of nations 也是翻译拉丁文里的 jus gentium 一样。在这样的语境里，"人权"和人们以往对国际私法和国

---

[1] 德语里"国际法"的标准用词是 Völkerrecht。这个词的模糊性非常有趣。Völker 的意思是"人民"或"民众"，而 Recht 可同时用来表示"法律"和"权利"。在康德的著作中，他把 Recht 看作是拉丁文 ius 的德文翻译，而且常常在德文后面用括号标出拉丁文。Martha Nussbaum 说明，"在 18 世纪的语境中 ius 还是译成'法律'更准确。"参见 Martha Nussbaum, "Kant and Cosmopolitanism", in Bohman and Lutz-Bachmann, ed. *Perpetual Peace: Essays on Kant's Cosmopolitan Ideal* (pp. 25–57)，页 51，注释 1。

[2] August Wilhelm Heffter, *Das Europäische Völkerrecht der Gegenwart*；引自惠顿, *Elements of International Law*, 1866，页 16。此版本是以第三版（1846）为基础的，丁韪良的中译本采用的是第三版以后的版本。

际公法的理解，是有千丝万缕的联系的。因此，我认为哈贝马斯在其论康德的文章里，把"人类的公法"解释为"人权"这一点，其实并不新鲜，因为它早已在国际法的翻译过程中，反复地出现过了。英文 human rights 一词在丁韪良等人翻译的上述文字中，被译为"世人自然之权"。[1]这个多少显得有点累赘的词组，是 human rights 第一次翻译成中文时的表述形式，后来它被更简明的"人权"取而代之。毫不奇怪，"人权"这个概念，是作为国际法的术语而首度被引进到中国的，它在当今国际政治话语的舞台上，仍然发挥着举足轻重的作用。德里达在《马克思的幽灵》一书中，提出了一个很精彩的意见，有助于我们思考其历史性。他说，人权话语"总是会有缺憾。只要所谓的市场规律，'外债'，以及科技、军事和经济方面的不均等发展继续维持现实的不平等，如同今天比人类历史任何时候更变本加厉地不平等，那么人权话语就只能是空洞的，自相矛盾的，有时还是虚伪的"。[2]

我在上文已经指出，中文名词"权"的用法里面包含着与"权力"、"特权"、"权势"相联系的多种意义，正如"利"让人联想到"利益"、"唯利是图"、"见利忘义"等等。这些意义虽然在翻译的过程中被过滤了，但它们始终潜伏在"权利"和"人权"的译文背后，不是没有可能回来干扰英文的原意。这些隐蔽起来的"过剩"的意义，使英文 right 一词的自明性变得可疑，让人们警惕，也许它表面上说的话后面还有别的话。这并不是说翻译者不能理解 right 的真正意义。恰恰相反，这些"过剩"意义，恰如其分地传达出"权利"话语在国际法实践过程中所传达的历史信息。归根结底，"权利"话语表明了这样一个基本事实，即这一理论是由 19 世纪欧美国际法的代言人引入中国的。这些欧美人大张旗鼓地实行他们自由贸易的"权利"，以及他们侵犯、掠夺和攻击中国的"权利"。因此，无论对于坐在谈判桌前的满清政府官员，还是对于一般中国人来说，"权利"这个话

---

[1] 丁韪良，《万国公法》，卷一，页9。
[2] 参见 Jacques Derrida, *The Specters of Marx: The State of the Debt, The Work of Mourning, and the New International*, trans. Peggy Kamuf (New York: Routledge, 1994)，页85。

语同时也传达出威胁、暴力和军事侵略的明确信息。

寻找公度性

如何在截然不同的语言和知识传统的政治话语之间建立初步的虚拟对等关系,并实现起码的可译性,这是丁韪良和他的中国助手在翻译中的首要任务。丁韪良的做法,是在中国人的传统价值和基督教价值之间,找到一个共同的基础,让读者在这个基础上领会翻译的意义。我们看到,在《万国公法》的英文前言里,丁韪良为了说明中国人何以能够理解西方的国际法原理,特地把自然法的原理抬出来,以此论证两个文化之间存在着公度性。丁韪良写道:

> 中国人的精神完全能够适应自然法的基本原理。在他们的国家礼仪和经典里,他们承认人类命运存在着一个至高无上的仲裁者,皇帝和国王们在行使上天授予的权力时必须向这个仲裁者负责;从理论上讲,没有人比他们更易于承认,这个仲裁者的法律就铭写在人的心灵之中。他们完全理解国家之间的关系,就像理解个人之间的道德关系一样,其相互的义务就是来自于这一准则。[1]

丁韪良明确表示,他对于中国文化和基督教文化之间的公度性的这种理解,来自于欧洲的自然法。在西方现代神学和法学话语中,自然法(natural law)是相对于成文法(positive law)而言的。丁韪良和他的中国助手在《万国公法》的译文里,把 natural law 翻译为"性法",偶尔也译作"自然之法"。同时,positive law 被翻译为"公法",偶尔也译作"律法"。在这里值得注意的是,翻译者采用的是宋明理学的"性"和儒家的"公"等现成的哲学概念,目的是要在截然不同的两

---

[1] 丁韪良,《万国公法》,卷一,译者序。

种知识传统之间建立一个公度性的基础。这与17世纪天主教的耶稣会士，试图调和儒家学说和基督教时所采用的文化策略，如出一辙。但丁韪良等人所做的工作不是要改造自然法的概念，也不是要让国际法的道义原则完全符合中国人所熟悉的儒家伦理，因为他们毕竟是在从事从西方引进新知识的工作。如果完全按照宋明理学的思路去理解"性"的概念（丁韪良时代的读者不是没有可能这样去理解），那么"性法"就会改变 natural law 的原意。但同样不能否认的是，在翻译英文概念 natural law 和 positive law 的过程中，"性法"和"公法"（或"律法"）这些汉语字词的本义也会跟着被英语改变。

最后的结果是，用于翻译的术语既不能完全按照中文，也不能完全按照英文的逻辑来理解，因为衍指符号的意义总是介于二者之间，就像新词语"权利"一样。新译词"性法"和"公法"的引入，造成儒家的"性"和"公"等概念部分地脱离原来的儒家的哲学语境；与此同时，natural law 和 positive law 被分别译成"性法"和"公法"以后，也让惠顿原来的概念，部分地脱离了西方法学话语的地方性和局部性。这意味着什么呢？它意味着现代国际法的普世主义，既不能单独在西方的法学传统内部实现，也不可能单独在中国的知识传统中实现，它需要打开一个更广阔和更普世的空间。

欧洲的"自然法"和"万民法"，是两个既有区别又相互联系的概念，它们所面对的，都是人们应如何处理国与国之间的冲突，如何论述正义战争的道义基础等问题。继神学家维托里亚（Francisco de Vitoria）在 jus naturale（自然法）和 jus gentium（万民法）的概念之间做了重要区别之后，17世纪荷兰神学家格劳秀斯（1583—1645），即《战争与和平法》的作者，进一步巩固了国际法的根基。早期自然法是建立在神学论证的基础上的，是上帝为人类规定的行为法则，这些法则是通过人类理性之光或者是《圣经》而呈现出来。万民法，则是指国与国在其相互关系中一致同意遵守的行为准则。持自然法立场的人，把国族或国家看作是放大了的道德存在（这使丁韪良可以很方便地将其运用于儒家伦理），而把国际法视为民法的扩展和延伸。

在《波斯人信札》里，孟德斯鸠借小说中的一个人物郁斯贝克，给另一个人物磊迭的信表达了这种观点："磊迭，几乎可以说有两种完全不同的公理：一种用以处理私人事务，在民法上占主要地位；另一种处理发生于各国人民之间的分歧，这种公理在公法上强梁霸道，仿佛公法本身就不算是一种民法，我指的当然不是某个国家的民法，而是世界的民法。"[1]孟德斯鸠在此是借小说人物之口，表述了他那个时代的国际法理论。在其《论法的精神》一书中（此书名最早在中文版《万国公法》中出现时，被丁韪良等人译为《律例精义》），他直接将自然法作为国际法的基础来论证，为此，这使他加入到莱布尼茨（1646—1716）和万忒尔等重要的现代国际法理论家的行列。

格劳秀斯把"万民法"定义为一系列有约束力的行为法则，指的是各国都认可的、国与国相互交往中必须遵守的那些法则。长期以来，欧洲的法学家就是在这个意义上讨论"万民法"的，但多数人不加区别地使用"万民法"（law of nations）和"国际法"（international law）。边沁（Jeremy Bentham）不赞成使用"万民法"这个术语，他认为 law of nations 在字面上更像是指国内法，而不是国家之间的法律。自此以后，international law 这个词就逐渐取代了"万民法"，成为这门学科的规范名称。不过，神学中关于"自然法"和"万民法"的辩论，还一直保留在后来的自然法和成文法的语言里（这也部分地解释了为什么在《万国公法》里，丁韪良等人用同一个中文复合词"公法"来翻译 law of nations、positive law 和 international law 这三个不同的英文词组）。随着西方列强在 19 世纪的殖民扩张和对世界大部分地区的征服，国际法强调的重点，就不再是不同国家有没有共同的人性与道德理想，而是越来越侧重于共同认可、条约义务、势力均衡和国际制裁等方面。所以，19 世纪著名的国际法权威哈雷克（Henry W. Hallek）为国际法描绘了一个极其务实主义的图景，他干脆把国际法简称为"国与国之间交往的行为规则"。[2]

---

[1] 孟德斯鸠，《波斯人信札》，人民文学出版社，1978，页 161。
[2] Wheaton, *Elements of International Law*, 1866, 页 23。

但话又说回来，自然法的立场与这种"务实主义"的国际法观念，在19世纪初未必是相互矛盾的。早在1838年，郭实腊就提出，大英帝国要求与世界各国自由通商的权利，只不过是按照国际法行事而已，并不只是为了追逐物质利益。他认为，中国人对国际贸易的抵制，等于是对上帝的冒犯，因为上帝教导我们四海之内皆兄弟。谁不允许其人民接受西方的真理和西方的商品，就等于是侵犯了西方人与生俱来的"人权"。[1]

郭实腊毫不犹豫地把自然法和国际贸易相提并论，让我们对19世纪的自然法理论获得了一个特殊的历史观察角度。对于19世纪的欧美读者来说，郭实腊的逻辑显得非常亲切，完全不像我们今天看来那么生硬粗暴，它其实非常有效地把这种逻辑中隐含的道德和宗教意义发掘出来，以此证明大英帝国在全世界的扩张是合法的。郭实腊将传教士、外交官和翻译官等角色集于一身，比丁韪良来华要早几十年。他在论述自然法和国际贸易的天然关系时，恰好是在清政府抵制英国非法鸦片贸易的紧要关头。一年以后，林则徐拜访伯驾的诊所，请求对方帮助翻译万忒尔国际法著作的片段，正如前文已经指出的，林则徐此举只是请人翻译万忒尔著作中与战争、敌对措施、封锁以及禁运有关的"成文"法规。在1839年鸦片贸易引起的冲突中，郭实腊大力鼓吹自然法，而林则徐把国际法当作"成文法"来使用，这两者之间的鲜明对比耐人寻味，也勾勒出普世主义在19世纪变动不居的情势。

惠顿是19世纪上半叶的重要国际法理论家，他在《万国公法》中批判地考察了早期欧洲国际法理论，也试图介入对于自然法的讨论，不过，在现代国与国关系的问题上，他更倾向于成文法。但惠顿到底还是一个法学调和主义者，他没有放弃自然法的理念，只是企图在成文法中掺入一些含糊的自然法理念。惠顿把"文明国家"之间的国际

---

[1] 参见 Jessie G. Lutz, "Karl F. A. Gutzlaff: Missionary Entrepreneur," in Suzanne Wilson Barnett and John K. Fairbank, ed., *Christianity in China: Early Protestant Missionary Writings*, 页62。

法(《万国公法》把中国和其他一些亚洲国家划定为"半文明"[semi-civilized]国家)定义为"合乎正义的行为准则,这些行为准则本身是由理性并依据现存的独立国家的社会性质所推演出来的;其定义和修订必得到这些国家的普遍认可"[1]。惠顿虽然用了"理性"和"社会性质"等自然法原有的概念,他强调的可不是道义,或者是文明国家相互间的义务,而是成文法意义上的"普遍认可"。

惠顿(和萨维尼[Friedrich Karl von Savigny]的论点一样)把国际法视为一种不完美的成文法。它之所以不完美,在于一方面"国际法的戒律很不确定,另一方面国际法缺乏一个国家的成文法所具有的那种坚实基础,也就是国家的政治权力和有能力将法律付诸实施的司法权威"。但是惠顿补充道,"文明的进步是建筑在基督教之上的,这个进程逐渐使我们在与地球上所有国族交往时,都遵守与此相似的法律,而不管这些国族的宗教信仰是什么,也不管他们是否反过来认可我们的法律。"[2]十分明显,惠顿把文明进步与国际法联系起来论述普世主义的方式,与那种把文化的公度性作为出发点来论述国际法的普世主义的做法,是相当不同的。

惠顿尽管可以把基督教等同于普遍性,拒绝考虑不同文明之间的交互性,但他的译者丁韪良则不得不思考,当一个文明和另一个文明实行交往时,当国际法的理念需要跨越不同的文化和语言的边界时,彼此之间的交流是不是可能这一类的根本问题。丁韪良即使是想利用惠顿的国际法著作以达到其传教的目的,但翻译工作本身提出的挑战,往往要比译者有意地利用或误用原文的个人意图复杂得多。作为译者,丁韪良必须首先在两种不同的语言和文化之间设立某种公度性,否则就根本无法开始他的工作。否认公度性,是与翻译行为本身相矛盾的。因此,丁韪良和他的同事作了一个多数翻译者在同样情况下都会作出的选择:由于需要在英语和汉语之间找到公度性,他们把对语言之间公度性的追求本身,转化为普遍性的条件。我们已经看到,"性法"

---

[1] Wheaton, *Elements of International Law*, 1866, 页23。
[2] 同上书, 页21—22。

和"公法",各自带有很强的理学含义,可它们依旧被拿来表达英文的 natural law 和 positive law 等概念,也就是说,这些衍指符号从儒家思想那里借来普世主义的光环,最终是为了实现国际法的可译性。在这个意义上,由于丁韪良等人把交互性和公度性带入惠顿的理论,从中受惠的,与其说是本土的儒家思想,不如说是国际法的普世主义目标。

但在惠顿和丁韪良的时代,究竟哪些价值在国际事务中,被肯定具有普世价值的意义,在当时还没有定论,因为一切都在发生天翻地覆的变化。全球范围发生的足以引发世界性变革的事件一件接着一件,并以前所未有的速度发生,惠顿则以他自己的方式,努力与这个现代世界保持步调一致,同时,这些事件也支配着他对早期以及当代国际法理论的阐述。前述的惠顿对"文明的进步是建筑在基督教之上"的判断,并不是对作者本人的宗教信仰所做的简洁表达,它真正表明的是,国际法理论在应对当代发生的大事变时,如何让自然法的原理适应当代世界的变化。值得注意的是,1846年以后的《国际法原理》的英文版本就反映出这一点,其中译本对此作了如下的表述:

> 盖欧罗巴、亚美利加诸国奉耶稣之教者,与亚细亚、阿非利加之回回等国,交际往来,彼虽教化迥异,亦屡弃自己之例而从吾西方之公法。即如土耳其、波斯、埃及、巴巴里诸国,近遵通使之例,而与我互相遣使也。欧罗巴诸国,常以土耳其[原文指奥斯曼帝国]之自主不分裂与均势之法(原译者按:所谓均势之法者,乃使强国均平其势,不恃以相凌,而弱国赖以获安焉。实为太平之要术也。)大有相关,故与土国互相公议盟约,土国因而服欧罗巴之公法也。欧罗巴、亚美利加诸国奉耶稣之教者,与中国迩来亦公议和约,中国既弛其旧禁与各国交际往来,无论平时、战时,要皆认之为平行自主之国也。[1]

---

[1] 参见《万国公法》,卷一,页12。

引文中的最后一句与中国有关，但由于译文与原文之间的差异很大，所以我尝试用现代白话直译了一遍，译文如下："以上论述也同样适用于中华帝国近日与欧美基督教国家的外交往来，中国已被迫放弃它那根深蒂固的反商业和反社会的原则（its inveterate anti-commercial and anti-social principles），它不得不承认无论在战时还是在和平交往中，其他国家也都是自主国家，并与之平等。"[1]我们看到，惠顿原文的有些修辞，显然被丁韪良等人的译文有意含糊了，丁韪良把"中国已被迫放弃它那根深蒂固的反商业和反社会的原则"译成了"中国既弛其旧禁与各国交际往来"。这里面更值得思考的一个细节是，涉及中国的这一段文字在惠顿1836年《国际法原理》的第一版里，并不存在，它是在作者修订更具权威性的1846年版本的过程中，被后来加上的，这也就是作者去世前两年出版的《国际法原理》第三版。丁韪良的《万国公法》所使用的英文版的《国际法原理》，是1846年以后的版本之一。修订版中的有关"中华帝国"这段话，显然是指鸦片战争，以及战后迫使清朝对外国贸易开放的那些不平等条约。如果我们考虑到，这些国际事件标志着中国半殖民化历史的开端，考虑到林则徐的命运以及他悲剧性地使用万忒尔的著作的那段历史，则惠顿后来补充的这段文字，是极具反讽意味的。无论鸦片战争之后把清朝政府推到谈判桌前的原因是什么，惠顿本人将此事看作是欧罗巴和亚美利加诸国征服异教国家的证据：原先属于"吾西方之公法"的国际法原理，似乎终于获得了普世主义的地位。

1836年以后，惠顿这部著作的版本一直被不断进行着修订和更新，以便能够包容越来越多的新生条约和新的制裁案例，而随着用坚船利炮和由国际法武装起来的基督教国家征服越来越多的领土和人民，这些新生条约自然也越积累越多。随着这部国际法著作的外文译本不断地出现，它的英文原著也没有停止更新其旧有的版本，这种多重版本和多重译本的现象，是在西方列强与其他文明和文化之间一而再、

---

[1] 原文见 Wheaton, *Elements of International Law* (1866), 页22。

再而三地交往和碰撞的历史中形成的。正如惠顿自己所承认的，基督教国家跟其他文明的这种交往，并不是在平等的基础上进行的，而是要求别的国家"服欧罗巴之公法"。

在惠顿死后出现的《国际法原理》的所有版本中，1866年由达纳（Richard Henry Dana）编辑的版本，被公认是最权威的。1936年威尔逊的百年纪念版，采用的就是这个版本。1866年的版本之所以重要，是因为惠顿的正文和达纳的大量注释，在19世纪重大的国际争端仲裁中常被引用，为其提供法律基础。这里还值得我们注意的是，《国际法原理》1866年的版本已经提到1864年丁韪良的《万国公法》的中译本。达纳在这一版的注释里，特别提醒读者要了解丁韪良的中译本的意义：

> 西方文明在东方获得进展的最有力的证据，就是惠顿先生这部著作被支那政府采用，作为其官员在国际法领域的教科书使用。这本书是在1864年朝廷的赞助下翻译成中文的。这项译事系由美国公使蒲安臣提议、由美国传教士丁韪良主译，并得到总理大臣恭亲王委派的支那学者的协助，此书是献给蒲安臣的。支那政府在与西方列强驻北京的使节办理外交交涉时已经引用和依赖这部著作了。[1]

达纳的解释表明，这里存在着一个循环论证。惠顿的原作之所以值得翻译，是因为它包含着内在的普遍价值，但是这种价值仿佛没有自我确证的能力，必须依靠外文翻译的存在，来证实它所声称的普遍性。如此，愈是为了达到令人向往的普遍性地位，这部著作就愈是要求得到普遍的承认，愈是要求被翻译成外国语言。

1936年，惠顿《国际法原理》作为国际法经典丛书的一部分，发行了百年纪念本。丛书主编威尔逊（George Grafton Wilson）在导言里评价这部美国人写的法学著作的时候，对其在过去一个世纪在全球流

---

[1] Wheaton, *Elements of International Law*, 页22注8。

通的情况再次提出类似的看法。威尔逊特别指出《国际法原理》于1864年由美国传教士丁韪良译成中文这件事。"中文版很快就销售一空,这部著作在日本也很受欢迎,翌年即在东京翻刻出版,并有其他版本在东方发行。"[1]这件事的重要性,在美国驻华公使的官方文件中也得到进一步的证实。蒲安臣在1865年给美国国务院的报告中写道:"中国人并没有要求我写这份报告,但是他们亲自告诉我他们对完成这项译事的重要性的认识。当恭亲王(就是他负责督导这部著作的翻译)和另一位总理衙门大臣董恂坐下来照相时,他要求手里拿一本惠顿的著作。"[2]威尔逊想用外文译本的存在,来证明惠顿国际法著作的普世价值,但这里隐藏的循环逻辑是,普世价值本身则依赖于此书在全世界各地的流通才借以成立。正如我在本章中所论述的,惠顿1836年的这部著作的原文经历了异乎寻常的修订和再版,这当然也反映出它的意义游走在各大语种的译本中所体现的方式。

　　《万国公法》出版了几十年后,七十岁的丁韪良仍然在不懈地翻译国际法。1901年,他在完成堂氏《公法新编》一书的翻译之后,就去找李鸿章,邀请这位在太平天国、甲午战争、义和团等事件后签署多种丧权辱国条约的清朝大臣,为他的新书作序。李鸿章慨然应许,在《公法新编序》中,写道:

> 美儒丁冠西氏游中国垂五十年,熟于东方之学,既辑《万国公法》,又辑《中国古世公法》以谂谈邦交者,予皆读而志之。兹以敦聘来鄂,适新编堂氏公法书成问序于予。予维西人之公法即中国之义理,今之为公法家其即古之礼家乎,其事弥纶于性,始条贯于经。常人得知以成人,国得之以立国。公法之大别凡三类,曰性法,曰治法,曰国际法。礼家之类五,曰吉、凶、军、宾、嘉。其精微切究于儒者,其粗迹错见于行事。《周礼》,《大

---

[1] 引自 Henry Wheaton, *Elements of International Law*(Oxford: Clarendon Press, 1936),页16a。
[2] 出处同上。威尔逊把董恂的名字误拼为 Fung Sun。

戴》，《礼记》，《春秋》所言皆是物也。其在大同之世可以拯人类之泯棼，即至列国纷争，亦有以弥其变而不乱。故无事则玉帛，有事则干戈，信使交驰，文辞尔雅，可以观矣。下逮战国，此道不讲，国以兵竞礼，以争废此礼家，所以有忠信薄而乱始之讥，诚愤绝之也。此编所萃皆国际法篇中论享公法权利及调处免战各事，皆仁心为质，有以绝列辟忿懥之源，而广生民之福，分析义类，归于至当，颇合中国礼家之言。……今诚以此书悬之国门，推之海外，果能中外共守，永息战争，使环球共享升平之福，则余与丁君所同深望者也。余识丁君最久，丁君年七十余，余年八十，彼此垂老，犹得见此书之成愿，以后办交涉者奉为圭臬焉。[1]

李鸿章这个人物在晚清对外关系史中颇有争议，他在这里对丁韪良和《万国公法》的褒扬，说出来的意思相当含蓄曲折。为什么要将此书悬挂在中国的国门门口？这当然是因为列强逼到了中国的大门口。这里所凸现的，是国际法理论和实践背后的根本的历史条件，和另一些普世价值的不在场。人们对和平的诉求，可以有各种各样的解释，但国际法究竟能否超越自身粗俗的务实主义，能否不再把和平仅仅视为战争的条件，能否为人类的和平提出更高的理想？我认为，这才是问题的根本。

在接下来的一章里，我将继续思考帝国的话语政治在19世纪展露的另一侧面，即性别与帝国之间的关系。迄今为止，这个问题很少进入研究者的视野，主要是因为战争与和平，以及国与国的外交关系，始终被认为与性别身份无关，但实际的情形并不如此。我认为，19世纪的主权思维模式，无论是在宗教意义上，还是在世俗意义上，都可以从性别政治的角度进行有效的观察。这里的历史大前提是，我们必须首先正视维多利亚女王对于大英帝国的意义，同时也必须正视慈禧

---

[1] 李鸿章，《公法新编序》，见《公法新编》，上海广学会藏，上海商务印书馆代印，1903。

太后对于晚清帝国统治的意义。我在第三章里提起过,维多利亚时代的性别政治曾在一些特定的群体身上打下很深的印记。那些为大英帝国效力的英国男性,崇尚冒险以求征服世界,他们对自己的名分和声誉过分小心地呵护,从而产生各种各样的心理焦虑,并赢得"僵硬的上嘴唇"的名声。但是,19世纪的性别与帝国的关系究竟应作怎样的理解,还有待我们对于当时的社会变迁,尤其是女性在其中所扮演的角色,进行比较深入和全面的了解。

第五章 性别与帝国

> 我们在论述妇女的权利时,应该首先考虑,什么才是属于女性自己世界的,属于她作为个人,并能实行自我裁决的范围?比方说,我们完全可以设想一个女性的鲁宾逊·克鲁索,她带着自己的女星期五住在孤岛上,在这种情形下,妇女的权利意味着她为了捍卫自身的安全和幸福,要尽其所有的才智。
>
> ——(美)伊丽莎白·凯蒂·斯丹通
> (Elizabeth Cady Stanton),《自我主权》

维多利亚时代,蓬勃发展的资产阶级文化一方面将维多利亚女王塑造成贤妻良母的典范,形成十分广泛的影响;另一方面,英帝国的全球扩张,也给许多白人女性带来了前所未有的脱离传统社会的可能性。这些女性——传教士和殖民地官员的妻子以及女传教士——因此不但有机会畅游世界(主要是殖民地),并且获得史无前例的人身自由。出国前,这些女性必须遵守妇道,履行家庭主妇的职责,而出国后,她们有机会做很多其他的事情,这些事通常都超出了家庭主妇的责任范围。由此,这些来到殖民地工作、旅行或定居的欧美白人女性,都取得了与在国内的时候很不相同的社会身份。

白人女性大批涌向殖民地虽然前所未有,但并不是孤立现象。在同一时期,几乎以同样的规模和频率走动在欧洲的宗主国之外,或者来往于宗主国和殖民地之间的,还有一些非白人的群体,他们主要是男性。这些人当中既有劳工,又有文化精英,构成了19世纪遍布在世界各地从未有过的大规模的移民潮。比如，华侨中的男性精英，还有华人混血后裔中的移民，他们频繁地穿行在英国、（英国殖民统治下的）东南亚、夏威夷、加利福尼亚以及大清国之间。值得注意的是，这些华侨在政治和民族情感方面的诉求，往往肇始于他们在海外华人社区和中国大陆之间游走的过程之中。近代史上为我们熟悉的华侨形象，首推倡导国民革命的孙中山，和以他为代表的其他华侨精英，这些人身体力行地履行着被安德森（Benedict Anderson）称之为"远程民族主义"（long-distance nationalism）的事业。[1]不过，与"远程民族主义"相对立的，还有一种政治立场值得我们注意：持这种立场的人——包括华侨和西方人——多将大清国的慈禧太后视为中国的维多利亚女王，尽管慈禧太后和维多利亚女王在当时并不是旗鼓相当的君主。但在19世纪后期，特别是在甲午海战之前，慈禧太后意味着某种不同的政治命运，代表着另一种主权理想，其中一个主要原因，是由她统辖的大清国虽然也遭受西方列强的威迫，但还没有像其他一些国家那样轻易地沦为白人的殖民地。

维多利亚女王（1837—1901年在位）为大英帝国的君主，慈禧太后（垂帘听政于1861年至1908年）则是大清国的实际统治者，两人大致同时，其统治时间交叠达四十七年之久。在这期间，慈禧太后垂帘听政时期的大清国和维多利亚女王的英帝国之间，曾经有过众多的政治角逐和激烈竞争，这其中帝国的性别政治尤其值得我们探究。并且，也正是在这漫长的四十年里，出现了我上文提到的那些遍布全球的大规模人口移动等新动向，这一历史转折向学者提出的问题是，如何理解性别政治与帝国之间的联系？这个问题，恐怕是任何致力于研究19世纪帝国历史的学者都无法绕开的。比如19世纪的主权思维模式，无论是在宗教意义上，还是在世俗意义上，都可以从性别政治的角度来进行观察，甚至可以具体到个人的政治身份、礼品外交以及其他19世纪帝国交往的诸多侧面。

---

[1] Benedict Anderson, *The Spectre of Comparions: Nationalism, Southeast Asia and the World* (London: Verso, 1999), 页58—74。

本章拟从19世纪来华的女传教士，和早期归国华侨这两个截然不同的侧面，分别探讨现代主权思想的性别基础。我重点考虑的论题是，性别主体在帝国和殖民地的间隙中间活动时，依赖的是怎样一种主权想象？它对我们理解早期女权主义理论和帝国的关系，能够带来什么样的新启示？在本章前半部分，我将集中分析帝国礼品外交中的一个案例；这一件礼品，是1894年英美两国的女传教士团体献给慈禧太后的一部中文《圣经》。表面上，这一次礼品外交，虽然是在西方女传教士和清朝最有权势的女性之间发生的，但它却以转喻的方式，同时让我们看到维多利亚女王与英国的非洲殖民地的臣民进行礼品外交过程中的特定模式。比如，琼斯·巴克（T. Jones Barker）在19世纪60年代所作的一幅著名的油画，展现的就是维多利亚女王向一位不知名的非洲酋长赠送《圣经》的场景。我们在以下的分析中可以看到，巴克的油画，预示着后来在不同的地方和不同的时间，会重复发生类似的礼品外交，而且，随着帝国的《圣经》礼品交换方式一次又一次地被人复制，其意义链也在转喻的过程中得以不断地丰富起来。[1]

与此种国际外交渠道有着密切关联的，是慈禧太后所代表的一种主权形象。在本章的后半部分，我将重点分析华裔马来西亚人辜鸿铭（1857—1928）的历史境遇。此人原本是大英帝国殖民地的臣民，曾经在苏格兰接受欧洲的人文主义教育，他为了摆脱自己的殖民地臣民的身份，转过身来选择中国作为自己的"母国"（殖民地人民经常使用的英文原词是 mother country，此词不能简单地理解为汉语的"祖国"，因为19世纪直至20世纪，英国殖民地的臣民，无论在非洲、美洲，还是亚洲，通称英格兰为 mother country，这个殖民话语传统在有些地区，一直延续至今）。辜鸿铭这个人给近代史提出了一系列难题，因为他的人生选择与我们通常所理解的国族认同、公民身份、移民走向和

---

[1] 莫尼克（Adrienne Munich）的研究表明，爱尔兰举行的一年一度的奥兰格游行，始终将维多利亚女王给非洲酋长赠送《圣经》的故事作为固定的节目来表演，因为对于基督教新教徒来说，天主教徒相当于爱尔兰的"黑人"。参见 Adrienne Munich, *Queen Victoria's Secret* (New York: Columbia University Press, 1996)，页147。

脱殖运动，全都大相径庭。学者们通常只是把他的种种行为归结为性格乖戾，而看不到其中的历史深意。辜鸿铭当年的选择是这样的：他决定不在自己的出生地展开与英国殖民者的斗争，更不是像孙中山那样选择国民革命，而是借助于归顺清王朝和慈禧太后的方式，来摆脱英属殖民地和殖民教育对自己的人生和精神上的束缚。从辜鸿铭对其从前的"母国"之母维多利亚女王的态度，和他后来把慈禧太后称为"国母"的种种思考上，我们可以观察到近代史的另一侧面，即英国的殖民文化给海外男性华侨心理上造成的巨大创伤。我认为，辜鸿铭的主权情结，恰是在他与殖民地的屈辱身份进行抗争期间产生的，这对于我们深入理解性别与帝国的关系，提供了一个非常难得的分析角度。

帝王之间的礼品交换："新约献本"

早在慈禧太后垂帘听政之前，基督教传教士就已获得众多的条约特权，这些特权使教会能够步步深入中国，到内地的民众当中去传教。比如中法《天津条约》第六款的中文版有一条规定，法国传教士有权在中国各省租用和购买土地，并有权在这些地区任意修造建筑物。由于享受最惠国待遇，新教传教士也和天主教徒享有同样的特权。中法《天津条约》第六款的原文如下："应如道光二十六年正月二十五日上谕，即晓示天下黎民，任各处军民人等传习天主教，会合讲道，建堂礼拜，且将滥行查拿者，**予以应得处分**，又将前谋害奉天主教者之时所充之天主堂、学堂、茔坟、田土、房廊等件应赔还，交法国驻扎京师之钦差大臣，转交该处奉教之人，**并任法国传教士在各省租买田地，建造自便**。"[1]（黑体由作者所加）其实，这个条约的法文版并不含黑体标出的"予以应得处分"的要求，更无所谓"并任法国传教士在各省租买田地，建造自便"之类言辞，这两句话是担任翻译的法国传教士孟振声（Joseph Martial Mouly）等人擅自添入中文版中的。原中法《天津条约》法文版的第六款，仅只要求清朝政府遵守道光皇帝二十

---

[1] 见 Treaties, Conventions, Etc. between China and Foreign States. 2nd ed., 2 vols. (Shanghai: Statistical Department of the Inspectorate General of Customs, 1917)，卷1，页888。

六年(1846)正月二十五日下达的圣谕,负责归还在闹教案期间,地方从基督教徒那里没收的原属于教会与慈善机构的墓地和建筑物,并通过法国驻华公使办理交接手续。[1]史学家柯文(Paul A. Cohn)指出,中法《天津条约》第六款的中法版本严重不一致,带来了灾难性的后果:在19世纪后半叶,它导致了中国人对基督教传教士及其皈依者的抵触情绪的升级。当清政府被迫要求各级地方政府落实朝廷与列强签署的不平等条约时,他们遭遇到来自士绅和平民阶层的强烈抵抗。数以百计的教案——暴动和屠杀——相继爆发,甚至导致大规模的骚动和叛乱。[2]长期以来,慈禧太后在清政府必须履行的条约义务和她本人对反基督教运动的态度之间,尽量维持某种微妙的平衡。但这种努力经常不成功,各地局面始终在不断地恶化,最后,义和团运动的危机终于迫使她本人的立场公开化。

正当教案局势不断升级,同时中日关系又日益恶化的局面下,1894年朝廷开始筹备慈禧太后六十寿辰的盛大庆典。[3]在华的新教福

---

[1] 中法《天津条约》第六款原文如下:"Conformément à l'édit impérial rendu le vingt mars mil huit cent quarante-six par l'auguste Empereur TAO-KOUANG, les étalissements religieux et de bien-faisance qui ont été confisqués aux Chrétiens pendant les persécutions dont ils ont été les victimes seront rendus à leurs propriétaires par l'entremise du Ministre de France en Chine, auquel le Gouvernement Impérial les fera délivrer avec les cimetiéres et les autres édifices qui en dépendaient." 引文出处同上。

[2] 参见 Paul A. Cohen, *China and Christianity*:*The Missionary Movement and Growth of Chinese Antiforeignism, 1860–1870* (Cambridge, Mass.:Harvard University Press, 1963),页69。

[3] 这一时刻恰是中国海军战败于日本海军之时。英文报纸《北华捷报》当时发表了一篇社论,标志着这两个事件的相关意义。社论说:"一般认为,多亏慈禧太后的睿智和远见,并在其朋友李鸿章执政能力的帮助下,现任皇帝才得以登上王位,其王国才享有长期的相对太平。眼下遗憾的是,全国人盼望已久的这一天的庆典将黯然失色。令人可气可恶的敌人割走了几乎处在王国中心的部分领土,对此,连中国官方都不能等闲视之,因此,原先打算用于喜庆场面的财政开支被削减,用来抵御侵略者。"《北华捷报》,1894年11月9日,页766。社论中提到的"财政开支"指的是,朝廷为即将到来的慈禧太后的寿辰庆典准备的奢侈开支。慈禧太后的奢侈当时激怒了很多人,有人指控朝廷减少海军预算,将钱挥霍在装点门面上。华北传教协会的威廉·斯哥特·阿门于1894年8月1日在北京写道:"慈禧太后是个能力很强的贵妇人,深得中国政治家的敬仰,她无疑是朝廷中最有影响力的人物。皇帝正准备以最盛大隆重的仪式来庆祝她的寿辰。《京报》报道说,为这一庆贺,已动用了相当于两千五百万美元的黄金。从离京城西边10英里她的避暑宫殿(颐和园)到其京城皇宫的这条路,在大清国的二十二个省中根据财富进行分派,沿途密布装饰性的拱顶、丝绸凉亭、戏院和各种各样的壮丽景观。不仅朝廷所有的大臣被征税,而且北京的各行各业,甚至连小贩、车夫,都必须参与这场人们称之为铺张浪费的庆典。"Letter on Record, 北京, 1894年8月1日。见纽约全美圣经协会档案(China Correspondence, American Bible Society),第74A盘微缩胶卷。

音传教士和女教士们非常重视这次机会,为了给慈禧太后准备一份特殊的生日礼物,他们花了很长的时间筹款。这个生日礼物,是一部豪华版的文言中文版《圣经》——教士们称其为 the Presentation Bible,在此简称为"新约献本"。这是一部具有传奇色彩的《圣经》,大四开本(10×13×2 英寸),以精美的纸张和最大号的金属活字印刷("总序"除外),书页镶有金边,上用纯金刻"新约全书"四个大字,封面中央设金质平板,其上刻有"救世圣经"的铭文。这部书被放置在一个纯银制书匣里,内有天鹅绒衬里,匣的图案与书封面相同,外面还套着柚木盒子。[1](图9) 全美圣经协会的海格思(John Hykes)主教颇为自豪地说:"据我们所知,这是首次被宫廷接受的中文版《新约全书》。这无疑也是首次向紫禁城内一名位高权重的人敬献这样一份礼物。伴随这份礼物的,还有上万名女基督教徒的祷告,我们完全有理由相信这部《新约全书》会被人阅读,也希望它会让有些人'对灵魂的拯救有所领悟'。"[2]

最初,这个给慈禧太后敬献《圣经》的想法,是由几位女传教士在 1894 年 2 月于上海传教士的一次会上提出的。她们的提议很快得到了传教士协会理事会的支持,传教士协会理事会委派了一个七人小组来实施这一计划。这七人小组的成员包括伦敦传教会的慕维廉(William Muirhead)主教、美国圣公会传教会的汤霭礼(E. H. Thomson)大主教、美国圣经协会总办海格思(Hykes)主教、英国与海外圣经会代理萨缪尔·戴尔(Samuel Dyer)、中国内地传教会代理主任范约翰(John Stevenson)主教、美国长老会的费启鸿夫人(Mary M. Fitch)、

---

[1] 全美圣经协会的善本书库存有此部"新约献本"的复制版。文字描述见全美圣经协会档案第 74A 盘微缩胶卷。
[2] 在他 1894 年 11 月 5 日的信里,海格思写道:"我们将这部书做了三套副本,我希望一旦书序写好,就马上把它们寄给你。你将了解这部书既不是由圣经协会印刷的,也不是由他们出钱印刷的,而是由我和戴尔(Dyer)先生所在的委员会出版的,我俩见证了这本书出版的全过程。我们完成了所有的校对,并全面监督这一工作。"不管海格思寄给纽约的副本出了什么事,它们现在都已不存。美国圣经协会里唯一幸存的那本特大版本标注的是较晚的日期。(全美圣经协会档案第 74A 盘胶卷)

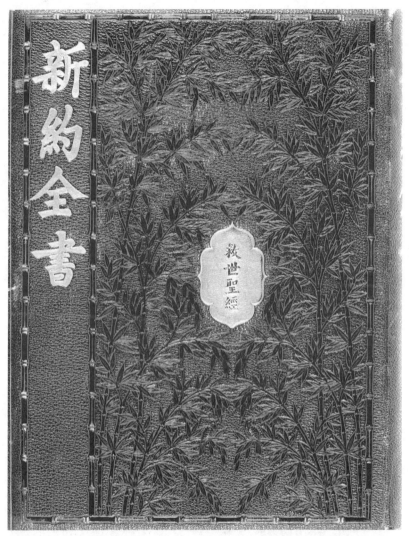

图9 "新约献本"的封面,来自现藏于英国剑桥大学图书馆的英国与海外圣经会档案馆1894年版的《新约全书》。

苏格兰联合长老会的李提摩太夫人（Mary Richard）。[1]传教士协会发起了一个筹款运动，发动了全国各地女教徒们，筹集到大约1200美元。根据海格思与美国圣经协会的通信，捐助这一礼物的人，代表着全国二十九个不同教会组织的中国女教徒。[2]1894年4月，在美国圣经协会和英国及海外圣经协会代表的监督下，这一《新约全书》的制作在上海美华书局（the Presbyterian Mission Press）开始启动。[3]

"新约献本"小组决定只敬献《新约》部分，而非整部《圣经》，并选定"委办"译本（也译作"代表"译本，"Delegates" version，1847—1854。——译注）为所有文言版的《新约全书》中最可靠的版本。[4] 3月26日，费启鸿夫人（Mary Fitch）起草了"新约献本"小

---

[1] 海格思给美国圣经协会的一封信里还附上一份由"新约献本"捐献者所代表的协会名册。这一名册显示了众多参与的新教组织和非官方组织的妇女：美北长老会（the American Presbyterian Church North），美南长老会（the American Presbyterian Church South），加拿大长老会（the Canadian Presbyterian），英国长老会（English Presbyterian），爱尔兰长老会（Irish Presbyterian），苏格兰联合长老会（Scotch United Presbyterian），以及新教圣公会教会（Protestant Episcopal churches），基督教礼贤会（the Rhenish Mission），斯堪的纳维亚宣教会（Scandinavian Free Mission），瑞典行道会（Swedish Mission），循道会（Wesleyan Mission），妇女联合会（the Woman's Union），美国海外宣道理事会（American Board of Commissioners on Foreign Mission，ABCFM），美国改革宗会（the American Reformed），美北浸信会（American Baptist North），美南浸信会（American Baptist South），英国浸信会（English Baptist），浸信传教联合会（Baptist Missionary Union），第七日浸信会（Seventh Day Baptist churches），巴色会（the Basel Mission），中国内地会（China Inland Mission），英行教会（Church Missionary Society），自由公理会（Free Methodist Church Friends' Mission），夏威夷华人会（Honolulu Chinese Mission），伦敦传教协会（London Missionary Society），华北公理会（The Methodist Episcopal North），华南公理会（Methodist Episcopal South Churches），苏格兰国家浸礼会（the National Baptist Church of Scotland），挪威传教会（The Norwegian Mission），上海初级基督教会（Junior Christian Endeavor of Shanghai），以及来自重庆、上海和美国的非传教士外国夫人。见约翰·R.海格思主教（Rev. John R. Hykes）致爱德华·W. 吉尔曼主教（Rev. Edward W. Gilman）的信，上海，1894年11月21日，China Correspondence，全美圣经协会档案，第74A盘胶卷。

[2] 在另一封信里，海格思明确表示捐款人总数为10900人。见约翰·R. 海格思主教致爱德华·W. 吉尔曼主教（美国圣经协会的通信秘书）的信。上海，1894年11月30日，China Correspondence，全美圣经协会档案，第74A盘胶卷。

[3] 约翰·R. 海格思主教致爱德华·W. 吉尔曼主教的信。上海，1894年11月21日，同上。

[4] 同上。

组准备发往全国各地传教站的第一份通知，动员全国女教民参与捐款活动。全文如下：

> 近来，宁波的传教士提议，在华的包括本地和外国的女基督教徒应在慈禧太后六十庆典到来之际，向她敬献一部《圣经》，并配置与之相符的书匣。她们将整件事提交到上海传教士委员会，委员会一致通过了她们的建议，并且决定向慈禧太后敬献一部装帧精美的《新约全书》。
>
> 请你们在你站和分站安排接受本地女基督教徒的捐款，也可授权她们从其友人那里收集捐款。请你们在方便时尽早地将这些捐款，连同他们国外的教友姐妹或非教友姐妹的捐款一起，寄送到上海昆山路一号李提摩太夫人那里。
>
> 鉴于时间有限且书匣的式样取决于上交捐款的数额，我们请求你们务必对此事予以重视。同时请你们写明捐款的女基督教徒的人数，包括本地和境外的教徒。
>
> 为了使这件礼物有尽可能广泛的代表性，我们真诚希望所有本地女教徒都获得捐款的机会，不论捐款的数额多少，以示她们对慈禧太后的忠心，表示他们对这位杰出而仁慈的摄政统治的敬仰。[1]

在女教士的倡导下，这场捐款运动的对象是中国的女教民，并希望她们慷慨捐赠。这部《圣经》，表面上是中国女教民送给慈禧太后的礼物，表达的是她们对自己君主的效忠，但是，礼物本身还必须通过男性的政府机构，通过常规外交的礼仪方式到达慈禧太后的宫中。1894年10月29日，"新约献本"由男教士从上海送到天津，再由刘海澜主教（H. H. Lowry）送到北京。敬献仪式则到次

---

[1]《上奏慈禧太后》，"Memorial to the Empress Dowager"，上海，1894年3月26日。China Correspondence，全美圣经协会档案，第74A盘胶卷。值得注意的是，此奏文的中文版署名者是"传教士"，而不是中国的女教民。

月12日上午才得以举行。那一天，英国驻华公使欧格讷爵士（Sir Nicholas Roderick O'Connor）和美国公使田贝（Charles Denby）共同把这部圣书呈给总理衙门的大臣，然后，再由总理衙门将圣书送达慈禧太后的宫中。

长期以来，基督教传教士都认为，佛教、儒教和中国民间宗教习俗，是推广进步和福音教义的几大障碍。慕维廉在为"新约献本"作序的时候，就相当明确地否定儒家和佛教经典。他写道，"此二十七卷中，于耶稣圣教之大旨畅发无遗，为之徒者皆当为笃信谨守，实力奉行，至死不变者也。然则此书之外其尚有可比拟之书乎？曰：无有。世间惩劝之书，汗牛充栋，然皆由乎人心之所发。此书则上帝之圣感于先哲而言者也。"[1]（图10）自1807年第一位基督教新教传教士马礼逊进入中国以来，传教士坚持不懈地努力要消灭本地的异教偶像，要用这部圣书的经文来取代本土经典，但他们所面临的艰巨任务是，与佛教经典的精深和儒家经典的权威相比，《圣经》翻译能否产生高水平的中文译本，并与之抗衡。于是，"新约献本"成为传教士们宣称他们在这方面取得辉煌成就的见证。[2]

随同"新约献本"一起送到宫里的，还有一份以华人基督教会女教民的名义起草，实际由李提摩太之妻玛丽·李提摩太执笔写就的庆典奏折。这份奏折是这样开头的："尊敬的陛下，按照神明的旨意，您在国家内外交困的年代担当起领导支那政府的重任，以您超人的能力和伟大的智慧恢复了大清帝国的全面和平，并与各国建立了友好关系。您唤起了不仅是您的臣民而且还有其他国家民众的敬仰。"李提摩太夫人接着强调，这些基督教臣民受到的护佑，皆归功于慈禧太后所建立的法律，值此欢庆的时刻，她们希望向太后表达感激之情。她继续写

---

[1] 慕维廉，《新约全书》"总序"，1894年。
[2] 关于传教士的《圣经》翻译，韩南曾撰写一篇文章，题为"Chinese Christian Literature: The Writing Process,"见 Patrick Hanan 编，*Treasures of the Yenching: Seventy-fifth Anniversary of the Harvard-Yenching Library*（Cambridge, Mass.: Harvard-Yenching Library, 2003），页 261—283。

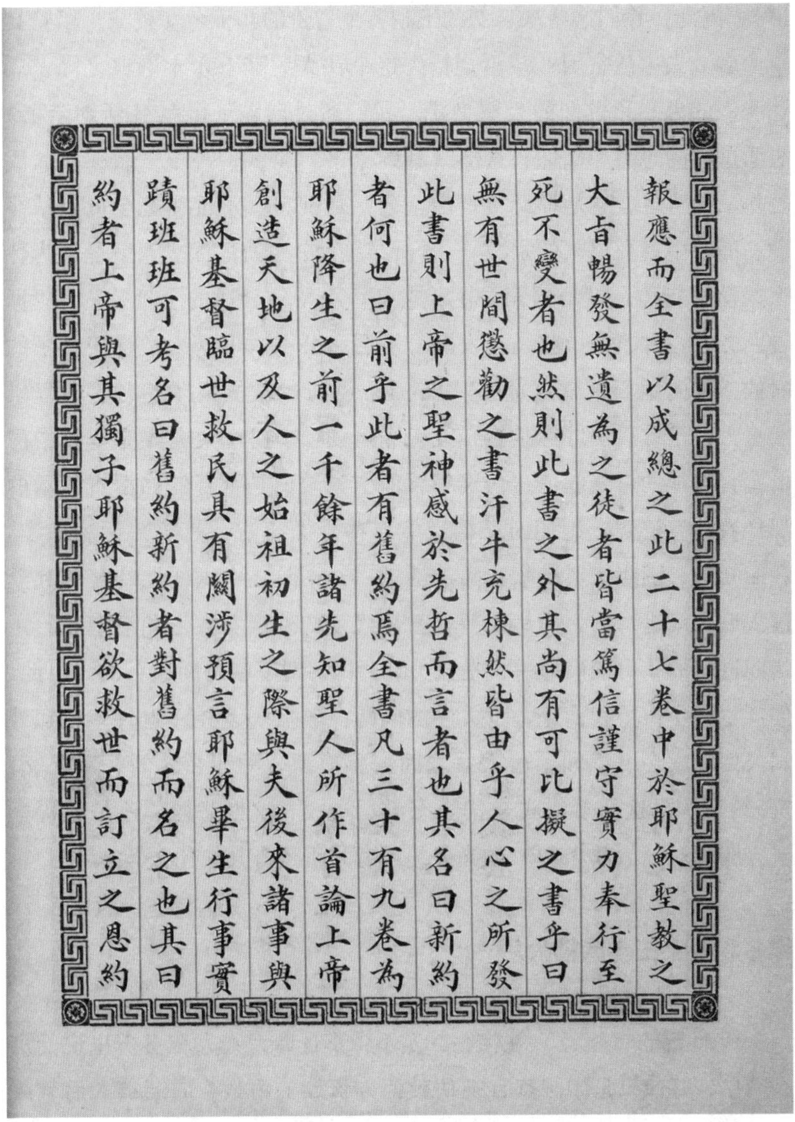

报应而全书以成总之此二十七卷中於耶稣圣教之大旨畅发无遗为之徒者皆当笃信谨守实力奉行至死不变者也然则此书之外其尚有可比拟之书乎曰无有世间惩劝之书汗牛充栋然皆由乎人心之所发此书则上帝之圣神感於先哲而言者也其名曰新约者何也曰前乎此者有旧约焉全书凡三十有九卷为耶稣降生之前一千余年诸先知圣人所作首论上帝创造天地以及人之始祖初生之际与夫後来诸事与耶稣基督临世救民具有关涉预言耶稣毕生行事实蹟班班可考名曰旧约新约者对旧约而名之也其曰约者上帝与其独子耶稣基督欲救世而订立之恩约

图10 "新约献本"中的《新约全书》"总序"。见1894年版的《新约全书》,现藏于英国剑桥大学图书馆的英国与海外圣经会档案馆。

道:"因此,我们这些来自您的王朝各个省份的几千名女教徒,尽管其中大多数人生活贫困,却不会错失这个在太后陛下六十寿典之际,表达我们的忠心和敬仰的天赐良机。我们通过向陛下敬献《新约全书》表明这样的忠心和敬仰,这部《新约全书》是我们神圣宗教的集大成之作,换言之,它是耶稣基督的宗教,是唯一真正旨在把全世界从罪孽和痛苦中拯救出来的宗教。"奏折结尾处,李提摩太夫人解释了为什么选择《新约》献给国家君主,它是一个特别合适的生日礼物:"据说西方有一种习俗,就是在女皇、王后和公主欢度这一类喜庆日子的时候,要向她们敬献这部书。"最后,奏折由教徒集体签名"恭呈崇熙皇太后圣鉴——耶稣教会信女公备"。[1] 李提摩太夫人完全以中国的基督教徒的口气起草这份奏折,但中国教民是否真的如奏折显示的那样看待慈禧呢?她们对慈禧究竟有些什么想法,其实并无法证实。我们知道,围绕庆典敬献礼品的活动,并不是在中国的女基督徒和慈禧太后之间进行的,而是在替女教民代言的外国女教士和清皇朝君主之间进行的;更准确地讲,是在美英两国与清王朝之间进行的。由此,便产生一个值得我们进一步关注的问题:敬献《圣经》这件事,在外国公使、教会组织和慈禧太后之间,启动了一种什么样的礼品外交?"新约献本"这部书到底是代表宗教、主权、女性联盟,还是在提醒对方履行对《天津条约》的义务,或者是否还有其他什么考虑呢?

维多利亚女王与慈禧太后

19世纪的《圣经》礼物,其实不像李提摩太夫人在奏折里说的那么简单,好像只是中国基督徒仿效西方贵族的习俗,向慈禧太后敬献一部《圣经》而已。我们还要进一步追问,李提摩太夫人指的到底是哪一种西方习俗?还有,在上述奏折中,她没有提到另一种情况:即西方人在何种情况下会以类似方式,把《新约全书》赠送给非西方国

---

[1] 见"Memorial to the Empress Dowager",上海,1894年11月21日。China Correspondence,全美圣经协会档案,第74A盘胶卷。

家的统治者？实际上，基督教世界的新教君主维多利亚女王，曾经在某些场合向人赠送《圣经》，但这些场合，与欧洲贵族内部"在女皇、王后和公主欢度这种喜庆日子的时候，向她们敬献这样的一部书"这类习俗所包含的意义完全不同。事实上，在19世纪60年代初（约1863），T. 琼斯·巴克曾就这一主题画过一幅著名的油画。这幅画的题目是《英格兰如此伟大之奥秘何在》，还有另一个标题是《维多利亚女王向非洲酋长赠送圣经》（图11）。在这幅画里，代表帝国尊贵形象的维多利亚女王身着华丽礼服，两手捧着一部《圣经》，与一位跪倒在地的非洲人形成鲜明的对比。与女王对照，无论是跪者躬着的背，还是他伸出的双臂，还有那渴望的眼神，都表明了他处于种族和文化的弱势地位。在女王和跪着的非洲人身后，站着英国军官和女王的丈夫阿尔伯特（绘画时他去世不久），这给场面进一步增添了皇家的威严氛围。艾德丽安·莫尼克（Adrienne Munich）指出，这幅画完成之后，即被运往英国各地巡回展出，所经之处包括英伦岛屿最偏远的区域，也包括1864年在北爱尔兰的贝尔法斯特举办的一次展览。对那些从未见过一个非洲人或印第安人的英国人来说，这些巡回展览，有效地向他们展示了大英帝国与异教徒之间的关系，以及"那些野蛮人如何归顺了基督教圣经和英国君主的统治"。[1]

多年后，为维多利亚女王继位黄金五十周年撰写回忆录的作者斯戴德（W. T. Stead）——著有《女王陛下：主权与朝代的研究》（1887）一书——回忆说，就是在那一段巡回画展期间，他首次与这幅画碰面。画面对英国君主权威的那种渲染，在斯戴德心目中留下了深刻的印象。斯戴德当时年龄很小，他是在位于泰恩河畔纽卡斯尔的一家美术馆里，第一次看到这幅画。那么，这幅画对于类似他这样从小被严格培养成圣公会的基督徒们来说，究竟意味着什么呢？斯戴德回忆说，连那些目不识丁的煤矿工人，都在"一遍又一遍地讲述着女王如何将这部书中之王，我们灵魂的拯救之书，赐予那个来自远方并渴

---

[1] Munich, *Queen Victoria's Secret*, 页145。

11　T. 琼斯·巴克,《英格兰如此伟大之奥秘何在》(约1863)。图片源自伦敦的国家肖像画美术馆。

望了解英格兰伟大之奥秘的异教徒"[1]。回顾他自己的体验，斯戴德又写道："恐怕这位肤色黝黑的非洲人被完全理想化了，他身着绚丽多彩的民族服装，全身上下珠光宝气，却在年轻的女王面前卑躬屈膝——假如我没有记错的话，女王穿着华丽的白色锦缎服装，走上前去接见这位充满好奇心的野蛮人，并赠送给他一部《圣经》以回答他的问题：'什么是英格兰的伟大之奥秘？'"[2]据称，巴克这幅画的标题，即源自于油画中那位非洲王子提出的问题，而他的问题，在女王向"野蛮人"赠送《圣经》的这个举动中，得到了圆满的解答。帝国意识形态以自己强大的教化力量，造成其视觉意象的说服力，并通过这幅画的叙事向观众阐明《圣经》的寓言性质。斯戴德是巴克这幅油画的第一代观众，也是目睹其他观众如何反应的见证人。这幅画在19世纪60年代触动了英国观众的心弦，它在巡回展览中途经英格兰、爱尔兰以及英殖民地，引起一连串转喻性的反响，对于这一切，斯戴德给我们留下了生动的观察。尤其耐人寻味的是，斯戴德直言不讳地说："我开始认识到，那些被教会和国家认为是最值得信奉的真理以及真理之精华，只有君主才能胜任其最后的仲裁。"[3]

巴克的画中所描绘的事件，没有留下文献记载，学者莫尼克认为这件事可能以某种形式的确发生过。她在英国国家肖像画美术馆里还看到过一幅佚名版画，画中年轻的维多利亚女王"将一本《圣经》递给一位戴着羽毛头饰和耳环、肤色黝黑的男人，其时，有些身穿制服的白人显贵们也出席了这个仪式"。[4]无独有偶，多年后确有一个真实的事件与巴克的那幅画惊人相似，这一次有文献记载，它发生在温莎城堡里。玛丽·莫莱特（Marie Mallet）在《与维多利亚女王一起生活》一书中，对1896年11月20日发生的事有如下回忆：

---

[1] 转引自 Munich, *Queen Victoria's Secret*, 页145。
[2] 同上。
[3] 同上。
[4] 同上书，页231。

女王端坐在王位上，正式接见了那些［非洲］酋长，酋长们通过一长列佩剑卫士朝前走来……女王欢迎他们，他们向女王敬献礼物，三条毛皮毯或豹皮地毯，虽然气味难闻，但价值实在。接着，女王讲话，她说她很高兴酋长们归顺于她的统治和庇护之下，并强调有必要禁止烈性酒进入他们的国土。女王的这些话被准确地翻译给他们，他们每个人依次作了回答。然后，女王亲手送给他们一部译成本土语言的《新约全书》和几幅装有镜框的巨幅照片，克拉伦登大臣上前给他们每人送了一块印度织巾，然后，他们向后退下，嘴里喃喃地说着一些感激的话。这些酋长的无声尊严和坦然自若给我们留下了深刻印象。我可以看出，他们被深深地打动了，但是他们竭力不表露自己的感情，并令人敬佩地做到了这一点。[1]

当然，非洲酋长的"无声尊严"，只有在他们臣服于女王的统治和庇护后，才能被如此欣赏。除了这些非洲酋长给女王敬献三条象征原始非洲的豹皮地毯的细节之外，这一幕中的其他重要细节，又一次重申了巴克油画中的殖民象征。女王给予这些非洲人回赠的三件神奇的礼物，实际上分别象征了宗教权威、科学技术（摄影）和对殖民属地的拥有权。[2]就印度织巾而言，维多利亚女王自从在1876年宣布成为印度女皇以来，就已经习惯性地将印度织巾作为礼品，赠送来访外宾。莫尼克对女王获得的这个新习惯，做出了恰如其分的分析："女王在位时并没有亲自访问过大英帝国皇冠上的这颗明珠，但她把印度输入到了英国——不仅是通过织巾之类相对无足轻重的小东西，她还输入了动物和人。印度在维多利亚的想象中占据很重要的位置，不过印度究竟对维多利亚意味着什么，她到底是如何想象印度的，我们只能依靠

---

[1] 同上页注[1]，页146—147。
[2] 何伟亚对英国和八国联军侵华过程中拍摄的图像，提供的分析，则从另一角度显示了类似的做法。见其著作 *English Lessons*：*The Pedagogy of Imperialism in Nineteenth-Century China*（Duke University Press, 2003），页195—208；页259—281。

推断来揣度——对她来说,也对许多臣民而言,印度赋予英国的恰恰是帝国的象征。"[1] 如此,女王赠送非洲酋长的《新约全书》也好,大英帝国的其他表征物也好,这一切都提醒我们,《圣经》在当时恐怕也要作为帝国的隐喻来解读。

1894年英美女传教士向慈禧太后敬献的《新约全书》,不是孤立的事件。玛丽·李提摩太和她的丈夫,是被苏格兰联合长老传教会派遣到中国的。在她年轻的时代,巴克的这幅画也曾在苏格兰巡回展出,那么,玛丽·李提摩太是否看到过这幅广受欢迎的油画?当她在上海提议将《新约全书》敬献给慈禧太后时,她是否也在自觉地仿效维多利亚女王?假如我们能够获取李提摩太夫人更详尽的生平资料,就有可能在这一系列的帝王礼物互赠的事件中,观察到它们之间的直接联系。但由于我们缺乏这些资料,所以就只能依赖这些事件本身的前后逻辑来互相印证,做出分析,因为我们的最终目的,是为了解释19世纪中,帝国礼品外交中的殖民关系和性别表现,而不是论证李提摩太夫人是否在有意识地模仿维多利亚女王。那么,关于英美两国女传教士向慈禧太后敬献《圣经》一事,巴克的油画又能告诉我们些什么呢?或者,换一个角度来看,1894年在北京发生的敬献《圣经》的事件,反过来对于1896年文献记载中的那一次维多利亚女王赠予非洲人礼物的事件,又能给予我们一些什么启发呢?

为此,首先要注意的是,在一个事件模仿另一事件(或图像行为)的过程中,如果其中展示出来的,不仅仅是当事人的意图,而且还包括一连串的复制和转喻的交换关系,那么,我们就应该进一步地追究,在帝王礼品交换的过程中,驱动这一类的殖民图景不断进行时空转换和自我复制的力量究竟来自哪里?

我在本章开篇中曾经提到,慈禧太后在清政府履行不平等条约的义务和她本人对反基督教的立场之间,在很长一段时间里都举棋不定,态度表现得十分暧昧。其后果是,在她垂帘听政期间,传教士们,还

---

[1] Munich, *Queen Victoria's Secret*, 页147。

有受雇于圣经协会分发《圣经》的雇员们，经常在中国内地遇到麻烦。1894这一年，由于一场瘟疫肆虐南方地区，在为美国圣经协会散发《圣经》的雇员中，有两人被当地人指控说，他们在"香袋"里携带的毒药，是引发这场瘟疫的罪魁祸首。根据海格思主教的描述，这些人往往被激愤的民众围攻和殴打。在这些事件中，把《圣经》解读为毒药，这似乎与巴克那幅画所宣扬的圣书的神秘威力无意中有某种暗合，不过这一次，《圣经》的神秘威力变成了夺取生命的力量，在民众中造成了普遍的恐慌。

由于在慈禧太后的眼皮底下，外国传教士和经营散发《圣经》的华人雇员，碰到越来越多的骚扰，美国圣经协会的代理人海格思主教在1894年9月20日写道：

> 我们的人在[北京]城里遇到了麻烦。几天前，他们在街角处讲道和售书，长老会的传教站就在那条街上，一群人在一名穿戴整齐的满人带领下将陈列的书一一踢翻，并质问他们为什么不与"他们所追随的那些魔鬼一道"离开这座城市。这些人辱骂我们的雇员和他们的祖先，明确想阻止他们出售"魔鬼的书"。我想这些人是被近日的战事所激怒，他们自然没有把其他外国人跟日本人加以区分。[1]

李提摩太夫人在她的庆典奏折里，对反基督教的教案频频爆发并有扩大之势的情况，也有所暗示，为此她特意将以下的文字包括在内："在陛下所制定的许多公正的法律中，有些条款很重要，它要求您对基督教徒提供庇护，这种庇护应和陛下对其他宗教所提供的庇护是同等的。"[2]也就是说，敬献这部《新约》的目的之一，是为了及时提醒慈禧太后，她有责任维护《天津条约》赋予外国传教士和本地基督教

---

[1] 约翰·R. 海格思主教致爱德华·W. 吉尔曼主教的信。上海，1894年9月20日，China Correspondence，全美圣经协会档案，第74A盘胶卷。

[2] "Memorial to the Empress Dowager"，上海，1894年11月21日。

徒的特权,并制止发生在各省的暴力和流血事件。

李提摩太夫人始终强调,"新约献本"的含义在于其性别象征,是中国的女教民直接向自己的女君主表达崇敬之心的一个方式。但事实上,男权外交机构的深度介入,使得"新约献本"不能不成为帝国礼品外交中的主权象征。从一开始,传教士中的男性就明显主导了上海筹办小组的运作,同样,"委办"版本的翻译和出版,也一律是由男传教士承担的。学者韩南新近的研究表明,"委办"译本的《新约全书》,最后是由麦都思(Walter Henry Medhurst)跟他的三位中国助手合作完成的,其中一位就是著名学者王韬(1828—1897)。[1]伦敦传教士协会的慕维廉,在用英文给"新约献本"起草总序后,特地邀请王韬将这篇文字译成中文。在此之后,英美各自的公使,以及总理衙门的大臣也都加盟进来,负责将这一礼物转交到慈禧太后手中。

由此看来,李提摩太夫人在奏折里提到的华人女教民的说法,不能不说是一种修辞术。那么在何种意义上,性别对于主权想象会真正产生意义呢?英美两国的女传教士将慈禧太后视为和她们一样的女性,这个观点是否能够成立?女性这一概念的真实性和普世意义究竟体现在哪里?它是不是足以一方面把慈禧与女传教士归为一类,另一方面,又将慈禧与底层的女教民也概括其中呢?那么,慈禧太后又是如何回应英美女传教士对其女性身份的期待呢?

德龄公主对慈禧的日常生活的描述中,有些细节表明慈禧并不总是把自己当作女人看,她执意要光绪皇帝叫她"亲阿玛",满文是"爸爸"的意思。德龄写道:"太后喜欢做男人,就让我们都以男性称呼她。这也是太后的怪癖之一。"[2]慈禧本人最喜爱的口头称呼"老佛爷",显而易见也是口语中的男性称谓。这一切表明,慈禧是通过性别话语来理解君主权威的,她把自己看作是父权制度的君主(众所周

---

[1] Hanan, "Chinese Christian Literature," 页272—278。根据韩南的这项研究,王韬的父亲王昌桂,是传教士麦都思雇用的第二任翻译助理。王昌桂去世后,王韬受邀继续担任《圣经》的翻译助理,并负责《新约全书》后半部的译文以及《旧约全书》初稿的翻译。
[2] 德龄(Der Ling)著,《清宫二年记》(*Two Years in the Forbidden City*, New York: Moffat, Yard and Company, 1912),页68。

知,是她选择了光绪继承皇位,也是她将其实行象征性的阉割)。女传教士以华人女教民的名义向慈禧敬献生日礼物之后,此活动所引发的礼物交换事件,正可以证明这一解读。以下我们可以清楚地看到,敬献《圣经》为慈禧太后提供了怎样的机会,她如何接过女传教士的性别游戏,并且以自己的方式来理解这个游戏。

据记载,慈禧太后十分大度地接受了这部《圣经》,并且想知道敬献这份礼物的牵头人的名字。于是,英美公使分别提交了李提摩太夫人(李夫人)和费启鸿夫人(费夫人)的姓名,以及来自几个传教组织的共二十位女传教士的名字——名单上显然没有列出捐助这份礼物的华人女教民。这份名单提上去不久,美国公使田贝上校就收到总理衙门的照会,告知慈禧太后有礼物回赠那些捐献名单上的女传教士。1894年12月15日的这份照会,对慈禧太后的回赠礼物有如下详细的描述:

> 贵大臣在案,十一月初一日,续准美馆哲翻译〔Fleming Duncan Cheshire,哲士——作者注〕函送祝嘏之女教士名单一纸,本署当代恭呈。御览奉懿旨,首事李氏〔李提摩太夫人——作者注〕、费氏〔费启鸿夫人——作者注〕每名赏给江绸一卷、大缎一卷、针黹一盒、手绢二匣,帮办女教士马氏等二十名,每名赏给手绢一匣、湖绉一卷。以上各件与本月十二日函送美馆,查收属其按单分交该女教士等祗领。业于本月十四日准美馆函复收到,转交在按,相应函达,贵大臣查照可也。[1]

我在美国圣经协会看到了中文照会的这份拷贝,照会明确把捐献者名单上提到的几个人称为"女教士",但同一卷宗里也保存了当年的英文译件,则将其写为"female converts"(即"女教民")。译文之间的这一字之差,当然不无言外之意,因为照会的英译文是发给英美教会的

---

[1] 总理衙门的亲王和大臣致奥康诺先生的信。北京,1894年12月15日,存档译件。见 China Correspondence,全美圣经协会档案,第74A盘胶卷。

传教总部看的，其受众不同于英美驻华使节的外交官员。对美国教会的传教总部而言，这是以含蓄的方式表明，基督教的中国"女教民"在与慈禧太后进行直接的交流，因而慈禧太后"对这件礼物的欣赏，就明白无误地证明"在华传教士的工作已经取得了清朝君主的认可，所以值得传教总部的继续支持。[1]不过，在总理衙门的亲王和大臣们看来，礼物这样互赠，并不是在女教民和慈禧太后之间进行的，而是在基督教的"女教士"和清朝君主之间进行的，从引申意义上说，这是英美两国与大清帝国之间的外交。

慈禧对《圣经》献本的态度，多少也体现在她回赠给女教士的江绸、大缎、针蒂、手绢等物件上，这些物件在当时被《北华捷报》（*North China Herald*）描述为"一些刺绣必用品"。[2]表面上看，这些"女红小物件"好像表明慈禧太后只是沿袭了外交礼仪，实行女性和女性之间的礼品外交（这种礼节性的交换在当时的女王、公主，以及外国公使夫人中间十分普遍）。但是，这一次的礼品馈赠，与惯常的贵族外交礼仪有很大的不同，因为女传教士们所采取的性别立场，比如自诩是普通华人的"女教民"的代言人等，是不可能在人们所熟悉的那种贵族礼品外交的符码中看到的。女传教士精心设计的这次与清朝皇太后——亦即一位非西方教民的皇太后——的交流，自有其不寻常之处。追根溯源，我认为这次交流的不寻常之处在于，19世纪女性的身份和跨文化地位都发生了巨大的变化，而这场史无前例的变化，跟女权运动的兴起有密切的关联。

海外传教的楷模

19世纪早期，始有基督教传教士携带妻子去亚洲或世界上其他遥远地区宣讲福音，但直到19世纪后半叶，白人妇女自行组织的传教会

---

[1] 约翰·R. 海格思主教致爱德华·W. 吉尔曼主教的信，上海，1894年12月21日，出处同上。

[2] 见"Correspondence," *North China Herald*, 1894年12月21日。

才开始出现。史学家简·亨特（Jane Hunter）在其对美国女传教士的研究中论证，19世纪60年代以前，整个传教领域里只有不到十二名的单身女性，而且这些单身女性必须设法加入其亲友或已婚夫妇的行列，才能出国进行传教。这些单身女性中包括伊莱扎·安格纽（Eliza Agnew）和菲黛丽亚·费斯克（Fidelia Fiske），早在19世纪40年代，她们两人在锡兰和波斯就开创了教育和福音传教工作。由于性别禁忌的原因，男传教士向非西方社会里占半数人口的妇女讲道经常是被禁止的，因此教会总部认为，在这些地区，传教士的妻子对于传教事业的成功，起着至关重要的作用。由于这个原因，许多传教士的妻子也被授予了助理教士的头衔，好让她们充分履行自己的特殊使命。北美南北战争之后，开始有大批未婚女性加入海外传教事业，由是，独立的、有长久计划的女子传教才得以产生，并很快发展起来。此外，南北战争也使得美国妇女获得了大量的组织工作经验，这使她们获得自信，开创自己的传教会，从而可以集体地从事在过去一直由个体的女性单枪匹马所干的事业。1869年成立的妇女传教会，是公理会（the Congregational Church）的一个分支，也是基督教教派中的第一个妇女传教会。同年，循道会（the Methodist Church）的海外妇女传教协会，以及其他类似的机构也相继成立。到了1900年，已经出现了41个规模大小不一的美国妇女传教会，这时，在海外的传教领域里，女传教士在人数上开始超过男性。[1]

在第二次宗教大觉醒运动（The Second Awakening）的鼓舞下，来华宣讲福音的女传教士制定了一个工作目标：她们要把土著妇女从偶像崇拜、男尊女卑和各种形式的父权压迫传统中拯救出来。女传教士蔑视妇女缠足、文盲以及一夫多妻制，她们把自己想象为解放了的个人，是西方文明最佳价值的代表。虽然如此，其实女传教士对女性身

---

[1] 有关历史背景，见Jane Hunter, *The Gospel of Gentility: American Women Missionaries in Turn-of-the-Century China* (New Haven: Yale University Press, 1984)，页1—16。相关研究也见Patricia R. Hill, *The World Their Household: The American Women's Foreign Mission Movement and Cultural Transformation, 1870-1920* (Ann Arbor: University of Michigan Press, 1985)。

份的理解仍然局限于贤妻良母的概念,这是因为,从小的福音教养使她们中的多数人坚信,上帝给女人规定的位置在家里。至于在多大程度上女传教士能够想象自己已经被解放,并从父权的束缚中获得自身的自由,这取决于她们实际上与本国的父权价值之间到底拉开了多大的距离。而对于维多利亚时代的性别理想和性别等级而言,女传教士在殖民地或外国的生活,引入这种距离因素是很自然的。

不过,妇女传教会虽然变得日趋重要,白人女性仍然被排斥在文字工作之外,特别是被排斥在《圣经》的诠释和翻译工作之外,因为《圣经》的诠释和翻译始终被看作是有学问的男性独享的特权。在1895年,《新约全书》的敬献在北京发生后不到一年,美国女权主义的重要先驱伊丽莎白·凯迪·斯丹通,在纽约出版了她那部备受争议的题为《女子圣经》的著作,并在书中抗议教会机构将妇女长期排斥在神学和《圣经》诠释之外。斯丹通动笔撰写这部《女子圣经》的契机之一,是因为英格兰圣公会在1870年成立了一个《圣经》修订委员会,计划重新修订1611年的詹姆斯王钦定版的英文《圣经》,但是这个委员会的成员中没有一名女性。斯丹通抗议说,男性神学家们把上帝的形象塑造成男性,而且不断地复制有利于男性的《圣经》版本。[1] 她认为,这一宗法神学传统是压迫女性的直接原因,它不仅剥夺了她们的尊严,而且还将她们束缚于所谓的上帝规定的家庭范围内。

斯丹通强调说,《圣经》一方面赋予西方文明价值观和世界观,另一方面,也造成了女性心理的自卑感,进而实行对她们的身心压迫。因此,对广大妇女而言,争取自由不仅仅意味着争取选举权,妇女必须首先把自己从长期受奴役的心理状态中解放出来。为此,斯丹通在1886年开始构思《女子圣经》,并努力争取朋友和同事们的支持和帮助,但直到1890年代,她的计划才获得了一些女性朋友的支持,正式开始。

斯丹通在《女子圣经》里,对《新约全书》中《马太福音书》里

---

[1] 见 Dale Spender, "Introduction to Elizabeth Cady Stanton," in *The Woman's Bible: The Original Feminist Attack on the Bible* (New York: Arno Press, 1972), 页 iii—iv。

的一节（25：1—12），尤其是有关精明的和愚笨的童贞女的故事，作出了自己的诠释，她写道：

> 世上的女人为了教育她们家中的男人，无知地做着自我牺牲，让自己的身躯成为丈夫、兄弟和儿子们爬上知识王国的梯子，而她们自己却被排斥在一切智识交往，甚至包括与她们最亲爱的人的智性交往之外。这与那些愚笨的童贞女完全一样。这些女人忘了修剪自己油灯的灯芯，以使灯火长明；她们的容器里没有一滴油；身上没有任何资源。她们既不能给自己的家庭带来光明，也不能给她们活动的圈子带去光明；当新郎到来时，哲学家、科学家、圣者、学者、大师和有学问的人——所有的人都来到科学和宗教的盛筵的时刻，虽然愚笨的童贞女也同样出席这个盛筵，但是她们实际上还是被排斥在外。因为她们对于那些激励每一种语言、激发每一个思想火花的宏大主题又知道些什么呢？如今，就连她们曾教诲过的兄弟和儿子，也都已取得了她们无法达到的成就，跨越了她们无法懂得的距离。[1]

经过这样的诠释，《马太福音书》里关于精明的童贞女和愚笨的童贞女的寓言，在斯丹通笔下，就变成了培养女性勇气和自立精神的一课。斯丹通对这个章节，以及《旧约》和《新约》中的其他章节所作的女权主义的解读，使多数同代人感到震惊，并难以接受。事实上，在1896年，《女子圣经》第一卷出版之后，此书在全美妇女选举权运动的内部引起了极为激烈的争论，并最后导致了"相当于公开谴责的表决"。[2]斯丹通这部著作，给基督教教会机构和"体面"的妇女选举

---

[1] Elizabeth Cady Stanton, *The Woman's Bible* (Boston: Northwestern University Press, 1993), 页125—126。

[2] Mary D. Pelauer, *Toward a Tradition of Feminist Theology: The Religious Social Thought of Elizabeth Cady Stanton, Susan B. Anthony, and Anna Howard Shaw* (New York: Carlson Publishing, 1991), 页22。另见 Stanton, *Eighty Years and More: Reminiscence, 1815–1897* (New York: Schocken Books, 1971), 页390—393。

权运动所带来的威胁,暴露了世纪转折时期妇女解放诉求的局限性。但是,斯丹通对上述引文中"知识王国"的思考,以及她将主权的概念看作是现代主体性的基础这一点,则跟全美妇女选举权协会的诉求完全一致,认识到这一点很重要。

斯丹通在其早期关于妇女权利不可剥夺的政治论述当中,已经开始把妇女的权利解释为一个能够与君主权利相互通约的概念。在1869年,斯丹通用主权国家来隐喻夫妻关系,论述两个"主权国家"如何通过婚姻的机制而达到相互联盟:

> 在两个国家双方都承认对方拥有无限主权的条件下,它们可以完全以平等的身份缔结复杂的联盟关系。这种联盟关系会破坏各自的独立和自由,使双方签订一些不太高明且苛刻的条约,这些条约在实行其约束力的时候,甚至会使双方不相互毁灭就无法履行。于是,双方基于各自的差异和需求,互设陷阱。我认识的许多家庭,夫妻两方可以说诚实劳动了一辈子,他们也一起为争取妇女的权利斗争……为了两性的平等而奋斗,但他们两人谁都不敢说自己的灵魂属于自己,结果,两人相互平等地成为对方可怜的奴隶,就是因为一方凌驾于另一方,要求对其获得所有权,也因为另一方真诚而无知地愿意割让自己的权利;简而言之,放弃了自己个人的主权——将自己埋没在婚姻的禁锢中。[1]

两性婚姻与两国外交的这种类比,究竟可以延伸到多么远才到达边界,斯丹通没有进行详尽的论述。问题是,究竟在什么意义上,国家之间的主权关系可以来隐喻性别关系呢?其实很清楚,斯丹通在她早期著述里对国家主权这一概念的使用,在很大程度上仍旧停留在隐喻式的语词置换上,并没有深入探讨现代主权的理念本身。

但在她晚期的著作中,斯丹通开始正面论述被其称之为"自我主

---

[1] Stanton, "Collected Speeches," 见 Beth M. Waggenspack, *The Search for Self-Sovereignty: The Oratory of Elizabeth Cady Stanton* (New York: Greenwood Press, 1989),页122。

权"的这一概念,旨在澄清个人权利和君主权利之间的关系。在1892年1月18日的争取妇女选举权运动的会议上,她发表了一个著名发言,叫做《独处的自我》。在这篇讲话里,斯丹通利用主体性和殖民冲突的男性叙事,来建立她关于女性的与生俱来的"自我主权"的概念。她论证说,"我们在论述妇女的权利时,首先应当考虑,什么才是属于她自己世界的,属于她作为个人,并能实行自我裁决的范围?比方说,我们完全可以设想有一个女性的鲁宾逊·克鲁索,她带着自己的女星期五住在孤岛上,在这种情形下,妇女的权利意味着她为了捍卫自身的安全和幸福,要尽其所有的才智。"[1]这里值得我们注意的是,斯丹通在这段论说里,对殖民地秩序如此向往,对笛福小说又如此自然地引用,这表明,早期女权主义对主体性和自由意志的想象,在很大程度上归功于殖民主义的主体性概念。我们不能不问,谁来充当斯丹通的女性鲁宾逊·克鲁索呢?她的女星期五又是谁呢?细察早期女权主义思想家对妇女权利的这种论述,我们不能不将其与种族问题和殖民史结合起来思考。[2](图12)因为斯丹通心目中的女性公民,是一个女鲁宾逊·克鲁索,她还有自己的野蛮人——一个女星期五——陪伴。而与此同时,在文明前哨奋斗的女传教士,她们的人数也即将超过男性传教士的总人数,这两件事之间有没有联系?

我们不妨再来看看,维多利亚时代妇女在公共领域的形象,是如何建立起来的。学者玛格丽特·赫曼斯(Margaret Homans)曾就维多利亚时期的著名英国评论家约翰·拉斯金(John Ruskin)题为"御花园"的著名演说,进行深入的分析,她的研究表明,维多利亚妇女在公共领域里的作为,在很大程度上依仗了以维多利亚女王为首的君主形象。拉斯金说,英国中产阶级妇女格外具有"养护他者、救赎他者

---

[1] 同上页注[1],页159。
[2] 安·斯多勒(Ann Stoler)对米歇尔·福柯的《性话语史》(Michel Foucault, *History of Sexuality*)的解读表明,性别话语如何被嵌入于欧洲人的殖民经验,是我们探究现代欧洲性别话语生成的重要角度。见 Ann Stoler, *Race and the Education of Desire: Foucault's History of Sexuality and the Colonial Order of Things* (Durham: Duke University Press, 1995),页55—94。

图12 八国联军占领北京期间,一位白人女性坐在故宫的皇帝宝座上留影。见 Military Order of the Dragon,华盛顿 B. S. Adams 出版社 1912 年出版,页 24。

和守卫他者的力量,如同那王权高贵之手的力量,可以从事手到病除、擒拿魔鬼、解救囚犯的事业,因为皇权建筑在正义的磐石之上,沿着慈善的台阶代代相传。难道这样的君权、这样的王位不令人向往吗?谁不愿意成为这样的君主,谁还愿意再当家庭主妇?"[1]拉斯金在此将女权与君权相提并论,从另一个角度支持了斯丹通关于妇女权利的论述,进一步说明妇女进入公共领域并不简单是走出家庭;它还意味着介入和参与全球福音主义所遍布的帝国事业,而斯丹通对此是大为赞赏的。[2]斯丹通甚至毫不犹豫地认为,美国的立法过程,与基督教士在全球范围传教这件事之间有某种天然共通性。她在题为《在纽约州议会的演说》中说,国家的立法部门,从来不会等到犯罪分子自动请求服刑,或者等到精神病患者、白痴和聋哑人自动要求去精神病院和收容所时,才收治他们。那么按照同一道理,"基督教徒出于他对全人类的爱,难道需要等多数蒙昧的异教徒向他要求福音的时候,才出去传教吗?当然不会。基督教徒虽然没有被邀请,不受人欢迎,但他仍要漂洋过海,越过压在人类头上的迷信的崇山峻岭,去歌颂灵魂的不朽、人性的尊严,还有天下人都应享有自由和幸福的权利。"[3]斯丹通最后的结论是,即使大多数妇女还不了解政务,还没有出来要求选举权,但这本身并不说明女性的权利可以被剥夺。值得注意的是,斯丹通在修辞上将妇女与罪犯、精神病患者和蒙昧的异教徒进行类比,这中间可能隐含着某种悖论,甚至颠覆作者本人的论点,但这一类比并不是毫无来头。斯丹通当时已经看到,女传教士在国外传教,为妇

---

[1] Margaret Homans, *Royal Representations: Queen Victoria and British Culture, 1837 – 1976* (Chicago: University of Chicago Press, 1998),页72。

[2] 斯丹通在她的题为 "Address to the Joint Judiciary Committee, New York Legislature"(1854年2月14日)的发言里,要求"必须完全承认我们作为帝国之州的公民权利。我们是本地的自由公民;我们是财产拥有者,纳税人;然而,我们却被剥夺了自由公民的选举权。我们不仅是自立的人,我们还在一定程度上,支持你们的学校、你们的大学、你们的教会、你们的贫民区,还有拘留所、监狱、军队,以及你们的海军和整个国家机器,但是,在你们的机构里我们没有声音。我们具备宪法规定的、合法投票者所必需的一切资格。我们有道德,有美德,有聪明才智,但在你们的法律眼里,我们是白痴、是疯子,与黑人同类"。Stanton, "Collected Speeches,"页97。

[3] 同上书,页115。

女的未来参政带来了一线希望,因为这些女性在家国之外已经获得的成功表明,欧美妇女在家国之内也将获得成功。[1]"难道在这里我们就没有可开辟的新领域吗?"她接着问:"那些虔诚的女性在印度等传教岛屿上所成就的,难道我们就不能在哈佛大学、耶鲁大学和哥伦比亚等大学里有同样的收效吗?"[2]斯丹通身体力行,不但仿效那些出国去征服未开化的异教世界的女传教士,她还和其他几位女权主义活动家撰写《女性选举权历史》(1881—1922)这部多卷本巨著,希望这个运动最终能把"妇女解放的欢乐福音带给所有文明的国家"。[3]

史学家默莱·鲁宾斯坦(Murray Rubinstein)曾对在华的美国基督教传教会作过一些深入研究。他发现新教福音派的传教士,从一开始进入中国,就将自己置身于作战状态,语言里充满了军事隐喻。这些传教士以极富战斗性的精神投入传教活动。他们来到中国这个作战前线,将敌人分成四大种:第一种是异教徒民众,因为这些民众沉湎于"异国野蛮人的宗教仪式";第二种是清朝政府,因为清朝政府在1858年和签署《天津条约》之前,不允许传教士到处宣扬他们的宗教;第三种是天主教会和各类天主教传教协会,尤其是耶稣会和多明我会,因为这几个教会使成千上万的华人皈依了天主教;最后一类是在广州的西方商人,因为这些商人对传教士和他们的事业表示了公开的蔑视。[4]新教福音派主张用武力打开中国大门,渴望看到鸦片战争的爆发,而且他们对武力的期待不是没有其神学依据。这个依据就是,人的主观行为,对基督耶稣回归人间那一日的早日降临可以起到促进作用。

---

[1] 这一局面一直持续到第二次世界大战。杰西·鲁茨(Jessie Lutz)对教育家明妮·魏特琳(Minnie Vautrin)和德本康夫人(Matilda Thurston)在中国的生涯的研究表明,20世纪早期美国女传教士能在中国获得重要地位并发展专业生涯,这在当时的美国对妇女来说是不容易获得的。见 Jessie G. Lutz, "The Chinese Education of Minnie Vautrin and Matilda Thurston: Variants that Converged," 该论文在亚洲研究学会(Association for Asian Studies)2003年年会上宣读,纽约,2003年4月。

[2] Stanton, "Collected Speeches", 页135。

[3] 斯丹通、安东尼(Susan B Anthony)和盖杰(Matilda Jocelyn Gage)编, *History of Woman Suffrage*, 6卷本(New York: Fowler and Wells, 1881 - 1922), 卷3, 页 iv。

[4] Murray A Rubinstein, "The Wars They Wanted: American Missionaries' Use of *The Chinese Repository* before the Opium War," *American Neptune* 48, no. 4(1988年秋季刊), 页271。

鲁宾斯坦指出:"他们把这种主观的行为称作是无私的仁义。即上帝对于人类的大业,需要人的积极配合。基督的千禧年就是他们的目标。这两个概念被如此连接在一起时,于是就出现了传教神学的核心。由此而产生的,不仅是某种新生的基督千禧年情绪,而且还有传教事业的理论基础。"[1]我在第二章里曾提到,在离开第一次鸦片战争爆发的前七年,传教士郭实腊(Karl Gützlaff)曾写书向英语世界大声呼吁:"在仁慈的上帝和救世主的帮助下,我们可以满怀信心地说,中国的大门将很快被打开。至于由谁来做到这一点,或采取怎样的手段,这都无关紧要。"[2]现在,前所论述又让我们看到,基督教福音派到殖民地传教的新潮流,又如何激发了斯丹通对白人妇女自我主权的想象。这表明:帝国主权和妇女权利之间有着不可分割的历史关系,两者都曾深深卷入近代史上的帝国征服和殖民地运动。

因此,毫不奇怪,当一位男士向斯丹通指出,她应该感到欣慰的是,世界上没有任何国家的妇女比美国妇女享有更高的地位时,斯丹通反问道:"我的政治地位能有维多利亚女王的地位那么高吗?维多利亚女王统率着世界上最强大的国家,而此刻,近两百万的美国本地妇女难道不是注定沦为最卑贱的奴隶,惨不忍睹,就连天使都要为她们流泪吗?"[3]此处斯丹通将自己与维多利亚女王相提并论,乍听起来有点奇怪,但仔细想想,这种自比并非完全不恰当。因为在当时,维多利亚女王的统治本身,也恰恰被卷入了英国有关选举制度改革问题的激烈辩论和社会风潮之中,那一系列的辩论和社会风潮,最终导致1867年的"改革法案"(the Reform Bill)终于被英国议会通过。学者赫曼斯的研究表明,维多利亚女王始终按照中产阶级女性(坚贞不渝

---

[1] 同上页注[4],页272。

[2] Karl Gützlaff, *The Journal of Two Voyages Along the Coast of China in 1831 and 1832* (New York: John P. Haven, 1833),页123—124。

[3] Stanton, "Speech on the Anniversary of the American Anti-Slavery Society,"见 Ellen Carol Dubois ved., *The Elizabeth Cady Stanton-Susan B. Anthony Reader* (Boston: Northeastern University Press, 1992),页83—84。有关凯瑟琳·比丘(Catherine Beecher)如何利用维多利亚女王的形象,艾米·卡普兰有透彻的分析。见 Amy Kaplan, "Manifest Domesticity," *American Literature* 70, no. 3 (1998年9月),页586。

的妻子，痛不欲生的遗孀）的模式来塑造她的自我形象，这个形象在当时争取妇女参政运动中扮演了强劲而又矛盾的角色。[1]赫曼斯特别强调的是，女王"代表"民意这件事本身的歧义性——这里既有纯属象征的代表（因此偏重于强化君权和贵族政治），又有直接的民主代议之含义——这一歧义性在选举制度改革的背景下，得以充分的体现。维多利亚女王统治的暧昧性，使得民意的政治表达形成某种循环式的逻辑。简言之，女王之所以能够"统治其臣民，是因为她代表他们，而她之所以能代表他们，是因为她与自己的臣民有类似之处，但她之所以与自己的臣民有类似之处，是因为臣民拿女王做自己的楷模。按照霍布斯（Hobbes）的君主和臣民互为因果的说法，这一切都是顺理成章的"。[2]与此同时，维多利亚女王的性别身份在选举改革的政治中，发挥了明显的作用。虽然女王本人是反对政治改革的，但是当妇女参政权的拥护者来到议会要求政治改革时，他们偏偏强调了维多利亚女王的性别，指出英国是由"我们至高无上的女王"所统治的。[3]比如，当时评论家查理斯·金斯莱（Charles Kingsley）为维多利亚女王1865年的《在苏格兰高地的生活日记片段》一书撰写书评的时候，他写道："女王陛下呼吁妇女选举权的方式极其微妙，极其有力。她采用至为淳朴、诚恳、自信的笔调，讲述自己的故事。"[4]

斯丹通和英国妇女参政主义者之间的交往十分密切，所以并不奇怪，她对妇女自我主权的想象，会带有强烈的维多利亚时代的印记。与其说斯丹通拿维多利亚女王自比，倒不如说，她回应的是自1860年代以来，在英国发生的围绕选举制度改革和争取妇女选举权的一系列的辩论。其实，此间正是维多利亚女王为爱尔伯特（Albert）亲王服丧

---

[1] 见 Homans, *Royal Representations*, 页 100—156。有关对维多利亚作为女性君王的自我思考，可参看 Gail Turley Houston 的文章, "Reading and Writing Victoria: The Conduct Book and the Legal Constitution of Female Sovereignty," 见赫曼斯（Margaret Homans）和莫尼克（Adrienne Munich）编, *Remaking Queen Victoria* (Cambridge: Cambridge University Press, 1997)。

[2] Homans, *Royal Representations*, 页 147。

[3] 同上书，页 xxv。

[4] 转引自 Homans, *Royal Representations*, 页 149。

期间，因而她很少公开露面，但在关于选举制度的改革和妇女选举权的争论中，女王的君主形象仍然发挥了重要的作用。在妇女参政主义者的眼里，维多利亚女王是民意的代表，她们把政治代议制的循环逻辑推到了尽头，坚持从字面意义上去解释维多利亚女王的性别身份，借此将自己的欲望投射到维多利亚女王所象征的主权身上。

投射到女性君主身上的欲望，也是女王与其臣民互为幻象的再次反射。这种代议政治的循环逻辑，于是成为斯丹通对北美妇女的自我主权反思的基础。不过，我们在前文已经看到，维多利亚女王并不是唯一承担此种主权想象的对象。在她的那个时代，基督教新教的女传教士也以同样的方式，在慈禧太后身上寄托了她们自己的自我主权的愿望，说明了主权想象在这个阶段的循环方式其实更为广泛：它既有妇女参政主义者对维多利亚女王的想象，又有基督教传教士对慈禧太后的想象。接下来我们要进一步论证，维多利亚女王赠与非洲人的《新约全书》，和女传教士向慈禧太后敬献的中文版"新约献本"，这两个在19世纪分别表达的君主交换方式之间，究竟存在怎样的内在联系？

君主交易中的"女红小物品"

为了寻找这个问题的答案，我们不能不进一步检讨，女传教士在基督教殖民主义扩张中的身份和作用。倘若李提摩太夫人在英国本土，她会不会想到在维多利亚女王的寿辰之际，向女王敬献《圣经》或者什么其他礼物呢？她能够产生此种奢望吗？可能性是微乎其微的。普通的白人女性，由于其社会地位和性别的原因，不会被允许以此种方式逾越他们与贵族社会的界限。这些女性到了境外传教之后，才开始获得这个机会和其他各种机会。在19世纪80年代和90年代，白人女性大批地涌入传教领域，这一现象引起了基督教新教传教总部的男牧师的警觉，他们提醒妇女们不要忘记自己的本分。史学家简·亨特写道，"尽管很多新教传教部门把女传教士的活动尽量限制在妇女工作的范围内，做得很成功，但男女传教士人数的比例失衡，构成了某种威胁，它意味着传教工作本身的性质和声誉在发生变化。反对妇女传教的呼声最早是担心有失体面，到了1888年，就变成了新教传教总部竭力维持少数的男性对多数的女性传教士的控制。"[1]公理会教友委员会不许女传教士在各自的传教站会议上有投票权，也不许她们有任何发言权。在传教站开例会的时候，女教士往往没有什么选择，只能带着编织物坐在那里一边干活，一边旁听。到1894年，美国基督教海外传教部（ABCFM）终于做出决定，在国外传教的女性可以有一定发言权，不过只能限于"跟她们自己的［妇女］工作有关的范围"。这个政策一直维持到20世纪20年代都没有任何改变。[2]这就解释了1894年在上海传教士工作会议上，女传教士对"新约献本"的提议，为什么很快得到男传教士的支持，不仅如此，男传教士还任命李提摩太夫人和费启鸿夫人作为"新约献本"小组的成员。女传教士和慈禧太后之间的礼物交换被认为是合情合理的，因为它似乎符合美国基督教海外传教部在同一年所下达的新规定，即没有逾越与"她们自己的［妇女］工作有关的范围"。

然而，在中国的基督教组织从来没有任命过一个女性，成为《圣经》翻译决策委员会的成员。白人女传教士，自始至终被排斥在斯丹通所说的"知识王国"和"智识交往的关系"之外，她们在传教站的主要角色，是替丈夫与家庭服务和作自我牺牲，这与斯丹通在《女子圣经》里抨击的家庭关系似乎并无两样。但是，在传教士夫妇当中，会出现一种情况让夫妻双方都感到无所适从，因为妻子的外语能力经常超过她的丈夫，而外语能力又是传教事业成功的先决条件。亨特在《士绅社会的福音书》一书中，提到一位名叫玛莎·高第丕（Martha Crawford）的女传教士，她因为自己在语言方面胜过丈夫而备加苦恼，高第丕（Tarlton Perry Crawford）本人也为自己说不好中文而深感难堪。玛莎·

---

[1] 见 Hunter, *The Gospel of Gentility*, 页14。
[2] 这一不公平待遇，主要是源于美国教会的内部组织。亨特写道："直到1927年，长老会教派还不许妇女在家中享有与宗教无关的特权，这一政策也限制了中国妇女参与当地教会机构的机会。卫理公会组织不准许没有获得牧师职位的妇女参加，从而自动地排除那些没有资格获得牧师职位的妇女。"引文同上，页84。

高第丕在日记中写道:"我们俩之间的反差,明显是对他不利的。丈夫不如自己的妻子,无论怎么讲,都是让人苦恼的事。这简直是一场持续的考验,是我料所不及的。我诚恳地向上帝祈祷了很久,何尝不乐于看到我丈夫一天天地超过我……然而,我完全没有足够的精神准备。"[1] 赛珍珠(Pearl Buck)回忆她的传教士父亲安德鲁·赛兆祥(Andrew Sydenstricker)时,也有类似的观察。赛兆祥觉得自己妻子的语言能力"有点令其难堪……因为他从小是在男人优越的信条之下成长起来的"。[2] 不过,赛兆祥的解决办法是在学汉字上下工夫,因为女传教士一般不必学认字。赛兆祥通过掌握汉字,证明自己在语言方面的优越,成为一个"真正的学者",由此重新恢复了自己在婚姻中的主导地位。19世纪末,基督教新教的传教部门先后实行语言考试,语言能力成为年轻传教士续聘的条件,但这些传教士的妻子可以免试。她们即使参加考试,规定她们达到的标准要比其丈夫达到的标准低很多。由于缺乏鼓励,也由于家务等各种原因,很多女传教士只好放弃掌握汉字的希望。[3]这些传教士夫妇的生活,生动地体现了斯丹通所说的婚姻内部的相互竞争、相互妥协的情况。斯丹通在讨论婚姻关系时,使用了一个隐喻,即主权国家之间缔结的和约。对于在华生活的传教士来说,主权国家的这个隐喻可以说歪打正着,因为正是大清国签署的不平等条约和各种治外法权的租让条件,才使得传教士夫妇能到中国来发展他们的家庭和事业。

综上所述,李提摩太夫人和费启鸿夫人等女传教士在1894年提出"新约献本"的设想,可以说是非常巧妙和明智的举动。她们通过这些努力,企图冲破教会对女性的各种规约,以图实现自己完整的主体人格。这些女传教士采取的话语策略是,在普天下的女性和皇太后之间,建立象征性的同一性,把大批的男女教民团结在这面旗帜下。然而,她们没有想到的是,慈禧太后回赠给女传教士的礼物,都是一些"女红小物品"而已,客观上,那似乎是对她们所做的所有努力的嘲弄。这些小礼

---

[1] 同上页注[2],页96。
[2] 见赛珍珠(Pearl Buck),*The Exile*(New York:John Day, 1936),页107。
[3] Hunter, *The Gospel of Gentility*,页95。

物传达的是有关性别和主权的另一种信息,告诉对方女人的位置在哪里,君主的位置又在哪里。也就是说,慈禧太后玩的是她自己的性别游戏。

海格思主教当时就注意到,慈禧接受女传教士的"书中之王"的礼物之后,回赠的是一些"价值不高"的小用品。[1]那么,我们应该如何理解海格思对"价值"的这番评价呢？前文提到,有一位非洲酋长向维多利亚女王敬献三张豹皮,这些豹皮"虽然气味难闻,但价值实在"。作为回赠,维多利亚女王授予非洲酋长一部《新约全书》、巨框照片和印度织巾,即大英帝国的三大象征：基督教的福音书、机器复制技术,以及殖民统治下的纺织品经济。英国君主把《新约全书》当作开启大英帝国的伟大之奥秘的钥匙,并以此进行广泛的宣传。与此对照的是,慈禧太后回赠生日礼物的那些"女红小物品",看起来很平常,但江绸、大缎、湖绉等丝绸商品在鸦片贸易崛起之前,长期都是中国与欧洲进行贸易的主体。在这个意义上,维多利亚女王的印度织巾和慈禧太后的江绸湖绉之间,有一个切实的历史纽带,它们共同都在世界贸易的交换渠道上循环。但印度织巾直言不讳地标志着大英帝国的殖民霸主地位,"女红小物品"则以自己的修辞方式回应着这个殖民霸主同时对大清国的威胁。也就是说,慈禧太后选择了不直接在《新约全书》和基督教问题上表态的立场,这些"女红小物品"的性别特征,恰是她躲避政治风险的手段。面对日益高涨、席卷全国的反基督教情绪,慈禧太后的位置变得很微妙,她一方面非常反感基督教,另一方面又不能违反清政府与西方列强已经签署的条约,因为一旦违反这些条约,就有可能招致更多的外交冲突,甚或战争。于是,这些微不足道的回赠礼物,成为她导演的外交假面剧里的道具。[2]

---

[1] 约翰·R. 海格思牧师致爱德华·W. 吉尔曼牧师的信,上海,1894年12月21日。
[2] 慈禧太后平生厌恶传教士,但没有留下多少对基督教明确表态的记录。德龄引述她的话说："也许因为我守旧吧,我尊重我们的规矩,不愿意在我活着的时候看到有人把它改掉,因为我们从小受的是礼仪之教。把中国的旧礼教和外国的新信仰放在一起比比,现在大家好像更喜欢那新的。这新的就是所谓的基督教,他们主张将祖宗的牌位都烧掉。我知道,外国传教士把我们这里的许多人家弄得家破人亡,他们专事怂恿年轻人加入他们的宗教。"见德龄(Der Ling), *Two Years in the Forbidden City*, 页173。

20世纪初，慈禧太后在清宫拍摄的宫廷照片，为我们留下了一些珍贵镜头，这些镜头记录了慈禧对性别和宗教问题的某些真实想法。（图13）图片中，慈禧太后身着戏装，扮相为观音菩萨，背景是莲花池，太监李莲英和崔玉贵身着戏装，陪同侧立两旁。拍摄这些照片时，德龄公主也在场。根据她的回忆，这一类照片的独特构思来自慈禧太后本人。德龄公主引述慈禧太后当时的话说："我每次生气的时候，或者心里感到不安时，就愿意把自己打扮成观世音，这样心情就会平静下来，就能扮演好我应扮演的角色。告诉你，这个办法对我很管用，它随时能提醒我，我在世人眼里是大慈大悲的观音菩萨。穿着这套服装，拍了这些照片，等于我今后可以时常看到自己应有的形象。"[1]德龄公主的回忆录原书是英文，她把观音菩萨翻译为"the Goddess of Mercy"（慈悲的女神），无意中把观音菩萨的性别确定为女性。但从教义上讲，大乘佛教的观音菩萨，并不具备唯一的性别特征。早期观音菩萨的造像，无论在印度、东南亚还是唐朝的中国，都是一个英俊王子般的年轻人。在五代之后，伴随佛教在中国的逐渐本土化，观音菩萨的造像也逐渐变得女性化，这一过程直到明朝才完成。[2]

前文提到，慈禧太后喜欢周围的人叫她老佛爷，而且德龄也注意到，慈禧愿意充当（强势的）男性。那么，她赐予女教士们"女红小物品"的做法，除了上演一出国际外交的假面剧以外，还能做怎样的性别理解呢？女传教士的初衷是普天下的女性自有共通之处，无论传教士、教民，还是皇太后，但是慈禧太后能够认同这一点吗？海格思主教虽然声称，慈禧太后的回赠礼物显示了"她对那份礼物真正且明确

---

[1] 同上页注[2]，页225。德龄公主的回忆录详细描述了佛教剧在颐和园的演出，以及慈禧太后对现代舞台设计的兴趣，见 Der Ling, *Two Years in the Forbidden City*, 页24—35。慈禧太后的这些照片是由德龄公主的哥哥、宫廷摄影师裕勋龄拍摄的。慈禧太后始终没有忽视摄影的潜在新闻性，她见过八国联军拍摄的部分照片，其中有一张照片显示一名白人女性坐在故宫的宝座上，她对此大为不满。见图12。
[2] 见于君方（Chun-lang Yu），《观音》（*Kuan-yin: The Chinese Transformation of Avalokitesvara*, New York: Columbia University Press, 2001），页294。于君方提出观音的女相变化不是没有其佛经渊源，在《妙法莲华经》的"普门品"（Universal Gateway）这一章中，观世音以33种不同的方式现身，以普救众生。在这33种现身中，其中7种是女相。

13 慈禧太后装扮成观音。拍摄者为宫廷摄影师裕勋龄。图片源自《故宫珍藏人物照片荟萃》(刘北汜、徐启宪主编,紫禁城出版社,1994)。

无误的欣赏",[1]但这可以说明什么呢？我们换一个角度来看，丝绸、锦缎、手绢和针黹所代表的，未必不是父权制度下劳动的（性别）交换方式，而不一定表达女性和女性之间的联盟，更别说是贵族女性之间的外交。以父权宗法自居的慈禧太后，将这些"女红小物品"赐给女传教士，是教她们回到自己的本位上去，提醒她们什么叫妇道，让她们老老实实地当家庭主妇。这对女传教士的初衷，正造成了反讽式的逆转。我们知道，女传教士的期待是，慈禧太后的皇家地位有助于抬高她们自己的地位，由此帮助她们超越贤妻良母的角色，以及父权制给女性的社会地位强加的各种限制。

海格思主教笔下的"新约献本"的故事，似乎比"女红小物品"所暗示的结局还更乐观一些。1894年11月21日，也就是《圣经》被接纳到皇宫之日，海格思记载了以下轶闻：

> 一位衣着考究的李姓宦官到我们书店来购书，他说自己是"宫里"的人。他手里拿了个字条，上面写着，"一本旧约，一本新约。"我书店的伙计王玉舟（Wang Yu Chou 的音译）是个受过教育的人，他看着字条上的笔迹很不同寻常，就问他是谁写的。宦官答道："万岁爷"（皇帝）。"真的，"王伙计说道，"中国基督教教会的女教民今天向慈禧太后敬献了一部新约。""是，"宦官回答说，"皇帝看见了，他想了解一下有关耶稣教的书籍。"[2]

光绪皇帝看到"新约献本"后，是不是对基督教开始产生兴趣，我们无从得知。但海格思主教对这一轶闻的复述，具有另一种真实性，很像慈禧太后使用的丝绸、锦缎、手绢和针黹之类的外交修辞。这个故事与主权的想象有关，也与基督教传教士期待中的成功有关。它还让人联想到其他类似的复述，如我在前文提到的斯戴德的记载，巴克表现维多利亚女王将《新约全书》赐予非洲酋长的那幅油画，非洲人将

---

[1] 约翰·R. 海格思主教致爱德华·W. 吉尔曼主教的信。上海，1894年12月21日。
[2] 同上。

豹皮地毯敬献女王并得到女王回赠礼物的那些记载等等。显然，在海格思主教的复述中，光绪皇帝身上则寄托着中国人皈依基督教的未来。

这个对未来的预期很快成为故事的尾声。在大清皇朝即将崩溃的前夕，中国的基督教徒和海外华人里的教民，男男女女，决定重复1894年的那一次《圣经》敬献，他们也要复制四部《新约全书》，敬献皇帝。[1]这一次的筹备工作始于1909年，名义上是由几位中国的基督教徒发起。这些本土基督教徒在一位传教士的协助下，在《教务杂志》（*Chinese Recorder*，也译作《中国记事》——译注）和基督教徒所有的重要报纸上，发出捐赠通知，建议每个基督教徒至少捐赠两枚铜钱，这笔钱将用于由华人教民向自己的皇帝敬献一部《圣经》。上海的华人牧师组成了一个执行委员会，一位姓余的牧师担任秘书和财务员。[2]到1911年3月，献本委员会筹达1412.35墨西哥鹰洋，而实际开销是1549.49墨西哥鹰洋。[3]

四本《新约全书》的每一部都是大铅字排版，用镀银封面装订，封面刻有耶稣基督升天的插图，"敬刊新约全书序"以红纸烫金印刷。宁波的雕工为每部书制作了精致的书匣，每个书匣上都有一幅雕刻，描绘《新约》故事中的场景（图14和图15）。这些赠本先是在上海的中国基督教青年会（YMCA）里展出，而后，在四家当地著名商社展示。根据英国和海外圣经协会的记载："在上海烈士纪念堂举行的中国基督教徒的全体会议上，牧师余贵振（音译 Yu Kueh-chen）和查连福（音译 Czar Lien-fu）被委派去北京献书。他们在实际敬献的路程中，遇到了很多困难和延误，更不必说各种障碍，但最终还是圆满地完成了任

---

[1] 这部《新约献本》的幸存本由全美圣经学会收藏。这部书由皇室传到了一位基督徒国民党官员手里，后者将它作为酬谢送给了沈玉书牧师，沈玉书曾在南京政府当差，后来移民去了美国加州，经一名退休的圣公会传教士爱德华·詹姆斯的劝服，于1944年以110美元将此书卖给了全美圣经协会。

[2] 见 *China Mission Year Book*, app. IX（1911），卷2，页 xxxii—xxxiii；*Chinese Recorder*（1909），页587—588，以及（1910），页758（编者按）。

[3] 有关赠送委员会的报告和财务报告，见 *Chinese Recorder*（1911），页134；页184—186。

图 14 《新约全书》1911 年中文版封面。图片源自全美圣经协会。

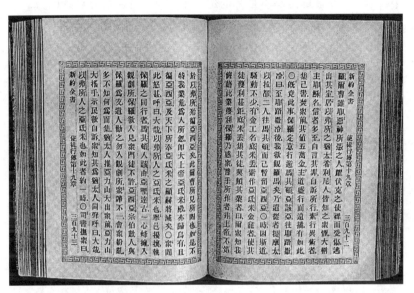

图15 《新约全书》1911年中文版内文。图片源自全美圣经协会。

务。"[1]不过《支那宣教年鉴》(China Mission Year Book)的说法却大为不同。这两名基督徒代表抵达北京以后,碰到了层层官僚主义的关卡,"最奇怪的是,清朝政府要求这两名华人代表将圣书先送到外务部,然后通过外务部再转送到皇宫。但愿他们将此书转送到了皇帝手中,但谁也不能确定是不是真的送到了。"[2]清朝政府显然以为,这次的敬献活动跟上次一样,虽然冠以本国教民的名义,实际上是外国传教士在后面出谋划策,因此要求外务部办理此事。

这次活动与1894年女传教士第一次敬献《新约》的不同,在于三个明显的特征。其一,民族主义的压力日益增强,直接影响到本色(即本土)基督教组织的国族身份和总体方针。"新约献本"委员会很早就作出决定,他们这次活动纯粹以华人基督教徒的名义开展,不依靠外国人的帮助。当然,这并不等于说,基督教新教的传教士就没有参与其中。"敬刊新约全书序"的作者范祎,与传教士的关系就十分密切,他在解释为什么要向清朝皇帝敬献《圣经》时写道:"昔英皇维多利亚以六十年之经营,手造英国之黄金时代,乃至晚岁独举旧新二约以告人曰,吾英之兴盛,非它,恃此而已,善夫其为知言也。"[3]若说此语出自英美传教士之口,那也不为过,因为当年李提摩太夫人和费启鸿夫人就是这样说的;维多利亚女王每次给殖民地臣民赠送《新约》,也都基于同一理由。其二,维多利亚女王和慈禧太后两人都已过世,所以这次的敬献活动似乎不带任何性别色彩,无论是男教民还是女教民,教会都鼓励他们捐款。其三,也是最重要的一点,这些捐款来自中国和全世界各地的华人基督教团体。教会的筹款活动由于电报通讯的推动,成为全球性的动员活动,遍及美国、夏威夷、东南亚以及非洲的华人移民团体。[4]

---

[1] 英国与外国圣经协会(BFBS)关于1911年的报告,引自Chinese Correspondence,全美圣经协会档案,第74A盘胶卷。
[2] 见China Mission Year Book, IX (1911), 2, xxxiii。
[3] 见东吴范祎"敬刊新约全书序",《新约全书》敬献本,大美圣经公会印(上海:美华书馆,1911)。
[4] 见China Mission Year Book, IX (1911), 2, xxxii。

世界各地华人移民团体能够如此广泛地介入在大清国发生的一次活动，这不能不向我们提出一些新的问题。清朝末年的华人移民，无论是否基督教徒，他们与祖国究竟维持了一种什么关系？这些人在海外的经历是否培育了对祖国的特殊眷恋？这种眷恋有没有可能掩饰某种特定的主权情结？如果答案是肯定的话，那么，这种主权情结，与其说跟积极的爱国主义或民族主义有关，倒不如说是跟殖民地的经历有着更密切的关系。我在本章开篇时就指出，在殖民扩张的过程中，白人女传教士不是唯一用地域来换取身份的人；华人移民也同样忙碌地穿梭于宗主国和殖民地之间。他们中有些人把大清国看成是另一种政治命运，是走出殖民地的良好途径。接受过正宗欧洲人文教育的马来西亚华人辜鸿铭，就是其中的一员。[1]

辜鸿铭对慈禧太后传奇般的忠诚，在很多人眼里，几乎不可理喻；在另一些人看来，他的行为是一种特殊的反动。不过，在我看来，由于辜鸿铭的保皇情结，恰发生在清朝和维多利亚时代的末年，这正为我们了解海外华人的近代国族主义和主权思想，开启了一扇窗户。

19世纪末，辜鸿铭开始担任晚清重臣张之洞的幕僚，办理洋务和邦交事务。1900年义和团事起时，辜鸿铭在报纸上发表了大量的英文文章，抨击英国军队，独自一人起来捍卫慈禧太后的尊严。（八国联军镇压了义和团发起的民族主义运动，导致了第二轮西方列强对北京城的大规模洗劫，并占领紫禁城，我将在最后一章对此加以论述。）但是，辜鸿铭对慈禧太后的捍卫并不仅仅是出于爱国，因为他对维多利亚女王也同样十分敬仰。比如，当他每每谴责英国军队在中国犯下的暴行时，却总是愿意开脱维多利亚女王跟这种暴行的干系。我认为，辜鸿铭对他从前的君主维多利亚女王的复杂心情，以及他对慈禧太后的保皇情结，其实都出自同一因缘。另外，我们还应该注意到，辜鸿铭是第一个把慈禧称为"国母"（mother of the nation）的人——这位

---

[1] Ku Hung-ming 是辜鸿铭名字的罗马字母拼法，作者用这个名字发表了他所有的外文著作。辜鸿铭在英国爱丁堡大学注册时，用的名字是 Hong Beng Kaw。在其家乡槟城，辜家姓氏的拼法是 Koh。

出身马来西亚的（混血）华人，始终将自己的政治情感投注于东南亚与欧洲、欧洲与中国以及中国与东南亚的三条纽带之间。

三条纽带之间的政治情感

读者应该能记得袁德辉的名字，此人在本书的第二章和第四章里都出现过。袁德辉曾随两广总督林则徐到广州，参加林则徐在1839年组织的抵制鸦片非法贸易的翻译工作。袁德辉当年学习英文就是在马六甲米怜创办的英华书院（Anglo-Chinese College）。林则徐的翻译班子中，其他通事（译者）大都出生于南亚或东南亚，其中有的人在国外有很长的生活经历。亚孟是个基督教徒，在（印度）赛兰坡长大，父亲是中国人，母亲是孟加拉国人。他最早是在印度的移民华人社区中，协助浸礼教传教士约书亚·马士曼（Joshua Marshman）进行福音传教。当年马士曼与马礼逊都同时在翻译《圣经》，因此两人曾为中文《圣经》的首发权有过一番争夺。[1]林则徐的翻译班子的另一位叫亚林（林阿适），英文名叫William Botelho。亚林1822年在康涅狄格州康沃尔城（Cornwall, Connecticut）的一所教会学校念书，1824年又去费城读书，是第一位在美国受教育的华人学生。[2]林则徐的翻译班子里最年轻的成员，是梁阿发之子，叫梁进德。其父梁阿发是马礼逊第一个洗礼的新教教徒，也是第一位本土牧师。史景迁（Jonathan Spence）在《上帝的中国之子》一书中提到，梁阿发执笔编写的《劝世良言》乃是洪秀全太平天国起义的思想来源。[3]梁阿发之子梁进德跟传教士裨治文（Elijah Bridgman）一起生活八年，裨治文是《中国丛报》（Chi-

---

[1] 有关对马士曼在赛兰坡（Serampore）的翻译活动详情，见韩南，"Chinese Christian Literature,"页266—267。

[2] 容闳显然不是第一位去美国求学的中国学生。在他之前二十多年，亚林就在那里学习。见林永俣，《论林则徐组织的迻译工作》，《林则徐与鸦片战争论文集》（福州：福建人民出版社，1985），页123。

[3] 见Jonathan Spence, *God's Chinese Son: The Taiping Heavenly Kingdom of Hong Xiuquan* (New York: W. W. Norton, 1996), 页16—18。

nese Repository）杂志的创办人，此外，梁进德还在英属殖民地新加坡求过学。[1]与上述这些人对照，辜鸿铭作为19世纪晚期张之洞的幕僚和翻译，他本来是可以重复早年在林则徐手下诸人做事的模式，但是，他的所作所为却远远超过了过去的双语通事的范围。这表现于，在第一次世界大战前后的欧洲，辜鸿铭的英文写作不但为其赢得大批的读者，甚至还被欧洲人誉为哲学家。

英国小说家毛姆（Somerset Maugham）1921年来到北京，亲自拜访这位大名鼎鼎的辜鸿铭。在他一篇题为《哲学家》的文章中，描述了自己对辜鸿铭的印象。他说："北京住着一位著名的哲学家，我心向往之，这才下决心踏上这趟艰难的旅途。辜鸿铭是中国儒学的大权威，据说他还能流利地讲英语和德语。他在慈禧太后任命的重臣身边工作了多年，担任他的幕僚，但现在已经退休了。"[2]可是当他到了北京，终于见到他心目中的哲学家时，却失望至极。毛姆回忆说："我急忙向他表示，他愿意见我，这是我的极大荣幸。他于是挥手示意，让我在椅子上坐下，然后倒茶。'我很高兴你想见我，'他回答说，'你的同胞们只跟苦力和买办们打交道；他们以为天下的华人不是苦力就是买办。'我很想否认这一点，但又不确定他说的是什么意思。辜鸿铭坐在椅子上，向后仰着，眼睛里带着一丝挖苦的表情看着我。"[3]毛姆的回忆文字勾画出了一个出言不逊的老人的生动形象，一方面，这位老人动辄捍卫自己的文化尊严，说话刻薄，另一方面，人似乎很落魄，完全没有安全感。事实是，面对毛姆这样的英国人，辜鸿铭的自我意识似乎尤为强烈。其言辞尖锐之程度，我们可在毛姆引述的这段话里，略见一斑：

> 我们尝试过一种在世界史上都是独一无二的实验，你知道吗？

---

[1] 见林永俣，《论林则徐组织的迻译工作》。
[2] Somerset Maugham, *On a Chinese Screen* (London: William Heinemann, 1922), 页147—148。
[3] 同上书，页149—150。毛姆起先托人求见时，辜鸿铭不予理睬。只有当毛姆给他写了一封彬彬有礼的求见信之后，辜鸿铭才同意和他见面。

我们追求的是用智慧,而不是用武力来统治这个伟大的国家。多少个世纪以来,我们都成功了。那么白种人为什么会蔑视黄种人呢?要我告诉你吗?就是因为白种人发明了机关枪。机关枪就是你们的优势。我们是一群赤手空拳的百姓,所以你们可以用机关枪把我们炸得粉碎。但你们粉碎的是我们哲学家的梦想,这个梦想就是用法律和秩序来管理世界。而如今,你们开始把自己的诀窍教给我们的下一代,把你们的罪恶发明强加在我们的头上。你们难道不知道我们在工程机械方面最有天赋吗?你们难道不知道这个国家有世界上最务实和最勤奋的四亿人民吗?你认为我们学会这种东西会花很长时间吗?如果有一天,黄种人造出来的枪炮跟白种人的一样好,命中率一样准确,到那时你们还有什么优势可言呢?你们今天靠的是机关枪耀武扬威,未来你们也注定被机关枪审判。[1]

毛姆自然不乐意充当辜鸿铭的假想敌,因此忍不住嘲讽他的怪癖和讲话风格。毛姆写道:"我忍不住看着他悲哀。他自认有掌管国家的能力,可是没有君主信任他,委以重任。他的学识广博,想把知识传授给学生,他的灵魂多么渴求有一大群学生,可是来听他讲课的只有几个穷困潦倒、面黄肌瘦和迟钝的外乡人。"[2]

毛姆对辜鸿铭的失望完全可以理解,可是他未必懂得辜鸿铭为什么如此神经质,为什么如此可怜。当他说到"掌管国家的能力"或"委以重任"时,毛姆未必能够领会这些话后面的主权情结是怎么一回事。我们可以问,辜鸿铭的主权情结是否演变成了某种病态?他的激烈言辞,是显示了精神分裂症,还是先知者的预言?(如果辜鸿铭说的机关枪换成今天的核弹头,那么,他的那番预言似乎已经应验。亚太地区新一轮的军备和核武器竞赛,就很能说明问题。)剑桥大学教授迪金生(G. Lowes Dickinson, 1862—1932),在1901年出版了一本畅销

---

[1] 同上页注[3],页153—154。中译文曾参考黄兴涛和宋小庆的译文,见《中国人的精神》。
[2] 同上书,页154—155。

书，题为《支那佬的来信》（*Letters from John Chinaman*）。在这本书里，他不指名地大量引用辜鸿铭的言论。迪金生虚构了一个叫做"支那佬"的人物，这个人物模仿辜鸿铭的语气，抨击帝国主义，捍卫中国的古老文明，由是，支那佬和辜鸿铭在迪金生的书中融为一体，拥有一个声音。我们在辜鸿铭和《支那佬的来信》一书的主人公之间稍作比较，就可看出这之间的联系。下述引文出自迪金生笔下的支那佬之口：

> 让我再次引述赫德（Robert Hart）的话："他们[中国人]相信权利（right）——他们是如此的相信权利，以至于不屑用强权（might）来维护它。"错了，恰恰由于我们不认这个权利，我们才体现了和平的福音；而你们自认接受了权利，才将它践踏于脚下。还有——反讽之至！——基督教民族来到我们中间，用刺刀和炮火告诉我们，权利在这个世界上如果没有武力的支持，将是单薄无力的！不过，不用着急，我们很快会接受这个教训！我们掌握这一切的日子，也就是欧洲人吃苦头的日子！在你们到来之前，我们这个民族只求过上太平日子，与整个世界和平相处，而现在你在把一个拥有四万万人口的民族武装起来。你们以基督的名义，吹响了战争的号角！我们以孔子的名义，作出应战的回答！[1]

迪金生的支那佬对辜鸿铭实行了成功的戏仿。其实，辜鸿铭自己也偶尔使用 Chinaman（支那佬）这个称号在他的英文文章上署名。他在1901年1月的一篇文章里，也曾经引述大清皇家海关总税务司赫德的一段话。很有意思的是，赫德也认为，义和团的出现无疑预见了中国的未来，他还断言中国的精英阶层会很快地掌握现代的战争技术，就如同他们在此前很快地忘记了战争技术一样。这似乎与支那佬/辜鸿铭

---

[1] 见 G. Lowes Dickinson, *Letters from John Chinaman* (London: George Allen & Unwin, 1901), 页40。辜鸿铭在后来的文章中也提到迪金生，并批评其民主观和战争观，如 "The Adoration of the Plebe or the War and the Way to Get Out of"。

的意见有相似之处，但是，辜鸿铭本人对这个问题的看法还有更深入的哲学思考，他说："中华民族是否应该拿起武器，这一决定对于世界文明来说，会有极其严重的后果。"[1]

由此可见，毛姆在其文章《哲学家》里所描写的辜鸿铭，有可能是三种形象的重叠：一个是在英文报刊上发表文章的作者辜鸿铭，另一个是迪金生的支那佬，最后是他自己对辜鸿铭访问的个人印象。但我们需要在这里追问的是，辜鸿铭当时到底是在跟毛姆说话，还是在跟自己的灵魂说话？这个灵魂当年远游很多地方，槟榔屿、新加坡、柏林、爱丁堡，每一个辜鸿铭曾经生活过和学习过的地方都给他的生命刻上了它的印记。

辜鸿铭于1857年出生在马来亚槟榔屿的一个华侨家庭。据黄兴涛的研究，辜鸿铭小时候在英国殖民地的威尔士亲王岛中心学校就学，年满13岁时，由其义父苏格兰人福布斯·布朗（Forbes Brown）带到爱丁堡。辜鸿铭在爱丁堡留学深造期间，就住在布朗家。辜鸿铭在欧洲求学十几年，埋头于哲学和文学课程，掌握了包括古希腊语、拉丁语、法语和德语等数种外语。作为屈指可数的几位在欧洲学习人文学科的华裔人，辜鸿铭不仅精通现代西方文学和哲学，他还通晓欧洲的古典文学。在获得了爱丁堡大学的文学硕士学位之后，辜鸿铭又赴德国进修土木工程，然后游学法国、意大利。1880年，他回到东南亚，开始在新加坡海峡殖民地政府机关供职。[2]

据辜鸿铭本人的回忆，他与晚清洋务官员马建忠意外邂逅，是1881年；两人倾谈三日，使其世界观和人生的道路都发生了巨大的转变。[3]马建忠当时奉李鸿章之命赴英属印度，与大英帝国的印度总督谈判有关鸦片专卖和税收等问题，为此途经新加坡和槟榔屿。辜鸿铭与之会面不久，做出了一生中最大的决定，他要辞去在新加坡殖民地

---

[1] 见辜鸿铭《尊王篇》（Ku Hung-ming, *Papers from a Viceroy's Yamen: Chinese Plea for the Cause of Good Government and the Civilization of China*, Shanghai: Shanghai Mercury, 1901），页79。

[2] 见黄兴涛，《文化怪杰辜鸿铭》（北京：中华书局，1995），页2—3。

[3] 请见下章我对马建忠的重点分析。

的秘书职务，告别自己的"假西方人"（an imitation Westerner）的身份："我同马建忠晤谈三天后，即向殖民当局提出了辞呈，没有等到答复，就乘坐第一班汽船回到我的槟榔老家。在那里，我告诉我的堂兄，即我们家那位家长，说我愿意蓄辫和改穿中国衣服。"[1]辜鸿铭此时已经二十几岁，立志要做中国人，这谈何容易？这意味着他必须从头学起，掌握汉语和古文。但他不畏艰难，一头扎进中文和儒家经典，历时三年之久。后来他移居香港，继续学习并广泛研读西方汉学著作。1885年，辜鸿铭来到中国，成为慈禧太后的重臣张之洞的"洋文案"，也曾任清朝外务部郎中、左丞。辜鸿铭成为张之洞的幕僚之后，在晚清外交事务方面，尤其在处理庚子事变的过程中，发挥了重要作用。

辜鸿铭认同清廷的方式，不但很彻底，而且具有悲剧性，他的所有行为几乎都与晚清的时代潮流对抗。洋务派崇尚的是现代西方教育，而辜鸿铭本人的知识结构来自西学，他却偏偏要做旧中国的儒士，并在清王朝濒临崩溃之际，留起发辫，以示其保皇身份。随着1911年清王朝的寿终正寝，满清政权强加于中国男人头上的外族标记——那根让明遗民痛恨的发辫——成为最早的攻击目标。在清末民初，剪发辫逐渐演变成社会风潮，甚至导致暴力。但辜鸿铭始终拒绝把发辫剪掉，而且还捍卫君主制和妻妾制。清王朝被推翻多年之后，辜鸿铭依旧我行我素，成为民国知识界的一大笑柄。他在北京大学外语系执教的那些年，显得十分孤立。毛姆访问他的那一天，辜鸿铭指着自己的辫子说："'你看我还留着辫子，'他说着还把辫子拿在手中，'它是一个标志。我是旧中国最后的代表。'"[2]适时，辜鸿铭的英文著述在全世界广为流传，已经被译成法语、德语、日语等多种语言，在西方世界的名声极大。尤其是他对儒学经典独特的翻译和诠释，在欧洲自由知识分子中引起极大的兴趣和热烈讨论，这些人里有毛姆、迪金生、托尔

---

〔1〕 见黄兴涛，《文化怪杰辜鸿铭》，页18—19。
〔2〕 Somerset Maugham, *On a Chinese Screen*, 页154。

斯泰以及勃兰兑斯。[1]

辜鸿铭对清朝君主的坚贞不渝，给后人留下了文化保守主义的印象。他既然决定放弃英属殖民地马来亚人的身份，却有什么必要去效忠一个满清君主？何况两百多年来，汉人一直没有停止对满人统治的挑战。另外，把发辫作为旧中国的象征，似乎也有自相矛盾之嫌。如果发辫象征着旧中国，那么对辜鸿铭来说，旧中国又象征什么呢？它能够象征殖民地人民对自己的屈辱经验的超越吗？（林语堂之后，人们喜欢称其为"怪杰"，好像这仅仅是个性格问题。其实这个"怪杰论"，大大妨碍了我们对辜鸿铭现象进行历史分析，让人经常忘记辜鸿铭原先并不是中国人，他是成年以后才选择当了中国人。）——正当中国的民族主义者紧锣密鼓地策划如何推翻满清王朝，建立现代民族国家时，辜鸿铭却决定投奔清廷，为其效力。[2]

辜鸿铭的决定表明，面对主权国家的存在，个人对自由的想象显得十分有限。民族独立运动的初衷是要建立国家，并通过国家来实行自主权，从而保证个人的自由；而辜鸿铭是选择脱离殖民地这一途径，去超越自己原先的处境。但是，这两种选择，都必须面对主权国家的存在，无论是甲方国家，还是乙方国家——可供人们选择的余地是相当有限的。[3]在现代世界，国家主权已成为考验一切独立、自由、尊严和交互逻辑的界限；事实上，人们耳熟能详的许多价值，是否能够跨越这一界限，往往要经受极大的考验。

在这个意义上，辜鸿铭投奔清廷的驱动力，很难说来自民族主义。

---

[1] 详见帕贵（Alfons Paquet）为辜鸿铭《中国之于欧洲思想之辩》（*Chinas Verteidigung gegen Europäische Ideen*）一书所撰的序（Jena: Eugen Diederichs Verla, 1921），页 viii。

[2] 迄今为止，国内关于辜鸿铭的研究都忽略了一点，即他本人的思想和历史意义主要都体现在其英文著述中，而不在于他的怪异行止和奇谈怪论。辜鸿铭有一批数量相当可观的英文著作，很长一段时间里既没有中文翻译，也没有得到学者应有的重视和分析。最近陆续有些中文译本出版，也开始出现新的研究，但这些研究如果不能摆脱通俗的"文化怪杰"论，那就很难解释辜鸿铭的历史作用和世界意义。

[3] 在像美国这样的移民社会里，身份的政治总是关乎国家主权能够赋予的那些权利，争取自主权的群体也是由国家和社会所认可的种族、阶级、性别等范畴。如果忽视社会斗争中的主权想象的基本作用，那么所谓社会身份的本质论或建构论的争论，也就失去其意义了。

比较恰当的解释应该是，他政治情感的取向，其实是以爱国为名，而以否定殖民地的处境为实。这一点，我们可以从他的主权情结中观察得很清楚：辜鸿铭总是把慈禧太后和维多利亚女王相提并论。维多利亚女王在英国人眼里是一国之母，因此，慈禧太后在辜鸿铭的眼里也是一国之母。如果精神分析学家对此感兴趣的话，有可能从辜鸿铭的童年经历中，发掘出一些线索来解释他的恋母情结。但这里困难的是，辜鸿铭在生父生母的问题上始终保持缄默，基本不谈自己的母亲或者家族的内幕。人们甚至不断地猜测，他到底是华人与马来人的混血后代，还是华人与白人的混血后代？这个问题至今仍是一个谜。

辜鸿铭的政治感情究竟何属？我个人认为有几个最重要的方面，是精神分析的家庭模式和恋母情结所不能解释的。在他生活的年代，维多利亚女王是国家权威最有力的象征，她统领着世界上最强大的帝国，那么我们对辜鸿铭的了解，也必须从这个时期的帝国和君权的动态中入手。在本章的前半部分，我们已看到维多利亚女王赐给非洲人《新约全书》的象征行为，如何引发了其臣民对此行为的复制和再复制。在美利坚合众国，维多利亚女王的典范，激发了斯丹通的想象力，使其"自我主权"的女权主义观点得以萌生。无论是李提摩太夫人、斯戴德、巴克，还是斯丹通，主权情结在他们那里都有各自的特殊表现。我在本书提到的其他人物，也都表现出类似的主权情结。因而，我们更不能忽略，辜鸿铭本是维多利亚女王的臣民，生于英属殖民地马来西亚，并且作为殖民地的臣民在苏格兰和欧洲生活和求学多年；由此，这里就出现一个很有意思的问题，即辜鸿铭的主权情结以及他对慈禧太后的效忠，从根本上讲，是不是跟维多利亚女王和大英帝国有密不可分的联系？

辜鸿铭是大不列颠帝国主义的直言不讳的批评者，他所有的政论文几乎都用英语撰写和发表，其目标读者，很明确是英语世界，而非中文世界。八国联军进军北京，意图对清朝廷和义和团实行报复时，辜鸿铭撰写了大量文章，替清朝君主的行为辩护。文章主要刊登在英文报纸《字林西报》（*North China Daily News*）和日本横滨的英文报纸

《日本邮报》(*Japan Mail*)上，两者都是发行量很大的英文报纸。辜鸿铭在一篇政论文中写道："每当碰到人类精神的超凡表现时，那些具有现代科学思维的欧洲人就理解不了，他们称之为偏执狂。何谓偏执狂？无非是这样一种情形：它是驱使人们做出勇敢无比的英雄行为和自我牺牲的冲动，激励人们去捍卫自己的内心深处崇敬、热爱和尊敬的事物。"[1]辜鸿铭在这里所说的"事物"，应该指的就是慈禧太后在他心目中所体现的主权理想。具体到当时的历史环境，这种主权理想的赌注十分昂贵，因为慈禧太后已被迫再次逃亡，八国联军毫不留情地要对满清亲王大臣进行严厉的惩罚，并索取叛逆"拳匪"的人头。

捍卫一国之母

在华传教士和西方记者一律把义和团（或义和拳）称作 the Boxers（拳匪），与此同时，"the Boxer Rebellion"（拳匪叛乱）的说法在英语世界广泛流传，事到如今，"拳匪"还仍然是英语学术界对"义和团"的正式称呼。这跟在中国历史学家笔下的"义和团"的字面形象完全不同。辜鸿铭是第一个力图纠正西方媒体把"义和团"定义为"拳匪"的人，他说："1900年'义和团'原名的翻译应为'friendly society for good men and true'或'society of honest men for mutual defence'。"[2]在庚子事变期间，作为湖广总督张之洞的幕僚和洋文案的辜鸿铭，他的身份十分显眼，舆论界对他的批评文字也很留心。英国首相沙利斯堡（Lord Salisbury）当时就注意到辜鸿铭发表的文章，尤其是他对"杂种"英帝国主义的那些抨击，使这位首相极为不快。沙利斯堡电报湖广总督张之洞，提出抗议，要求辜鸿铭闭嘴。辜鸿铭在《日本邮报》上发布一条短消息，立刻揭露沙利斯堡要求张之洞命他

---

[1] 辜鸿铭，*Papers from a Viceroy's Yamen: Chinese Plea for the Cause of Good Government and the Civilization of China*，页20—21。

[2] 同上书，页17。在严肃的中文研究中，很少有人把"义和团起义"直接称为"拳匪叛乱"（The Boxer Rebellion）。西文历史学界正相反，无论哪一派，史学家都一律将义和团正式命名为 the Boxers（"拳匪"）。

封笔这件事，这条消息登在他给《日本邮报》写的一篇文章里，不妨摘录如下："我很理解英国当局对我的文章感到愤慨，也理解他们为什么要正式向湖广总督阁下提抗议。我当然要听取于总督阁下的意见，不会让其不悦。不知道英国当局的这种行为，是否得到政府的准许。既然事情发展到这一步，我认为有必要就此公开我去年夏天发给沙利斯堡首相的一份密电。"［1］

西方媒体为了诋毁辜鸿铭的名声，一度质疑那个在《字林西报》和《日本邮报》发表文章的人是不是中国人，因为一个支那佬不可能写出如此优雅的英文。［2］而辜鸿铭确有一篇题为《为民众辩护》的文章，用英文发表在《字林西报》上，署名就是"一个支那佬"。伦敦的《泰晤士报》当时刊登了一篇社论回应，社论作者认为，此文不太可能出自中国人之手笔，因为"其典雅风度只有世袭贵族可以为之"。辜鸿铭立刻察觉到这里的种族政治，于是在1900年给《日本邮报》的编辑寄上了一份自我简介，并与英文文章"皇太后，我们愿为君主献身！"一起刊登。其英文的自我简介翻译如下：

> 作为无名的支那人向公众发言，我首次署上了自己的姓名，并且文责自负。文明世界自然有权质问我对这个重大问题进行发表的资格。因此，我有必要做出说明。笔者是支那人，曾在欧洲研习其语言、文学、历史以及制度历年十载，而后又花了二十年之久，研习自己国家的语言、文学、历史以及制度。至于我的人品，我只能这么说：笔者不会自我吹嘘是一名无所畏惧和无可指摘的勇士。但我敢说，笔者行止不卑不亢，从未不择手段地讨好

---

［1］ 同上页注［2］，页82。
［2］ 在语言能力和种族之间画等号的做法，在种族主义历史中很常见。亨利·路易斯·盖茨（Henry Louis Gates Jr.）曾分析过非洲裔美国诗人菲莉斯·惠特利（Phillis Wheatley），因为她杰出的英文写作遭到同样的质疑。1772年，这位奴隶出身的女诗人被迫在波士顿法院里经受一场口试，然后才获得正式的法律文件来证明她的确是那些诗作的真实作者。如果没有这些法律证明，惠特利的诗歌是不可能名正言顺地被出版社接受的。见盖茨为"*Race*, *Writing*, *and Difference* 一书作的"编辑序言"（Chicago：University of Chicago Press，1985），页7—8。

第五章　性别与帝国

外国人,也没有做过对不起他们的事。凡在中国认识我的外国人,以及与我打过交道的外国人,都可以出来作证。[1]

辜鸿铭1900年7月27日撰文为满清君主辩护的时候,八国联军正在紧急调兵向北京进军,十万火急地去解救围困中的外国公使馆人员,并向满族亲王大臣和慈禧太后实行报复。与此同时,湖广总督张之洞和两江总督刘坤一,联合南方各省与驻沪各国领事商议"东南互保",辜鸿铭当时负责翻译一份敦促英国当局和八国联军必须确保慈禧太后人身安全的电报。在翻译的过程中,辜鸿铭干脆对这份电文声明大加发挥,最后形成一篇长文。此文后来冠以《皇太后,我们愿为君主献身!有关中国人民对皇太后陛下及其权威的真实感情的陈述》的标题,发表在《日本邮报》上。辜鸿铭附给《日本邮报》编辑的一封信中,详细地解释了当时写作的情景:

> 我起先是获得了湖广总督阁下的许可,把他电文的主要内容进行概括和翻译,然后写一篇文章发表。后来,总督阁下听说,我把他的电文写成了一篇大文章,同时又受到了一些人的规劝和外来的影响(对此我无法左右),他又撤回了原先的许可。我事先没有把全文给总督阁下看,因为要想让他弄明白这篇文章的要旨,我还得费时把它译成体面的汉语文体,而在当时的紧要关头,我必须争分夺秒。**我原本打算用这篇文章来帮助营救北京和驻京公使馆**。我当时相信,——我现在差不多还这么想,——如果我能成功地制止和平息外国人对慈禧太后陛下及其政府的暴怒情绪,这种情绪在当时是很自然的,那么双方相互造成的恐惧和痛苦都会得到一定的缓解,只有这样,当权者才能对形势有更清醒的分析,避免不必要的流血,而最终解决问题。[2](着重号为作者所加)

---

[1] 辜鸿铭, *Papers from a Viceroy's Yamen: Chinese Plea for the Cause of Good Government and the Civilization of China*, 页32。
[2] 同上书, 页25—26。

为了制止战争和影响英国与八国联军的政策，辜鸿铭决定把这篇文章发给英国外相沙利斯堡，引起他的关注，这就是前文提到的那封密电。虽然辜鸿铭的努力未能阻止八国联军大规模地镇压义和团的起义，但联军的确给慈禧太后留下了一条后路，只十分残忍地惩罚了亲王大臣和官员，或勒令其自尽，或当众斩首。[1]看到八国联军疯狂的报复行径，辜鸿铭写道："他们如此冷酷、残忍地坚持要人头落地，我不得不感慨万千，这些当权的头目们所表现出来的道德上的破产和行为上的残忍，只能是当代文明的耻辱，这种表现甚至比外国士兵在华北地区犯下的野蛮行径还要可耻。这些强迫中国的亲王大臣去自杀的人，既可悲又可怜。"[2]

辜鸿铭撰写《皇太后，我们愿为君主献身！》这篇文章的动机，是为了替慈禧太后开脱，论证皇太后是中国人民意志的最高象征。在写这篇文章时，辜鸿铭逾越了他的官方翻译的身份界限，其所陈述的观点，也大大偏离了湖广总督张之洞的政治目标，因为张之洞恰恰企图撇清慈禧太后跟义和团的关系，而辜鸿铭捍卫慈禧太后的方式，却是替义和团的起义者辩护。他说这些年轻人把自己的生命投向欧洲人炮口，是为了捍卫自己的国母。辜鸿铭进一步论证说：

> 因此，十分明显，真正的"战争的起因"（causa belli），真正激怒了中国人的，无论北方还是南方，而使他们愿意与敌人作战的原因，是因为他们看到有人在侮辱或企图侮辱慈禧太后的人格

---

[1] 辜鸿铭发表在《日本邮报》和《字林西报》上的文章的确对公众舆论产生了一些影响，有助于缓解庚子事变后八国联军对慈禧太后的态度。见沈来秋，"略谈辜鸿铭"，收入伍国庆编《文坛怪杰辜鸿铭》（长沙：岳麓书社，1988），页172—181。辜鸿铭在庚子事变中的所作所为，后来被人以不同的形式演绎成故事。其中之一出自辜鸿铭的学生兆文钧笔下，以辜鸿铭的自述口吻描写当时的故事。还有晚清小说《孽海花》第31和32章，其中讲述了一个名叫古冥鸿的人在北京混迹青楼的生活，以及他与名妓赛金花之间的交往，小说中的古冥鸿即以辜鸿铭为原型。

[2] 辜鸿铭，《尊王篇》之序，见 Papers from a Viceroy's Yamen: Chinese Plea for the Cause of Good Government and the Civilization of China，页 iii。有关八国联军对义和团的残忍报复和惩处行为，详细描述见何伟亚，English Lessons，页195—240。

和自由。可以说,这是一场人民战争,而不是政府的战争;在我看来,这场人民战争把政府甩在一边了。由此造成的不幸是,文明战争的章法不能得到严格的遵守。

现在欧美国家的民众大都信仰民主,眼下又大谈"爱国主义",但我不知道这些人是否还记得,或者愿意回顾一下他们自己过去的历史,他们曾经也有过一个比现代爱国主义更加真诚的字眼,那就是"忠"字。这个词的字义,我在文章的开头借助拉丁语就试图解释过了,即包括仆人对主人的忠诚,孩子对父母的忠诚,妻子对丈夫的忠诚;总而言之,还有人民对君主的忠诚!如果欧美人民还记得这个字的话,那么他们就会明白,为什么中国人民——而不是它的政府——会被卷入战争,跟全世界背水一战。中国从南到北只有一个呼声,那就是:"Moriamur pro Rege, Regina!"(皇太后,我们愿为君主献身!)[1]

辜鸿铭在此发表的忠君论和义和团的关系值得我们深究。这里要追究的,不在于他是否正确地判断了义和团起义的根源,而在于他的话语行为反映了什么问题。人们在读历史文献的时候,很少要求当事人对局势做出后人那样的客观评价。辜鸿铭同时代的目击者,还有那位撰写《支那人之特性》的明恩溥(Arthur Smith),以及阿瑟·布朗(Arthur Brown)等传教士,这些人也留下了大量的对庚子事变的描述,其客观价值也同样有限。[2]因此,问题不在于辜鸿铭判断的客观性,而在于他的这些话语行为如何参与了历史,也就是安德森在讨论媒体写作中所说的那种"日常生活中普遍性的东西"(quotidian universals)。

---

[1] 同上页注[2],页22—23。
[2] 明恩溥和布朗等传教士目击者所写的文章以及西方媒体当时对义和团的报道,长期以来是西方学术研究所依赖的资料,但这些研究几乎全都无视目击者辜鸿铭的英文论述。这是很不正常的现象,因为辜鸿铭在庚子事变期间发表的文章,对八国联军后来的决议,及其惩处满族王族的计划,多少产生了一定的压力。只有何伟亚对明恩溥和布朗的原始记录提出了质疑。见其著作 *English Lessons*,页282—291。

这些东西对特定的时刻有特定的意义,并可以塑造那个时刻。[1]

同样,我们不要忘记辜鸿铭是在用英文写作,并试图以此扭转大局,因此他的话语行为,是直接指向维多利亚女王的,他甚至认为解决冲突的方法,是让中英两国的女性君主直接对话。在其文章《皇太后,我们愿为君主献身!》结尾处,他情绪冲动地倡议:"女王陛下,您是全世界女君主之首领,诚请您尽快给慈禧太后陛下直接发一份公开电报——不必用官方语言,只用心灵的朴素语言,——向皇太后陛下、她的儿子还有她遭难的人民,及其在当前困境中所经历的磨难表示关切。"[2] 值得注意的是,辜鸿铭在向"全世界女君主之首领"维多利亚女王发出这个呼吁时,强调的是"心灵的朴素语言";在他的幻想之中,女人之间的这种交谈,似乎完全有别于男性通常所用的官方语言。但就连他自己都承认,在战争的背景下,这个建议有点感情用事,不过,他还是认为心灵的政治(la politique du cœur)不能小看,因为它属于实践理性的范畴。正是在这个范畴下,慈禧太后成为被人民爱戴的"国母",而这一说法,恰如我在前文已提到的,是在跟维多利亚女王类比的情况下,才能自圆其说。应该看到,这个类比本身是建立在清朝与其他对等主权国家的交互逻辑之上的。简言之,辜鸿铭要求维多利亚女王和慈禧太后在国家主权的交互逻辑上,实行心灵的政治。

事实上,慈禧太后和维多利亚女王相互之间毫无好感可言,也不可能有辜鸿铭幻想中的共同语言。在额尔金(Lord Elgin)下令摧毁圆明园的1860年那次军事掠夺中,维多利亚女王本人得到一只京巴狗,据说是被人带到西方的第一只京巴狗。女王给她的新犬取了一个恰当的名字,叫做"Looty"(即,"抢来的玩意儿")。(图16)[3] 学者莫

---

[1] 安德森,*Spectre of Comparisons*,页41。
[2] 辜鸿铭,*Papers from a Viceroy's Yamen: Chinese Plea for the Cause of Good Government and the Civilization of China*,页27。
[3] 见 Nigel Cameron, *Barbarians and Mandarins: Thirteen Centuries of Western Travelers in China*(Chicago: University of Chicago Press, 1976),页353n。维多利亚女王的爱犬 Looty 的素描登在1861年6月15日的《伦敦插图新闻》(*Illustrated London News*)上。

LOOTY, A LITTLE DOG FOUND IN THE SUMMER PALACE, NEAR PEKIN.—SEE SUPPLEMENT, PAGE 560.

图 16 维多利亚女王于第二次鸦片战争后从北京得来的新宠物插图,起名 Looty(抢来的玩意儿)。见 Illustrated London News,1861 年 6 月 15 日。

尼克在《维多利亚女王之谜》一书中，细致地描写了维多利亚女王与其爱犬的亲密关系，而且，似乎女王与"抢来的玩意儿"的这种亲密，还大大影响并助长了维多利亚时期家庭主妇们对家庭生活的热情。[1] 京巴狗 Looty 的这次加入，无疑给维多利亚时代的主妇文化，增添了一层帝国色彩。[2] 但慈禧太后未必会原谅这一点，因为她本人素有对爱犬比对人还亲的名声。八国联军镇压义和团起义刚一结束，维多利亚女王就离开了人世。据说慈禧太后得知这一消息时曾说："我总以为自己是世上最聪明的女人，任何人都比不了。维多利亚女王的事迹，我听过很多，也通过中译本了解了一些她的生平。但我还是觉得，她这一生可没有我活得那么有趣，那么波澜起伏，真是差远了。而我的生命没有终结呢，谁知道将来还会发生什么。"[3] 德龄作为慈禧的贴身宫女在皇宫生活了两年，她在回忆录《清宫二年记》一书里，记载了慈禧太后的这些谈话。如果我们相信她的记载，那么慈禧下面的话更值得玩味：

> 英国是世界上的列强之一，但这并不是维多利亚女王独断的功劳。她总是有议会里的那些能人帮助她，凡事都替她想得非常周全。她其实对国家的方针政策无话可说，只需要在文件上签个字而已。再看看我吧，我的四亿臣民，都仰仗着我的判断。虽然我也有军机大臣一起商议国家大事，但这些人主要负责官职任命之类的事情。遇到大事，还是得我亲自做主。[4]

君王之间的这种明争暗斗，使辜鸿铭幻想的那种心灵的对话不可能成

---

[1] 见 Munich, *Queen Victoria's Secrets*, 页 127—143。
[2] 其实在 18 世纪，英国皇室已有人收养东方狗。见 Craig Clunas, *Chinese Export Art and Design* (London: Victoria and Albert Museum, 1987), 页 48—50。
[3] 德龄, *Two Years in the Forbidden City*, 页 356。
[4] 同上书，页 356—357。据说慈禧的床旁挂着一幅维多利亚女王的微型肖像，但此细节的真实性，笔者无从查证。见 Marina Warner, *The Dragon Empress: Life and Times of Tz'u-hsi, Empress Dowager of China, 1835–1908* (New York: Macmillan, 1972), 页 158。

为现实。即使曾经有可能的话，她们的对话，也势必要在国际法规定的框架下进行，必须符合所谓国际大家庭所认可的主权国家的交往逻辑。辜鸿铭当然了解国际关系的那一套政治话语，并对此持有自己的独立见解。我们可以从《尊王篇》中的另一篇英文文章中窥见一斑。此文叫做《为了中国的良治》，同样是写给英语世界看的，作者对殖民地和清朝的国家主权，都做了清晰的论述：

> 中国难题的最主要和最关键的一点在于，外国列强必须明确而果断地决定，要么接管中国政府的职责，要么就将这个职责交给清廷。如果列强决定直接统治中国，那就请便了。但是如果列强要求清朝政府来担负良治的责任，那么列强的义务很简单，就是要绝对认可和尊重清朝政府代表自主国家的所有权利——在目前，尚不包括对外国臣民的治外法权。[1]

当"认可"主权的因素上升到如此强势的地位，当它既有力量造就主权，又有力量消解主权的时候，这意味着什么呢？它意味着，我们已经进入了国际法的成文法领域之中。我在第四章已论述过，成文法的这一国际"认可"的逻辑，恰是在帝国征服的进程中，开始在国际法中逐渐上升，最后升至为主流。[2]而这同一逻辑，既适用于辜鸿铭对于清廷主权的呼吁，也适用于清政府与列强签署不平等条约的命运，因为签署条约的本身，等于是被列强"认可"为国家主权的代表。我在上一章对惠顿的《万国公法》及其译本在东亚的流传作分析时，其中也谈到汉语新词"权利"的形成过程，以及与英文的"rights"互译中所生成的衍指符号。需要进一步指出的是，"主权/sovereign right"同样是衍指符号，也是在同一文本的翻译中产生出来的，在这个过程

---

[1] 辜鸿铭，*Papers from a Viceroy's Yamen：Chinese Plea for the Cause of Good Government and the Civilization of China*，页71。

[2] 有关成文法和殖民地关系的研究，见 Anthony Anghie，"Finding the Peripheries：Sovereignty and Colonialism in Nineteenth-Century International Law," *Harvard International Law Journal* 40（Winter 1999），页1—80。

中，新词"主权"与"sovereign right"，就是在《万国公法》和惠顿的英文原著之间的空间里，营造出将来会被认可的现代世界的"普世价值"。

法学家中，惠顿是较早把"认可"的概念，作为国际法理论的中心概念来进行论述的。依据这个概念，惠顿主张，一个独立国家能够建立对内的主权，但它对外的主权"恐怕需要得到别的国家的认可，方才圆满和完整"。在论及新生国家的主权时，惠顿尤其强调了这一关键的内外之别。他说，一个国家如果将其行为仅仅限于本国公民和自己的领土范围内，它可能就不需要别的国家的认可。

> 但是，如果这个国家希望加入国际大社会，它就必须得到别国的认可，否则无法保证这个国家能够享受所有成员国享受的那些待遇。这个大社会的所有成员国，都相互认可对方的权利和资格，并相互要求履行各国必须履行的职责。任何其他国家都可以自由认可或拒绝认可一个主权国家，同时它也必须接受自身行为的后果。一个新生国家在获得所有国家的普遍认可之前，它对外行使主权的范围，只能限于那些认可其主权的国家。[1]

在19世纪后期，《公法新编》的作者英国法学家堂氏（W. E. Hall）干脆断言："欧洲文明以外的国家必须正式加入法治国家的圈子，必须得到所有的或若干个法治国家的默许，才可以行事。这等于是要全面接受法治，而不得有任何含糊。"[2]

总之，对主权认可或不予认可的法律行为，不仅直接威胁到欧洲以外的国家和民众的生死存亡的权利，甚至也经常深深地潜入到个人的内心，造成殖民屈辱的创伤。辜鸿铭为了摆脱丧失主权的殖民地命

---

[1] 惠顿，《万国公法》（*Elements of International Law*, Oxford: Clarendon Press, 1936），页28—29。

[2] William Edward Hall，《公法新编》（*International Law*, Oxford: Clarendon Press, 1880），页40。该书于1903年被丁韪良等人译成中文，见本书第四章的讨论。

运，毅然来到中国，追求拥有主权意识的尊严，并将其最好的年华奉献给了国母，和他为自己选择的母国。但这里的巨大讽刺是，辜鸿铭最终败在了那些起来推翻清王朝，建立共和国主权的革命者手上。这不能不让我们对其主权情结进行上述的检讨。在下一章，我们将进一步讨论，主权想象和主权情结如何直接参与了现代学术和学科本身的建立，尤其是语法学和比较文化领域的研究，马建忠的《马氏文通》就是这一发展进程的直接产物。

第六章　语法的主权身份

把洋泾浜话（pidgin）放在一个人嘴里，就等于设置了巫祝偶人，让别人去诅咒，去捕捉，去监禁，使他成为某种本质的永恒牺牲品，而他本人与这一形象的外观毫无干系。

——弗朗兹·法农，《黑皮肤，白面具》

1864年3月，美国语言学家威廉·德怀特·惠特尼（William Dwight Whitney，1827—1894）在史密森尼博物馆（Smithsonian Institute）做了一次关于"语言学原理"的演讲。随后，这次讲稿被扩充为12篇系列演讲，并于1867年以《语言和语言研究》为标题出版。惠特尼在他的第一次演讲中，通过引入"认可"（recognition）、"惯用法"（conventionality）和"公认"（consent）等概念来研究语言，阐明了他的语言符号学理论。他说：

> 我们知道，任何一个词与其所代表的观念之间的联系只存在于头脑的联想，并没有其他的联系，这种联系是我们遵循我们周围的范例，受其引导而后自己形成的。当年龄稍长一些的时候，我们或许真的会开始探究为什么这个词指的是那个事物，而不是别的事物，并以此自得其乐，但这仅仅是为了满足我们的好奇心；如果我们找不到一个理由，或者找到的理由是微不足道的和不充分的，我们也不因此就不理会这个词。因此，对我们来说，仅从外形上看，每一个词都是人为的或人们惯用的符号：（之所以是）

任意的（arbitrary），因为我们可以很容易掌握上千个其他词中的任何一个，并将其与同一种观念联系在一起；（之所以是）**惯用法**（conventional），是因为我们后天习得的语词，都根植于我们所属的语言共同体，这些词的用法必须得到该共同体的认可。[1]（着重号为作者所加）

上面所引的这段话，会让我们立刻想到索绪尔关于语言符号的著名论述。那么，惠特尼和索绪尔之间有没有实质性的学术联系呢？在《普通语言学教程》一书的第一章里，索绪尔作过一个明确的说明，他说自己最初的灵感来自于《语言的生命与生长》一书的作者惠特尼。[2]这种承认让历史学家汉斯·阿司勒夫（Hans Aarsleff）感到多少有点困惑，阿司勒夫写了一本书，评述从洛克（Locke）到索绪尔的欧洲语言观念的演变。他认为，泰纳（Taine）和布雷阿尔（Bréal）对索绪尔的符号理论的发展所做的贡献可能要比惠特尼大得多，因此，"让人始终迷惑不解的是，索绪尔为什么会对他［惠特尼］，尤其是他的有关语言的社会性和惯用法（这些很少引起争议）的论点给予那么高的评价。"[3]

约翰·E·约瑟夫（John E. Joseph）研究了惠特尼家族的档案文献，证明惠特尼和索绪尔两人的确曾于1879年在柏林首次会面，随后书信往来了一段时间。[4]索绪尔对普通语言学最早的思考记录，见于他为惠特尼纪念会准备的长达40页的演讲草稿当中。索绪尔那次是应费城美国语言学会之邀，为1894年12月28日的纪念会提交论文。值得我们进一步关注的是，当罗曼·雅各布森（Roman Jakobson）试图

---

[1] 见 William Dwight Whitney, *Language and the Study of Language: Twelve Lectures on the Principles of Linguistic Science* (New York: Charles Scribner & Company, 1870), 页14。

[2] 参见 Ferdinand de Saussure, *Course in General Linguistics*, Roy Harris 英译 (La Salle: Open Court, 1983), 页5。

[3] 参见 Hans Aarsleff, *From Locke to Saussure: Essays on the Study of Language and Intellectual History* (Minneapolis: University of Minnesota Press, 1982), 页393。

[4] 见 John E. Joseph, "Saussure's Meeting with Whitney, Berlin, 1879," *Cahiers Ferdinand de Saussure* 42 (1988), 页205—214。

解释索绪尔普通语言学的基本原理时，他也首先注意到了索绪尔与惠特尼的关系：

> 这种引人注目的创新的精髓，源自于惠特尼关于语言是一种社会制度（institution）的论题："它改变了语言学的轴心"（索绪尔语）。这一制度的实质特性在于如下事实："语言和写作并不建立在事物之间的天然联系之上。某个特定的咝音和字母 S 的形式之间，在任何时候都没有联系，同样，用单词 cow 并不比用单词 vacca 指代 vache（'母牛'）更困难。"惠特尼不厌其烦地重复这一点，就是为了让人们更好地理解语言其实是纯粹的制度这一事实。[1]

在这里，惠特尼之所以质疑"事物之间的天然联系"的自然主义语言观，那是为了摆脱欧洲人几个世纪以来对于完美语言（perfect language）的追求，例如，莱布尼茨和一些基督教神学家的著作，就反映出他们如何致力于寻找人类所有语言内部共通的自然秩序和意义逻辑。[2]惠特尼提出的"惯用法"的概念，恰恰是背离自然主义的语言观，强调语言共同体所共同认可的语词用法。这个概念与当时国际法中的成文法（positive law）的理论，以及成文法中规定的（欧美）国际社会对其他主权的"认可"的成规，具有密切的联系。而国际法中的成文法也正是在逐步脱离自然法的基础上建立起来的，这一点我在前几章已经分析过。不过，当我们论及索绪尔与惠特尼的关系，欲在索绪尔的著作里确定和梳理相关的历史线索，阿司勒夫提出的那些问题就仍需要解答：索绪尔显然也得益于同时代其他语言学家，究竟他为什

---

[1] Roman Jakobson, "The World's Response to Whitney's Principles of Linguistic Science," 见 Michael Silverstein 编, *Whitney on Language: Selected Writings of William Dwight Whitney* (Cambridge: The MIT Press, 1971), 页 xxxiii—xxxiv.
[2] 对有关的学派、学者和普通语言理论的详细研究，参见翁贝托·艾科的著作《对完美语言的探求》（Umberto Eco, *The Search for the Perfect Language*, James Fentress 英译。Oxford: Blackwell Publishers Ltd., 1997）。

么特别提到惠特尼，为什么强调惠特尼对他的符号观念的影响？惠特尼著作的创新之处，究竟是在"语言的社会性和惯用法"上，抑或在其他的什么地方？在回答这些问题之前，我们必须首先考虑比较语法学（comparative grammar）和语文学（philology）这些学科在全球化进程中扮演了一个什么角色。更重要的是，这些学科在漫长的19世纪中，是如何参与了我在第一章中指出的那一次国际政治的符号学转向？

印欧语系家族的理论假说

自从爱德华·萨义德的那部具有里程碑意义的著作《东方学》面世以来，后殖民时代的学术研究变得相当活跃，这一方面极大地丰富了人们对殖民知识体制下的现代欧洲语文学的产生和发展的认识，另一方面，它又让人们对这种知识体制如何塑造身份认同和种族主体有了新的理解，特别是这种知识体制是如何促进并建构西方和东方、自我和他者这些对立程式的。

我在第二章里曾经提到托马斯·特劳特曼在这方面的成果，特劳特曼在《雅利安人与英属印度》一书中回顾了欧洲学者在英属印度对古梵文的研究，为我们解释了"雅利安"（ārya）和"雅利安人"的概念的来源——这一源自于梵文的词，特指最早使用梵文、拉丁文、希腊文、哥特语、凯尔特语和古波斯语的人——，它如何被比较语法学家演绎成一个有关印欧雅利安人的家族情谊的故事，并如何在19世纪发展出一整套的有关语系的理论。[1]问题是，印欧语系（the Indo-European family）这一假说出现以后，欧洲的语文学家开始将世界上所有的语言进行分类，按照其进化的程度进行等级的定位。有一批从事印度—日耳曼语系（indogermanisch）研究的学者，煞费苦心地论证说，

---

[1] 见Thomas Trautmann, *Aryans and British India* (Berkeley: University of California Press, 1997)，页13和28。这个雅利安人的故事与我们所熟知的纳粹或者新纳粹对此名称的用法完全不同。特劳特曼对印欧语系家族知识谱系的研究，有助于澄清人们对于英属印度殖民统治的性质和什么是东方主义等问题的普遍误解。

语言的曲折形式的进化必然经历以下发展和完善的三个阶段：从使用单音节字（monosyllabism）阶段进化到粘着法构词（agglutination）阶段，最后进化到词形发生变化的曲折语形态（inflection）的阶段。[1]这些欧洲学者从印度—日耳曼语系的家族——这一说法后为"印欧语系"所取代——的同源假设出发，推测出所有的原始语言都是单音节的，只不过其中的某些语言，由于引进了变位和变格等形式原则，才进化到了高级的形式。人类的进化和进步这个原则被如此引入语言发展历史，那么，"原始语言"（the primitive language）这个概念的含义就不能不发生一次彻底的颠倒。因为欧洲人从前对这个概念的神学理解是，"原始语言"指的是人类"堕落"之前的那个原初的、正宗和权威的语言，但语言进化论和进步说的出现，将"原始语言"做了转义，将其降格为落后的、劣等种族的标志。为此，麦克思·缪勒（Max Müller）提出："语言音位的复杂程度与人的智力进化之间是成正比的"；他还认为，"凡字母表不完善者，足以表明其思维和言说水平之低下"。[2]威廉·冯·洪堡（Wilhelm von Humboldt）认为，只有日耳曼人和不列颠人这样的民族，才有天赋创造出高级的语言形式；某些民族的语言低劣和僵化，只是证明整个民族的心智没有能力向前发展。洪堡这里其实是在拿汉语进行比较，他认为，在世界庞大的语言等级

---

[1] 18世纪80年代，英国人威廉·琼斯（William Jones）在印度加尔各答亚洲学会担任首届会长时，开始全力推动对印欧语系的研究，但后来却被人说成是比较语言学的创始人。罗伊·哈里斯（Roy Harris）指出，琼斯之所以被拥戴为19世纪比较语法的奠基者，是因为英国人认为如果能率先确立雅利安人的语言家族，他们就能为自己的国家争来荣誉。事实上，英国的比较语法研究远远落后于葆朴（Franz Bopp）、格林（Jakob Grimm）、波特（August Friedrich Pott）、洪堡（Wilhelm von Humboldt）等德语学界的人。后者已经发展出一整套"印度—日耳曼语家族"的理论假说，在当时的欧洲引发了广泛争论。罗伊·哈里斯在他为葆朴的名著《梵文动词变位系统》撰写的新序中，对此有详细的说明。见 Roy Harris, "Comparative Philology: A 'Science' in Search of Foundations," Introduction to Franz Bopp, *Über das Gonjugationssystem der Sanskritsprache* (London: Routledge, 1999)，页10。不过，更早的印欧语系假说的萌芽，还可以一直追溯到17世纪，参见乔治·万·德瑞姆（George van Driam），《喜马拉雅山脉的语言：大喜马拉雅地区种族语言手册》（*Languages of the Himalayas: An Ethnolinguistic Handbook of the Greater Himalayan Region*），2卷本（Leiden: Brill, 2001），卷2，页1039—1051。

[2] 引自 Roy Harris, "Comparative Philology: A 'Science' in Search of Foundations,"页10。

体系中，汉语由于跟其他所有的语法之间有着天壤之别，所以可以提供鲜明的反面参照物，让人更为清晰地看出语言之间的优劣等级。曾被莱布尼茨（Leibniz）和其他的17世纪的欧洲人称作世界语言之冠的汉语，因此一落千丈，成为最低劣、野蛮和落后的语言。[1]有意思的是，这并不妨碍像弗雷德里希·冯·施来格尔（Friedrich von Schlegel）这样的比较语言学家，注意到这种落后语言对语言学研究的价值，施来格尔说，汉语"几乎没有任何曲折变形，它很特别。语义变化的表达纯粹依赖孤立的单音节词，而每个单音节词都有独立的含义。这种极为特殊的单音节形式，及其彻底的单纯性，对帮助我们理解其他的语言有很重要的意义"。[2]

惠特尼曾经在欧洲大陆接受系统的学术训练，是北美大陆最早加入这些欧洲比较语法学家行列的一位学者。他从葆朴、洪堡和施来赫尔（Schleicher）等人那里，继承了语言与种族共生的观念，不过，惠特尼似乎比这些人更热衷于推广白人至上主义的观点。他写道：

> 印欧种族在历史上的重要性，理应被纳入印欧语言学的名下，这一点必须首先引起语言学者们的关注。那么，既然一个种族的能力与起源于这个种族并由其丰富起来的语言之间存在着一种直接的、必然的联系，则我们必然也会看到如下情形：即人类中最出色、最和谐、最有天赋的那一部分人，他们的语言也理当具有最高的品质，并达到最和谐的发展。这些语言的结构及其与心智和思维的关系，因此就成为最有价值的研究对象。事实上，我们随后会看得更清楚，这种优势被一般认为属于印欧语系中的语言。在全人类语种的等级分类当中，印欧语系傲居首位，不可动

---

[1] 17世纪的欧洲人曾就汉语是不是人类的原始语言这一论题，展开过一场神学的思想辩论。有关研究见 David Porter, *Ideographia*（Stanford：Stanford University Press, 2001），页15—77。

[2] Schlegel, *On the Language and Wisdom of the Indians*, E. J. Milllngton 译（London：Ganesha Publishing, 2001；原版1808），页447。

摇。[1]

虽然惠特尼的种族主义态度十分突出，但这里值得我们特别关注的，倒不是他在这方面的嚣张态度，而是惠特尼将语言等同为语法的这件事。因为，语法在语言学科中，是被当作中性的领域来对待的。在这个领域之中，比较语法学家认为，他们发现了一整套可供理解人类语言的客观尺度，而种族主义依靠的，恰恰就是这些所谓中立的、客观的科学证据的支持。依照语法形式把世界上所有语言划分为不同等级，并在这个等级系统之内，对其中每一种语言的优劣地位作出判断，这意味着什么呢？它表明的是，欧美的语言学获得了某种主体和主权意识。我在第四章和第五章中，已经论述过现代国际法理论中有关认可（recognition）或不认可对方主权的成文法理论，同样的国际法逻辑到了惠特尼这里，就体现在动词变位和词性划分等语法学的技术层面。

如前所述，在欧美的比较语言学家看来，汉语的原始之处在于其单音节。[2]就凭这一点，汉语——欧美人始终将其理解为 Chinese，即"支那语"——作为其他语言的对照和例外，就显得很有价值，甚至是不可缺少的，因为它恰恰从反面印证和成全了印欧语系的正统地位，并由此为语言学的学科本身做出贡献。我想特别强调，这里有一个循环推理的过程：此处比较语言学家们的方法，一方面要求其分析对象是推论的起点，另一方面又要求分析对象是推论的结果，即一方面他们利用汉语来反证印欧语系家族这一假说的真实性，另一方面却又借助印欧语系家族的这个大前提，同时去推断汉语本身的性质，并得出"客观"结论。由此，惠特尼断言，支那语"从未超越其原始的单音节阶段；它的词甚至到今天依然停留在个别的词根单音节状态，很像印欧语系里的词根，不过始终没有词形的变化。这些词根自身

---

[1] Whitney, *Language and the Study of Language*, 页233。
[2] 由于欧洲学者长期将语言和文字这两个概念混淆，因此才把汉字作为认识中国的各种语言的基本单位。事实上，汉字可以是单音节，但这不等于语言也是单音节。这个长期的认识误区后来也影响到20世纪中国的语法学研究，比如"词"和"字"的区分问题，以及对"词性"的判定，对此我会在下文展开进一步的分析。

不带词性,只能通过结合成句子而获得词性"。[1]有意思的是,惠特尼在作此种判断时,还很注意引经据典。他仔细研究了奥古斯特·施来赫尔的语言学著作,其中有施来赫尔用德文翻译的《孟子》里的一段名言。惠特尼把这句名言作为例句,进行了自己的英文诠释。这段诠释很有名,我不妨用汉译和英文同时进行引述:

> 为了说明[支那语]无词尾变化的单音节词状态,与[英文中]由于词尾变化因素消失以后才出现的单音节词的状态之间,存在多么大的差别,我们只要把一个汉语句子与它的英文对应句稍加比较,就可一目了然。我们尽可能贴切地用英文来表述下面这一句汉语:"King speak: Sage! not far thousand mile and come; also will have use gain me realm, hey?"这句话的意思是,"国王说:圣人!不计千里(也就是说,不辞劳苦从很远的地方来到此地),也将有用利俺国,嗨?"[2]

懂一点英语知识的读者都能看出,惠特尼对孟子这段话的翻译,用的是不合语法的洋泾浜英语,明显是有意为之。在《孟子》的原文中,梁惠王与孟子的对话是:"王曰:叟不远千里而来,亦将有以利吾国乎?"孟子对曰:"王!何必曰利?亦有仁义而已矣。"在惠特尼的时代,英国传教士理雅各(James Legge)纯正的英译《孟子》,早已为英文世界熟知。理雅各对这段经典对话是这样翻译的:"Venerable Sir, since you have not counted it far to come here, a distance of a thousand *le*, may I presume that you are likewise provided with [counsels] to profit my kingdom?"[3]对比一下理雅各这纯正的英译,惠特尼有意选择洋泾浜英语,明显是在模仿他想象中的支那人的语气和语法,并且,让这种

---

[1] Whitney, *Language and the Study of Language*, 页257。
[2] 同上,页331。方括号里的内容为本书作者所加。
[3] James Legge, trans., *The Chinese Classics*, 卷2(Hong Kong, 1960),页125。

模仿几乎是以原文的身份进入他的语言学讨论。这里使问题变得更为复杂的是，惠特尼引用《孟子》的这一段话，其实是转引自欧洲语言学家施来赫尔的德文名著《欧洲语言系统概观》（Die Sprachen Europas in Systematischer Übersicht）。根据学者苏源熙（Haun Saussy）的调查，施来赫尔的德文《孟子》例句，则又是从法国汉学家儒莲（Stanislas Julien）翻译的法文《孟子》那里转译成德文的。[1]所以，惠特尼对德文的这种洋泾浜英文转译，其实是一连串的援引和重译行为中的环节之一，无论如何谈不上是对《孟子》原文的逐字直译。

但惠特尼恰恰要将其所引的《孟子》例句处理成为对汉字的直述，成为原文的镜像，而不是以"翻译"的面目出现。如果理雅各的纯正英译是翻译，那么惠特尼采用支离破碎的语法句式来仿译汉字，为什么就不是翻译，而是代表了汉语本身呢？总之，惠特尼为什么要拆解英语句法？如果他追求的效果纯粹是语言之间的差异的话，他完全可以走得更远，比如干脆使用一连串无意义的音节来表达外国音的怪异。苏源熙认为，惠特尼逐字直译的行为其实服务于某种论说的需要，这个批评十分中肯。在《永远的多重翻译：汉语如何失去了它的语法》一文中，苏源熙指出，惠特尼决定把《孟子》的例句，转译成不符合语法的洋泾浜腔，是在创造一条"历史想象的通道。沿着这个通道，人们就可以返回到原始的情景，因为只有在原始的情景中，所有的词汇都是词根，而且只能是词根。我们今天所说的那种简单形式的并列词语（formal parataxis），指的是本来应该发生的历史进程，但这个进程却没有［在汉语中］发生；也就是说，汉语仍旧停留在'原始阶段'，它被那一场大融合和词尾变形的进化的语言历史远远地抛在后面"。[2]总之，洋泾浜英语是他者的能指，代表原始人的语言。很像小说家笛福笔下的星期五，这个野人与鲁宾逊·克鲁索在一起生活

---

[1] Haun Saussy, "Always Multiple Translation, Or How the Chinese Language Lost its Grammar,"见刘禾编（Lydia H. Liu ed.），*Tokens of Exchange*（Durham：Duke University Press, 1992），页122，注5。

[2] 同上书，页111。

多年，服侍了他的英国主人，但他从来没有学会讲出合乎语法的英语。出于同样的道理，惠特尼在《孟子》的古汉语里听到的，也只能是洋泾浜英语。

这里的麻烦是，在所谓的进化成功的语言中，英语本身又处于怎样的地位呢？既然原始语言一律被置于历史想象通道的那一头，那么，惠特尼就必须面对印欧语系中的一个异类——即他自己的本土语言，因为现代英语已经差不多丢弃了自己所有的词尾变形和变格，表现出欧内斯特·芮南（Ernest Renan）曾指出的反向进化趋势。这使得语言学界又出现了一个截然相反的假说：即原始语言其实始于多音节形式，到后来才逐步朝单音节的状态发展。为了回应这一类的挑战，惠特尼认为原始语言的单音节性，与"非原始"语言的单音节性之间有根本的不同，他说：

> 我们承认，英语经过长期的使用和损耗，也逐渐趋向于没有词尾变化的单音节状态，但是这种单音节性，与原始语言的单音节性相比，两者之间有着天壤之别。英语的语法范畴有明确的区别，英语中存在大量的关系词和连接词，每个词都保存着早前的词尾变形时期遗留下来的那些特性，每一组词汇与其用法都十分相称。语言学家所理解的原始语言的单音节性则与之不同，这一点在他们对印欧语系中的远古语言的分析中可以看到。[1]

对英语和汉语的语言形态之间可能存在某种通约性这一点，惠特尼予以如此坚决的否定，这反而衬托出他采用洋泾浜英语翻译《孟子》背后的一部分理论背景。惠特尼的洋泾浜译文，充当了某种衍指符号（super-signs）的作用，它是朝着英语和汉语的双向运动，既不是英语，也不是汉语。正如前面所提到的，惠特尼的《孟子》翻译不是源自中文原著，而是转译施来赫尔的德文译本。对这两个译本稍做比较，我

---

[1] Whitney, *Language and the Study of Language*, 页265。惠特尼与芮南的辩论，见页279—286。

们就可以看出惠特尼为了将古汉语变成洋泾浜英语的镜像,是怎样又对施来赫尔的德语译文实行了改动。例如,施来赫尔为了同时照顾差异性和通约性,他尝试着把古汉语的人称,分别用德语的主格、宾格或所有格来表示——例如"吾国"译为"mein Reich"。惠特尼在翻译"吾国"时,本来可以照本宣科,选择对应德语代名词所有格的英语人称"my country",但他有意识回避了这个明确的选择,而决定使用语法不通的宾格"me realm",是在戏仿下等人或华人苦力的腔调。此外,还特别应该注意的是,施来赫尔使用了简单的问号来翻译《孟子》引文中出现的最后一个"乎"字,然后加括号说明,"乎"字是表示疑问的虚字"Fragepartikel"。对比之下,惠特尼的英译是把古汉语的"乎"字写成英语口语的"嗨(hey?)",有意抹去了被施来赫尔认可的汉语虚词的语法功能。[1]这一类改写的关键,其实不关乎一个具体文本的英译文是好是坏,也不关乎译者在自己的语言里到底面对多少选择,译文准确还是不准确。如果用这一类的标准来衡量的话,那就连施来赫尔也无法避免差失。这里我们要揭示的是,惠特尼在注明他的《孟子》引文出处是施来赫尔的德文译本的同时,悄悄掩盖了他对这个译本的精心改写。这一改写其实出于更深层的理论需要,它回答的是文化之间是否存在通约性的理论问题。归根结底,文化之间的通约性是否能成立,这关系到比较语法研究的立身之本。

惠特尼既不是第一个,也不是最后一个,以此种改写的方式来处理欧洲语言对汉语进行翻译的人。[2]我们看到,从《孟子》的古汉语原文到法文翻译,从法文到德文翻译,再从德文到惠特尼的洋泾浜英文翻译,这个过程似乎显示了某种规律。20世纪法国汉学家马若安

---

[1] 见 August Schleicher, *Die Sprachen Europas in Systematischer Übersicht*(《欧洲语言系统概观》),新近的版本有 Konrad Koerner 的介绍性文章,Amsterdam: John Benjamins Publishing Company, 1983, 页 50—54。

[2] 在本书中,我分析过一系列出于类似动机的重译,例如,从马礼逊对他自己先前翻译"夷"的做法的自我修正(见第二章),到拉丁文转译到英文的苏轼引文(见第二章),再到邓嗣禹和费正清对林则徐檄文的重译(见附录),以及冯克(Dikötte)把理雅各对"族类"的英译改译为"种族"(race)(见第三章)等,这一切做法都值得我们深思。

(Jean-Claude Martzloff)也用了类似的方式,来处理徐光启和利玛窦于1607年合译的欧几里得《几何原本》的汉译。在分析这一译本的过程中,马若安认为,"系动词的缺席"确立了拉丁文和古汉语之间不可通约。然而,通过仔细研究马若安如何对汉译的《几何原本》实行断章取义的解释,史学家罗杰·哈特(Roger Hart)发现马若安的错误在于,他以为克拉维乌斯(Clavius)《几何原本》的拉丁文版,"既不是翻译,也没有历史,它就是纯正的原作。这样一来,此书从希腊文到拉丁文,从拉丁文到法文,再到英文等一系列的翻译过程,以及复杂的历史和文本的种种版本问题,就都被一笔抹煞了。"[1]只有当这一切都被抹煞得一干二净的时候,马若安才能充分突显汉语与欧洲语言的根本差异,从而强调汉语和欧洲语言之间不能通约,强调汉字的发音以及直译。其实,按照惠特尼和马若安的直译法逻辑,我们也完全可以使用同样的方法,把拉丁文也翻译成洋泾浜腔的英语,对原作进行类似的滑稽戏仿。如果谁愿意尝试这种直译的话,就会发现:克拉维乌斯的拉丁文版的《几何原本》,原来也没有系动词,也没有介词,也没有定冠词。我们还会发现,马若安靠直译的办法确立起来的那种绝对的文化不可通约性,反映的其实不过是他在汉语和欧洲语言之间实行翻译的过程中,所做的某种选择罢了。

这就让我们回到本书前几章中讨论过的交互性问题(reciprocity)。在分析国际法原理的历史变迁中,我着重指出,19世纪对成文法的理解,总是围绕着权利或特权的排他性,以及对主权的认可或不认可等关键议题进行的。根据这一理解,世界民族大家庭所认可的国家主权的构成,在很大程度上,取决于外部世界对这个国家的承认。为此,成文法意义上的国与国的交互关系,就必然会把"差异性"理解为在对等关系中的差异性(从惠特尼的立场看,也就是某种语言与印欧语系是对等还是不对等),这就无法避免我在上文提到的同义反复的循环逻辑。多年前,我在《交换的符码》一书中,在对符号的政治经济学

---

[1] Roger Hart, "Translating the Untranslatable: From Copula to Incommensurable Worlds," 见刘禾编(Lydia H. Liu, ed.), *Tokens of Exchange*, 页54。

基础作分析讨论的时候强调指出,一旦所谓差异性进入不平等的交换体系,并且作为价值实行符号的交换时,这个差异性必然被翻译成为与普世价值相对的价值,从而也必然沦为普世价值的牺牲品。[1] 因此,文化与文化的差异之间,能否建立某种通约性这种争论,不可能脱离更加广阔的世界观和话语空间来展开,而且,实际上有关文化的差异、种族的差异和文明的差异等等理论假说,也往往确实是在宏大的思想空间和话语空间里展开的。既然如此,惠特尼这样强调文化与文化之间根本不可能通约,他坚持的到底是一种什么样的世界观?是什么样的世界观促使他相信,语言学是"了解民族谱系的人种科学"的基础科学呢?[2]

我们在前面几章中已经看到,成文法对欧洲文明之外的国家加入主权国家的世界体系的时候,要求一个前提,即它们必须首先获得由西方国家主导的国际社会的认可。在这个问题上,惠特尼和惠顿(Wheaton)、达纳(Dana)及他那个时代的其他法学家的意见是一致的。他认为,欧洲民族是世界历史的先锋力量,是唯一具有文明和特权的种族。他举出的事实是,无论出于贸易还是征服的目的,欧洲人已经环绕地球,将其火轮船开往全世界的每一个角落。惠特尼进一步说:"弱小的种族正在从地球表面上消失,因为这些种族面对优越的种族,毫无生存能力可言。"[3] 由是,他认为对全世界的控制权现已传到欧洲民族的手中,欧洲人有资格宰治广大的世界,有资格当统治者,因为他们的影响力"会将福祉、知识、道德和宗教信仰,带给被其统治的那些种族"。[4] 正是在这个意义上,具有正当的远古谱系的印欧语系,更有资格宰治世界的语言版图。

下面我们不妨联系惠特尼有关种族、国家、帝国主权和国际冲突的思考——亦即他的世界观——来重新检视他的产生很大影响力的语

---

[1] Lydia H. Liu, "The Question of Meaning-Value in the Political Economy of the Sign", 见 Lydia Liu, ed., *Tokens of Exchange*, 页 13—41。
[2] Whitney, *Language and the Study of Language*, 页 8。
[3] 引文同上,页 232。
[4] 同上。

言学理论，比如一般被认为是由索绪尔提出的符号的"任意性"的概念（arbitrariness）。我们会发现，惠特尼在提出"任意性"的时候，他没有重复所谓语言的社会性和约定俗成性这个被普遍接受的观点。他其实对语言符号（the linguistic sign）的性质有自己新的认识，并进行了系统的理论阐说。惠特尼的这一独特贡献，后来被索绪尔和索绪尔之后的结构主义语言学家的论述遮蔽了。

我们来看惠特尼在1874年的《美国语文学会学报》上发表的一篇重要论文，论文标题是："Phusei 或者 Thesei——天然的还是约定俗成的？"他在论文中指出，符号和它的意义之间的联系是一种心理联想，比如像符号5和它所代表的数字之间、符号π和3.14159+之间的关系一样，这些都带有人为因素，是任意性的。"使用我们从祖先继承来的传统英语的人数众多，但英语中没有丝毫一个成分可以被视为是某个人的发明，或者是由于某个人内在的本能冲动，因此创造了这个词，而不是那个词。"[1]为了摆脱"自然主义"语言观的误区，惠特尼在下面提出了他自己对符号的定义。值得我们注意的是，他对符号的定义，明显地使用了具有国际法色彩的语言：

> 在我们讨论的这个问题上，如果有人给出的答案是 $Φυσει$ [天然]的，那么就不免让人怀疑此人对语言史的最基本事实产生了彻底的误解。如果有人给出的答案是 $θεσει$ [任意]的，只需恰当的解释便可表明：他所指的任意性并不意味着，什么人都可以随意把某个名词符号强加给他选择的概念上。语言中的任何变动必须首先得到语言共同体的共识，才能成其为语言。这个语言共同体是绝不会对毫无道理的变动或臆造加以认可和批准（ratify）的。[2]

---

[1] Whitney, "Phusei or Thesei—Natural or Conventional," 见 Michael Silverstein, ed., *Whitney on Language*, 页115；原发表于 *Transactions of the American Philological Association* for *1874, 1875*, 页95—116。

[2] 同上页注[1]，页131—132。

惠特尼这里使用的一个词"批准"(ratify),是国际法术语,通常也译为"换约"。不仅如此,他在所谓 $\Phi\upsilon\sigma\varepsilon\iota$ ("天然"性)和 $\theta\varepsilon\sigma\varepsilon\iota$ ("任意"性)两个概念之间所做的区分,恰恰又是 19 世纪自然法和成文法之间的论战在语言学理论中的体现。惠特尼的语言"共同体"这一概念,对索绪尔的语言理论有过深刻的影响,这一概念其实是建筑在当时的政治理念之上的。所谓"共同体",指的是由言说的群体组成的某种"共和国",而共和国的主权则来自民意的授予;无论共同体当中的哪一个成员,如想对于大家共享的语言做任何改动,前提是这个改动必须得到共同体的"批准"(ratify),才能获得换约的真实效应。惠特尼在这里开辟了一条有意思的理论思路,奥斯汀(J. L. Austin)后来的言语行为理论正是以此为先驱的。惠特尼写道:

> 当第一艘纵帆船在马萨诸塞州的海岸边打造完毕时,大船沿着造船台缓缓滑行,开始在水面上优雅地漂浮。就在这时,一位激动无比的旁观者偶尔冒出一句感叹,他说:"哦,她是多么 scoon 呀!"听到这句感叹,纵帆船的发明人和造船人马上响应说,"那么,就叫她 scooner 吧。"于是一个新的英文名词应运而生。这说明,语言共同体认可了他的举动,接受了他提出的新词,因为这个新事物需要一个新名称,而且没有其他人比他更有资格来命名这艘船。换一个角度来看,假如他把军舰命名为 scooner,那么除了他最近的邻居之外,恐怕没有人会听说他这么做。[1]

几十年后,奥斯汀在十分类似的寓言的基础上,构建了言语行为理论(Speech Act Theory)。然而,细细琢磨,惠特尼叙述的这桩趣事,其实对言语行为的关注并不是主要的,而更强调的是认可和公约的重要性。纵帆船的建造者当然可以行使对"scooner"命名的权利,但只有语言的共同体才能最后认可或拒绝认可这个新词。如此,既然这一类的决

---

[1] Whitney, *Language and the Study of Language*,页 38。

定既不取决于某个权威人物的意志,也不遵循某个君主的意志,那么,当语言的共同体在进行这种决定的时候,其立身之本到底是什么呢?在上文几段引文中,我们可以看到,惠特尼所使用的语言,始终在强调"认可"和"换约"(ratify),也就是说,在他谈到个人和语言共同体的时候,使用的乃是政治理论的语言——好像语言也要进入某种国家形式或政治实体,必须在成文法的监护之下签订公约。惠特尼这样措辞,容易令人想到民主制度的模式,但其实它是对国际共同体的想象。在这个国际共同体的世界,符号和衍指符号也必须在国与国之间达成协议,加以认可。这里还应该特别指出,惠特尼写作《语言和语言研究》这本书的时候,也正是各类国际条约的签署急速增加的时候,可以想象,这样的形势必然对语言的政治生命和语言研究本身发挥重要的影响。

学者丹尼尔·甘巴拉拉(Daniele Gambarara)认为,索绪尔的语言符号的惯用法的概念(conventionality),与当时的国际大会、国际公约谈判等新鲜事物之间,存在着根本的联系,这种联系我们可以一直追溯到惠特尼的思想。[1]索绪尔当年见证的是一个由符号主导的新世界的诞生,而在这个了不起的新世界里,国际会议和国际公约正在演变成为对人造的符号体系进行标准化,并实行推广的重要场所。惠特尼同样也生活在19世纪后半叶,他对于主权国家和帝国力量如何设立海上援救信号、各种代码以及符号系统的过程不会陌生。在国际法的成文法的话语环境下,一些主权国家不但完全可以撤销其对另一些国家主权的认可,如果愿意的话,还可以把它们从国际共同体中驱逐出去,因为主权不是天然赋予的,而是人为的。在这样一个大气候里,语言符号的研究也被纳入同样的话语世界,由是,惠特尼才如此强调语词的"任意性"和"公约性",并将印欧语系置于世界语言的霸权位置。

---

[1] Daniele Gambarara, "The Convention of Geneva: History of Linguistic Ideas and History of Communicative Practices",见 Lia Formigari and Daniele Gambarara 合编,*Historical Roots of Linguistic Theories* (Amsterdam: John Benjamins Publishing Company, 1995)。我在第一章讨论国际政治的符号学转向时,曾初步涉及了这个问题。

我在第二章中所分析的"夷/i/barbarian"那个衍指符号的发明过程，其实也是国际法和语言符号在那时相互渗透的见证。人们不能无视这样的事实：在鸦片战争的大背景下，每一次条约的谈判和核准，都总是笼罩在徘徊于中国沿海的那些英国军舰的阴影之下。

应该说，惠特尼的语言符号的理论概念十分新颖。其新颖之处，不仅在于雅各布森早就注意到的"语言和写作并不建立在事物之间的天然联系之上"这类理论的发明，而真正在于英美语法研究中出现的那种主权想象。惠特尼在成文法理念的驱动下，给印欧语系赋予了明确的主权身份，使得19世纪语言学成为国际关系话语的一个重要组成部分。

马建忠及其语法著作

通过对惠特尼的以上分析，我们已经看到，印欧语系的假说是如何为欧美比较语法学确立了一个文化上和种族上的异己。但我们需要进一步思考的是，当帝国战争不可避免地把欧美比较语法学引入那个异己的领土后，会有什么样的新情况产生出来呢？也就是说，面对这些知识的翻译，主权情结（sovereignty complex）会不会在其他地方产生出来，而给比较研究本身提出根本的挑战呢？下面我们以1898年出版的《马氏文通》为契机，来对这些问题加以探讨。《马氏文通》的作者马建忠的名字曾在第五章短暂地出现过。他作为清政府的官员，与辜鸿铭在新加坡有过三天的会面和交谈，那次见面给辜鸿铭的一生打下了深刻的印记，使其最终归依，成为中国人。

辜鸿铭留学苏格兰，而马建忠是留学法国，其间还兼任出使英、法大臣郭嵩焘的翻译。马建忠在结束了在法国的学习后，1880年回国，在李鸿章幕下办理洋务。1881年夏，他带领清政府的外交使团，奉命前往英属印度，途经新加坡。马建忠的使命是与英方交涉鸦片包销和税收等问题。他在英属海峡殖民地那里逗留了几日，期间会见了殖民地官员塞西尔·克莱门狄·史密斯（Cecil Clementi Smith）和弗雷德里克·阿洛伊修斯·威尔德（Frederick Aloysius Weld），并考察了当地的鸦片加工情况。英属海峡殖民地位于赤道上方、马来半岛的末端，由新加坡、槟榔屿和马六甲海峡组成。新加坡在英国殖民贸易的结构中，是加工、销售和发配鸦片的中心之一。[1]

马建忠的外交生涯，与我在本书中屡次提到的其他翻译家兼外交官——如威妥玛、丁韪良以及辜鸿铭——具有某些相似之处。他当年在朝鲜壬午兵变和中法战争中，都扮演了很重要的角色，但这一切却被他身后的名声所遮蔽，因为人们通常只记得他是《马氏文通》的作者。《马氏文通》这部里程碑式的语法著作出版于1898年，时隔不到两年，即庚子事变。当时已退居家中的马建忠，再次应李鸿章之召，赴任上海行辕襄理机要，处理庚子事变中出现的大量外交照会，翻译电文。马建忠的哥哥马相伯，一位著名的天主教神甫，对当时的详情记录如下：

> 庚子之乱，由拿拉氏惑于扶清灭洋之说；东南督抚宣布自保，不奉朝命；两广李伯相特来上海，主持一切，遂嘱吾弟建忠至行辕襄理。公历八月中旬，俄廷突来长电七千字，竟谓不承诺，即封锁吴淞。连夜译成，急甚，以致热症大作，十四晨即去世。[2]

辜鸿铭在那场残酷的考验中幸免于难，而马建忠却意外死亡。此外，无独有偶，马建忠和马礼逊两人都是在军事对抗期间，为各自的政府效力，在翻译工作的岗位上殉职。

中国学术界对于《马氏文通》有个不可动摇的共识，即这部著作是中国语法研究的开山之作。不过，需要补充说明的是，此书也是欧洲语法学第一次在中国的学术界落地并开花结果，它在古代汉语和拉

---

[1] 见 Yen-lu Tang, "The Crumbling of Tradition: Ma Chien-chung and China's Entrance into the Family of Nations", Ph. D. diss., New York University, 1987, 页64—123。

[2] 马相伯，《马相伯文集》，方豪编，北平：上智编译馆，1947，页404。

丁文以及印欧语系之间建立某种通约性做了重要的尝试。其实，模仿拉丁文法写的汉语语法书，并不是从《马氏文通》才开始的，我们可以将其追溯到16世纪欧洲天主教传教士第一次来中国的时候。依据柯蔚南（W. South Coblin）和利维（Joseph A. Levi）的研究，最早为人所知的中国官话语法书，叫做《支那语法》（Arte de la lengua China），是由天主教多明我会传教士高母羡（Juan Cobo）写就的，除此之外，高母羡还写过另外两本类似的书。据称，第二本官话语法书，是由多明我会传教士徐方济（Francisco Díaz, 1606—1646）撰写，1640年或1641年在菲律宾付印，但书名未被记录下来。第三部语法著作的作者是著名的多明我会传教士黎玉范（Juan Bautista de Morales, 1597—1664）。这一系列天主教多明我会语法书当中，第一部正式出版的是万济国（Francisco Varo）的著作《官话语法》（Arte de la Lengua Mandarina）。此书于1682年完成，并于作者生时就以手抄本广泛流传，直到1703年，才由方济会的传教士石铎琭（Pedro de la Pinuela）在广州将其付梓出版。柯蔚南和利维指出："这部著作显然是最早出版的汉语语法书，由于它在中国语言学史上的地位，以及它所提供的有关17世纪官话在音韵学、句法和词汇方面的具体资料，因而有着相当大的研究价值。"[1]的确，最早天主教的传教士撰写的语法书，其重点是官话和口语，这些语法书主要服务于来到中国或其邻国的欧洲人的官话教学。《官话语法》这本书提供的大量例句表明，万济国对官话语法的理解不仅受到拉丁文法的驱动，而且符合罗马天主教会的传教方略。

相比之下，《马氏文通》与比较语法研究的关系，则是在极为不同的环境条件下形成的。我在本书第四章已经指出，《万国公法》在1864年被翻译和出版，并不是一个单一的文本事件，我们可以将其理解为具有三重意义的事件，即文本上、外交上和认识论上的三重意义。《马氏文通》的写作，同样也是一个具有多重意义的事件。除了它是

---

[1] W. South Coblin 与 Joseph A. Levi 合著，*Francisco Varo's Grammar of the Mandarin Language: An English Translation of "Arte de la lengua Mandarina"*（Amsterdam: John Benjamins Publishing Company, 2000；原版1703），页 x。

用中文写就的研究古汉语的第一部全方位的语法理论著作以外,其独特性和重要性还在于,它很有说服力地反映了人的心智如何遭受了殖民主义的伤害,也反映了19世纪的军事征服与语言科学之间的共谋关系,以及作者企图超越这种处境的愿望。

我们在上文已经看到,比较语法学如何进入了国际成文法的秩序,又如何参与了为印欧语系建立主权想象的那场政治游戏。当然,欧美帝国的主权想象,一开始就不是限于印欧语系的家族内部,而是投向别处的,因为它只有通过异己者的镜像,才获得自我的认知和自信。但从辩证的角度来考虑,帝国心目中的异己者未必不会反其道而行之,未必不会也生发主权想象,并由此回视帝国投向异己者的镜像,于是,我们就会看到主权情结的双重镜像的产生。从比较语法学进入中国的情况来看,主权想象的镜像和双重镜像之间的互动给我们留下一些明显的痕迹,这些痕迹表明:语法书里面的主权情结都是应运而生的,其过程往往是:为了抵抗印欧语系将别人的语言贬为异己,"异己"一方通过盗用印欧语系的语法观念,反过来证明自己的语言也有语法,从而建立自身的主权地位。由此,我们看到了一个悖论,当印欧语系的语法观念被盗用过来为自己正名的时候,这盗用是否意味着,盗用者给印欧语系的语法观念赋予了更为普世的合法性?这种主权情结的双重镜像,会不会让人更加不可自拔地陷入印欧语系的强势话语?这是《马氏文通》为学术界提出的问题,也是中国的语法学研究至今仍不能不面对的历史。

让我们再来简短地回顾一下惠特尼对《孟子》的那段翻译。《孟子》的原话是:"王曰:叟不远千里而来,亦将有以利吾国乎?"在惠特尼眼里,汉语只有单音节,没有语法,因此他对施来赫尔的德语译文实行了改动,将其中的虚字一一略去,把古汉语变成了洋泾浜英语的镜像。如果惠特尼的洋泾浜腔的《孟子》翻译显得有点荒唐,那么接下来的问题是,对《孟子》这段话的比较合乎情理的语法解释又有哪些可能性呢?换句话说,马建忠本人有可能怎样处理其中的语法成分呢?从他采用的拉丁文法的角度来看,古汉语的句子是否合乎"语法"呢？

我们不能假设马建忠对惠特尼的语法名著一定有了解，但值得注意的是，《孟子》这段引文和有关的古汉语虚字，一概都进入了《马氏文通》一书的研究视野。我们从以下的分析中可以看出，马建忠当时的写作初衷，就是要证明古汉语也和泰西语一样有语法。比如，他在古汉语的疑问句中，辨识出六种纯功能性的字，包括上文《孟子》引文中的"乎"字（此字被惠特尼译为"hey?"），并将其统统列在"传疑助字"名下。马建忠论证说，助字处于古汉语的句首或者句尾，其功能是帮助句子完成意义，因此一律被归入"虚字"的范畴。除了"乎"字，另外五个传疑助字——哉、耶、欤、诸、夫——也经常出现在疑问句式中。马建忠认为，这六个传疑助字有三个作为：其一，有疑而用以设问者；其二，无疑而有以拟疑者；其三，不疑而用以咏叹者。[1]在这里，马建忠将所有的古汉语的助字划入虚字的范畴，并将虚字的功能与泰西语法中的动词变位相提并论：

> 泰西文字，源于切音。故因声以见意，凡一切动字之尾音，则随语气而为之变。古希腊与辣（拉）丁文，其动字有变至六七十次而尾音各不同者。今其方言变法，各自不同，而以英文为最简。惟其动字之有变，故无助字一门。助字者，华文所独，所以济夫动字不变之穷。[2]

马建忠坚持认为古汉语有自己的语法，但其理论根基还是离不开泰西语法的方法。上述引文中所强调的"华文所独"，同样是在比较泰西语法的基础上判定的，而他做此种比较的参照系是古拉丁语、古希腊语、现代英语等欧洲语言。当然，惠特尼等欧美学者提倡的比较语法，着力于在曲折语言和非曲折语言之间建立一套完整的进化等级，强调

---

[1] 马建忠，《马氏文通》（北京：商务印书馆，1998），页361—362。
[2] 同上书，页323。

曲折语言和非曲折语言之间的不可通约性。[1]马建忠也采用了比较视野,却导致相反的结论。他认为,如果虚字能达到与动词变位同样的目的,那么虚字的语法功能,肯定是相当于曲折语言中动词变位的功能。从马建忠的角度来看,惠特尼用他的单音节"hey?"来翻译"乎",肯定是犯了基本的语法错误,因为他没有看到"乎"字的虚字功能。相比之下,马建忠的虚字研究倒是肯定了施来赫尔用疑问号翻译《孟子》例句中的最后一个字。

惠特尼引用过的《孟子》的例句,不时在《马氏文通》各章对实字和虚字的分析之中出现。在第八章里,这个例句又出现在被马建忠称作"连字"的古汉语的范畴之下,用以解释"不远千里而来"中的虚字"而"在古汉语中的语法作用。[2]至于《孟子》引文的后半句,即"亦将有以利吾国乎"中的"有以",曾被惠特尼改写成不合英文语法的洋泾浜词组"have use"。马建忠在分析"有以"句式的时候,将其处理为"同动助动"结构,即动词"有"被省略了止词(即宾语)而加介词"以",也就是,及物动词-止词+介词。[3]对比理雅各的《孟子》英译,止词的减略一目了然。理雅各的后半句译文是:"may I presume that you are provided with [**counsels**] to profit my kingdom?",这里方括号里的"counsels"就是马建忠所说的被省略的止词,也就是说,英译文将止词还原,其中隐含着动词+止词+介词的句式。

上文提到惠特尼在翻译"吾国"的时候,曾将施来赫尔的德语译本中使用的人称代词所有格"mein Reich",改译成人称代词宾格,造

---

[1] 梅维恒(Victor Mair)在一篇讨论马建忠的短文中,比较汉藏语系和梵语语法,采用了同样的思路。他说:"人们或许会问:为什么印度人非常倾向于语法,而中国人却对语法有反感。我本人的解释是,这可能与以下的事实有关:即梵语是现存语言中最富于变形的语言,而汉藏语系(尤其是基本的古代汉语形式,几乎是前现代中国语言研究中最不重要的部分)也许是世界上最缺乏词尾变形的语言。"Victor Mair,"Ma Jianzhong and the Invention of Chinese Grammar," *Journal of Chinese Linguistics*, monograph series "Studies on the History of Chinese Syntax," ed. Chaofen Sun, no. 10 (1997),页9。
[2] 马建忠,《马氏文通》,页285。
[3] 同上书,页178—179。

成了生动的洋泾浜英语的效果："me realm"。在《马氏文通》一书里，马建忠把人称代词叫做"指名代字"，同时又把第一人称代词叫做"发语者"，把第二人称代词叫做"与语者"。马建忠认为，古汉语中的发语者"吾"字的用法，在偏次（如人称代词所有格）的句法中常见，但几乎不用于宾次（即宾格），所举的例句是《孟子》的"王曰何以利吾国，大夫曰何以利吾家，世庶人曰何以利吾身"。马建忠在分析此句的结构时指出，"吾"字与"我"字，虽然同是表示"发语者"的指名代字，但两者之间有很大的语法区别，"吾"字出现在名词之前时"皆偏次也"（即，所有格），而"我"字则往往用于宾次（即，宾格）。只有当"吾"字出现在否定句式中的时候，它才作为宾次出现在动词前面，如像"晋不吾疾也"，或"访之而不吾告，何也？"等等。[1]

马建忠同欧美语言学家之间的针锋相对的论述，虽然没有表面化，但却始终贯穿于他从古代经书中提炼出来的大量例证当中。马建忠举出这些例句作为证据，是想说明从古代汉语中提炼出来的语法规则，不仅可以相当于拉丁语法或现代欧洲语言的语法，还可与之相匹敌，所以，他对古代汉语的论述，始终是在严格的比较语法的理论框架里进行的。那么，马建忠在撰写他的语法著作时，究竟参考了哪些欧洲语法书的原型？这是从事《马氏文通》研究的学者想要落实的问题。《马氏文通》书中已有内部证据显示，作者了解当时印欧语系的语法研究，对耶稣会传教士和其他西方学者撰写的汉语语法书也十分熟悉。我们知道，马建忠和他的神甫兄长出身于江苏丹徒的一个天主教家庭，据说，远在耶稣会传教士利玛窦来华的时候，这个家族就已皈依天主教。马建忠受洗时取名为马赛亚斯（Mathias），他的母亲是一个虔诚的罗马天主教徒，她在教自己的儿子读"四书五经"的同时，还教他们阅读利玛窦的《天主实义》。[2]兄弟俩长大之后，被送到上海新创办的徐汇公学（Jesuit College of St. Ignatius）读书，在那里学习了拉丁

---

[1] 马建忠，《马氏文通》，页43。
[2] 张若谷，《马相伯先生年谱》（台北：文新书店，1965），页4。

文、希腊文、英文、法文、自然科学和国学经典。[1]

学者阿兰·贝罗贝（Alain Peyraube）的研究表明，对《马氏文通》极具影响力的语法书的蓝本，可能是安托万·阿都诺（Antoine Arnauld）和克劳德·朗斯洛（Claude Lancelot）两人合著的一部题为《唯理普遍语法》（*La Grammaire générale et raisonnée*）的著作，俗名是《波尔瓦耶尔语法》（*La Grammaire de Port-Royal*）。在比较语法学出现之前，《唯理普遍语法》对欧洲的语言研究曾产生过巨大影响，如在1803年到1846年间，《唯理普遍语法》仅在巴黎就再版六次，被人简称为《语法》。即使马建忠早年在上海徐汇公学上学期间没有接触到这本书，那么他在1876年赴法国留学时，也毫无疑问地会读到它。贝罗贝在对《马氏文通》中的语法范畴与《唯理普遍语法》中所使用的分析范畴进行比较时，他发现这两部著作在很多地方有惊人的雷同之处。[2] 此外，我们还必须考虑到其他的重要范本，如马若瑟（Joseph de Prémare）用拉丁文著的《汉语札记》（*Notitiae Linguae Sinicae*，1728年完成，1831年才在马六甲出版），还有法国人雷慕沙（Jean-Pierre Abel-Rémusat）的《汉文启蒙》（*Elémens de la Grammaire chinoise*，1822年在巴黎出版）。贝罗贝认为，《唯理普遍语法》显然为《马氏文通》一书提供了总体的哲学框架。[3]

唯理普遍语法学派认为，人类的所有语言和思想事件中都存在着普遍的语法规律，这个学派与比较语法学派的主要不同之处在于，前者并不要求所有的文明语言，都必须有发展出类似曲折语那样的词尾变形。正如乔姆斯基（Noam Chomsky）所看到的：唯理普遍语法学派"反复强调的是，变格变位的语法体系只是表达词语关系的手段之

---

[1] 据说马建忠本人曾打算进入教会，但是在目睹了华人神甫在修道院——他哥哥曾在此接受神学培训——受到的不公平对待之后，就决定放弃这个打算。见 Yen-lu Tang, *The Crumbling of Tradition*, 页12。

[2] 参看 Alain Peyraube, "Sur les Sources du *Ma Shi Wen Tong*", *Histoire, Épistémologie, Langage* 21, no. 2 (1999), 页74—75。

[3] 贝罗贝认为马建忠对马若瑟和雷慕沙的语法著作很了解，并采用了马若瑟的一些方法，但并没有照搬。马建忠与雷慕沙研究汉语语法的方法尤其不同。同上，页74。

一……因此，认识如下一点非常重要：人们可以使用经典的变格的名称去分析非曲折语言，这不过是说明人们相信语法关系有统一性，人们相信各种语言的深层结构根本上是一致的，但语言的表达方式可以是各种各样的"。[1]

马建忠对语法规律的普遍性深信不疑，似乎也遵循了唯理普遍语法学派的哲学原则。但什么是语法规律的普遍性？如果说《唯理普遍语法》中的语法范畴必须首先得到汉语的翻译，并且把古汉语装进自己的模式之中，才能获得普遍性的身份的话，那么，这种做法很难证明语法规律的普遍性已经先于翻译行为的存在。因此，个中的矛盾其实出在普遍语法的概念本身。奥托·叶斯帕森（Otto Jespersen）曾经提出一个精辟论点，他指出，唯理普遍语法学派"努力把语言中凡是不严格遵守逻辑规则的东西都剔除出去，将一切语言都放在他们所谓的普遍法则或哲学语法的尺度下去衡量。可惜的是，唯理普遍语法家错以为拉丁语法提供了这样的统一逻辑的完美典范，因此，他们试图在各个不同的语言中寻找与拉丁文共同的语法特性"。[2]那么，马建忠的著作是不是也存在这个问题？

马建忠为《马氏文通》付出了艰辛的努力，成功地证明古代汉语的语法并不逊色于曲折语的语法，因为古代汉语也有相当于变位和变格的字性分类、语法结构，以及词尾变化的原则。这样，他对唯理普遍语法的认可，就在客观上否定了比较语法学家历来强调的印欧语系家族和汉语之间的不可通约，与此同时，他又用拉丁语法解释古代汉语，这等于是把一种语法观念嫁接到另一个语言之上。这样的比较范式自然有其局限之处。但是，我们还应该看到，《马氏文通》不仅仅是一部关于比较中西语法的著作，它也是一部关于文化通约性和主权想象的书，其动力在很大程度上，是来自于马建忠要替汉语正名的愿

---

[1] Noam Chomsky, *Cartesian Linguistics* (New York: Harper and Row, 1966)，页45。
[2] Otto Jespersen, *The Philosophy of Grammar* (New York: Haskell House, 1924；1965年重印)，页46；艾科则认为《唯理普遍语法》新鲜的地方"不过是企图把法语当作现代语言的典范"。见 Umberto Eco, *The Search for the Perfect Language*，页314。

望,其目的是要重新确立汉语在国际语言中的主权身份,在印欧语系的语言等级中为汉语争得同等的地位。

在语法性之外

《马氏文通》在1898年的出版,受到中国学界的广泛赞誉,被认为是语法研究的开山之作。中国从前当然不缺乏对语言文字的研究,不仅如此,它还有一个博大精深、绵延不断的学术传统,这一切到了19世纪已经形成非常专门化的知识体系。马建忠十分了解这一点,因此,为了让传统学术界能理解撰写《马氏文通》的初衷,他在序中写道:

> 昔古圣开物成务,废结绳而造书契,于是文字兴焉。夫依类象形之谓文,形声相益之谓字;阅世递变而相沿,讹谬至不可殚极。上古渺矣,汉承秦火,郑许辈起,务究元本,而小学乃权舆焉。自汉而降,小学旁分,各有专门。欧阳永叔曰:"《尔雅》出于汉世,正名物讲说资之,于是有训诂之学;许慎作《说文》,于是有偏旁之学;篆隶古文,为体各异,于是有字书之学;五声异律,清浊相生,而孙炎始作字音,于是有音韵之学。"吴敬甫分三家:一曰体制,二曰训诂,三曰音韵。胡元瑞则谓小学一端,门径十数,有博于文者、义者、音者、迹者、考者、评者,统类而要删之,不外训诂、字韵、字书三者之学而已。[1]

马建忠认为训诂、字韵、字书这三大传统中有一个缺失,即人们很少对语法研究发生兴趣。他认为,传统教育强调文字训诂,只关注书面汉字,不鼓励学生通过语法来掌握语言,而古汉语不是没有语法规则,只要深入钻研,就能将其揭示出来。马建忠把汉语经典和拉丁文经典分别视为东、西方两大文明的守护者,因为这些经典具有超越单个国

---

[1] 马建忠,《马氏文通》,页9。

家和单个地区的本土语言和本土方言的优势。他指出:"不知辣(拉)丁文字,犹汉文之昧于小学而字义未能尽通,故英、法通儒日课辣(拉)丁古文词,转译为本国之文者此也。"[1](值得注意的是,正当马建忠开始筹划对古代汉语语法进行研究的时候,他的兄长马相伯不久前也开始在编撰一本书,名为《拉丁文通》。[2])

马建忠还把语法研究的紧迫性,提升到文明的优胜劣汰的高度,认为它关系到中华文明能否在文明竞争中不被淘汰的大局。他写道:"西文本难也而易学如彼,华文本易也而难学如此者,则以西文有一定之规矩,学者可循序渐进而知所止境,华文经籍虽亦有规矩隐寓其中,特无有为之比拟而揭示之。遂使结绳而后,积四千余载之智慧材力,无不一一消磨于所以载道所以明理之文,而道无由载,理无暇明。以与夫达道明理之西人相角逐焉,其贤愚优劣有不待言矣。"[3]马建忠这里说的"华文经籍虽亦有规矩隐寓其中",已经将华文与西文纳入比较的关系之中了,那么,如何将隐寓其中的规矩挖掘出来,学者仅靠深入研究语言文字是不够的,还必须学会应用从西欧语法著作中翻译过来的概念和分析范畴。为此,马建忠在《马氏文通》的例言中说:"此书在泰西名为'葛郎玛'('语法'的音译)。葛郎玛者,音原希腊,训曰字式,犹云学文之程式也。各国皆有本国之葛郎玛,大旨相似,所异者音韵与字形耳。"[4]马建忠还认为,各国语言中都有语法规律,究其源,是因为人类对意义的追求,对意义的这种渴望超越了不同的种族各自语言的局限。他说:"而亘古今,塞宇宙,其种之或黄、或白、或紫、或黑之钩是人也,天皆赋之以此心之所以能意,此意之所以能达之理。"[5]值得注意的是,此处马建忠对于种族和语言关系的论断,与惠特尼的观点大相径庭,也与其他的欧美比较语法学

---

[1] 马建忠,《适可斋记言》(北京:中华书局,1960),页91。
[2] 见 Yen-lu Tang, "The Crumbling of Tradition: Ma Chien-chung and China's Entrance into the Family of Nations", 页10。
[3] 马建忠,《马氏文通》,页13。
[4] 同上书,页15。
[5] 同上书,页12。

家的看法有巨大的差别。在这一点上,马建忠倒是比较靠近唯理普遍语法学派的哲学。

《马氏文通》出版以前,梁启超就久仰马建忠的大名。1896年秋,梁启超到上海创办《时务报》,期间结识了马氏兄弟。就在那一年,梁启超和马氏兄弟结为密友,并定期会面,切磋学问。马建忠每天给梁启超上两小时的拉丁文课,并在这一段时间向梁启超首次展示了还未出版的《马氏文通》初稿及名为《适可斋记言》(1896)的论文集,梁启超还替《适可斋记言》作了序。[1]马相伯和梁启超在上海共同见证了《马氏文通》的成书过程。梁启超后来回忆他与马氏兄弟在一起度过的时光:

> 眉叔是深通欧文的人。这部书是把王、俞之学融会贯通之后,仿欧人的文法书把语词详密分类组织而成的。著书的时候是光绪二十二年,他住在上海的寿昌里,和我比邻而居。每成一条,我便先睹为快。有时还承他虚心商榷。他那种研究精神,到今日想起来还给我很有力的鞭策。至于他创作的天才和这部书的价值,现在知道的人甚多,不用我赞美了。[2]

马建忠从外交岗位上退下来,就是为了将其全部的时间和精力都投入到《马氏文通》的写作中去。而这部著作出版后不到两年,作者就离开了人世。我们从《马氏文通》的序言、例言和后序中可以看出,马建忠对中国的传统授课方式的效率低下表示不满,他希望《马氏文通》能够为加快学习进程提供帮助,学生通过掌握"华文义例",可以避免死记硬背,从而迅速转向现代科学的学习。[3]梁启超1896年在《时务报》上发布有关马建忠的消息时,即强调了这种教

---

[1] 丁文江,《梁任公先生年谱长编初稿》,卷1(台北,1972),页33;转引自 Yen-lu Tang, "The Crumbling of Tradition: Ma Chien-chung and China's Entrance into the Family of Nations",页136。
[2] 梁启超,《饮冰室合集》专集,卷17(上海:中华书局,1936),页214。
[3] 马建忠,《马氏文通》,页13。

育观：

> 西人于识字以后，即有文法专书，若何联数字而成句，若何缀数句而成笔，深浅先后，条理秩然。余所见者，马眉叔近著《中国文法》，书未成也。余昔教学童，尝口授俚语，令彼以文言达之，其不达者削改之。初授粗切之事物，渐授浅近之议论；初授一句，渐三四句以至十句，两月之后，乃至三十句以上。三十句以上，几成文矣。学者甚易，而教者不劳，以视破承起讲，支支节节而续成者，殆霄壤也。若其条理，则俟马氏书成，可得而论次焉。[1]

在《马氏文通》付梓出版后，梁启超又撰文赞扬了马建忠对于近代中国学术发展做出的开创性贡献，但他这次没有强调《马氏文通》的教学价值。梁启超看到的是，马建忠著作的创新之处，就在于它为中国开创了一门新学科，称此举是"创前古未有之业"，甚至说"中国之有文典，自马氏始"。[2]

中国民族主义领袖孙中山，也最早看到语法研究对民族国家建设的重要性，但他与梁启超表现出来的热情完全不同。在《建国方略》中，孙中山表示了如下看法：

> 文法之学为何？即西人之"葛郎玛"也，教人分字类词，联词造句，以成言文而达意志者也。泰西各国皆有文法之学，各以本国语文字而成书，为初学必由之径……以无文法之学，故不能率由捷径以达速成，此犹渡水之无津梁舟楫，必当绕百十倍之道路也。中国之文人，亦良苦矣！自《马氏文通》出后，中国学者乃始知有是学。马氏自称积十余年勤求探讨之功，而后成此书。**然审其为用，不过证明中国古人之文章无不暗合于文法，而文法**

---

[1] 梁启超，《变法通议》，见《饮冰室合集》文集，卷1（上海：中华书局，1936），页52。
[2] 梁启超，《论中国学术思想变迁之大势》，《饮冰室合集》文集，卷3，页93。

之学为中国学者求速成、图进步不可少者而已；虽足为通文者之参考印证，而不能为初学者之津梁也。[1]（黑体为本书作者所加）

孙中山的批评，针对的是《马氏文通》这部著作对于普及教育的实用价值，倒也无意中点出了马建忠想要"证明中国古人之文章无不暗合于文法"的初衷。《马氏文通》所要求的修养和学术功底，显然不是那些初学者敢于涉猎的，如果一本书只有语言学专家的小圈子和那些受过良好教育的人才能理解，这就不符合作者所声称的教育目标。孙中山认为，马建忠的著作只是在证明中国古人的文章也有语法规律。如果这个看法能够成立，马建忠是不是值得这么费尽心力地写成这部鸿篇巨制？

毫无疑问，孙中山对于教育如何普及，有他自己的一套理念。在国民革命的纲领中，他希望新一代的语法学家们能够为小学生写出新的语法课本，以真正实现帮助学生熟练掌握母语的教育理想。孙中山的现代性计划里面，充满了对未来的主权想象，因此他要求《马氏文通》成为"初学者之津梁"。梁启超对马建忠也有同样的期待，他不过是从学术史的立场出发，肯定了"中国之有文典，自马氏始"。但无论是孙中山，还是梁启超，或是马建忠自己，他们当时都没有对"葛郎玛"的普遍性诉求提出疑问，也没有对古代汉语语法为什么非要效法拉丁语的语法这件事，提出根本的疑问。我认为，"葛郎玛"一百年以来对汉语写作和汉语学术研究的种种禁锢，应该受到更多的检讨。只有经过这个检讨，我们才能更好地理解，语言符号的"语法性"对于比较语言学的意义所在，并重新理解马建忠如何在比较语言学的框架中企图协调"字"和"verbum"（拉丁文）这两个截然不同的概念，以设立汉语和印欧语系之间相互通约的理论基础。

---

[1] 孙中山，《建国方略》，卷1（北京：人民出版社，1956），页128—129。

"字"与"verbum"之间的衍指符号

马建忠在《马氏文通》一书中,采用了两个基本范畴,实行对古汉语的字类加以识别和划分。第一类范畴叫做"实字",其中包括名字、代字、静字、动字和状字等。第二类是"虚字"的范畴,其中有介字、连字、助字和叹字。[1]"实字"和"虚字"这两个概念在中国的治学传统中早已有之,梁启超曾提到,将王引之和俞樾的学问融会贯通,是马建忠从事语法研究的一个前提。但传统小学中所说的"实字"和"虚字"与曲折语的"字类"这个概念(即通常讲的 parts of speech)本来是风马牛不相及的。阿兰·贝罗贝认为,最早把"实字"和"虚字"与曲折语的语法词性(即字类)相互关联起来的,是西方传教士语法学家。他们这些人里,首先让人想到的是马若瑟(Joseph Henri Marie de Prémare),马若瑟为了在汉语里找到与拉丁文语法的分析单位相对应的概念,使用了"实字"和"虚字"的概念。贝罗贝进一步指出:"像马若瑟一样,马建忠将'字'视为语言的基本语法单位,他在'虚字'和'实字'之间采用了传统的区分方法,随后依据西方的语法范畴,将这些虚字和实字再实行划分。"[2]马建忠对马若瑟的《汉语札记》和中国传统学术都非常了解,并在自己的语法著作中支持了马若瑟这样的跨语际的学术尝试:即,把"虚字"和"实字"拿来对应拉丁文法中的"字类"概念。更重要的是,马建忠是在"字"和拉丁文的"verbum"或英文的"word"之间设立了虚拟的对等关系,并确立了衍指符号"字/verbum/word/mot..."(以下简称:字/word)的真实性以后,才能把"字"作为语法的有效基本单位进行分析。只有在这个大前提下,马建忠才能够建立所谓的"字类"范畴。

《马氏文通》一书对衍指符号"字/word"的确认,使得具有逻各

---

[1] 马建忠,《马氏文通》,页68。
[2] 见 Peyraube, "Sur les sources du *Ma Shi Wen Tong*," 页74。

斯中心色彩的"word"的概念，开始挑战和动摇传统汉语研究中"字"这一概念的中心地位，其严重后果，就是长达一个世纪之久的、发生在中国语法学家之间的有关"字"和"词"的种种争论。什么是"字"，它究竟是书写符号，是"词"，还是兼有两者？如果我们承认"字"等于"词"，那么，什么样的标记形式能够界定"字"所属的词性？反过来讲，假如"字"仅仅是具有表音和表意功能的书写符号，它与别的字可以任意组合，构成"复合词"，那么在这个层面上，对具体字的"词性"实行辨别和规定，有什么理论意义？

这里的问题是，在衍指符号"字/word"的意义上讨论"字"的概念，就会造成严重的盲点，因为汉字的书写符号的基本表意因素，不完全受制于语音表意的限定。这当然不是因为汉字是抽象图画或象形文字——其实大多数汉字与象形符号无关——而是因为汉字的符号功能比语音表意更复杂。依据许慎在《说文解字》中的分类，汉字的造字功能包括指事、象形、形声、会意、转注、假借这"六书"，人们同样可以由此为线索去理解汉字的符号功能。马若瑟本人在1721年用汉语写过一篇论文，试图为古代六书理论提供神学的理论解释。[1]很难说，美国著名符号学理论家皮尔斯（C. S. Peirce）——我在本书第一章中曾分析过皮尔斯的"指事"（index）这个符号学概念——在他对符号实行"象形"、"指事"和"象征"的三分法归类的时候，是不是已经注意到了马若瑟或莱布尼茨的有关著作。皮尔斯非常经典地使用风标和路标作为实例，来演释指事符号的功能，如风标指示风的走向，并无象形功能。指事是以符号表意的方式，指点方向。如"上"和"下"二字的表意，从不取决于它们在官话、日语、韩语、越南语或中国的多重语言和方言中的发音方式。汉字的部首，与皮尔斯符号学中的"象征"（symbol）符号的表意方式尤其相关。正如我在本书的第一章里分析过的，象征符号的意义是在同其他符号结合使用中产生的。汉字的书写符号，经常是部首符号与其他的书写符号结合的产物，

---

[1] 见 David Porter, *Ideographia*, 页69—72。

由此生出更多的符号,这些文字符号有时能够作为"词"来分析,有时却不能。

我在前面的分析中谈到,马建忠把中国的传统小学总结为训诂、字韵、字书等几大分支,认为传统学术的一大缺失是对语法不重视,但他却没有进一步思考以小学形式发展的中国传统的文字学,对于语法学研究到底有没有真实的意义。严格地讲,语法学针对的是语言本身,而中国历代的训诂学既针对语言,也针对文字,以及文字和语言之间的多重复杂的历史关系。汉语的书写系统与拼音文字的最大不同在于,汉字的语义价值可以直接由书面符号体现出来,而汉字的发音则具有很大的弹性。在不同的东亚语言和中国各地的语言和方言中,某一个特定的汉字可能有多种发音,其音值具有很大的不确定性,反过来说,某一个发音也可能与若干汉字甚至许多汉字发生关联。这种语音与文字之间的松散联系,对东亚地区的跨国和跨语言的表意符号交流十分有利。当年黄遵宪和日本文人在彼此言语不通的情况下所进行的大量笔谈,以及历史上中国文人与日本文人、韩国文人和越南文人之间发生的各种"笔谈",都是很好的实例(现代民族国家给东亚地区带来的文字改革,使得笔谈式的交流越来越困难,但似乎还没有彻底消失)。[1]由于汉字书写符号与各地语言和方言发音系统具有这样的松散联系,它比较有利于远程传播。正是由于这个特点,汉字的书写符号与拼音文字的符号系统有着本质的区别,其音与义的关系可以用阿拉伯数字来比拟。如果人们从来不以单音节或者多音节的标准,去衡量阿拉伯数字在不同语言中的表意方式,那么似乎也就没有必要从单音节或者多音节的角度去研究汉语的语法。

汉字的表意性虽然是传统文字学研究的重点,但音韵也是小学研究的核心,如马建忠在《马氏文通》序中所提到的"字音"或"字韵"。文字的字音与语言里的具体音节(syllable)是不应混为一谈的。

---

[1] 有关晚清中日文人笔谈(brush talk)的研究,见 Douglas Howland, *Borders of Chinese Civilization: Geography and History at Empire's End*(Durham: Duke University Press, 1996),第2章。

为了便于区分，我认为不妨把文字中的字音的属性称为"规定音值"（attributed phonetic value）。这个术语，强调赋予书面符号的抽象音值的读音，这种读音与日常生活用语——无论是官话、粤语、闽语、吴语、日语，还是其他语言——的音节很不相同（日本人发明的汉文训读也可以从这个角度来研究）。汉字的"规定音值"的主要作用，就是让书面的文字符号与当地的语音符号之间形成结盟，但它们的结盟是不稳定的，随着语言区域的不同，汉字的发音也会出现很大的差异。所以，我们应该把汉字的"规定音值"作为音素群（cluster of phonemes）来分析，而不是固定的音素。传统音韵学使用的反切方法，就是利用两个书面汉字的"规定音值"中的头音和尾音，读出第三个汉字的"规定音值"。这是汉字系统本身衍生出来的拼读方法，其优势在于，汉字"规定音值"可以由汉字的书写系统的逻辑本身来解释。恰恰由于语音与文字之间的联系十分松散，这种以汉字拼读汉字的方法，可以适用于不同地区的语言和方言对汉字发音的需要。由反切得出的汉字拼读，往往不是这个汉字的实际发音，而是它的相对发音，因为实际发音取决于这个字在不同的语言和方言中是如何发音的。反切的方法比较抽象，它针对的是书面文字的各种"规定音值"之间的那种可交换性或可替代性，而这些汉字的具体发音则依附于具体的语言或方言的语音体系。

由于历史的变迁和语言的多元化，当一个汉字被拿来表达另一个汉字的"规定音值"的时候，这个代表"读音"的文字符号，并不一定等同于日常口语中的实际发音。惠特尼等国外语言学家经常说，支那语是一个由太多的同音字组成的单音节语言，这是混淆了汉字的"读音"符号和语言体系内部音节的发音，而把文字的单音节想象成为语言本身的特征。英美语言学家甚至认为，汉语同音字过多，是由于汉语音素或音节的数量有限，因此需要配上四声，以弥补汉语音素的匮乏。十分明显，他们是从文字的读音出发来认识语言的，因此才根据个别汉字的读音来推断说，汉语本身也建筑在单音节的基础上。这是极大的误解。总之，将汉字的"规定音值"盲目投射到语言本身，并将同音字解释为是汉语语言系统的缺陷，就必然导致汉语本身是单音节的错误结论，这就完全忽略了书面汉字符号与历代不同语言之间的不断互动和演化的历史。

　　自古到今，许慎发现的六书原则始终主导着中国人对于汉字的理解，而六书原则背后的假设是：汉字中可用于造字的部首数量（连同"规定音值"）是有限的，但是它们之间的组合可能是无限的。从这里可以看出，有限和无限的问题不在于语言音节的多少，而在于文字和语言之间存在的那种长久的张力。值得注意的是，到了晚清《马氏文通》问世以后，衍指符号"字/word"的出现，再一次加剧了这种文字和语言之间的张力；不仅如此，它还带来了新的麻烦，即通过外来的"word"的概念，去理解"字"这个新的棘手问题。这种种新的情况，都不能不让我们思考，由于"葛郎玛"而应运而生的衍指符号"字/word"，在什么意义上与中国的文字概念相互混淆？汉字的"字"到底是不是被衍指符号进行了重写？

　　我认为，自从马建忠将衍指符号"字/word"引入了中国学术，汉"字"的概念和"word"的概念之间开始出现意义上的重大滑动（slippage）。马建忠以后的中国语法学家面临的挑战是，他们要想建立自己的语法体系，都必须接受或反对马氏的原创概念，而且都必须想办法克服这些基本概念上的难题。1907年，章士钊在《马氏文通》的基础上写成《中等国文典》时，就试图用"词"这个概念来替代马建忠的衍指符号中的"字"，用"词类"而不是"字类"来处理汉语语法的基本分析单位（即 parts of speech）。刘半农也对马氏的"字类"系统提出挑战，并在他的《中国文法通论》（1920）中提出了替代性方案。金兆梓在《国文法之研究》（1922）中也采用了类似的做法。[1] 这些

---

[1] 见章士钊，《中等国文典》（上海：商务印书馆，1928）；刘半农，《中国文法通论》（上海：求益书社，1920）和《中国文法讲话》（上海：北新书局，1932）。在马建忠之后的最初30年中，提出修正其体系的有影响的语法家及其著作还包括陈承泽，《国文法草创》（上海：商务印书馆，1922）；黎锦熙，《国语文法》（上海：商务出版社，1924）和《比较文法》（上海：科学出版社，1957）；杨树达，《高等国文法》（上海：商务印书馆，1930），还有《马氏文通刊误》（上海：商务印书馆，1931）；章士钊、黎锦熙和杨树达尤其在普及用"词"代替马建忠的"字"方面发挥了很大的作用。

努力都产生了深远的影响。经过五四学者们的推广和普及，"词"的概念迅速成为对应英语的"word"的新译名，由此才产生了我们现在熟悉的那个衍指符号："词/word"。但是，这又带来新一轮的问题：新生的中国语法学又一次出现了基本概念上的滑动和错乱。因为"词"这个概念在《马氏文通》的语法体系中已经有固定所指，诸如"起词"（今指"主语"）或"止词"（今指"宾语"）等，指的是句法。马建忠之后的语法学家们决定用"词/word"来取代的《马氏文通》的"字/word"，由此对马建忠发明的衍指符号实行了修正，他们以为汉字里"词"的概念比"字"更能抓住英语的"word"的含义。实际上，衍指符号"词/word"的方便之处仅仅在于，中国的语言学家可以从此回避文字问题，小心翼翼地绕开《马氏文通》的衍指符号中"字"和"word"这两个概念之间的相互抵触，绕开这个从一开始就困扰着中国语法研究的难题。

然而，绕开衍指符号中"字"和"word"这两者之间的相互抵触，终究还是不能有效地回避中国语言学的根本难题。即使我们获得了一个新的衍指符号"词/word"，它还是不能将文字从语法分析中彻底消除，因为无论是马建忠还是当代学者，很难想象语法学家能够脱离文字去讨论和分析古代汉语语法和现代汉语。正因为如此，文字始终隐匿在现代语法研究的字里行间，它虽然得不到正名，却一直困扰着语法学家们，使他们永远在文字和语言之间徘徊不定。不过，马建忠的衍指符号至少没有像"词/word"那样，让"字"在衍指符号中隐匿得更深，因为《马氏文通》起码在字面上承认了一个事实：当汉字的"字"这个概念遭遇异域的概念"verbum"或"word"时，它不得不接受语法的改造。

当代中国艺术家徐冰凭直觉抓住了此处的关键问题，并在他的活字木刻拓印的作品《天书》中，揭示了"字"和"词"的这种困境。徐冰所发明的四千个"假造"汉字，每一个字都不可读。所谓的不可读，指的是这些假造的汉"字"，与汉语中约定俗成的"词"（即，衍指符号的"词/word"）不发生关联，因而既无语义，又无读音。（图17）

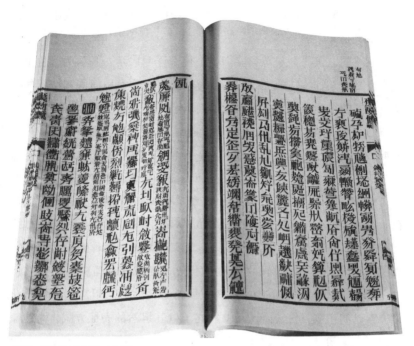

图17 徐冰的《天书》(1988)。

那么面对《天书》，我们如何理解文字的可读性或不可读性呢？徐冰的字是由我们熟悉的汉字书写系统中的"部首"所组成，这些部首，正如我在前面所指出的，在数量上是有限的，但是它们可以组合的汉字似乎又是无限的。

徐冰的《天书》究竟给我们一个什么样的启示？我认为，艺术家的实验具有某种特殊的尖锐性，因为中国语法学家用回避和绕开的方式所隐匿的东西，恰恰是徐冰以木刻造字的方式要求我们直接面对和反省的，这就是"字"和"word"之间，以及"词"和"word"之间的那一段不平凡的百年历史公案。徐冰创造的四千个汉"字"都是非词（non-word），它们存在于惠特尼所说的那个语言共同体之外，因此有力地颠覆了衍指符号"字/word"和"词/word"的语法逻辑，也颠覆了逻各斯中心主义的核心概念："the word"。让我们设想一下，如果马若瑟和本章所涉及的那些比较语言学家还活着，并看到了《天书》，以及《天书》对语法逻辑的嘲弄和颠覆，他们又该作何感想呢？

《马氏文通》曾把我们带入跨语际想象的空间，以求为汉语语法建立自己的主权身份；而《天书》终于以其坦然的表征方式，为这一努力画上了句号。

结语　围绕皇帝宝座的主权想象

> 人与欲望相连的可能方式，不仅体现在话语的诗意、虚构或幻想方面的实践。即便是抽象的话语，比如关于财富、关于语言、关于大自然、关于疯狂、关于生与死，还有其他种种更为抽象的话语，这些话语跟欲望的连结方式，也都是非常具体的。
>
> ——米歇尔·福柯，《知识考古学》

1997年夏天，我在伦敦的大英图书馆和英国国家公共档案馆里研究有关近代中英关系的文献，没有想到，后来对那趟旅程的反思，竟然形成本书的起点。那一个极其不寻常的夏天，是香港回归中国的前夜，而我的研究，不但正好碰上了这次活生生地发生在眼前的历史，而且被它所改变。在后来的这些年里，我们的世界又经历了新的战争，新的暴力冲突，"9·11"的震荡，新的帝国意识形态，以及布什以美国人民的名义发动的对伊拉克战争等等。

帝国暴力的鬼魅依然魔缠着我们的世界。恐惧，死亡，国境控制，难民，核军备竞赛，人道问题，生存方式，人权，安全，还有对尊严的期待……恐怖主义者何尝没有学会对于帝国暴力的戏仿，并与之如影随形？这一鬼魅从何而来，谁将是其下一个受害者？还有，在当今的时代，主权想象是否已迈入了新的阶段？我想，对于这些问题的回答，取决于发言的人生活在横亘全球的巨大鸿沟的哪一边。半个世纪以前，法农就写道，每当他看到"阿拉伯人，面带可疑的、被人追杀的神态奔跑，身上裹着破烂的长衫就好像是他的宿命"的时候，总会在内心深处引发痛苦和震惊,无法平静。这一感受使他一再重申:"任何以国家的名义做出的举动,这个国家的每个公民都要对此负有责任。"〔1〕半个世纪之后,世道不但没有改善,反而每况愈下。当我写到本书结尾处时,全世界的人都在盯着电视荧屏上的那些受难场景:阿拉伯人,非洲人,亚洲人,逃亡的女人和孩子,绝望、濒临死亡,茫然的眼神锥心刺骨,其身后则是被炸弹毁掉的家园。

19世纪留给我们的那个主权想象的传统,似乎一直存活到今天的世界,而且,有种种迹象表明,其旺盛的活力经久不衰。写作这本书,给了我一个机会,使我能够深入了解这一主权想象的历史,从而也进一步了解今天的帝国战争,如何一如既往地重弹着文明碰撞的老调,如何宣扬我方与他方的敌对逻辑,宣扬基督教的福音主义,大谈友邦、人权、名誉、伤害、尊严,以及主权。尽管如此,我在本书力图论证和强调的是,我们不应从单一语言的向度去分析这些负载着主权想象的话语,因为这些话语总是不断被翻译到其他的语言中去,并通过不同的语言,来展开世界史上更为广阔的以主权想象贯穿其中的篇章。正是这些在更为广阔的范围中发生的、异质文化的、跨语言的故事,才是本书所执着追踪的,而我试图为读者所统合起来的历史叙事,其焦点也在于此。

本书提出衍指符号这一理论,是为了使跨语言概念的生成过程获得清晰的理论上的表达,并展示这一过程和全球化历史的联系。由于其他理论家的著作未能提供这样的分析视角,因此衍指符号的提出,对本书的探索有重大作用。无论是揭示英国人通过中英《天津条约》第51款奇怪地强加于"夷"字的禁令,或是展示这个汉字如何在晚近的记忆中获得新的意义,还是围绕《万国公法》的翻译所做的分析,抑或是重新诠释《马氏文通》诞生的语境等等,衍指符号的思路都大有助益。迄今为止,我们所看到的语言学理论与符号学著作,无论怎样隐蔽,大都以某种单一语言做论述的前提,而衍指符号的理论则旨

---

〔1〕 见 Frantz Fanon, *Black Skin, White Masks*, Trans. Charles Lam Markmann (New York: Grove Press, 1967), 页91。第二个引文是法农援引弗兰西斯·金森(Francis Jeanson)的话。

在克服这种情况。事实上,当今世界上的多数人,都日益走向双语化甚至多语化,认识到这一点,对于我们研究帝国和帝国的历史,是很有必要的。因为如此多元混杂的语言现象,恰恰是过去的殖民战争和帝国战争造成的结果。正如我在前几章里所分析的,大英帝国与大清国之间的争端,曾经在19世纪将语言和翻译,置于有关名分、伤害以及统治权利等种种论争的中心地位,其引发的结果可以是致命的。但是,我还要特别指出,帝国之间的冲突和主权想象不仅仅限于语言和文字。《圣经》就曾经作为帝国的礼物,参与了英美两国和大清国之间的外交政治,另外,女传教士的传教活动与英美帝国的扩张同步,也曾经促使早期女权主义中妇女自我主权这一概念得以萌生。这些活动把性别、宗教和帝国的关系引入了近代史。

由于本章是这本书的结束语,因此我打算不拘泥于近代史本身的时间框架,而要对今天人们如何理解主权概念以及帝国的话语政治作进一步的思考。我在此关注的焦点是,在20世纪期间,殖民史的记忆以及相关的影像制作是如何重述帝国欲望的故事,如何将主权想象的过程一再地赋新。本章对这个问题的切入角度比较特殊,就是考察清朝皇帝的宝座在国内外辗转的历程。其中特别强调的是,在对帝国的欲望进行重述的过程中,摄影技术和博物馆发挥着相当重要的作用,而这些影像和博物馆的陈列,至今还在把帝国的主权想象一次又一次地投射在空荡无人的清朝皇帝的宝座上。福柯在《知识考古学》里讲到的话语跟欲望的具体联结方式,可以帮助我们思考皇帝的宝座作为符号时所体现的那种能量。

殖民主义的影像技术

特里·卡索(Terry Castle)把摄影术叫做"19世纪的终极造鬼术"。[1] 众所周知,摄影术的神秘之处,是透过对影像的捕捉和固定

---

[1] 参见 Terry Castle, "Phantasmagoria: Spectral Technology and the Metaphysics of Modern Reverie," *Critical Inquiry* 15.3 (Autumn 1988), 页64。

来召唤记忆。[1]摄影技术最早可以追溯到1839年,当时就有人称其为会"记忆的镜子";这一新技术在模仿现实和协助记忆方面的潜力迅速膨胀,很快就有了自己独特的鬼魅生涯。在欧洲19世纪的大众想象和魔幻文学中,布幔遮盖的老式照相机总是和巫术联系在一起,其行为功能有时完全就像巫师的机器。[2]在英国科幻小说家威尔士(H. G. Wells)的那篇著名小说《时间机器》中,叙述人就采用了"双重曝光"的摄影语言,来探讨这一新技术的哲学含义,其中有如下描述:"忽然出现一个形同鬼魅、模糊不清的影像,坐在一团旋转的黑铜色的混合物中。这个影像非常透明,因为它身后布满线条的板凳还清晰可辨。可是在我揉眼的那一瞬间,这个幽灵就不见了。"[3]

近几十年以来,文学批评、艺术史和视觉文化诸多领域的学者,都开始注意到照相机镜头的鬼魅性和欧洲殖民者对原始土著的研究兴趣之间存在着紧密的联系。比如麦克·陶西格(Michael Taussig),这位美国学者在研究早期的影像人类学(visual anthropology)时,对纪录片的缘起进行了有效的后殖民理论的解读。陶西格说,照相机镜头(或者像留声机一类的发声机器)的神奇之处,往往是在记录和再现原始人对现代技术顶礼膜拜的过程中,同时为机器的持有者制造了色彩纷呈的自我镜像。[4]殖民旅行

---

[1] 参见 Alan Thomas, *The Expanding Eye: Photography and the Nineteenth-Century Mind* (London: Croom Helm, 1978),页7。亨利·福克斯·泰尔伯(此人研制出用黑白底片洗相片的方法,并于1841年取得专利)认为摄影的原理就是用化学的方法将光学图像的影子永久性地固定住。19世纪中叶约翰·赫切尔爵士从两个希腊词语"photos"和"graphos"中获得灵感,发明了"photography"一词,在此之前"摄影"也被称做"阳光图画"。

[2] 参见 Peter Pollack, *The Farther Shore: A Natural History of Perception 1798 – 1984* (New York: Atlantic Monthly Press, 1990),页23。

[3] H. G. Wells, "The Time Machine," in *Complete Short Stories* (London: Ernest Benn, 1948),页90。引自 Joss Lutz Marsh, "In a Glass Darkly," in *Prehistories of the Future: The Primitivist Project and the Culture of Modernism*, edited by Elazar Barkan and Ronald Bush (Stanford University Press, 1995),页168。我认为 Joss Lutz Marsh 有关维多利亚晚期的猎奇文化和原始主义的分析很有见地,尤其是他从摄影学的角度对威尔斯和布莱木·斯托克的《吸血鬼》的解读。

[4] 参见陶西格对早期纪录片《北方纳努克》(*Nanook of the North*)的解读,尤其是导演罗伯特·弗拉尔第(Robert Flaherty)着重表现的爱斯基摩首领纳努克试图咬留声机唱片的片段。见 Michael Taussig, *Mimesis and Alterity: a Particular History of the Senses* (New York: Routledge, 1993)。与之相关的研究,如留声机在中国和殖民现代性,参见 Andrew F. Jones, *Yellow Music: Media Culture and Colonial Modernity in the Chinese Jazz Age* (Duke University Press, 2001)。

者乐此不疲地追求那种自我陶醉的神奇效果,深深地迷恋于陌生人对其科技所表现出的惊讶。撇开公认的照相机镜头模仿和再现的功能不谈,与陌生他者的相遇,的确给西方的殖民者提供了极有吸引力的机会。因为科学技术的名号,无法掩饰现代西方人对黑色巫术的迷恋,与陌生他者的相遇就给这一迷恋提供了安全的宣泄机会,使其既可以耽乐其中,又可以驱除科技理性内部存在的迷信异质。[1]南希·贝罗芙(Nancy Perloff)对高更(Paul Gauguin)的分析显示,这位画家在其有关塔希提岛的绘画中对摄影图片的使用,就突显了欧洲艺术家与塔西提岛人,以及跟欧洲人自身的迷信异质的双重遭遇。随着这个双重遭遇的出现,也出现了对迷信和驱鬼这一过程施加控制的必要。[2]

虽然殖民主义人类学的影响遗留至今,但我们不必过于拘泥于原始土著这一话题。不妨考虑这样的情景:殖民旅行者也许在不经意间会让他自己跟虚构的"土著"换位,从而被陌生他者的幽灵搅得心神不安,那么,如何通过叙述、抵抗或其他什么手段来对付这个幽灵,也就显得尤为迫切。在我看来,了解欧洲人如何将他者原始化,固然能帮助我们理解现代西方人的主体性如何得以呈现,但如果一味坚持某种僵化的后殖民理论立场,我们的思路就会变得比较狭窄,进而忘记主权想象和主权诉求其实是殖民主义遗产中最核心的部分。到目前为止,主权想象的这种幽灵特质,在现代主体性的形成过程中究竟如何表现,尚未进入多数研究者的视野。如果我们考虑到,被弗洛伊德称之为"被压抑者的重返"(the return of the repressed)的这一类因素,

---

[1] 在19世纪欧洲的帝国扩张的过程中,摄影这一新技术面临的首批任务之一就是为肺结核患者、疯子、罪犯、社会的弃儿、妓女和原始部落人群摄像分类。在1883到1893年间,阿尔枫斯·伯提龙(Alphonse Bertillon)用相机替巴黎警察局的十万名罪犯照相存档,这在当时是相机在司法体制中最为系统的使用。英国人弗朗西斯·高尔顿的《人体功能及其发展》(Francis Galton, *Inquires into Human Faculty and Its Development*, 1883)一书中同样使用了"多重精确曝光的复合图片"来重构和划分畸形怪状的人体特征。参见 Sarah Greenough, "The Curious Contagion of the Camera," 见 Sarah Greenough 等编著,*On the Art of Fixing a Shadow: One Hundred and Fifty Years of Photography* (Washington, D. C.: National Gallery of Art, 1989), 页140。

[2] 见 Nancy Perloff, "Gauguin's French Baggage: Decadence and Colonialism in Tahiti", in *Prehistories of the Future: The Primitivist Project and the Culture of Modernism*, edited by Elazar Barkan and Ronald Bush (Stanford University Press, 1995), 页226—269。

在现代主体形成过程中是不可或缺的"记忆"因素,那么精神分析的视野,对于帝国研究、国族主义研究、近现代史研究,以及殖民摄影方面的实证研究,就会发挥难得的互补作用。所以在下文,我将围绕清代皇帝宝座的命运,探讨现代博物馆以及摄影镜头构想主权和主体性的方式,并在"被压抑者的重返"的意义上,进一步说明帝国的欲望和主权想象,是如何通过大众媒体,在人们的日常生活中发挥着旷日持久的作用。

英国艺术史学家柯律格(Craig Clunas)曾做过有关西方列强抢劫掠夺中国皇帝的宝座这方面的研究。他在少年时代,在维多利亚和阿尔伯特博物馆第一次看到中国皇帝的宝座。这次邂逅使他受到无比震撼,留下的印象如此深刻,以至于多年以后,柯律格成为这家博物馆远东工艺部的负责人的时候,他对此事还记忆犹新:

> 我十四岁那年随父亲来到伦敦。我们的目标是剑桥大学,因为我想看看有没有在那儿学习中文的可能性。我生平第一次去参观了维多利亚和阿尔伯特博物馆,在一个叫做"远东艺术"的大厅里,我看到了一个宝座,雕工精美,非同寻常,旁边的说明注着"乾隆皇帝的宝座"。我趁旁边穿着制服的保安人员眼睛转到别处时(或者他假装没有看见我),就把双膝跪下,将头叩在地板上,以示朝拜。[1]

在这个不无尴尬的个人迷恋和隐含的拜物情结中,在观者和展品之间,出现了一个有待被打开的诠释空间。柯律格将我们的注意力指向皇权迷恋这一景观,对于无论是在英国博物馆中展示的清朝皇帝的宝座,或是陈列的其他御用品,这一景观几乎随处可见。[2](图18) 在柯律格

---

[1] Craig Clunas, "Oriental Antiques/Far Eastern Art," *Positions: East Asia Cultures Critique* 2, 2 (Fall 1994), 页318。

[2] 同上。此外还可参阅 Craig Clunas, "Whose Throne is It Anyway? The Qianlong Throne in the T. T. Tsui Gallery," *Orientations* 22: 7 (July 1991), 页44—50。

图 18 清帝的宝座。图片源自维多利亚和阿尔伯特博物馆。

的叙述中，维多利亚和阿尔伯特博物馆珍藏的清朝皇帝的宝座，把参观者带到了另一时空，就好像乾隆皇帝的阴魂仍然端坐椅内，使原先的静物变得鬼气森森。换言之，皇帝的宝座上虽然空无一人，但上面却充满了旧梦新想，甚至还远远不止这些。

在殖民扩张期间，作为偶像崇拜的种种器物，往往是流动中的文化符号，其意义经常随着地点的变化而迁移。本书的前几章所考察的几个核心的符号事件，如衍指符号"夷/i/barbarian"的创造、《新约全书》的礼品敬献、国际公法的翻译，以及语法书籍的编写，都力图表明主权想象在相当大的程度上，依赖于某些特定的符号和物体在时间和空间中的游走。如此看来，现代世界的去魅似乎不是很彻底，因为在当今时代，被偶像化的物象不仅依然存在，而且仍然隐含深意和蛊惑力。就拿皇帝的宝座来说，它不光对那些跨出国门，四处征战去掠夺的官兵有独特的吸引力，而且对那些参观博物馆、看图片、看电影、阅读史料和小说的个人来说，也具有强大的魔力，并和现代人的内心获得某种奇怪的、难以割舍的联系。主权想象的符号就是通过这些渠道和媒介作用于现代人的心灵，这一点常常被研究现代主体性的学者所忽视。

理查·戴维斯（Richard Davis）曾对英国人在印度发动战争中的掠夺行为，做过一些系统研究。他的结论为我们提供了颇有启发性的角度，由此我们可以重新解释19世纪战争中，掠夺和战利品的意义究竟是什么：

> 当追溯这些物件的历史的时候，我们通常会发现掠夺者将这些东西搬离原地时，掠夺的行为大多是公开化，多少有秩序和合法的（起码在掠夺一方的道德准则之内），其动机是经济的，同时也是象征和表征层面的。这种掠夺通常是帝国策略的有机部分，以征服者姿态出现的国家，通过这种方式寻求建立不平等的政治关系及文化霸权。[1]

---

[1] Richard H. Davis, "Three Styles of Looting in India," *History and Anthropology*, 6; 4 (1994), 页293。

戴维斯研究的对象，是1857年英军镇压印度人民的起义以后对德里展开的掠夺。三年后，这支军队中的一部分部队被派驻到北京，他们进入清朝的皇家宫苑后，又一次故伎重演。尽管如此，我们不能想当然地认为军人的掠夺行为，仅仅是人性贪婪的自然流露，正如我们不能把英军在战事中抢走的清朝皇帝的宝座，仅仅看成一件战利品。戴维斯和何伟亚的研究表明，被掠夺的物件走上艺术品市场或在其他国际渠道交易时，往往井然有序，说明帝国是有一套完整的法律和道德准则来规范和制约掠夺行为的。

其实，维多利亚和阿尔伯特博物馆中收藏的宝座，并不来自故宫。柯律格的研究表明，它是八国联军占领北京和镇压义和团起义期间，有人从南海子的皇家狩猎苑抢劫得来的。这个18世纪晚期的皇帝宝座，在离开故土以后，就开始了一趟鲜为人知的国外之旅，直到二十年之后，它才在伦敦的艺术市场上再次露面。那时它的主人是迈克·格思（Michael Girs），他是曾经做过沙皇大使的白俄移民。格思以2250英镑的价格将这件宝座出售，于是宝座在1922年成为维多利亚和阿尔伯特博物馆的珍藏品。馈赠者名叫J.P.斯威夫特（J. P. Swift），此人筹集资金把这件宝座买下来，就是为了捐献给维多利亚和阿尔伯特博物馆。当时的馆长塞西尔·哈库·史密斯（Cecil Harcourt Smith）亲自去信表示感谢，他在信中说："我有幸将这一礼物面呈女王陛下。陛下从前就见过这件宝座，并表示希望有一天它能成为我们的收藏。陛下还让我一定向你转达，她对你慷慨无私的馈赠表示衷心的感谢。"[1]从进入维多利亚和阿尔伯特博物馆那一天，直到第二次世界大战前夕被撤展，这个宝座始终是42号展厅的主要风景线——这个42号展厅专门展览中国和日本的漆器家具。后来撰写《维多利亚和阿尔伯特博物馆：简要指南》（The Victoria and Albert Museum: A Brief Guide, 1924年伦敦）和《维多利亚和阿尔伯特博物馆：简略图解》（The Victoria and

---

[1] 引自Clunas, "Whose Throne is It Anyway?", 页48—49。

Albert Museum: *A Short Illustrated Guide*, 1937年伦敦）的作者, 都对这件宝座情有独钟, 称其为42号展厅里最重要的展品。

史密斯曾不无自满地说, 英国女王对他辖下的博物馆能收藏到"乾隆皇帝的宝座"颇为赞赏。今天看来, 这位女王的赞赏, 可以理解为是英国君主向中国显示其主权地位的优越。这种对主权的理解, 指向一种我们已经熟悉了的现代帝国的交往模式。柯律格认为, "当这件宝座于1922年进入维多利亚和阿尔伯特博物馆被收藏时, 大英帝国不只是获得了一件工艺精品, 而且在象征层面上得以重申它从大清帝国手中夺来的政治特权和贸易特权, 迫使中华民国政府就范。"[1]我同意柯律格文章中的大部分观点, 但"象征层面"这一说法, 似乎还没有充分回答, 究竟在什么象征意义上是主权行为? 而这一行为事实上是**秋后算账**。大英帝国的皇家博物馆最早获取这件宝座的时候, 并没有人提供确凿证据说, 宝座原来的主人就是乾隆皇帝, 但英国人都始终这么强调。这是不是跟马戛尔尼使团在1793年谒见乾隆皇帝的那件事有密切关联?

当年马戛尔尼的使命宣告失败, 使那些捍卫大英帝国利益的臣民耿耿于怀。无论是鸦片战争、亚罗战争, 还是后来镇压义和团的战役, 所有那些鼓动对华发动战争的人, 都始终强调捍卫大英帝国的名分和优越文明的必要性, 不断重述马戛尔尼在当年与乾隆皇帝的交往过程中, 怎样受到了大清国的侵害。我在前面的章节中已分析过, 中英官方和非官方的种种交涉都显示一种近乎神经质的偏执, 驱使英国的统治阶级对中国发动了一场又一场的战争。[2]我们需要谨慎地对待这种情感化的作为, 因为它不简单是为了掩盖19世纪英国的贸易利益才发明的意识形态的粉饰。经济的动机固然不容置疑, 但我认为, 在精神层面上打击中国, 以洗刷英国贵族所蒙受的屈辱, 也是真实的, 其真实性恐怕不亚于贸易方面的利益, 其长久的心理效应也远远超出那时

---

[1] 同上页注[1], 页50。
[2] 史学家黄宇和在其《致命的梦想》一书中, 以全面分析史料为基础, 对鸦片战争, 尤其是亚罗战争, 作出了全新的阐释。见 J. Y. Wong, *Deadly Dreams: Opium, Imperialism, and the Arrow War (1856–1860)* (Cambridge: Cambridge University Press, 1997)。

候的经济利益。英国贵族在感情上的这种投入，经常超越对政治和经济利益的斤斤计较，他们甚至为此不惜耗费巨资乃至财产损失、人员伤亡。由此可见，把乾隆皇帝的宝座放在维多利亚和阿尔伯特博物馆展览示众，这无异是跟死去的清朝皇帝清算一笔旧账。

从1799年乾隆皇帝驾崩，直到1922年英国获取这件宝座，足足花了一个多世纪，英国人才完成"秋后算账"的主权行为。这一段时间，恰好也跟19世纪本身有了重合，其间自然法的主权概念逐渐被成文法的主权概念所取代，即主权必须是被国家内部和外部的势力共同认可。因此，在清朝皇帝的宝座这个问题上，英国女王不仅在象征层面上，重申了英帝国从大清国手中夺来的那些政治的和贸易的特权，她同时也重申了现代主权观念以及与中国交往的特殊逻辑。这一点我们可以从英法联军1860年10月火烧圆明园，尤其是洗劫欧洲风格的西洋楼等等野蛮行径，看得很清楚。何伟亚的研究表明，在那次大规模的抢劫过程中，英军找到一台欧洲制造的大炮，经鉴定认为是乔治三世当年赠送给乾隆皇帝的，当年由马戛尔尼使团代表英王送给清朝皇帝的礼物。可是，第二次鸦片战争期间，英国人不但将这个礼物抢了回来，还把它反遣到英国邬尔威之（Woolwich）皇家兵器部，就是"这台大炮的原产地，也是大英帝国的军火生产基地"。[1]这种逾越人类文明规范的做法——把已送出去的礼物，再理直气壮地抢回来——无疑是取消了先前乔治三世和乾隆皇帝的礼品交换的外交礼仪，干脆用不予认可的态度抹煞对方的主权地位。[2]英国以此种方式，单方面

---

[1] 见 James Hevia, "Loot's Fate: The Economy of Plunder and the Moral Life of Objects, From the Summer Palace of the Emperor of China," *History and Anthropology*, 6; 4 (1994), 页319。

[2] 欧洲人攫取土著的物件除了发财以外，还经常出于展示土著风俗的目的，在这方面英国人的行为与之有相似之处，但也有不同。玛格利特·J.魏尔纳（Margaret J. Wiener）研究了1908年荷兰人在巴厘岛科隆昆（Klungkung）抢劫皇宫宝物的历史，她发现，荷兰军队在洗劫了巴厘岛的科隆昆王的皇宫之后，从中发现一套白银茶具，是当年荷兰总督送给当地国王的礼品，还有其他的欧洲器物。结果"凡是皇宫内发现的欧洲器物（像马鞍、茶具、女王画像、子弹）皆下落不明，亦无记载。当时的欧洲记者可能注意到了这些器物，但这些外来器物全无民俗研究的价值，因此不能形象地代表欧洲人和巴厘岛人之间的距离"。当然，没有证据说那些欧洲人没有把这些器物运回欧洲。参见 Margaret J. Wiener, "Object Lessons: Dutch Colonialism and the Looting of Bali," *History and Anthropology*, 6; 4 (1994), 页353。

宣布了18世纪英王乔治三世与乾隆皇帝的主权交往的无效，这一举措说明，近代主权交往的基础已发生了深刻的变化。这一深刻的变化，给维多利亚和阿尔伯特博物馆收藏并展示"乾隆皇帝的宝座"这件事，赋予了特殊的历史内容以及主权意志的表达方式。

值得我们注意的是，清朝皇帝宝座的曲折经历，并没有被伦敦维多利亚和阿尔伯特博物馆一家的故事画上句号，因为，我们同样可以在北京的故宫博物院看到类似的陈列。事实上，虽然故宫的皇帝宝座，多数从未离开过紫禁城的高墙深院，可它们也照样加入了类似的流放和回归的近代史进程。因为，清代皇帝的宝座，在昔日皇宫的故宫博物院就地展览，这件事给我们提出一些相关的问题：对现代民族国家来说，皇帝宝座的展览服务于何种目的？这些被敬拜的物件，仅仅是作为历史遗产来对旅游事业做贡献呢，或者，它还是现代国族想象中不可缺少的历史因素？如若它的确与现代国族的想象有关，那么，这些文化遗产究竟如何为我们界定过去的天朝统治与现代主权之间的根本区别？除此之外，故宫博物院展览的那些皇帝的宝座，与伦敦和其他地方展出的中国皇帝的宝座，它们之间究竟存在着怎样的历史联系？

太和殿的宝座

1915年袁世凯称帝，决定将太和殿的皇帝宝座撤除。这个宝座历经清朝数位皇帝，堪称皇宫里最具威仪的宝座，因为太和殿是供皇帝加冕或者举办国家重大仪式的特殊场所。但是，在八国联军掠走皇家狩猎苑中的宝座十五年之后，太和殿中这件威严宏丽的宝座，也被人抬走，随后无影无踪。其缘由，是袁世凯觉得太和殿的旧式宝座不够现代，下令另行打造中西合璧的一个新宝座（图19），而原先的宝座则由此被废，遗弃在不为人知的角落，直到半个世纪之后才重新露面。袁世凯的帝王梦注定短命，但1916年他死后，那个中西合璧的宝座仍然留在太和殿，历时几十年。[1]

---

[1] 有关原先的皇帝宝座失而复得以及后来如何修复还原的前后经过，参见朱家溍的《故宫退食录》（北京：北京出版社，1999），上卷，页337—340。

图19　1915年的太和殿。袁世凯用新宝座代替旧式宝座。图片源自《帝京旧影》一书（北京：紫禁城出版社，1994）。

1947年，民国时期的故宫博物院接管了皇家宫苑的诸多遗址和遗物。博物院馆长马衡计划将袁世凯的宝座从太和殿撤除，把原先的那件宝座放回原地。可是，博物院工作人员没有想到，寻找那件宝座远非易事。他们在故宫的仓库各处搜索，始终未能找到与太和殿中屏风相配的宝座原物。中华人民共和国成立后，这项搜寻工作又于1959年再度展开，由朱家溍负责。值得注意的是，朱家溍最后是借助一张1901年拍摄的太和殿的老照片，才终于从故宫的一个堆放旧家具和破木柴的角落里，找到了这个宝座的残骸。当时，这个宝座破旧缺残，面目全非，左椅臂无处可寻，其他部位也年久失修。在中央政府的支持下，朱家溍带领了一支小组，花了几年的时间才将宝座恢复原样。所谓恢复原样，其实是依据1901年的老照片，重新打造。

　　2000年的春天，我带着有关清代皇帝宝座的各种问题，去拜访已退休的朱家溍先生。[1]在故宫神武门内他的那间小办公室里，朱家溍先生给我看了他当年恢复清帝宝座时使用的照片复制件。（图20）照片的原摄影师，是日本人小川一眞。日本加入西方列强镇压义和团起义之后，东京帝国大学当时派遣了四位学人到北京，其中就有小川一眞。其他三位成员是东京帝国大学工学博士伊东中太、大学院工学士土屋纯一，还有助手奥山恒五郎。[2]日本人来到太和殿里拍摄皇帝宝座的时间，也正是八国联军从皇家狩猎苑南海子掠夺另一件宝座的时间，这一点我们在柯律格的研究中已经看到。

　　1900到1901年间八国联军占领北京城的时候，日本和西方列强的摄影师，均获准进入紫禁城去拍摄皇宫，以作为宣传品来使用；与此同时，联军的部队正在洗劫故宫里慈禧太后住过的西宫和其他宫殿，在北京四处焚烧庙宇和亭阁楼台。在炫耀联军胜利的诸多照片中，有一张摄于乾清宫的最引人注目，照片上，一名欧洲军官正在大清皇帝的宝座上怡然端坐。据说慈禧太后结束逃亡返宫后，看到了类似的照

---

[1]　朱家溍先生当时对有关伦敦的维多利亚和阿尔伯特博物馆和爱丁堡的亚洲艺术博物馆收藏的皇帝宝座，表示很感兴趣。

[2]　参见东京帝室博物院编纂的《清国北京皇城写真帖》1906年版的前言部分。

图20　1901年日本摄影师拍摄的太和殿中的清帝宝座。朱家溍先生即是参照这张照片进行修复工作的。图片源自 *Photographs of Palace Buildings of Peking*。

片,极为怨恨,她不能接受"有好几个外国人坐在我的宝座上拍照片"这一事实。[1](图21)

朱家溍先生回忆说,朱家当年在北京正阳门内东交民巷有一所大宅。八国联军进入北京城之前,主人将这幢房子交给仆人看管,然后带着家眷跑到乡下避难。第二年回来的时候,才发现旧日的房子已成一片瓦砾。在破瓦残椽中,朱家溍的父亲捡回一个捣药的铜杵臼,一柄铜锤,和少数什物。(图22)"虽然当时我还未出生,"朱家溍先生写道,"但可以设想我家上辈当时心理上国破家亡的滋味。所以我看到这些照片时,除了我们中国人共有的应永远不忘的国耻观念外,还比别人多着一层我们家庭灾难的烙印,也是不会忘记的。"[2]在某些方面,朱家溍的经历,与本章开头部分提到的柯律格少年时的经历,有颇多相似之处。柯律格着手写关于清朝皇帝宝座的文章的时候,他已然当上了维多利亚和阿尔伯特博物馆远东工艺部的负责人,而与此同时,朱家溍正负责管理北京故宫博物院的皇宫器物。两人各自在不同的博物馆与清朝皇帝的宝座所打的交道表明,无论朱家溍的个人伤痛情绪也好,还是柯律格所说的隐秘的拜物情结也好,这两个故事,都与某种产生空缺的主权具象有紧密的纠葛。当年充满暴行的殖民遭遇,给后人留下一个强大的虚空。由于这个虚空的存在,空无人坐的皇帝宝座才能与现在、与当下出现的新型欲望,以及新型的主权思考形式展开对话。

朱家溍如此强调旧照片的重要性,这一点我们应予重视。从19世纪下半期开始,帝国的随军记者就已经屡见不鲜,这些记者和帝国军队同进同宿,用他们的笔和摄影镜头,随时记录殖民侵略的成果。有一个名叫林奈尔斯·柴普(Linnaeus Tripe)的随军摄影师,在1857年

---

[1] 见德龄著,《清宫二年记》,页184。华纳(Marina Warner)曾分析过一张与图21类似的照片,她认出那坐在宝座上的外国人是法国驻华公使毕盛(Stephen Jean-Marie Pichon)。参见她的 The Dragon Empress: Life And Times of Tz'u-hsi, 1835–1908 (New York: Macmillan, 1972),页250。

[2] 朱家溍,《故宫退食录》,上卷,页340。

21　1900—1901年八国联军占领北京期间，一名军官端坐在乾清宫的龙椅上。图片源自《故宫珍藏人物照片荟萃》（北京：紫禁城出版社，1994）。

22 八国联军占领北京时在附近的杨村（音译）抢劫民宅一景。见 *Military Order of the Dragon*，华盛顿 B. S. Adams 出版社 1912 年出版，页 86。

到 1858 年之间，出版的图片册达十本之多。[1]当时还有上千名业余摄影爱好者，是服务于大英帝国军队的文职人员，这些人事实上是现代图片新闻的先驱。由于这个原因，每当我们考察那些来到中国的摄影师，还有他们的作品的时候（诸如 Ernst Ohlmer［恩斯特·欧玛］、John Thomson［约翰·汤普逊］，还有 Osvald Siren［奥斯瓦德·塞仁］），我们都不能脱离战争和军事技术这一历史背景。欧玛是个德国摄影师，圆明园最早期的照片中，有一批就是他的作品，那是在圆明园被英法联军洗劫摧毁之前拍的。用汤普逊的话说，摄影师是"死亡的先驱"。他们用大量的新闻图片，见证了血腥的斩首以及对北京的宫殿、寺庙和屋宇的摧毁。鲁迅正是在看了日本随军摄影师在日俄战争期间（1904—1905）拍摄的一张处决中国人的幻灯片之后，受到震动，才痛定思痛，弃医从文。[2]

主权想象的复写平面：贝托鲁奇的电影《末代皇帝》

第一次观看贝托鲁奇（Bernado Bertolucci）的影片《末代皇帝》，是在 1987 年。记得我当时对导演刻意营造怀旧气氛的那种做法，有点不太以为然。贝托鲁奇执意渲染那种情调，以催眠式的视觉效果俘获观众，使其深深揳入观众的内心。因而影片对旧日皇宫辉煌的那种眷恋，很有感染力，让人难以抗拒。贝托鲁奇的镜头对清朝皇帝的宝座尤其情有独钟。他那些对准宝座的镜头，在片中反复出现，几乎带着一种拜物教的执著与虔诚，使皇帝的宝座在影片里成了挥之不去的幽灵。我已经记不清有多少个镜头，是专门定格在这一个特定对象上。片中最后一幕，末代皇帝在故宫的那场戏尤其让我久久难忘。这一幕戏颇为煽情，其场景是溥仪一生中最后一次重游故宫。他在那里碰到（或者是在想象中碰到）一个小男孩，这男孩在溥仪走近太和殿的宝

---

[1] 参见 Joss Lutz Marsh, "In a Glass Darkly,"页 169。
[2] 在《跨语际实践》一书中，我曾详细分析了鲁迅在仙台就读医科大学时，接触战争新闻图片的情景。详见页 75—77（生活·读书·新知三联书店 2014 年版）。

座时，上前来跟他打招呼。男孩的年龄和当年幼年溥仪在太和殿登基时的年龄大致相符（图23）。毫无疑问，影片试图营造一个老年溥仪和昔日少年溥仪不经意相遇的幻象。然而，在这两个年龄段之间却横亘着民国的建立、抗日战争，还有共产党领导的革命这一道道历史鸿沟。这些画面让我想了很久，在很长时间里，我不能解释为什么影片制造的这种怀旧情绪会让观众沉迷不已，为什么我对贝托鲁奇的《末代皇帝》既反感又着迷。[1]

过了一些年以后，我才想清楚，这一切可能都来自于贝托鲁奇对清朝皇帝的宝座的执迷。我真正开始对这一点有所认识，是在90年代几次访问英国的过程中。在爱丁堡的亚洲博物馆，我无意中碰到一件看上去很像清朝皇帝宝座的陈列品。仔细看了说明，才知道这件不同寻常的宝座，原来是英军的一个苏格兰旅长和夫人的捐赠，但展品说明并没有解释这一对夫妻是如何得到这件宝座的。在伦敦，我参观了维多利亚和阿尔伯特博物馆。在博物馆42号展厅的永久收藏部，我在所谓乾隆皇帝的宝座前面默立良久，心里一直在琢磨：西方人是否对中国统治者的宝座有着某种特殊的情结？我忽然想到，我自己竟然从来没有留心过北京故宫太和殿里的皇帝宝座，这让我对自己很惊讶。毕竟，我们看到的所有这些宝座，都源自北京，而在1984年出国留学之前，我去过故宫博物院多次。假如我没有到国外来，假如我没有通过他人的眼睛，或者通过贝托鲁奇的镜头来看待这一切，我可能根本不会对清朝皇帝的宝座这一类文化遗产有什么特别的兴趣，因为出国前，我不认为这些老古董对我们今天的世界有什么意义。可是现在，我好像重新发现了它们的意义。严格地讲，这个重新发现，并不仅仅是通过外国人的眼光重新审视皇帝的宝座，真正让我觉得新鲜的，是外国

---

[1] 周蕾在《妇女和中国现代性》（*Woman and Chinese Modernity*, Minneapolis: University of Minnesota Press, 1991）一书中也谈到类似的影后观感。但正如我以前那样，她的分析并未成功地解释《末代皇帝》的特殊魔力。她对影片的诠释对于香港殖民地这一大背景是有效的，但贝托鲁奇的电影技巧也值得我们思考（这也许是周蕾为什么会对这部电影感兴趣的首要原因），比如贝托鲁奇对皇宫室内外的奢华设计，都是构成这部电影的强烈视觉效果必不可少的因素。

图23 贝托鲁奇电影《末代皇帝》中溥仪的加冕礼。

人对清朝皇帝的宝座何以维持如此经久不衰的兴趣这件事本身。

电影《末代皇帝》的拍摄是在故宫的红墙之内实地取景。贝托鲁奇可能是最后一个外国导演得到中国政府的批准,利用太和殿作为影片的实景。这里既是幼年溥仪登基的地方,也是影片中的最后一幕老年溥仪与"幼年溥仪"再度相遇的地方。[1]如前所述,溥仪最后返回故宫的那一幕,有几个颇为煽情的镜头。当溥仪缓慢地走向太和殿时,戴红领巾的小男孩神奇地出现了,并且上前跟他打招呼。溥仪走到宝座面前,伸手把他多年前藏在里面的蟋蟀盒子掏出来,交给了这个戴红领巾的男孩。盒盖打开的时候,一只活着的蟋蟀超现实地从中爬了出来,好像昔年的那只蟋蟀,自从溥仪登基以后就再没有离开过那只盒子。男孩被这个小小的生命深深迷住了,观众自然也如此。当摄像机的镜头再次转向溥仪时,他已经从银幕上消失。接着影片有字幕出现,告诉我们,溥仪死于1967年。

贝托鲁奇并不是第一个以此种方式来审视清朝皇帝的宝座的。如前所述,从1900年八国联军开进北京城开始,列强的随军摄影师就通过他们的摄影镜头,持续不断地将其帝国的欲望投射到清朝皇帝的宝座上。《末代皇帝》这部电影,不过是这种投射的最新翻版;影片的画面,也是历史上的很多镜头暴力在故宫里制作出的众多摄影影像中的一个,里面隐藏着更早的帝国征服和主权想象的影子。也就是说,清朝皇帝的宝座早已是某种帝国情结的对象。我在本章开始时提到过,威尔士的《时间机器》里有一个"形同鬼魅、模糊不清的影像",我们同样可以从"双重曝光"的角度来理解贝托鲁奇镜头的时间性:它的影像虽然足够透明,清晰可辨,但皇帝的幽灵在观众揉眼的那一瞬间,就销声匿迹了。

总之,电影《末代皇帝》给我的感受,以及国内外不同的博物馆对清朝皇帝宝座的展示,都促使我对主体性和主权之间的神秘关系进行进一步的追问和思考。本书的撰写,也差不多是我进行这种追问和

---

[1] 溥仪第一次和他的英文老师庄士敦见面的场地似乎在养心殿。

思考的全部历程。这些年来，多次与皇帝宝座的不期相遇，让我开始对时间、记忆、自我、欲望和主权想象有了新的认识。当然，我的分析对博物馆本身的谱系和促其生成的帝国机制着墨不多，这是因为，一方面，已经有很多学者就这个课题做了研究；另一方面，博物馆史本身并不能解释，为什么帝国的行为及其想象，无论是在过去还是在今天，都如此反复地、固执地、不可遏止地将其主权诉求，投射到一些固定的个别具象上。[1]

我们已经看到，早在贝托鲁奇之前，日本摄影师小川一眞就在1901年拍过太和殿中的皇帝宝座，留下了最早的一批图片。十五年后，在袁世凯执政期间，小川一眞拍过的那个宝座也神秘地消失了。长久以来，太和殿的皇帝宝座作为一个鬼魅般的影像，只在日本人拍摄的照片中存在。所以，当年贝托鲁奇带着他的摄影队，来到故宫拍摄太和殿里的皇家威仪景象的时候，他们在实地拍摄的皇帝宝座，其实是朱家溍后来根据小川一眞图片打造的复制品。换言之，贝托鲁奇的摄影机镜头对准的已经不是原来的宝座，而是几十年以前外国摄影师的镜头捕捉的那个鬼魅影像的翻版，是日本摄影师制造的幻象的幻象。这么说一点也不夸张，《末代皇帝》的影片里面就有一个场景，表现的是那位著名的日本摄影师如何在满洲国替日本军队效劳。这位摄影师，也如贝托鲁奇那样，手拿摄影镜头对准清朝的末代皇帝，拍摄满洲国傀儡皇帝的加冕仪式（图24），帝国镜头的怀旧情绪也由此被推向高潮。[2]贝托鲁奇的影片为我们展现了帝国的摄影技术和主权想象之间相互纠缠的历史，这一历史在当今大众媒体主导的时代，无疑成为现代世界秩序的重要组成部分。

---

[1] 参见 Tony Bennett, *The Birth of the Museum: History, Theory, Politics* (London: Routledge, 1995); Ivan Karp 与 Steven D. Lavine 编著, *Exhibiting Cultures: The Poetics and Politics of Museum Display* (Washington, D.C.: Smithsonian Institution Press, 1991)。

[2] 日文版的《末代皇帝》剪掉了二战中日本人的一些负面镜头。日文版和英文版之间的差异，是菲力普·郝曼（Philip Hallman）最早提醒我注意的，在此致谢。

图 24 贝托鲁奇电影《末代皇帝》中,日本摄影师正在拍摄溥仪加冕伪满洲国皇帝。

附录一　林则徐等会奏《拟谕英吉利国王檄》及英译文对照

1840 年《中国丛报》英译本
(*Chinese Repository* 8, no. 10)

1954 年邓嗣禹和费正清英译本
(*China's Response to the West*, pp. 24 – 27)

Letter to the queen of England from the high imperial commissioner Lin, and his colleagues. From the Canton Press	林则徐、邓廷桢、怡良会奏《拟谕英吉利国王檄》	Lin Tse-hsü's Moral Advice to Queen Victoria, 1839
Lin, high imperial commissioner, a president of the Board of War, viceroy of the two Keäng provinces, &c., Tang, a president of the Board of War, viceroy of the two Kwang provinces, &c., and E., a vicepresident of the Board of War, lieut.-governor of Kwangtung, &c., hereby conjointly address this public dispatch to the queen of England for the purpose of giving her clear and distinct information (on the state of affairs) &c.	钦差大臣湖广总督部堂林 兵部尚书两广总督部堂邓 广东巡抚怡良	此处无译文
It is only our high and mighty emperor, who alike supports and cherishes those of the Inner Land, and those from beyond the seas-who looks upon all mankind with equal benevolence—who, if a source of profit exists anywhere, diffuses it over the whole world—who, if the tree of evil takes root anywhere, plucks it up for the benifit of all na-	为照会事：洪惟我大皇帝，抚绥中外，一视同仁，利则为天下公之，害则为天下去之，盖以天地之心为心也。贵国王累世相传，皆称恭顺。观历次进贡表文云："凡本国人到中国贸易，均蒙大皇帝一体公平恩待"等语。窃喜贵国王深明大义，感激天恩，是以天朝柔远绥怀，倍加优礼，贸易之利，垂二百年。该国所由以	A communication: magnificently our great Emperor soothes and pacifies China and the foreign countries, regarding all with the same kindness. If there is profit, then he shares it with the peoples of the world; if there is harm, then he removes it on behalf of the world. This is because he takes the mind of heaven and

311

tions;—who, in a word, hath implanted in his breast that heart (by which beneficent nature herself) governs the heavens and the earth! You, the queen of your honorable nation, sit upon a throne occupied through successive generations by predecessors, all of whom have been styled respectful and obedient. Looking over the public documents accompanying the tribute sent (by your predecessors) on various occasions, we find the following: "All the people of my country, arriving at the Central Land for purposes of trade, have to feel grateful to the great emperor for the most perfect justice, for the kindest treatment," and other words to that effect. Delighted did we feel that the kings of your honorable nation so clearly understood the great principles of propriety, and were so deeply grateful for the heavenly goodness (of our emperor):—therefore, it was that we of the heavenly dynasty nourished and cherished your people from afar, and bestowed upon them redoubled proofs of our urbanity and kindness. It is merely from these circumstances, that your country—deriving immense advantage from its commercial intercourse with us, which has endured now two hundred years—has become the rich and flourishing kingdom that it is said to be!

But, during the commercial intercourse which has existed so long, among the numerous foreign merchants resorting hither, are wheat and tares, good and bad; and of these latter are some, who, by means of introducing opium by stealth, have seduced our Chinese

富庶称者，来由此也。

惟是通商已久，众夷良莠不齐，遂有夹带鸦片，诱惑华民，以致流毒各省者。似此但知利己，不顾害人，乃天理所不容，人情所共愤。大皇帝闻而震怒，特遣本大臣来至广州与本总督部堂巡抚部院会同查办。

earth as his mind.

The kings of your honorable country by a tradition handed down from generation to generation have always been noted for their politeness and submissiveness. We have read your successive tributary memorials saying, "In general our countrymen who go to trade in China have always received His Majesty the Emperor's gracious treatment and equal justice." and so on. Privately we are delighted with the way in which the honorable rulers of your country deeply understand the grand principles and are grateful for the Celestial grace. For this reason the Celestial Court in soothing those from afar has redoubled its polite and kind treatment. The profit from trade has been enjoyed by them continuously for two hundred years. This is the source from which your country has become known for its wealth.

But after a long period of commercial intercourse, there appear among the crowd of barbarians both good persons and bad, unevenly. Consequently there are those who smuggle opium to seduce the Chinese people and so cause the people, and caused every province of the land to overflow with that poison. These then know merely to advantage themselves, they care not about injuring others! This is a principle which heaven's Providence repugnates; and which mankind conjointly look upon with abhorrence!

Moreover, the great emperor hearing of it, actually quivered with indignation, and especially dispatched me, the commissioner, to Canton, that in conjunction with the viceroy and lieut.-governor of the province, means might be taken for its suppression!

Every native of the Inner Land who sells opium, as also all who smoke it, are alike adjudged to death. Were we then to go back and take up the crimes of the foreigners, who, by selling it for many years have induced dreadful calamity and robbed us of enormous wealth, and punish them with equal severity, our laws could not but award to them absolute annihilation! But, considering that these said foreigners did yet repent of their crime, and with a sincere heart beg for mercy; that they took 20,283 chests of opium piled up in their store-ships, and through Elliot, the superintendent of the trade of your said country, petitioned that they might be delivered up to us, when the same were all utterly destroyed, of which we, the imperial commissioner and colleagues, made a duly prepared memorial to his majesty; —considering these circumstances, we have happily received a fresh proof of the extraordinary goodness of the great emperor, inasmuch as he who vol-

spread of the poison to all provinces. Such persons who only care to profit themselves, and disregard their harm to others, are not tolerated by the laws of heaven and are unanimously hated by human beings. His Majesty the Emperor, upon hearing of this, is in a towering rage. He has especially sent me, his commissioner, to come to Kwangtung, and together with the governor-general and governor jointly to investigate and settle this matter.

凡内地民人贩鸦片食鸦片者，皆应处死。若追究夷人历年贩卖之罪，则贻害深而攫利重，本为法所当诛。为念众夷尚知悔罪乞诚，将趸船鸦片二万二百八十三箱，由领事官义律禀请缴收，全行毁化，叠经本大臣等据实具奏。幸蒙大皇帝格外施恩，以自首者情尚可原，姑宽免罪，再犯者法难屡贷，立定新章。量贵国王向化倾心，定能谕令众夷，兢兢克法，但必晓以利害，乃至天朝法度，断不可以不懔尊也。

All those people in China who sell opium or smoke opium should receive the death penalty. If we trace the crime of those barbarians who through the years have been selling opium, then the deep harm they have wrought and the great profit they have usurped should fundamentally justify their execution according to law. We take into consideration, however, the fact that the various barbarians have still known how to repent their crimes and return to their allegiance to us by taking the 20,283 chests of opium from their storeships and petitioning us, through their consular officer [superintendent of trade], Elliot, to receive it. It has been entirely destroyed and this has been faithfully reported to the Throne in several memorials by this commissioner and his colleagues.

Fortunately we have received a specially extended favor from His Majesty the Emperor, who considers that for those who voluntarily surrender there are still some untarily comes forward, may yet be deemed a fit subject for mercy, and his crimes be graciously remitted him. But as for him who again knowingly violates the laws, difficult indeed will it be thus to go on repeatedly pardoning! He or they shall alike be doomed to the penalties of the new statute. We presume that you, the sovereign of your honorable nation, on pouring out your heart before the altar of eternal justice, cannot but command all foreigners with the deepest respect to reverence our laws! If we only lay clearly before your eyes, what is profitable and what is destructive, you will then know that the statutes of the heavenly dynasty cannot but be obeyed with fear and trembling!

We find that your country is distant from us about sixty or seventy thousand miles, that your foreign ships come hither striving the one with the other for our trade, and for the simple reason of their strong desire to reap a profit. Now, out of the wealth of our Inner Land, if we take a part to bestow upon foreigners from afar, it follows, that the immense wealth which the said foreigners amass, ought properly speaking to be portion of our own native Chinese people. By what principle of reason then, should these foreigners send in return a poisonous drug, which involves in destruction those very natives of China? Without meaning to say that the foreigners harbor such destructive intentions in their hearts, we yet positively assert that from their inordinate thirst after gain, they are perfectly careless about the injuries they inflict upon us! And

查该国距内地六、七万里，而夷船争来贸易者，为获利之厚故耳。以中国之利利外夷，是夷所获之厚利，皆从华民分去，岂有反以毒物害华民之理！即夷人未必有心为害，而贪利之极，不顾害人，试问天良何在？

circumstances to palliate their crime, and so for the time being he has magnanimously excused them from punishment. But as for those who again violate the opium prohibition, it is difficult for the law to pardon them repeatedly. Having established new regulations, we presume that the ruler of your honorable country, who takes delight in our culture and whose disposition is inclined towards us, must be able to instruct the various barbarians to observe the law with care. It is only necessary to explain to them the advantages and disadvantages and then they will know that the legal code of the Celestial Court must be absolutely obeyed with awe.

We find your country is sixty or seventy thousand *li* [three *li* make one mile, ordinarily] from China. Yet there are barbarian ships that strive to come here for trade for the purpose of making a great profit. The wealth of China is used to profit the barbarians. That is to say, the great profit made by barbarians is all taken from the rightful share of China. By what right do they then in return use the poisonous drug to injure the Chinese people? Even though the barbarians may not necessarily intend to do us harm, yet in coveting profit to an extreme, they have no regard for injuring others. Let us ask, where is your conscience?

such being the case, we should like to ask what has become of that conscience which heaven has implanted in the breasts of all men?

We have heard that in your own country opium is prohibited with the utmost strictness and severity:— this is a strong proof that you know full well how hurtful it is to mankind. Since then you do not permit it to injure your own country, you ought not to have the injurious drug transferred to another country, and above all others, how much less to the Inner Land! Of the products which China exports to your foreign countries, there is not one which is not beneficial to mankind in some shape or other. There are those which serve for food, those which are useful, and those which are calculated for re-sale; but all are beneficial. Has China (we should like to ask) ever yet sent forth a noxious article from its soil? Not to speak of our tea and rhubarb, things which your foreign countries could not exist a single day without, if we of the Central Land were to grudge you what is beneficial, and not to compassionate your wants, then wherewithal could you foreigners manage to exist? And further, as regards your woolens, camlets, and longells, were it not that you get supplied with our native raw silk, you could not get these manufactured! If China were to grudge you those things which yield a profit, how could you foreigners scheme after any profit at all? Our other articles of food, such as sugar, ginger, cinnamon, &c., and our other articles for use, such as silk piece-goods, chinaware, &c., are all so many

闻该国禁食鸦片甚严，是固明知鸦片之为害也。既不使为害于该国，则他国尚不可移害，况中国乎！中国所行与外国者，无一非利人之物，利于食，利于用，并利于转卖，皆利也。中国曾有一物为害外国否！况如茶叶、大黄，外国所不可一日无也。中国若靳其利而不恤其害，则夷人何以为生！有外国之呢羽哔叽，非得中国丝斤，不能成织。若中国亦靳其利，夷人何利可图。其余食物自糖料、姜桂而外，用物自绸缎、瓷器而外，曷可胜数。而外来之物，皆不过以供玩好，可有可无，既非中国要需，何难闭关绝市！乃天朝与茶、丝诸货，悉任其贩运流通，绝不靳惜，无他，利于天下公之也。

I have heard that the smoking of opium is very strictly forbidden by your country; that is because the harm caused by opium is clearly understood. Since it is not permitted to do harm to your own country, then even less should you let it be passed on to the harm of other countries—how much less to China! Of all that China exports to foreign countries, there is not a single thing which is not beneficial to people: they are of benefit when eaten, or of benefit when used, or of benefit when resold: all are beneficial. Is there a single article from China which has done any harm to foreign countries? Take tea and rhubarb, for example; the foreign countries cannot get along for a single day without them. If China cuts off these benefits with no sympathy for those who are to suffer, then what can the barbarians rely upon to keep themselves alive? Moreover the woolens, camlets, and longells [i.e., textiles] of foreign countries cannot be woven unless they obtain Chinese silk. If China, again, cuts off this beneficial export, what profit can the barbarians expect to make? As for other foodstuffs, beginning with candy, ginger, cinnamon, and so forth, and articles for use, beginning with silk, satin, chinaware, and so on, all the things that must be had by foreign countries are innumerable. On the other hand, articles coming from the outside to necessaries of life to you; how can we reckon up their number! On the other hand, the things that come from your foreign countries are only calculated to make presents of, or serve for mere amusement. It is quite the same to us if we have them, or if we have them not. If then these are of no material consequence to us of the Inner Land, what difficulty would there be in prohibiting and shutting our market against them? It is only that our heavenly dynasty most freely permits you to take off her tea, silk, and other commodities, and convey them for consumption everywhere, without the slightest stint or grudge, for no other reason, but that where a profit exists, we wish that it be diffused abroad for the benefit of all the earth!

Your honorable nation takes away the products of our central land, and not only do you thereby obtain food and support for yourselves, but moreover, by re-selling these products to other countries you reap a threefold profit. Now if you would only not sell opium, this threefold profit would be secured to you: how can you possibly consent to forgo it for a drug that is hurtful to men, and an unbridled craving after gain that seems to know no bounds! Let us suppose that foreigners came from another country, and brought opium into England, and seduced the people of your country to smoke it, would not you, the sovereign of the said country, look upon such a procedure with anger, and in your just indignation endeavor to get rid of it? Now we have always heard that your highness possesses a most kind

该国带去内地货物，不特自资食用，且得以分售各国，获利三倍，即不卖鸦片，而其三倍之利自在。何忍更以害人之物，自无厌之求乎！设使别国有人贩鸦片至英国诱人买食，当亦贵国王所深恶而痛绝之也。向闻贵国王存心仁厚，自不肯以己所不欲者施之与人。并闻来粤之船，皆经颁给条约，有不许携带禁物之语，是贵国王之政令，本属严明。只因商船众多，前此或未加查，今行文照会，明知天朝禁令之严，定必使之不敢再犯。

China can only be used as toys. We can take them or get along without them. Since they are not needed by China, what difficulty would there be if we closed the frontier and stopped the trade? Nevertheless, our Celestial Court lets tea, silk, and other goods be shipped without limit and circulated everywhere without begrudging it in the slightest. This is for no other reason but to share the benefit with the people of the whole world.

The goods from China carried away by your country not only supply your own consumption and use, but also can be divided up and sold to other countries, producing a triple profit. Even if you do not sell opium, you still have this threefold profit. How can you bear to go further, selling products injurious to others in order to fulfill your insatiable desire?

Suppose there were people from another country who carried opium for sale to England and seduced your people into buying and smoking it; certainly your honorable ruler would deeply hate it and be bitterly aroused. We have heard heretofore that your honorable ruler is kind and benevolent. Naturally you would not wish to give unto others what you yourself do not want. We have also heard that the ships coming to and benevolent heart, surely then you are incapable of doing or causing to be done unto another, that which you should not wish another to do unto you! We have at the same time heard that your ships which come to Canton do each and every of them carry a document granted by your highness' self, on which are written these words "you shall not be permitted to carry contraband goods"; this shows that the laws of your highness are in their origin both distinct and severe, and we can only suppose that because the ships coming here have been very numerous, due attention has not been given to search and examine; and for this reason it is that we now address you this public document, that you may clearly know how stern and severe are the laws of the central dynasty, and most certainly you will cause that they be not again rashly violated!

Moreover, we have heard that in London the metropolis where you dwell, as also in Scotland, Ireland, and other such places, no opium whatever is produced. It is only in sundry parts of your colonial kingdom of Hindostan, such as Bengal, Madras, Bombay, Patna, Benares, Malwa, [Malacca,] and other places where the very hills are covered with the opium plant, where tanks are made for the preparing of the drug; month by month, and year by year, the volume of the poison increases, its unclean stench ascends upwards, until heaven itself grows angry, and the very gods thereat get indignant! You, the queen of the said honorable nation, ought immediately to have the plant in those parts plucked up by the

Canton have all had regulations promulgated and given to them in which it is stated that it is not permitted to carry contraband goods. This indicates that the administrative orders of your honorable rule have been originally strict and clear. Only because the trading ships are numerous, heretofore perhaps they have not been examined with care. Now after this communication has been dispatched and you have clearly understood the strictness of the prohibitory laws of the Celestial Court, certainly you will not let your subjects dare again to violate the law.

窃闻贵国所都之兰顿及斯葛兰、爱伦等处，本皆不产鸦片。惟所辖印度地方，如孟阿拉、曼达拉萨、孟买、八达拿、默拿、麻尔洼处，连山栽种，开池制造，累月经年，以厚其毒，臭秽上达，天怒神恫。贵国王诚能与此等处，拔尽根株，尽锄其地，改种五谷。有敢再图种造鸦片者，重治其罪。此真兴利除害之大仁政，天所佑而神所福，延年寿、长子孙，必在此举矣！

We have further learned that in London, the capital of your honorable rule, and in Scotland (*Su-ko-lan*), Ireland (*Ai-lun*), and other places, originally no opium has been produced. Only in several places of India under your control such as Bengal, Madras, Bombay, Patna, Benares, and Malwa has opium been planted from hill to hill, and ponds have been opened for its manufacture. For months and years work is continued in order to accumulate the poison. The obnoxious odor ascends, irritating heaven and frightening the spirits. Indeed you, O King, can eradicate the opium plant in these places, hoe over the fields entirely, and sow in its stead the five grains [mil-very root! Cause the land there to be hoed up afresh, sow in its stead the five grains, and if any man dare again to plant in these grounds a single poppy, visit his crime with the most severe punishment. By a truly benevolent system of government such as this, will you indeed reap advantage, and do away with a source of evil. Heaven must support you, and the gods will crown you with felicity! This will get for yourself the blessing of long life, and from this will proceed the security and stability of your descendants!

In reference to the foreign merchants who come to this our central land, the food that they eat, and the dwellings that they abide in, proceed entirely from the goodness of our heavenly dynasty: the profits which they reap, and the fortunes which they amass, have their origin only in that portion of benefit which our heavenly dynasty kindly allots them: and as these pass but little of their time in your country, and the greater part of their time in ours, it is a generally received maxim of old and of modern times, that we should conjointly admonish, and clearly make known the punishment that awaits them.

Suppose the subject of another country were to come to England to trade, he would certainly be required to comply with the laws of England, then how much more does this apply to us of the celestial empire! Now it is a fixed statute of this empire, that any native Chinese who sells opium is punishable with death, and even he who merely smokes it, must not less die. Pause and reflect for a moment: if

至夷商来至内地，饮食居住，无非天朝之恩膏；积聚丰盈，无非天朝之乐利。其在该国之日犹少，而在粤东之日转多。弼教明刑，古今通义。譬如别国人到英国贸易，尚需遵英国法度，况天朝乎！今定华民之例，卖鸦片者死，食者亦死。试思夷人若无鸦片带来，则华民何由转卖，何由吸食，是奸夷实陷华民于死，岂能独予以生！彼害人一命者，尚须以命抵之。况鸦片之害人，岂止一命已乎！故新例于带鸦片来内地之夷人，定以斩绞之罪，所谓天下去害者此也。

let, barley, wheat, etc.]. Anyone who dares again attempt to plant and manufacture opium should be severely punished. This will really be a great, benevolent government policy that will increase the common weal and get rid of evil. For this, Heaven must support you and the spirits must bring you good fortune, prolonging your old age and extending your descendants. All will depend on this act.

As for the barbarian merchants who come to China, their food and drink and habitation are all received by the gracious favor of our Celestial Court. Their accumulated wealth is all benefit given with pleasure by our Celestial Court. They spend rather few days in their own country but more time in Canton. To digest clearly the legal penalties as an aid to instruction has been a valid principle in all ages. Suppose a man of another country comes to England to trade, he still has to obey the English laws; how much more should he obey in China the laws of the Celestial Dynasty?

Now we have set up regulations governing the Chinese people. He who sells opium shall receive the death penalty and he who smokes it also the death penalty. Now consider this: if the barbarians do not bring opium, then how can the Chinese people resell it, and how can they smoke it? The fact is that the wicked barbarians beguile the Chinese people into a death trap. How then can we you foreigners did not bring the opium hither, where should our Chinese people get it to re-sell? It is you foreigners who involve our simple natives in the pit of death, and are they alone to be permitted to escape alive? If so much as one of those deprive one of our people of his life, he must forfeit his life in requital for that which he has taken: how much more does this apply to him who by means of opium destroys his fellow-men? Does the havoc which he commits stop with a single life? Therefore it is that those foreigners who now import opium into the Central Land are condemned to be beheaded and strangled by the new statute, and this explains what we said at the beginning about plucking up the tree of evil, wherever it takes root, for the benefit of all nations.

We further find that during the second month of this present year, the superintendent of your honorable country, Elliot, viewing the law in relation to the prohibiting of opium as excessively severe, duly petitioned us, begging for "an extension of the term already limited, say five months for Hindostan and the different parts of India, and ten for England, after which they would obey and act in conformity with the new statute," and other words to the same effect. Now we, the high commissioner and colleagues, upon making a duly prepared memorial to the great emperor, have to feel grateful for his extraordinary goodness, for his redoubled compassion. Any one who within the next year and a half may by mistake bring opium to this country, if he will but voluntarily come forward,

复查本年二月间，据该国领事义律，以鸦片禁令森严，禀求宽限。凡印度港脚 [country merchant] 属地，请限五月，英国本地，请限十月，然后即以新例遵行等语。今本大臣等奏蒙大皇帝格外天恩，倍加体恤。凡在一年六个月之内，误带鸦片，但能自首全缴者，免其治罪。若过此期限，仍有带来，则是明知故犯，即行正法，断不宽宥，可谓仁之至义之尽矣！

grant life only to these barbarians? He who takes the life of even one person still has to atone for it with his own life; yet is the harm done by opium limited to the taking of one life only? Therefore in the new regulations, in regard to those barbarians who bring opium to China, the penalty is fixed at decapitation or strangulation. This is what is called getting rid of a harmful thing on behalf of mankind.

Moreover we have found that in the middle of the second month of this year [April 9] Consul [Superintendent] Elliot of your nation, because the opium prohibition law was very stern and severe, petitioned for an extension of the time limit. He requested an extension of five months for India and its adjacent harbors and related territories, and ten months for England proper, after which they would act in conformity with the new regulatons. Now we, the commissioner and others, have memorialized and have received the extraordinary Celestial grace of His Majesty the Emperor, who has redoubled his consideration and compassion. All those who from the period of the coming one year (from England) or six months (from India) bring opium and deliver up the entire quantity, he shall be absolved from all punishment for his crime. If, however, the appointed term shall have expired, and there are still persons who continue to bring it, then such shall be accounted as knowingly violating the laws, and shall most assuredly be put to death! On no account shall we show mercy or clemency! This then may be called truly the extreme of benevolence, and the very perfection of justice!

Our celestial empire rules over ten thousand kingdoms! Most surely do we possess a measure of godlike majesty which ye cannot fathom! Still we cannot bear to slay or exterminate without previous warning, and it is for this reason that we now clearly make known to you the fixed laws of our land. If the foreign merchants of your said honorable nation desire to continue their commercial intercourse, they then must tremblingly obey our recorded statutes, they must cut off for ever the source from which the opium flows, and on no account make an experiment of our laws in their own persons! Let then your highness punish those of your subjects who may be criminal, do not endeavor to screen or conceal them, and thus you will secure peace and quietness to your possessions, thus will you more than ever display a proper sense of respect and obedience, and thus may we unitedly enjoy the common blessings of peace and happiness. What greater joy! What more complete felicity than this!

Let your highness immediately, upon the receipt of this communication, inform us promptly of the

我天朝君临万国，尽有不测神威，然不忍不教而诛，故特明宣定例，该国夷商欲图长久贸易，必当懔遵宪典，将鸦片永断来源，切勿以身试法。王其诘奸除慝，以保乂尔有邦，益昭恭顺之忱，共享太平之福。幸甚！幸甚！

接到此文之后，即将杜绝鸦片缘由，速行移复，切勿诿延，须至照会者

to China by mistake, but who voluntarily confess and completely surrender their opium, shall be exempt from their punishment. After this limit of time, if there are still those who bring opium to China then they will plainly have committed a willful violation and shall at once be executed according to law, with absolutely no clemency or pardon. This may be called the height of kindness and the perfection of justice.

Our Celestial Dynasty rules over and supervises the myriad states, and surely possesses unfathomable spiritual dignity. Yet the Emperor cannot bear to execute people without having first tried to reform them by instruction. Therefore he especially promulgates these fixed regulations. The barbarian merchants of your country, if they wish to do business for a prolonged period, are required to obey our statutes respectfully and to cut off permanently the source of opium. They must by no means try to test the effectiveness of the law with their lives. May you, O King, check your wicked and sift your wicked people before they come to China, in order to guarantee the peace of your nation, to show further the sincerity of your politeness and submissiveness, and to let the two countries enjoy together the blessings of peace. How fortunate, how fortunate indeed!

After receiving this dispatch will you immediately give us a prompt reply regarding the details state of matters, and of the measure you are pursuing utterly to put a stop to the opium evil. Please let your reply be speedy. Do not on any account make excuses or procrastinate.

A most important communication. P. S. We annex an abstract of the new law, now about to be put in force. "Any foreigner or foreigners bringing opium to the Central Land, with design to sell the same, the principals shall most assuredly be decapitated, and the accessories strangled; and all property (found on board the same ship) shall be confiscated. The space of a year and a half is granted, within the which, if any one bringing opium by mistake, shall voluntarily step forward and deliver it up, he shall be absolved from all consequences of his crime."

This said imperial edict was received on the 9th day of the 6th month of the 19th year of Taoukwang, at which the period of grace begins, and runs on to the 9th day of the 12th month of the 20th year of Taoukwang, when it is completed.

and circumstances of your cutting off the opium traffic. Be sure not to put this off. The above is what has to be communicated. [Vermilion endorsement:] This is appropriately worded and quite comprehensive（得体周到）.

附录二 《公法新编》中西字目合璧(1903)

卷一第一章

堂氏 W. E. Hall
公法 Public Law of Nations; International Law
权利 Rights and privileges
权责 Rights and obligations
权力 Authority and power
完全自主 Complete Independence
主权不全 Imperfect Independence
本分 Duty, obligation
是非 Right and wrong
来历 Origin, source
内变 Internal change
外变 External change
政党 Political party
政体 Form of government
国产 National domain
国债 National debt
盟约 Treaties
改约 Change of treaty
汉诺威 Hanover
瑞典 Sweden
那威 Norway
内治 Home government
外交 Foreign intercourse
德国 Germany
通使 Diplomatic Intercourse
美国 America, United States
联邦 United States
上国 Supreme Government

总统，政府 President and Cabinet
盟主 Head of Alliance
日耳曼 Germany
附国 Attached State, or attached to a State
属国 Dependent State
战 War, battle
局外 Neutral
章程 Regulations
领事 Consul
执照 Passport
邦交 Diplomacy
判党 Rebels
自立 To set up a government
大局 The great body
享战时权利 To have rights of war
水寇 Pirates
极刑 Extreme penalty
成案 A precedent
希腊 Greece
土耳其 Turkey
英国 England, Great Britain
丹国 Denmark
索偿 Demand indemnity
封堵 Blockade
海口 Seaports
凭纸封堵 Paper blockade
海军 Navy
兵船 Warship
泰西 The West, Great West
法国 France
巴黎 Paris
大会 Congress, Diplomatic Conference
战例 Laws of War
失和 Beginning of hostilities
致书 Send a despatch
纲领 Leading topics

第二章

平时 Time of Peace
公例 Public usages or laws
自操之权 Inherent power
自任之责 Incumbent duty
自存自治 Self government and independence
富国 To enrich a nation, a rich nation
通商 Commerce
强兵 To strengthen the army
炮台 Battery
阵法 Order of battle, style of drill
具甘结 To give a promise or engagement
自护之权 Right of self defence
辖地之权 Territorial government
籍民 Subjects, citizens
客民 Foreign residents
地方官 Local authorities
管辖 To govern
国课 National revenue
讼案 Law suits
审办 To try a case
优免 To exempt
律例 Civil Laws
承审官 Judge
回经 The Koran
谳案 Precedent
路赛二国 Roumania and Servia
假地谋害 To borrow a footing for attack
地主 The Sovereign of a place
默许 Implied assent
悬禁 Prohibit
干预 Interfere
互交犯人 Exchange of felons
证据 Proof, evidence

第三章

战局 A state of hostility
公断 Arbitration
国书 Credentials of Minister
一体看待 Uniform treatment
视民为敌 To regard the people as enemies
民不为敌 The people are not enemies
葛氏 Grotius, Hugo
民国一体 The people and state identified
法院 Law Courts
饷糈 Army stores
团丁 Militia
敌船 Hostile ship

第四章

友邦 Friendly country
局内 Belligerents
军械 Arms and ammunition
拿获 Capture
充公 Confiscate
禁货 Forbidden goods
禁例 Forbidden by law
雇民船助战 To hire privateers
战牌 Privateer's Commission
照会 A despatch
公罪 A public offence
私罪 A private offence

卷二第一章

新国 A New nation
认为国 To recognize a government
遣使 To send envoys
接使 Receive envoys

礼待 To treat with courtesy
日斯巴尼亚 Spain
非洲 Africa
里比利 Liberia
美洲 American Continent
蓄黑奴 To keep slaves
刚果国 Congo
斯但理 Stanley, H. M.
比国 Belgium
俄国 Russia
奥国 Austria
义国 Italy
和兰 Holland
敬旗 Salute a flag
国旗 National banner
公产 Public domain
故国 Original or Former Country
抵押 Pledge, hypothecate
定界 Settle boundaries
新主 A new sovereign
撒的尼亚 Sardinia
那伯里 Naples
吞并 Annex, swallow up

第二章

江海变迁 Changes in seacoast or river
占据 Occupy
无主荒地 Unclaimed wilderness
先入为主之例 Right of prior occupation
随带展界之例 Right of pushing the boundary inland
指南针 The Mariner's compass
澳洲 Australia
印度 India
太平洋 Pacific Ocean
大西洋 Atlantic Ocean

自行占据之礼 To take formal possession
驻防 Garrison for defence
奉命 By Command
奏准 Sanctioned by the Throne
岛 Island
巴布阿 Papua
婆罗 Borneo
上游 Upper Waters
下游 Lower Waters
内地以海岸为比例 Inland answering to the seacoast
画押 Signing of Treaty
据而旋弃之地 Territory temporarily occupied
德拉哥海湾 Delagoa Bay
葡萄牙国 Portugal
久据为主之例 Title by prescription
民例 Consuetudinary law
伪主 Pretender to the Throne
控追 Prosecute
维持和局 Support or confirm a state of peace
会议 Meet for Negotiation
护界 A protected region, sphere of influence
护理 To protect
租界 Foreign Concession (in China)
允照 Royal assent
一时权宜 A temporary arrangement

第三章

辖水 Control of waters
船道 Channel for navigation
涨滩 Sandbanks and shallows
界水 To have a water boundary
水利 Water privileges or benefits
均沾 Share equally
辖海 Control of seas
海主 Lord of the sea

纽芬兰 New Foundland
港 Strait or passage
峡 Strait
苏彝士 Suez
凡古斐 Vancouver
舰 Fleet of gunboats
黑海 Black Sea
地中海 Mediterranean Sea
减让主权 Renounce Sovereignty

第四章

掌物 Proprietorship
官地 Public lands
官船 Public ships
官房 Public buildings
官货 Public goods
民产 Private property
公司 Company
购票入股 To buy shares in a company
管驾官 Commander of a ship
口供 To give evidence on trial
搜查 Inspect or examine
官照 Official pass
接管官船仪文 Formal entrance on command of ship
规避 To avoid compliance with rules
水师 Navy
兵官 Officer in command of soldiers

第五章

留护他国逋逃 To receive and protect refugees
收外人入籍 To admit foreigners to citizenship
客君 A Foreign sovereign
客使 Foreign envoy
客军 Foreign troops (friendly)

客舰 Foreign gunboats (friendly)
代君 Representing a sovereign
代国 Representing a state
扈从 Retinue
带国出游 A prince going abroad carries his power
被控 To be sued in Court
备质 To appear in Court
拘留 To detain
外部 The Foreign Office
随员 Attendant Officers
客使仆役 Envoy's domestics
客使眷属 Envoy's Family
使署 Envoy's dwelling house
智利国 Chili
免控 Exempt from Control
人证 Witnesses
卷宗 Official papers
勒令 To compel
捏造 To forge, counterfeit
关防 Official Seal
政党国犯 Political Crimes
民例私犯 Civil Crimes
公务 Public affairs
赔补 Compensation, indemnity

第六章

墨西哥 Mexico
水手 Sailors
领牌劫船 Commissioned privateers
秘鲁 Peru
邮船 Mail ships
古巴 Cuba

第七章

保存之权 Right of self preservation
亟救之权 Right to succor in emergency
经权 Rules and exceptions
甲那达 Canada
武库 The army chest
尼哥拉 Niagara
瀑布 Fall or cataract
史案 A case in history
威逼友邦 To menace a friendly state
那波伦第一 Napoleon the First
和局 A state of peace
海外不可查拿之例 Immunity from search at sea
犯商 Illegal trade, an illegal trader
兵部 Board of War
咨商 To consult by letter
货债 Debts in goods
钱债 Debts in money

第八章

平和干预 Friendly interference
以一事权 To place under one command
保全和局 Maintain a state of peace
假公济私 To make private gains out of public office
遏乱略 Suppress disorder
君主 Monarch or Monarchy
民主 Republic
按期公举 Periodical election
教案 Mission troubles
同行干预 Joint interference

第九章

邦交 Diplomacy Intercourse of Nations

外部大臣 Minister of Foreign Affairs
出使大臣 Minister sent abroad
平行 On equal terms
微行 Informal visit of a Sovereign
办公 Discharge of public duty
通行典礼 Generally accepted forms
不纳来使 To reject a Minister
另简 To make a fresh appointment
滋事 To cause trouble
罗马教皇 Pope of Rome
教皇使臣 Envoy of the Pope
履历 Official record
悬缺 A post remains vacant
秘访 Secret inquiry
安巴撒多 Ambassador
安瓦页 Envoy
雷锡当 Resident
沙尔热 Chargé
玺书 State seal
觐见 State audience
任所 Post of duty
签押 To sign and seal
用宝 To apply seal of state
署名 To sign a paper
盖印 To seal
职衔 Official titles
信凭 Credentials
训条 Instructions
开缺 Go out of office
召回 To recall
阴贿 Bribery
报馆 Newspaper office
访事人 News agent, reporter
护照 Passport, protection
勒限出京 Order to quit in a given time
参赞 Chargé d'Affaires

署理 Acting for a higher official
逗遛 To loiter or delay
文件 Documents
专弁 Special messenger
存案 Place on record
注册 Place on record
遗产 Estate of deceased
总领事 Consul general
正领事 Consul
副领事 Vice-Consul
署领事 Acting-Consul
准文 Authorization
爱尔兰 Ireland
革职 Dismiss from office
丁税 Capitation tax
宝象 Royal emblems
越权 Exceed his powers

第十章

条约 Treaties
白旗使者 Bearers of flag of truce
投降 Surrender
停战 Suspend hostilities
要挟 Extort by Force
任咎 Responsible for a fault
和约 Treaty of peace
商约 Commercial treaty
批准 Sanction
全权大臣 Minister plenipotentiary
批驳 To object to something
互换 Exchange of (treaties)
展期 To extend the time
续立 Supplementary articles
质人 Hostages
押地 Pledge territory

苏革兰 Scotland

第十一章

调处 To settle disputes
两造 The two parties
当局者 The parties concerned, the actors
判为两半 Divided equally
公法名家 Eminent jurists, or publicists
罗马古律 Ancient Roman law
受贿 To take bribes
枉法 To pervert the law
含糊 Vague, obscure
恃符任性 To presume on rank
阿拉巴玛船 The ship Alabama
金镑 Pound sterling
嘎罗林群岛 Caroline Islands
利息 Interest, income
逞强不失和 To employ force without war
报复 Retaliation
取偿 Take indemnity
平时封堵 Pacific blockade
挑战 Provoke to battle
免战 To avert war
背约 To break a treaty
入口税 Import duty
下旗回国 Minister takes down his flag and goes home
扣船 To detain ships
宣战 Proclaim war

卷三第一章

战书 Proclamation of war
爱底美敦书 Ultimatum
旧章 Old custom
新约 New treaty

兵端 Hostilities

第二章

杀降 To kill the conquered
平民 Common people
炸弹 Explosive shell
逼降 Compel surrender
军医新章 New rules for army surgeons and hospitals
瑞士 Switzerland
冉尼洼 Geneva
医院 Hospital
医船 Hospital ship
医幕 Hospital tent
善会 A benevolent society
红十字会 The Red Cross Society
俘房 Prisoners
免约 Persons excepted by treaty
待俘之例 Rules for treatment of prisoners
圈禁 To keep in confinement
逃逸 To escape
拒捕 Resist capture
佛郎 Franc（a French coin）
凭信释俘 Release prisoners on parole
互换俘房 Exchange prisoners
赎俘 Redeem prisoners
鬻俘 Sell prisoners
赎金 Redemption money
练勇 Militia
新募之勇 New militia, new recruits
行刺 Assassinate
肆行劫掠 Ravage on all sides
假冒白旗 False display of white flag
例禁军械 Prohibited weapons
暗号 Secret signals

第三章

敌产 Enemy's property
动产 Movable property
定产 Fixed property
粮银 Field tax, land tax
税务 Custom house, customs service
古玩 Objects of antiquarian interest
赃例 Rules for distribution of booty
测绘 Take a sketch, make a map
勒捐 Forced contribution
绅士 Gentry
蠲租 Remit rents
勒赎 Compel redemption
沿海 On the sea board
查抄 Confiscate
伪议院 Rebel parliament, rebel congress
注销 To cancel
游弋 To patrol the sea
海律 Maritime law
捕敌 Capture an enemy
渔船 Fishing boats
视国船如国地 To look on a ship as part of its country's soil
卫所 Fortress
酬劳 Reward for service
新例 New rules
洋面毁船旧例 The old usage of destroying ships at sea

第四章

割地 To seize or give territory
旧君 The former sovereign
新主 The new sovereign
敌境 Enemy's territory
安民 To restore order
新闻 News

罚锾 Fines
居民谋害罪及城邑 To hold a town responsible for an act of assassination
犯事地方 The scene of a crime
奸细 A spy
向导 A guide
火车首座 The front seat on a locomotive
险地 A dangerous region
死地 Certain death
罗兰省 Lorraine
归并 Annex
照常供职 To exercise office as before
敌界冲要 Important passes in enemy's territory
财源 Source of revenue
请恤 Solicit relief
籍没入官 To confiscate
誓归新主 To take oath of allegiance to a new master
公堂 A public office or hall
书府 Clerk's office, place of records
宫殿 Palaces

第五章

克复故业 To reconquer an estate
归回原主 To revert to its former owner
私相授受 Private transfer of property
契据 Title deeds
土匪 Brigands
恶徒 Bad characters
擅卖公产 Unlawful sale of public property
冉瓦邦 Genoa
海氏 Heffter
步伦氏 Bluntschli
民舰 Privateers
公舰 Public vessels, national ships

第六章

分别为敌 To distinguish the hostile from the friendly
侨寓 To reside abroad
助敌 To help the enemy
游学之士 Students who go abroad for education
租房 To hire a house
购地 To buy ground
潜回 Retire secretly
格外利益 Uncommonly profitable
专利 A monopoly
恒业 Permanent occupation (or business)
土产 Local products, products of the soil
偏助 To help one side
洋面售货 To sell at sea
合同 Deed of sale contract
字样 Documents
一地二主 One soil with two masters
两国一主 Two countries with one master
米利大岛 Malta

第七章

陆军 Land army
义勇 Volunteers
民不预战 Common people take no part in battle
当兵官照 Official evidence of enrolment
民船助战 When ships of the people take part in war
民船公司 Companies that own ships
故为弃信 Intentional breach of faith
地雷 Mines, torpedoes
水雷 Torpedoes
扫荡敌境成荒 Ravage enemy's country
木尼刻 Munich
假冒国旗 Counterfeit a national flag
开炮 To open fire

绞缢 To hang
气球 A balloon
揭本国旗 To raise their own flag

第八章

战时交涉 Intercourse in war
停兵之约 A truce
毕斯玛 Bismarck
议降 Propose to surrender
节制战权 To restrain the rights of war
侦探 To act the spy
议降章程 Terms of surrender
埃及 Egypt
水师提督 Admiral or Commodore
节制大臣 Grand Admiral or Minister in Chief Command
廷寄 A royal letter
特旨 Special decree
博物院 A museum
印照 A sealed grant of protection
通商牌票 A permit to trade
擅发 Unlawful granting of, etc
会衔 Over joint signature
改向 To change the direction
特禁之地 Forbidden ground
本行主人 Head of a business house

第九章

了结战局 To finish a state of war
默而罢兵 A tacit cessation of war
灭国 To destroy a nation
各据所占之例 The Uti possidetis
默还原主之例 Tacit restoration, etc
号炮 Signal guns
海司国 Hesse

复位 Restored to Throne
随地易主 Change soil and change masters
割地之约 Treaty for cession of territory
择主而归 To choose one's master
去者仍承故业 To withdraw retaining their property

卷四第一章

告战于局外 To notify outbreak of war, to neutrals

第二章

局外与局内交涉 Intercourse of combatants with neutrals
助兵之约 Engagement to supply troops
曼宁氏 Manning
干德氏 Kent
惠顿氏 Wheaton
出贷战费 To borrow (or loan) fund for war
斐理墨氏 Phillimore
通宝 Currency, current coin
汇票 Bills of exchange
冒名 Forgery
德塞邦 The state of Texas
军火 Arms and ammunition
委员 A deputy
办事杂费 Expense of proceedings
假道 To borrow passage
联军 To combine forces
爱尔萨斯 Alsace
谢罪 Confess a fault
借地攻敌 To borrow a battle ground
快枪 Rapid firing rifle
明犯局外主权 Openly trespass on neutral rights
明犯局外之例 Openly violate rules of neutrality
巴西 Brazil
升旗谢罪 To salute a flag by way of apology

议处 To fix a penalty (by a judge)
被攻还击 To repel on attack
追缴军械 Compel surrender of arms

第三章

代敌经商 To carry on trade for one of the combatants

第四章

船用各件 Things used on shipboard
禁货单 List of forbidden goods, contraband
骡 Mules
食品 Eatables
船料 Materials for ship building
弛禁 Removal of interdict, raising blockade
水师章程 Navy rules
鞍鞊 Saddles and harness
硝 Saltpetre
硫黄 Sulphur
粮 Horse feed
汽机 Gas works
战场 Battle ground
火棉 Gun cotton
油甜 Nitroglycerine
火药 Powder
磷 Phosphor
汞 Mercury
强水 Acids
营务处 War department, army head-quarters
通行 General, universal
伯木达岛 Bermuda
成衣 A tailor
衣料 Clothing materials

第五章

信袋 Mail bag
葛留巴 Java
纽约 New York
平常信函 Ordinary letters
违禁人员 Forbidden officials
违禁文件 Prohibited articles
专雇 Chartered by the enemy
澳门 Macao
押驿官 Officer in charge of mail

第六章

常货 Ordinary goods
局外旗下 Under neutral flag
海国通律 General law of naval states

第七章

禁局外通商 To forbid neutral trade
船簿 A ship's log book
封堵之舰 Blockading ships or squadron
防次 Within the line of blockade
告封堵 Proclaim a blockade
告弛禁 Proclaim the raising of blockade
米西悉比江 Mississippi River

第八章

货随船旗 Goods follow the flag
友邦之货 Goods of friendly nations

第九章

查拿局外船 Search and capture of neutral ships

护送之舰 A convoy of war ships
船册 Ship's log
本船护照 Ship's passport
本船人簿 Ship's books
本船日记 Ship's journal
总货单 General list of goods or freight list
零货单 Special freight list
收装货物底纸 Freight receipts
波罗的海 Baltic Sea

2009年中文版后记

《帝国的话语政治》一书终于要和国内读者见面了，这是让我盼望已久的事。此书的英文版早在2004年就由哈佛大学出版社出版，从那时起，我就一直希望它能有机会在中文世界面世，此刻面对手头的书稿清样，我心中充满了欣喜。

中译本从着手翻译到最后校对完毕，总共花了差不多三年时间，其中有一些曲折和问题，我觉得有必要做些说明。

本书在英文世界出版时的书名是 The Clash of Empires，直译出来就是《帝国之间的碰撞》。这个书名在当时的国外学术界，有自己特定的指向，针对的是亨廷顿（Samuel Huntington）"文明的冲突"论的那一类老生常谈。但时过境迁，目前看来这种针对性已不再鲜明，尤其在汉语的语境里，我认为现在的书名《帝国的话语政治》更能捕捉到本书的精神。

还要说明的一点是，由于英文版对本书的字数和图片数量都有一定的限制，因此，若干重要的图片以及第二个附录（即"《公法新编》中西字目合璧"）都未能包括进去。值此中文版出版之际，使我有机会予以补救，附录中原书的英文拼写错误也予以纠正。此外，其中"1894年新约献本的封面"插图和新约献本中的"新约全书总序"的插图，均得到英国剑桥大学图书馆的允许，在本书中得以复制。可以说，所有的这些增补，都使得目前的中译本比之英文原版更为完整。

非常幸运的是，三联书店的责任编辑冯金红女士给了我充足的时间，让我对中译稿进行了全面修订。这些修订主要包括以下几个方面：

第一，我在注释和正文之间作了少量的调整，比如，为了照顾中文语境中的表述要求，英文版中的有些注释的内容，被我放进了正文。第二，同样为了达到表述清晰的目的，我在中译本的部分章节当中，对若干段落的顺序进行了调整。第三，考虑到译文应尽可能符合汉语的表达习惯，我对译文的某些句式、语法以及词汇做了适当的改动。如果由于这些改动，译文的内容出现某种差错，我应当担负所有的责任。

参与本书翻译工作的诸位学者，都是在百忙之中抽出时间，为此付出了大量的精力和劳作，我要特别向他们表示衷心的感谢，如果没有他们的努力和慷慨贡献，就不可能有今天的中文版的《帝国的话语政治》。本书各章的译者分别是：永宁（导言），倪伟（第一章），郭婵君（第二章），杨立华（第三章），陈燕谷（第四章），蒋虹（第五章），孟登迎/宓瑞新（第六章），姜靖（结语）。傅燕晖校对了第六章，特此致谢；并感谢戴阿宝协助安排翻译事宜。

最后我想说的是，这是一本有关帝国研究的书，不过要特别指出的是，我的研究重点是话语政治，而不是帝国研究的学者们通常所关注的战争、扩张和外交关系。我对话语政治如此强调，是希望借此在历史和当代之间找到有效的连接点，让我们能够注意到，帝国的历史如何仍然活在当今的政治生活之中，并如何在当前的国际事务中或隐或显地继续发挥着重大的作用。这个初衷是否在书中得以实现，那就只能交给读者去评判了。